COLLECTION FOLIO

Roger Martin du Gard

Les Thibault

II

LA CONSULTATION
LA SORELLINA
LA MORT DU PÈRE

Gallimard

© *Éditions Gallimard, 1928, renouvelé en 1955, pour*
La consultation *et* La Sorellina ;
1929, renouvelé en 1956, pour
La mort du père.

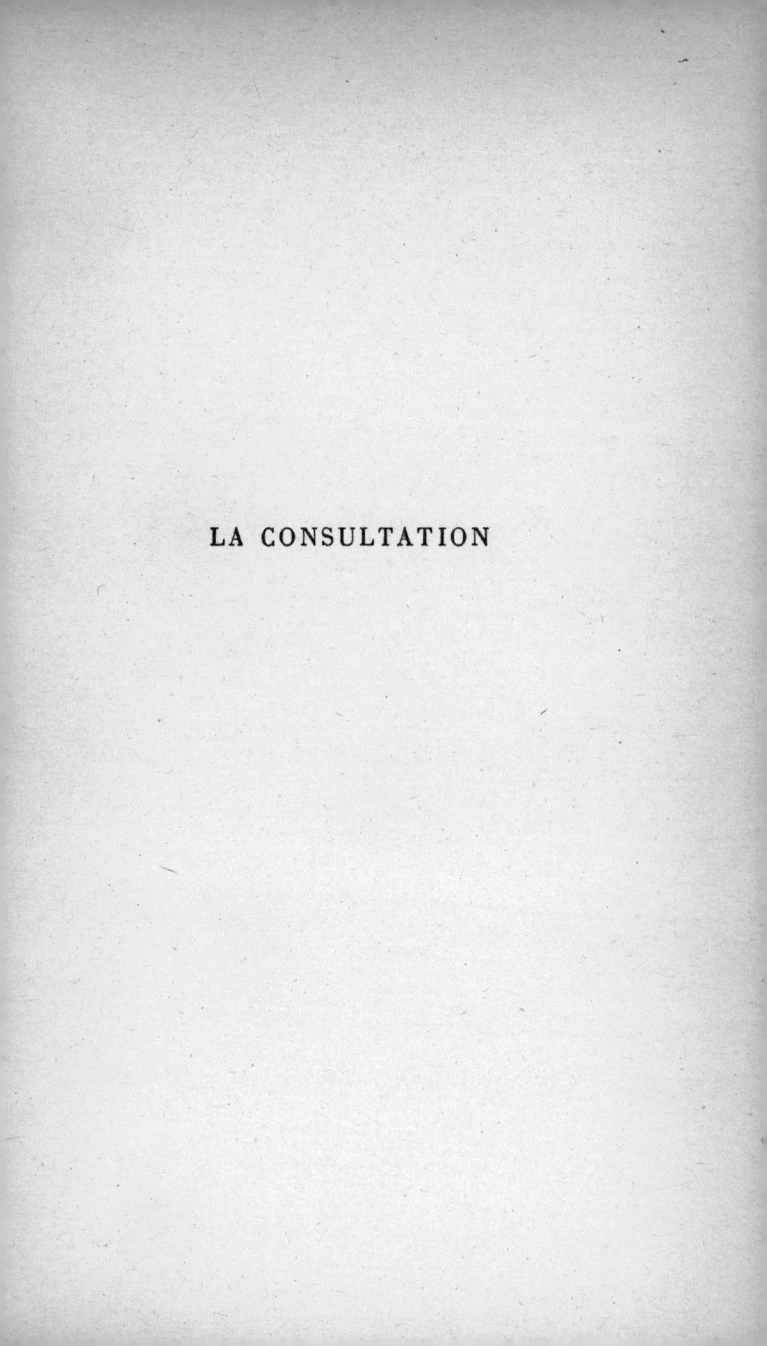

LA CONSULTATION

Midi et demi, rue de l'Université.

Antoine sauta de taxi et s'engouffra sous la voûte. « Lundi : mon jour de consultation », songea-t-il.

— « Bonjour, M'sieur. »

Il se retourna : deux gamins semblaient s'être mis à l'abri du vent dans l'encoignure. Le plus grand avait retiré sa casquette et dressait vers Antoine sa tête de moineau, ronde et mobile, son regard hardi. Antoine s'arrêta.

— « C'est pour voir si vous ne voudriez pas donner un remède à... à lui, qui est malade. »

Antoine s'approcha de « lui », resté à l'écart.

— « Qu'est-ce que tu as, petit ? »

Le courant d'air, soulevant la pèlerine, découvrit un bras en écharpe.

— « C'est rien », reprit l'aîné avec assurance. « Pas même un accident du travail. Pourtant, c'est à son imprimerie qu'il a attrapé ce sale bouton-là. Ça le tire jusque dans l'épaule. »

Antoine était pressé.

— « De la température ? »

— « Plaît-il ? »

— « A-t-il de la fièvre ? »

— « Oui, ça doit être ça », fit l'aîné, balançant la tête

et scrutant d'un œil soucieux le visage d'Antoine.
— « Il faut dire à tes parents de le conduire, pour la consultation de deux heures, à la Charité; le grand hôpital, à gauche, tu sais ? »

Une contraction, vite réprimée, du petit visage trahit la déception de l'enfant. Il eut un demi-sourire engageant :
— « Je pensais que vous auriez bien voulu... »

Mais il se reprit aussitôt, et, sur le ton de quelqu'un qui sait depuis longtemps prendre son parti devant l'inévitable :
— « Ça ne fait rien, on s'arrangera. Merci, M'sieur. Viens, Loulou. »

Il sourit sans arrière-pensée, agita gentiment sa casquette, et fit un pas vers la rue.

Antoine, intrigué, hésita une seconde :
— « Vous m'attendiez ? »
— « Oui, M'sieur. »
— « Qui vous a... ? » Il ouvrit la porte qui menait à l'escalier. « Entrez là, ne restez pas dans le courant d'air. Qui vous a envoyés ici ? »
— « Personne. » La frimousse de l'enfant s'éclaira. « Je vous connais bien, allez! C'est moi, le petit clerc de l'étude... L'étude, au fond de la cour ! »

Antoine se trouvait à côté du malade et lui avait machinalement pris la main. Le contact d'une paume moite, d'un poignet brûlant, suscitait toujours en lui un émoi involontaire.
— « Où habitent tes parents, petit ? »

Le cadet tourna vers l'aîné son regard las :
— « Robert! »

Robert intervint :
— « On n'en a pas, M'sieur. » Puis, après une courte pause : « On loge rue de Verneuil. »
— « Ni père ni mère ? »
— « Non. »

— « Des grands-parents, alors ? »

— « Non, M'sieur. »

La figure du gamin était sérieuse ; le regard franc, aucun désir d'apitoyer ni même d'intriguer ; aucune nuance de mélancolie non plus. C'était l'étonnement d'Antoine qui pouvait sembler puéril.

— « Quel âge as-tu ? »

— « Quinze ans. »

— « Et lui ? »

— « Treize ans et demi. »

« Le diable les emporte ! » se disait Antoine. « Une heure moins le quart, déjà ! Téléphoner à Philip. Déjeuner. Monter là-haut. Et retourner au faubourg Saint-Honoré avant ma consultation... C'est bien le jour !... »

— « Allons », fit-il brusquement, « viens me montrer ça. » Et, pour ne pas avoir à répondre au regard radieux, nullement surpris d'ailleurs, de Robert, il passa devant, tira sa clef, ouvrit la porte de son rez-de-chaussée et poussa les deux gamins à travers l'antichambre jusqu'à son cabinet.

Léon parut sur le seuil de la cuisine.

— « Attendez pour servir, Léon... Et toi, vite, enlève tout ça. Ton frère va t'aider. Doucement... Bon, approche. »

Un bras malingre sous des linges à peu près propres. Au-dessus du poignet, un phlegmon superficiel, bien circonscrit, semble déjà collecté. Antoine, qui ne songe plus à l'heure, pose l'index sur l'abcès : puis, avec deux autres doigts de l'autre main, il fait mollement pression sur un autre point de la tumeur. Bon : il a nettement senti sous son index le déplacement du liquide.

— « Et là, ça te fait mal ? »

Il palpe l'avant-bras gonflé, puis le bras jusqu'aux ganglions enflammés de l'aisselle.

— « Pas très... », murmure le petit, qui s'est raidi et ne quitte pas son aîné des yeux.

— « Si », fait Antoine, d'un ton bourru. « Mais je vois que tu es un bonhomme courageux. » Il plante son regard dans le regard troublé de l'enfant : l'étincelle d'un contact, une confiance qui semble hésiter, puis jaillir vers lui. Alors seulement il sourit. L'enfant aussitôt baisse la tête; Antoine lui caresse la joue et doucement relève le menton, qui résiste un peu.

— « Écoute. Nous allons faire une légère incision là-dedans, et, dans une demi-heure, ça ira beaucoup mieux... Tu veux bien?... Suis-moi par ici. »

Le petit, subjugué, fait bravement quelques pas, mais, dès qu'Antoine ne le regarde plus, son courage vacille : il tourne vers son frère un visage qui appelle au secours :

— « Robert... Viens aussi, toi! »

La pièce voisine — carreaux de faïence, linoléum, autoclave, table émaillée sous un réflecteur — servait au besoin pour de petites opérations. Léon l'avait baptisée « le laboratoire »; c'était une salle de bains désaffectée. L'ancien appartement qu'Antoine occupait avec son frère dans la maison paternelle était devenu vraiment insuffisant, même après qu'Antoine y fut resté seul. La chance lui avait permis de louer, depuis peu, un logement de quatre pièces, également au rez-de-chaussée, mais dans la maison contiguë. Il y avait transféré son cabinet de travail, sa chambre, et il y avait fait installer ce « laboratoire ». Son ancien cabinet était devenu le salon d'attente des clients. Une baie, percée dans le mur mitoyen entre les deux antichambres, avait réuni ces appartements en un seul.

Quelques minutes plus tard, le phlegmon était franchement incisé.

— « Encore un peu de courage... Là... Encore... Ça y est! » fit Antoine, reculant d'un pas.

Mais le petit, devenu blanc, défaillait à demi dans les bras raidis de son frère.

— « Allô, Léon! » cria gaiement Antoine. « Un peu

de cognac pour ces gaillards-là ! » Il trempa deux morceaux de sucre dans un doigt d'eau-de-vie. « Croque-moi ça. Et toi aussi. » Il se pencha vers l'opéré : « Ça n'est pas trop fort ? »

— « C'est bon », murmura l'enfant qui parvint à sourire.

— « Donne ton bras. N'aie pas peur, je t'ai dit que c'était fini. Lavage et compresses, ça ne fait pas mal. »

Sonnerie du téléphone. La voix de Léon dans l'antichambre : « Non, Madame, le docteur est occupé... Pas cet après-midi, c'est le jour de consultation du docteur... Oh ! guère avant le dîner... Bien, Madame, à votre service. »

— « Une mèche, à tout hasard », marmonna Antoine, penché sur l'abcès. « Bon. Et la bande un peu serrée, il faut ça... Maintenant, toi, le grand, écoute : tu vas ramener ton frère à la maison, et tu vas dire qu'on le couche, pour qu'il ne remue pas son bras. Avec qui habitez-vous ?... Il y a bien quelqu'un qui s'occupe du petit ? »

— « Mais moi. »

Le regard était droit, flambant de crânerie, dans un visage plein de dignité. Il n'y avait pas de quoi sourire. Antoine jeta un coup d'œil vers la pendule et refoula encore une fois sa curiosité.

— « Quel numéro, rue de Verneuil ? »
— « Au 37 *bis*. »
— « Robert quoi ? »
— « Robert Bonnard. »

Antoine nota l'adresse, puis leva les yeux. Les deux enfants étaient debout, fixant sur lui de limpides regards. Nul indice de gratitude, mais une expression d'abandon, de sécurité totale.

— « Allez, mes petits, sauvez-vous, je suis pressé... Je passerai rue de Verneuil entre six et huit, pour changer la mèche. Compris ? »

— « Oui, M'sieur », dit l'aîné, qui paraissait trouver

la chose toute naturelle. « Au dernier étage, la porte 3, juste en face de l'escalier. »

Aussitôt les enfants partis :

— « Vous pouvez servir, Léon ! »

Puis, au téléphone :

— « Allô, Élysée 01-32. »

A côté de l'appareil, sur la table de l'antichambre, l'agenda des rendez-vous s'étalait, grand ouvert à la page du jour. Sans quitter le récepteur, Antoine se pencha et lut :

« 1913. — *Lundi 13 octobre.* 14 h 30, Mme *de Battaincourt.* Je n'y serai pas, elle attendra. 15 h 30, *Rumelles*, oui... *Lioutin*, bon... Mme *Ernst*, connais pas... *Vianzoni... de Fayelles...* Bon... »

— « Allô... Le 01-32 ?... Le professeur Philip est rentré ? Ici, le docteur Thibault... » (Un temps.) « Allô... Bonjour, Patron... Je vous empêche de déjeuner... C'est pour une consultation. Urgente. Très... L'enfant de Héquet... Oui, Héquet, le chirurgien... Très grave, hélas ! aucun espoir, otite pas soignée, toutes les complications, je vous expliquerai, c'est navrant... Mais non, Patron, c'est vous qu'il veut voir, absolument. Vous ne pouvez pas refuser ça à Héquet... Bien sûr, le plus tôt possible, tout de suite... Moi non plus, à cause de ma consultation, c'est lundi... Eh bien, entendu : je passe vous prendre à moins le quart... Merci, Patron. »

Il raccrocha, parcourut encore une fois la liste des rendez-vous, et poussa un soupir conventionnel de lassitude, que démentait l'expression satisfaite du visage.

Léon s'approchait, un sourire niais sur sa face glabre :

— « Monsieur sait que, ce matin, la chatte a fait ses petits ? »

— « Allons donc ! »

Antoine, amusé, entra dans la cuisine. La chatte était

couchée sur le flanc, dans un panier rempli de chiffons, où grouillaient de petites boules de poils gluants qu'elle léchait et pourléchait de sa langue râpeuse.

— « Combien y en a-t-il ? »

— « Sept. Ma belle-sœur a demandé qu'on lui en réserve un. »

Léon était le frère du concierge. Depuis plus de deux ans au service d'Antoine, il y accomplissait ses fonctions avec une application rituelle. C'était un garçon silencieux, au teint fripé, sans âge précis ; des cheveux pâles, clairsemés et duveteux, couronnaient bizarrement une figure tout en hauteur ; le nez tombant et trop long, entre deux paupières souvent baissées, lui donnait un air godiche, que le sourire accentuait encore. Mais cette gaucherie n'était qu'un masque commode, sinon composé, sous lequel vivait un esprit avisé, doué d'un bon sens sceptique et d'une pointe personnelle d'humour.

— « Et les six autres », demanda Antoine, « vous allez les noyer ? »

— « Dame », fit Léon, placidement ; « Monsieur veut-il les garder ? »

Antoine sourit, pivota sur les talons et gagna à pas rapides l'ancienne chambre de Jacques : elle lui servait de salle à manger.

Les œufs, l'escalope aux épinards, les fruits, tout était sur la table ; Antoine ne pouvait supporter d'attendre les plats. L'omelette sentait bon le beurre chaud et la poêle. Courte trêve, quart d'heure de répit entre la matinée d'hôpital et la journée de visites.

— « On n'a rien fait dire, de là-haut ? »

— « Non, Monsieur. »

— « Mme Franklin n'a pas téléphoné ? »

— « Si, Monsieur. Elle a pris rendez-vous pour vendredi. C'est inscrit. »

Sonnerie du téléphone. La voix de Léon : « Non,

Madame, 17 h 30 est pris... 18 heures aussi... A votre service, Madame. »

— « Qui ? »

— « Mme Stocknay. » Il se permit un léger haussement d'épaules. « Pour le petit garçon d'une amie. Elle écrira. »

— « Qui est-ce, Mme Ernst, à 17 heures ? » Et sans attendre la réponse : « Vous m'excuserez auprès de Mme de Battaincourt; je serai en retard d'au moins vingt minutes... Passez-moi les journaux. Merci. » Un coup d'œil sur la pendule. « Ils doivent être sortis de table, là-haut ?... Téléphonez, voulez-vous. Demandez Mlle Gisèle, et apportez l'appareil ici. Avec le café, tout de suite. »

Il saisit le récepteur, ses traits se détendirent, le regard sourit au loin, et déjà comme si d'un coup d'aile il eût pris son vol, tout son être s'élançait à l'autre bout du fil.

— « Allô... Oui, c'est moi... Oh! j'ai presque fini... » Il rit. « Non, du raisin, un envoi de client, délicieux... Et là-haut ? » Il écoute. Le visage s'assombrit progressivement. « Tiens! Avant ou après la piqûre ?... Il faut surtout bien lui persuader que c'est normal... » Un temps. Le front s'éclaire de nouveau. « Dis donc, Gise, tu es seule à l'appareil ? Écoute : il faut que je te voie aujourd'hui, j'ai à te parler. Sérieusement... Ici, bien entendu. N'importe à quel moment, à partir de trois heures et demie, veux-tu ? Léon te fera passer... J'y compte alors ?... Bon... Je bois mon café, et je monte. »

II

Antoine avait la clef de l'étage de son père; il arriva, sans avoir sonné, jusqu'à la lingerie.

— « On a conduit Monsieur dans son bureau », répondit Adrienne.

Sur la pointe des pieds, par le couloir où traînaient des relents de pharmacie, il gagna le cabinet de toilette de M. Thibault. « Cette espèce d'oppression dès que je mets le pied dans cet appartement... », songea-t-il. « Un médecin !... Mais, ici, pour moi, ce n'est pas comme ailleurs... »

Son regard alla droit à la feuille de température, épinglée au mur. Le cabinet de toilette avait l'aspect d'une officine : sur l'étagère, sur la table, des fioles, des récipients de porcelaine, des paquets de coton. « Voyons le bocal. C'est ce que je pensais : les reins travaillent peu ; on verra à l'analyse. Et la morphine, où en est-on ? » Il ouvrit la boîte d'ampoules dont il avait secrètement maquillé les étiquettes pour que le malade n'eût aucun soupçon. « Trois centigrammes en vingt-quatre heures... Déjà ! Voyons, où la sœur a-t-elle mis... ? Ah ! voilà le verre gradué. »

Avec des gestes agiles, presque joyeux, il commença la recherche. Il chauffait déjà l'éprouvette sur la flamme d'alcool, lorsque le grincement de la porte lui fit battre le cœur et tourner précipitamment la tête. Mais ce n'était pas Gise. C'était Mademoiselle, qui s'avançait en trottinant, cassée en deux comme une vieille bûcheronne, et si recroquevillée maintenant que, même en se tordant le cou, à peine parvenait-elle à lever jusqu'aux mains d'Antoine son regard resté vif sous d'étroites lunettes de verre fumé. Le moindre sujet d'alarme se traduisait chez elle par un branle machinal de son petit front d'ivoire, tout jeune entre les bandeaux blancs.

— « Ah ! te voilà, Antoine », soupira-t-elle. Et, sans préambule, d'une voix que les oscillations faisaient chevroter : « Tu sais, depuis hier, ça devient impossible ! Sœur Céline m'a gâché deux bols de bouillon et plus d'un litre de lait pour rien ! Elle lui pluche des bananes à

T. II. 2

douze sous, qu'il ne touche même pas... Et on ne peut rien faire de ce qu'il laisse, à cause des microbes! Oh! je n'ai rien contre elle ni contre personne, c'est une sainte fille... Mais parle-lui, Antoine, défends-lui de continuer! Un malade, pourquoi le forcer? On devrait attendre qu'il demande! Toujours lui proposer des choses! Ainsi, ce matin, une glace! Antoine! Lui proposer une glace, voyons! Pour lui geler le cœur d'un coup! Comme si Clotilde avait le temps de courir chez les glaciers! Avec une pareille maisonnée à nourrir! »

Antoine, patient, achevait son analyse sans répondre autrement que par des grognements évasifs. « Elle a subi vingt-cinq ans de suite, sans souffler mot, le flux de l'éloquence paternelle », songeait-il; « elle se rattrape... »

— « Sais-tu combien j'ai de bouches? » continuait la vieille demoiselle. « Combien j'ai de bouches, en ce moment, avec la sœur, et Gise par-dessus le marché? Trois à la cuisine, trois à table, et ton père! Compte! A soixante-dix-huit ans, tout de même, dans l'état où je... »

Elle se recula prestement, parce qu'Antoine s'était écarté de la table pour aller se laver les mains. Elle craignait toujours autant les maladies, les contagions; et l'obligation où elle était, depuis un an, de vivre auprès d'un grand malade, de coudoyer des infirmières, des médecins, de respirer des remèdes, agissait sur elle à la façon d'un poison, dont l'action quotidienne accélérerait encore la déchéance générale commencée trois années plus tôt. Elle avait d'ailleurs une certaine conscience de sa décrépitude : « Depuis que le bon Dieu m'a privée de mon Jacques », gémissait-elle. « je ne suis plus que la moitié de rien du tout. »

Cependant, voyant qu'Antoine se savonnait sans bouger de place, elle fit deux pas timides vers le lavabo :

— « Parle à la sœur, Antoine, parle-lui! Elle t'écoutera, toi! »

Il acquiesça d'un « oui » conciliant; puis, sans plus

s'inquiéter d'elle, il quitta la pièce. Elle vit les jambes qui s'éloignaient, elle les suivit tendrement des yeux : Antoine, parce qu'il ne lui répondait presque pas, qu'il ne la contredisait jamais, était sa « consolation sur la terre ».

Il repassa par le couloir, afin d'entrer dans le bureau par le vestibule, comme s'il venait d'arriver.

M. Thibault était seul avec la sœur. « Gise est donc dans sa chambre ? » se dit Antoine. « Alors elle m'a certainement entendu passer... Elle m'évite... »

— « Bonjour, Père », fit-il, de ce ton léger, qu'il affectait maintenant au chevet du malade. « Bonjour, ma sœur. »

M. Thibault souleva les paupières.

— « Ah ! te voilà ? »

Il était assis dans un grand fauteuil de tapisserie, qu'on avait traîné près de la croisée. La tête semblait devenue lourde pour les épaules, le menton s'écrasait sur la serviette que la sœur lui avait nouée au cou, et le corps, tassé, faisait paraître démesurément longues les deux béquilles noires appuyées de chaque côté du dossier haut. Le vitrail pseudo-Renaissance jetait son arc-en-ciel sur la cornette mouvante de sœur Céline et posait des taches vineuses sur le napperon de la table, où fumait une assiettée de tapioca au lait.

— « Allons ! » dit la sœur.

Elle cueillit une cuillerée de potage, égoutta la cuiller sur le bord de l'assiette, puis avec un « Houp-là ! » enjoué, comme si elle donnait la becquée à un nourrisson, elle introduisit la cuiller entre les lèvres molles du malade et l'y vida, avant qu'il eût pu se détourner. Les deux mains du vieillard, étalées sur ses genoux, s'agitèrent avec impatience. Il souffrait dans son amour-propre d'être vu ainsi, incapable de manger seul. Il fit un effort pour saisir la cuiller que tenait la sœur; mais ses doigts, depuis longtemps engourdis et maintenant gonflés d'œdème, se refusaient à tout service. La cuiller lui échappa et tomba sur le tapis. D'un geste violent, il repoussa l'assiette, la table, la sœur :

— « Pas faim ! Veux pas qu'on me force ! » cria-t-il, tourné vers son fils comme s'il requérait protection. Et encouragé sans doute par le silence d'Antoine, il jeta vers la religieuse un coup d'œil hargneux : « Enlevez tout ça ! »

La sœur, sans discuter, recula d'un pas, sortit du champ visuel.

Le malade toussa. (A chaque instant, il était interrompu par une petite toux sèche, machinale, sans suffocation, qui lui faisait serrer les poings et crisper ses paupières closes.)

— « Tu sais », lança M. Thibault, comme s'il satisfaisait une rancune. « hier soir et puis ce matin, j'ai eu des nausées ! »

Antoine se sentit dévisagé par un regard oblique. Il prit un air détaché :

— « Tiens ? »

— « Tu trouves ça naturel, toi ? »

— « Ma foi, je t'avoue que je m'y attendais », insinua Antoine en souriant. (Il jouait son rôle, sans trop d'effort. Pour aucun malade, il n'avait eu cette patiente pitié : il venait là tous les jours, souvent matin et soir ; et, chaque fois, sans se lasser, comme on refait le pansement d'une plaie, il s'ingéniait à improviser des raisonnements trompeurs mais logiques, et, chaque fois, il répétait, sur le même ton convaincu, les mêmes paroles rassurantes.) « Que veux-tu, Père, ton estomac n'est plus un organe de jeune homme ! Voilà huit mois au moins qu'on le bourre de potions, de cachets. Estimons-nous heureux qu'il n'ait pas manifesté sa fatigue beaucoup plus tôt ! »

M. Thibault se tut. Il réfléchissait. Il était déjà tout

réconforté par cette idée neuve, et soulagé de pouvoir s'en prendre à quelque chose, à quelqu'un.

— « Oui », dit-il, en frappant ses grosses mains sans bruit l'une contre l'autre : « Ces ânes-là, avec leurs drogues, ils m'ont... Aïe, ma jambe!... Ils m'ont... Ils m'ont démoli l'estomac!... Aïe! »

La douleur était si soudaine et si aiguë, qu'en un instant elle disloqua tous les traits de son visage. Il laissa le buste glisser de côté; et, prenant appui sur le bras de la sœur et sur celui d'Antoine, il parvint, en allongeant la jambe, à dévier ce sillon de feu qui le brûlait.

— « Tu m'avais dit... que le sérum de Thérivier... allait agir sur cette sciatique! » hurla-t-il « Eh bien, réponds : est-ce que ça va mieux? »

— « Mais oui », articula Antoine froidement.

M. Thibault coula vers Antoine un regard hébété.

— « Monsieur a reconnu lui-même que, depuis mardi, il souffrait beaucoup moins », cria la sœur, qui avait pris l'habitude d'élever exagérément la voix pour se faire entendre.

Et, profitant de l'instant propice, elle enfourna une cuillerée de tapioca dans la bouche du malade.

— « Depuis mardi? » balbutia le vieillard, cherchant de bonne foi à se souvenir; puis il se tut.

Antoine, silencieux et le cœur serré, observait le masque cachectique de son père : l'effort mental détendait les muscles de la mâchoire, soulevait les sourcils et faisait battre les cils. Le pauvre vieux ne demandait qu'à croire à sa guérison et, en fait, il n'en avait jusqu'à présent jamais douté. Un moment encore, par inadvertance, il se laissa gaver de lait; puis, rebuté, il écarta si impatiemment la sœur, qu'elle céda et consentit enfin à dénouer la serviette.

— « Ils m'ont dé-démoli l'estomac », répéta-t-il, tandis que la religieuse lui essuyait le menton.

Mais, dès qu'elle fut partie avec le plateau, comme s'il

avait guetté ce court instant de tête-à-tête, M. Thibault se pencha vivement sur un coude, ébaucha un sourire confidentiel, et fit signe à son fils de venir s'asseoir plus près.

— « C'est une très brave fille, cette sœur Céline », commença-t-il, sur un ton pénétré ; « c'est vraiment une sainte créature, Antoine, tu sais ?... Jamais nous ne lui serons assez... assez reconnaissants. Mais vis-à-vis de son couvent, est-ce que... ? Je sais bien que la Mère Supérieure m'a des obligations. Mais justement ! J'ai des scrupules. Abuser si longtemps de ce dévouement, quand il y a tant d'autres malades plus intéressants, qui attendent peut-être, et qui souffrent ! Est-ce que tu n'es pas de mon avis, toi ? »

Pressentant qu'Antoine allait le contredire, il l'arrêta de la main, et, malgré la toux qui hachait ses phrases, avançant le menton avec une humble bonne grâce, il continua :

— « Bien sûr, je ne dis pas cela pour aujourd'hui, ni pour demain. Mais... est-ce que tu ne crois pas que... bientôt... dès que j'irai franchement mieux... il faudra lui rendre sa liberté, à cette brave fille ? Tu n'imagines pas comme c'est pénible, mon cher, toujours quelqu'un auprès de soi ! Dès que ce sera possible, hein ? qu'on la renvoie ! »

Antoine multipliait les signes d'approbation sans avoir le courage de répondre. Voilà ce qu'elle était devenue, cette inflexible autorité contre laquelle toute sa jeunesse s'était heurtée ! Naguère, ce despote eût expulsé sans explication l'infirmière importune ; aujourd'hui, faiblissant, désarmé... A de semblables instants, le ravage physique apparaissait plus manifeste encore que lorsque Antoine mesurait sous ses doigts le dépérissement des organes.

— « Tu t'en vas déjà ? » souffla M. Thibault, en voyant Antoine se lever.

Il y avait un regret, une prière, dans ce reproche :
presque de la tendresse. Antoine en fut ému.
— « Il faut bien », dit-il en souriant. « Des rendez-vous toute la journée. Je tâcherai de revenir ce soir. »
Il s'approcha pour embrasser son père : une habitude récente. Mais le vieillard se détourna :
— « Eh bien, va-t'en, mon cher... Va! »
Antoine sortit sans répondre.

Dans l'antichambre, comiquement perchée sur une chaise, Mademoiselle épiait son passage :
— « Il faut que je te parle, Antoine... que je te parle de la sœur... »
Mais il n'avait vraiment plus de courage. Il empoigna son pardessus, son chapeau et tira derrière lui la porte de l'appartement.
Alors, sur le palier, il eut une minute de découragement ; et l'effort qu'il fit pour enfiler son pardessus lui rappela son coup de reins de troupier, pour relever le poids du sac avant de reprendre la marche...

La vie du dehors, les voitures, les passants luttant contre le vent d'automne, lui rendirent son allégresse.
Il partit à la recherche d'un taxi.

III

« Moins vingt », remarqua Antoine, comme l'auto passait devant l'horloge de la Madeleine. « J'y serai, mais juste... L'exactitude du Patron! Je suis sûr qu'il s'apprête déjà. »

Le docteur Philip attendait, en effet, debout sur le seuil de son cabinet.

— « Bonjour, Thibault », grogna-t-il. Sa voix de polichinelle semblait toujours souligner une moquerie. « Moins le quart tapant. En route... »

— « En route, Patron », fit Antoine gaiement.

Il avait toujours plaisir à se retrouver dans le sillage de Philip. Pendant deux années consécutives il avait été son interne, il avait vécu dans l'intimité quotidienne de cet initiateur. Puis il avait dû changer de service. Mais il n'avait pas cessé de rester en relations avec son maître, et aucun autre, dans la suite, n'avait jamais remplacé pour lui « le Patron ». On disait d'Antoine : « Thibault, l'élève de Philip. » Son élève, en effet : son second, son fils spirituel. Mais souvent aussi son adversaire : la jeunesse en face de la maturité, l'audace, le goût du risque, en face de la prudence. Les rapports ainsi créés entre eux par sept années d'amitié et d'association professionnelle avaient pris un caractère indélébile. Dès qu'Antoine se trouvait auprès de Philip, insensiblement, sa personnalité se modifiait, subissait comme une diminution de volume : l'être indépendant et complet qu'il était l'instant d'avant retombait automatiquement en tutelle. Et cela, sans déplaisir. L'affection qu'il portait au Patron se trouvait encore fortifiée par les satisfactions de son amour-propre : la valeur incontestée du professeur, la réputation qu'il avait de se montrer difficile en hommes, donnaient du prix à son attachement pour Antoine. Lorsque le maître et l'élève étaient ensemble, la bonne humeur régnait ; il leur paraissait évident que la moyenne de l'humanité se composait d'inconscients et d'incapables, mais qu'ils avaient par bonheur échappé l'un et l'autre à la commune loi. La façon dont le Patron, peu expansif, s'adressait à Antoine, sa confiance, son naturel, les demi-sourires et clins d'œil dont il soulignait certaines saillies, son vocabulaire même, auquel il fallait être initié, tout semblait attester qu'Antoine était le seul avec qui Philip pût causer librement, le seul dont il fût sûr d'être exactement compris. Leurs mésententes étaient rares et toujours provoquées par le même genre de causes. Il arrivait qu'Antoine reprochât à Philip de se laisser piper par lui-même, et de tenir pour un jugement fondamental ce qui n'était qu'un trait improvisé de son scepticisme. Ou bien, après un échange d'idées sur lesquelles ils étaient tombés d'accord, Philip, brusquement, faisait volte-face, tournait en dérision ce qu'ils venaient de dire, déclarait : « Vu sous un autre angle, ce que nous pensions là est idiot. » Ce qui aboutissait à : « Rien ne mérite qu'on s'y arrête, aucune affirmation ne vaut. » Alors Antoine se cabrait. Une telle attitude lui était proprement intolérable ; il en souffrait comme d'une infirmité physique. Ces jours-là, il faussait poliment compagnie au Patron et se hâtait de courir à ses affaires, afin de retrouver l'équilibre dans le jeu bienfaisant de son activité.

Sur le palier, ils rencontrèrent Thérivier, qui venait demander un conseil urgent au Patron. Thérivier était, lui aussi, un ancien interne de Philip, plus âgé qu'Antoine, et qui se consacrait maintenant à la médecine générale. C'est lui qui soignait M. Thibault.

Le Patron s'était arrêté. Légèrement penché en avant, immobile et les bras ballants, ses vêtements flottant autour de son corps maigre, l'air d'un long pantin dont on oubliait de tirer les ficelles, il offrait un contraste comique avec son interlocuteur, qui était courtaud, grassouillet, remuant, prompt au sourire. La fenêtre de l'escalier les éclairait à plein, et Antoine, resté en arrière, s'amusait à observer le Patron, avec cet intérêt qu'il éprouvait parfois à regarder soudain d'un œil neuf les gens qu'il connaissait le mieux. En ce moment, Philip fixait sur Thérivier le regard incisif et toujours impertinent de ses yeux clairs, protégés par des sourcils proéminents, restés noirs bien que la barbe fût grisonnante — une affreuse barbe de chèvre qu'on eût dite postiche, une frange effilochée qui lui pendait au menton. Tout en lui, d'ailleurs, semblait fait pour déplaire, pour irriter : le négligé de sa tenue, la rudesse de son accueil, son physique, ce nez trop long et rougeaud, cette respiration sifflante, et ce rictus, et cette lèvre flétrie, toujours humide, d'où coulait une voix éraillée, nasillarde, qui, par instants, grimpait au fausset pour lancer un trait de satire, un mot à l'emporte-pièce ; alors, au fond de leur broussaille, ses prunelles de singe brillaient : feu d'un plaisir solitaire et qui ne demandait pas à être partagé.

Mais, si défavorable que fût le premier abord, il n'éloignait de Philip que les nouveaux venus ou les médiocres. En fait, remarquait Antoine, nul praticien n'était plus en faveur auprès de ses malades, nul maître plus estimé de ses confrères ni recherché avec plus de ferveur par les élèves, ni davantage respecté par la jeunesse intransigeante des hôpitaux. Ses plus féroces boutades s'attaquaient à la vie, à la bêtise humaine ; elles ne blessaient que les sots. Il suffisait de l'avoir vu dans l'exercice de sa profession pour sentir, non seulement le rayonnement d'une intelligence sans petitesse et sans réel dédain, mais la chaleur d'une sensibilité que le spectacle quotidien malmenait douloureusement : on s'apercevait alors que l'âpreté de sa verve n'était qu'une réaction courageuse contre la mélancolie, l'envers d'une pitié sans illusions ; et que cet esprit mordant qui lui valait la rancune des imbéciles n'était, à mieux regarder, que la monnaie courante de sa philosophie.

Antoine n'avait prêté qu'une oreille distraite aux paroles des deux médecins. Il s'agissait d'un malade.

soigné par Thérivier, et que le Patron avait visité la veille. Le cas semblait grave. Thérivier tenait à son idée.

— « Non », déclara Philip. « Un centimètre cube, jeune homme, c'est tout ce que je me permettrais. Ou mieux : un demi. Et en deux fois, si vous voulez bien. »

Comme l'autre s'agitait, visiblement rebelle à ce conseil modéré, Philip lui mit flegmatiquement sa main sur l'épaule, et nasilla :

— « Voyez-vous, Thérivier, quand un malade en est à cet état-là, il n'y a plus à son chevet que deux forces en lutte : la nature et la maladie. Le médecin arrive et tape au hasard. Pile ou face. S'il atteint le mal, c'est face. Mais, s'il atteint la nature, c'est pile, et le client est *moriturus*. Voilà le jeu, mon petit. Alors, à mon âge, on est prudent, on s'applique à ne pas taper trop fort. » Il resta quelques secondes immobile, avalant sa salive avec un bruit mouillé. Son regard clignotant fouillait celui de Thérivier. Puis il retira sa main, glissa vers Antoine un coup d'œil malicieux, et se mit à descendre l'escalier.

Antoine et Thérivier se rejoignirent derrière lui.

— « Ton père ? » questionna Thérivier.

— « Depuis hier, des nausées. »

— « Ah... » Thérivier plissa le front et fit la moue. Après un court silence, il demanda : « Tu n'as pas regardé les jambes, ces jours-ci ? »

— « Non. »

— « Avant-hier, je les ai trouvées légèrement plus enflées. »

— « L'albumine ? »

— « Menace de phlébite, plutôt. J'irai ce soir entre quatre et cinq. Y seras-tu ? »

La limousine de Philip attendait à la porte. Thérivier prit congé et partit en sautillant.

« Avec ce que je dépense maintenant en taxis », songea Antoine, « je ferais mieux d'avoir une petite auto à moi... »

— « Où allons-nous, Thibault ? »

— « Faubourg Saint-Honoré. »

Philip s'enfonça frileusement au fond de la voiture, et, avant même que le chauffeur eût démarré :

— « Mettez-moi vite au courant, mon petit. Un cas désespéré, vraiment ? »

— « Désespéré, Patron. Une petite fille de deux ans, un pauvre avorton, né avant terme : bec-de-lièvre, avec division congénitale du palais. Héquet l'a opérée lui-même au printemps. En outre, insuffisance fonctionnelle du cœur. Vous voyez ; bon. Par là-dessus, brutalement, otite aiguë. Ça se passait à la campagne. Il faut vous dire que c'est leur seul enfant... »

Philip, dont le regard se perdait au loin dans la perspective fuyante des rues, fit entendre un grognement apitoyé.

— « ... Mais Mme Héquet est enceinte de sept mois. Grossesse difficile. Je crois qu'elle est très imprudente. Bref, pour éviter un nouvel accident, Héquet avait installé sa femme hors de Paris, à Maisons-Laffitte, dans une maison prêtée par une tante de Mme Héquet — des gens que je me trouve connaître parce qu'ils étaient des amis de mon frère. C'est là que l'otite s'est déclarée. »

— « Quel jour ? »

— « On ne sait pas. La nourrice n'a rien dit, n'a sans doute rien vu. La maman, qui ne quitte pas son lit, ne s'est d'abord rendu compte de rien. Puis elle a cru à des ennuis de dentition. Enfin, samedi soir... »

— « Avant-hier ? »

— « Avant-hier, Héquet, en arrivant à Maisons pour y passer le dimanche comme chaque semaine, a vu tout de suite que la petite était en danger. Il s'est procuré une voiture d'ambulance, et, dans la nuit, il a ramené femme et enfant à Paris. Bon. Il m'avait téléphoné en arrivant. J'ai vu la petite, dimanche, à la première heure. J'avais pris l'initiative de convoquer un auriste, Lanquetot. Nous avons trouvé toutes les complications possibles : mastoïdite, naturellement ; infection du sinus latéral, etc. Depuis hier, nous avons tout essayé. En vain. L'état s'aggrave d'heure en heure. Ce matin, phénomènes méningés... »

— « Intervention ? »

— « Impossible, paraît-il. Péchot, appelé par Héquet hier soir, a été formel : l'état du cœur ne permet de tenter aucune opération. A part la glace, on ne peut rien faire pour atténuer les souffrances — qui sont terribles. »

Philip, les yeux toujours au loin, émit un nouveau grognement.

— « Voilà où nous en sommes », reprit Antoine, soucieux. « A votre tour, Patron. » Il ajouta, après une pause : « Mais, je l'avoue, mon seul espoir, c'est que nous arrivions trop tard, et que... ce soit fini. »

— « Héquet ne se fait pas d'illusion ? »

— « Oh ! non. »

Philip se tut un instant, puis il posa la main sur le genou d'Antoine.

— « Ne soyez pas si affirmatif, Thibault. En tant que médecin, ce malheureux Héquet doit en effet *savoir* qu'il n'y a rien à espérer. Mais, en tant que père... Voyez-vous, plus l'heure est grave, plus on joue à cache-cache avec soi-même... » Il grimaça un sourire désabusé, et nasilla : « Heureusement, hein ?... Heureusement... »

IV

Héquet habitait au troisième.

Au bruit de l'ascenseur, la porte du palier s'ouvrit. Ils étaient attendus. Un homme corpulent, vêtu d'une blouse blanche, et dont la barbe noire accentuait le type sémite, serra la main d'Antoine qui le présenta à Philip :

— « Isaac Studler. »

C'était un ancien carabin, qui avait renoncé à la médecine, mais que l'on rencontrait dans tous les milieux médicaux. Il avait voué à Héquet, son ancien condisciple, une affection aveugle, un attachement d'animal. Averti par un coup de téléphone du retour précipité de son ami, il était accouru, quittant tout pour s'installer au chevet de l'enfant.

L'appartement, dont toutes les portes étaient ouvertes, et qui était demeuré tel qu'on l'avait rangé au printemps, offrait un aspect sinistre : faute de rideaux, les persiennes étaient closes ; l'électricité, allumée partout ; et, sous la lumière crue des plafonniers, au milieu de chaque pièce, les meubles, mis en tas sous des draps blancs, semblaient autant de catafalques d'enfants. Dans le salon où Studler avait laissé les deux médecins pour aller avertir Héquet, le sol était jonché des objets les plus disparates, autour d'une malle béante, à moitié vide.

Une porte s'ouvrit en coup de vent, et une jeune femme, dévêtue, le visage angoissé, sa belle chevelure blonde en désordre, se précipita vers eux, aussi vite que le lui permettait sa démarche alourdie ; d'une main, elle soutenait son ventre ; de l'autre, elle relevait, pour ne pas tomber, les pans de son peignoir. Sa respiration haletante l'empêchait de parler ; ses lèvres tremblaient. Elle s'était dirigée droit vers Philip, et le regardait de ses grands yeux noyés, avec une supplication muette, si poignante qu'il ne songea pas à la saluer : il avait étendu machinalement les mains au-devant d'elle, comme pour la soutenir, l'apaiser.

A ce moment, Héquet fit irruption par la porte du vestibule.

— « Nicole ! »

Sa voix vibrait de colère. Pâle et les traits crispés, sans s'occuper de Philip, il s'élança vers la jeune femme, l'empoigna, la fit basculer et la souleva dans ses bras avec une force qu'on n'eût pas attendue de lui. Elle s'abandonna en sanglotant.

— « Ouvrez-moi la porte », souffla-t-il à Antoine, qui était accouru pour l'aider.

Antoine les suivit. Un murmure s'échappait plaintivement des lèvres de Nicole dont il soutenait la tête renversée. Il distingua des paroles entrecoupées : « Jamais tu ne me pardonneras... Tout est ma faute, tout... Elle est née infirme à cause de moi... Tu m'en as voulu si longtemps!... Et maintenant, ma faute encore... Si j'avais compris, si je l'avais soignée tout de suite... » Ils arrivaient dans une chambre où Antoine aperçut un grand lit défait. Sans doute la jeune femme, ayant guetté l'arrivée des médecins, s'était-elle jetée hors du lit, au mépris de toutes les interdictions ?

Elle avait maintenant saisi la main d'Antoine et s'y agrippait désespérément :

— « Je vous en prie, Monsieur... Félix ne me pardonnerait plus... Il ne pourrait plus me pardonner, si... Essayez tout ! Sauvez-la, je vous en supplie, Monsieur !... »

Son mari l'avait recouchée avec précaution et tirait sur elle les couvertures. Elle lâcha la main d'Antoine et se tut.

Héquet se pencha au-dessus d'elle. Antoine surprit leur double regard : celui de la femme, vacillant, éperdu ; celui de l'homme, farouche :

— « Je te défends de te lever, tu entends ? »

Elle ferma les yeux. Alors il se pencha davantage, effleura les cheveux de ses lèvres, et appuya sur la paupière close un baiser qui paraissait sceller un pacte et ressemblait, d'avance, à un pardon.

Puis il entraîna Antoine hors de la chambre.

Quand ils retrouvèrent le Patron auprès du bébé, où l'avait conduit Studler, Philip avait déjà retiré sa jaquette et mis un tablier blanc. Calme, le masque muré, comme s'il eût été seul au monde avec l'enfant, il procédait à une investigation minutieuse, méthodique, bien que, dès le premier contact, il eût mesuré l'inefficacité de tout traitement.

Héquet, silencieux, les mains fébriles, épiait le visage du praticien.

L'examen dura dix minutes.

Lorsque Philip eut terminé, il releva la tête et chercha Héquet des yeux. Celui-ci était devenu méconnaissable : une face morne, un regard figé entre des paupières rouges, racornies, comme desséchées par du vent et du sable. Son impassibilité était pathétique. Philip comprit, au rapide coup d'œil dont il l'enveloppa, que toute feinte était superflue, et il renonça aussitôt aux soins nouveaux qu'il s'apprêtait, par charité, à prescrire. Il dénoua son tablier, se lava rapidement les mains, remit la jaquette que l'infirmière lui présentait, et sortit de la pièce, sans un regard vers le petit lit. Héquet le suivit, puis Antoine.

Dans le vestibule, les trois hommes, debout, se dévisagèrent.

— « Je vous remercie d'être venu tout de même », articula Héquet.

Philip secoua évasivement les épaules, et ses lèvres claquèrent avec un bruit mouillé. Héquet le considérait à travers son lorgnon. Progressivement, l'expression de ce regard devint sévère, méprisante, presque haineuse ; puis cette lueur mauvaise s'éteignit. Il balbutia, sur un ton d'excuse :

— « On ne peut pas s'empêcher d'espérer l'impossible. »

Philip ébaucha un geste qu'il n'acheva pas, et, sans

hâte, décrocha son chapeau. Mais, au lieu de sortir, il revint vers Héquet, hésita, et, gauchement, lui mit une main sur le bras. Il y eut un nouveau silence. Puis, comme s'il se ressaisissait, Philip se recula, toussa légèrement et se décida enfin à partir.

Antoine s'approcha d'Héquet :

— « C'est ma consultation, aujourd'hui. Je reviendrai ce soir, vers neuf heures. »

Héquet, immobile, regardait stupidement la porte ouverte par où son dernier espoir venait de disparaître, avec Philip ; il remua la tête pour montrer qu'il avait entendu.

Philip, suivi d'Antoine, descendit rapidement deux étages, sans un mot. Alors il s'arrêta, se tourna à demi, avala sa salive avec un bruit de source, et, d'une voix plus nasillarde que jamais :

— « J'aurais dû, malgré tout, ordonner quelque chose, hein ? *Ut aliquid fieri videatur...* Vrai, je n'ai pas osé. » Il se tut, descendit quelques marches, et marmonna, sans se retourner cette fois :

— « Pas si optimiste que vous, moi... Ça peut bien traîner encore un jour ou deux. »

Comme ils atteignaient le bas de l'escalier, assez sombre, ils croisèrent deux dames qui entraient.

— « Ah ! M. Thibault ! »

Antoine reconnut Mme de Fontanin.

— « Eh bien ? » questionna-t-elle, d'une voix engageante où elle s'appliquait à ne pas laisser percer d'inquiétude. « Justement, nous venions aux nouvelles. »

Antoine ne répondit que par un long hochement de tête.

— « Non, non ! Sait-on jamais ! » s'écria Mme de Fontanin, avec une nuance de reproche, comme si l'attitude d'Antoine l'obligeait à conjurer bien vite un mauvais sort. « Confiance, confiance, docteur! Ce n'est pas possible, ce serait trop affreux! N'est-ce pas, Jenny? »

Alors, seulement, Antoine aperçut la jeune fille, qui se tenait à l'écart. Il s'empressa de s'excuser. Elle semblait gênée, irrésolue; enfin elle lui tendit la main. Antoine remarqua son expression bouleversée et le battement nerveux de ses paupières; mais il connaissait l'affection de Jenny pour sa cousine Nicole, et ne s'étonna pas.

« Étrangement changée », se dit-il néanmoins, tandis qu'il rejoignait le Patron. Dans son souvenir surgit la silhouette, déjà lointaine, d'une jeune fille en robe claire, un soir d'été, dans un jardin. Cette rencontre éveillait en lui un sentiment douloureux. « Ce pauvre Jacques ne l'aurait sûrement pas reconnue », songea-t-il.

Philip, sombre, s'était rencogné dans l'auto.

— « Je vais à l'École », fit-il, « je vous déposerai chez vous en passant. »

De tout le trajet, il ne prononça pas trois paroles. Mais, au coin de la rue de l'Université, comme Antoine prenait congé, il parut secouer sa torpeur.

— « Au fait, Thibault... Vous qui vous êtes un peu spécialisé dans les retardés du langage... Je vous ai adressé quelqu'un, ces jours-ci : Mme Ernst... »

— « Je dois la voir aujourd'hui. »

— « Elle vous amènera son petit garçon, un enfant de cinq ou six ans, qui parle comme un bébé, par monosyllabes. Il y a même certains sons qu'il semble ne pas pouvoir prononcer du tout. Mais, si on lui dit de réciter sa prière, il se met à genoux, et il vous débite le *Notre Père*, d'un bout à l'autre, en articulant presque correctement! Par ailleurs, il paraît assez intelligent. C'est un cas très intéressant pour vous, je crois... »

V

Léon parut dès qu'il entendit la clef de son maître dans la serrure :
— « Mlle de Battaincourt est là... » Il prit un air dubitatif qui lui était familier, et ajouta : « Je crois que c'est avec une gouvernante. »

« Ce n'est pas une Battaincourt », rectifia Antoine à part lui, « puisqu'elle est la fille de Goupillot, les *Bazars du XXe siècle*... »

Il passa dans sa chambre pour changer de col et de veston. Il attachait de l'importance à sa toilette et s'habillait avec une discrétion étudiée. Puis il gagna son cabinet, s'assura d'un regard que tout était en ordre, et, plein d'entrain au seuil de cet après-midi de travail, il souleva vivement la portière et ouvrit la porte du salon.

Une svelte jeune femme se leva. Il reconnut l'Anglaise qui, déjà, au printemps, avait accompagné Mme de Battaincourt et sa fille. (Sa mémoire involontairement fidèle, lui rappela même aussitôt un petit trait qui l'avait frappé : à la fin de la visite, tandis que, assis à son bureau, il rédigeait son ordonnance, il avait par hasard levé les yeux vers Mme de Battaincourt et la Miss qui, toutes deux en toilettes légères, se tenaient debout, rapprochées, dans l'embrasure de la fenêtre, et il n'avait pas oublié cette lueur qu'il avait surprise dans le regard de la belle Anne, tandis qu'elle relevait, d'un geste caressant de ses doigts nus, une mèche de cheveux sur la tempe soyeuse de l'institutrice.)

L'Anglaise inclina la tête d'un mouvement dégagé et fit passer la fillette devant elle. Antoine, qui s'effaçait pour les laisser entrer, fut un instant enveloppé par la fraîche senteur de ces deux corps jeunes et soignés.

Elles étaient toutes deux blondes, élancées et de carnation lumineuse.

Huguette portait son manteau sur son bras, et, bien qu'elle n'eût guère plus de treize ans, elle était déjà si grande qu'on s'étonnait de la voir vêtue d'une robe d'enfant, courte, sans manches, et laissant à découvert toute une chair de gamine que l'été avait somptueusement dorée. Ses cheveux, d'un blond chaud, s'enroulaient en boucles mobiles, et encadraient presque gaiement une physionomie où le sourire indécis, le large regard un peu lent, exprimaient plutôt la mélancolie.

L'Anglaise s'était tournée vers Antoine. Son teint de fleur rosit vivement aux pommettes, lorsqu'elle entreprit d'expliquer, en un français mélodieux comme un trille d'oiseau, que Madame déjeunait en ville, qu'elle avait bien recommandé qu'on lui renvoyât la voiture, et qu'elle ne tarderait pas à arriver.

Antoine s'était approché d'Huguette, lui avait donné une petite tape sur l'épaule, et l'avait tournée face au jour.

— « Comment allons-nous, maintenant ? » fit-il distraitement.

La fillette secoua la tête et sourit comme à regret.

Antoine passait rapidement en revue la coloration des lèvres, des gencives, de la muqueuse de l'œil, mais sa pensée profonde était ailleurs. Dans le salon, tout à l'heure, il avait remarqué la manière dont la petite — si naturellement gracieuse, semblait-il — s'était gauchement levée de son fauteuil, et s'était avancée vers lui avec une imperceptible raideur ; puis, lorsqu'il lui avait donné cette tape sur l'épaule, son attention en éveil n'avait pas manqué d'observer une imperceptible grimace et un très léger mouvement de retraite.

C'était la seconde fois seulement qu'il voyait l'enfant. Il n'était pas le médecin de la famille. Sans doute était-ce à l'instigation de son mari, Simon de Battaincourt, un ancien ami de Jacques, que la belle Mme de Battaincourt avait fait, au printemps, irruption chez Antoine pour le consulter sur l'état général de sa fille, fatiguée, disait-elle, par une croissance trop rapide. A cette date, l'examen d'Antoine n'avait décelé aucun indice de lésion. Mais, l'état général lui ayant paru suspect, il avait prescrit une hygiène sévère, et fait promettre qu'on lui ramènerait l'enfant tous les mois. Il ne l'avait jamais revue.

— « Voyons », dit-il, « voulez-vous me défaire tout ça... »

— « Miss Mary », appela Huguette.

Antoine, à son bureau, volontairement calme, consultait le dossier établi en juin. Il n'avait encore relevé aucun symptôme qui méritât considération ; mais un soupçon s'était imposé à lui ; et, bien que souvent déjà ces sortes d'impressions l'eussent amené à dépister un mal encore latent, il se refusait systématiquement à leur donner trop vite créance. Il déplia devant lui le calque de l'examen radioscopique fait au printemps, et l'étudia sans hâte. Puis, il se leva.

Au milieu de la pièce, Huguette, à demi assise sur le bras d'un fauteuil, se laissait paresseusement dévêtir. Quand elle voulait aider la miss à détacher un lacet ou une agrafe, elle s'y prenait si maladroitement que l'Anglaise lui repoussait la main ; une fois même, agacée, celle-ci alla jusqu'à lui frapper sèchement sur les doigts. Cette brusquerie, et quelque chose de fermé dans le visage angélique de Mary, fit supposer à Antoine que la jolie fille n'aimait guère l'enfant. Huguette, d'ailleurs, avait l'air de la craindre.

Il s'approcha :

— « Merci », dit-il, « cela suffit. »

La petite leva sur lui d'admirables yeux bleus, limpides, pénétrés de lumière. Sans savoir pourquoi, elle aimait bien ce docteur-là. (Du reste, malgré son visage volontaire et d'aspect toujours si tendu, Antoine donnait

rarement à ses malades l'impression qu'il était dur ;
même les jeunes, les moins perspicaces, ne s'y trompaient
guère : le pli de ce front, ce regard encaissé, insistant,
cette forte mâchoire crispée, leur apparaissaient seulement comme une garantie de sagacité et de force. « Les
malades, disait le Patron avec un diabolique sourire,
ne tiennent vraiment qu'à une chose : c'est à être pris
au sérieux... »)

Antoine commença par une patiente auscultation.
Rien aux poumons. Il avançait avec méthode, comme
Philip. Rien au cœur. « Mal de Pott... », insinuait une
voix secrète, « mal de Pott... ? »

— « Baissez-vous », dit-il tout à coup. « Ou plutôt
non : ramassez-moi quelque chose... votre soulier, par
exemple. »

Elle fléchit les genoux pour ne pas arquer le dos. Mauvais indice. Il désirait encore s'être trompé. Mais il avait
hâte de savoir.

— « Tenez-vous droite », reprit-il. « Croisez les bras.
Là. Maintenant, penchez-vous... Pliez... Davantage... »

Elle s'était redressée ; ses lèvres, avec une lenteur charmante, se désunirent, s'entrouvrirent en un sourire
câlin :

— « Ça me fait mal », murmura-t-elle sur un ton
d'excuse.

— « Bon », fit Antoine. Il la considéra un instant,
sans paraître la voir. Puis il la regarda et lui sourit. Elle
était amusante, elle était désirable, ainsi nue, son soulier
à la main, ses grands yeux étonnés et tendres fixés sur
Antoine. Déjà lasse d'être debout, elle s'appuyait au
dossier d'un siège. La blancheur satinée du torse faisait
paraître presque sombre le ton d'abricot mûr qui couvrait les épaules, les bras, les cuisses rondes ; ce hâle
suggérait l'idée d'une peau chaude, brûlante.

— « Étendez-vous là », ordonna-t-il, en dépliant une
toile sur la chaise longue. Il ne souriait plus, il était de

nouveau tout à son inquiétude. « Allongez-vous sur le ventre. Allongez bien. »

Le moment décisif était venu. Antoine s'agenouilla, s'assit solidement sur ses talons et tira ses bras en avant pour bien dégager les poignets. Deux secondes, il resta immobile, comme s'il se recueillait ; son regard soucieux parcourut distraitement, depuis les palettes des omoplates jusqu'à la cambrure ombrée des reins, ce râble dur et musclé qui s'étalait devant lui. Puis, posant sa paume sur la nuque tiède qui fléchit un peu, il appuya deux doigts investigateurs sur la colonne vertébrale, et, s'efforçant de maintenir égale sa pression, comptant l'un après l'autre les nœuds dorsaux, il descendit lentement le long chapelet osseux.

Tout à coup, le corps frémit, se creusa : Antoine n'eut que le temps de lever sa main. Une voix rieuse et convaincue, à demi étouffée par les coussins, jeta :

— « Mais vous me faites mal, docteur ! »

— « Pas possible ? Où donc ? » Pour l'égarer, il toucha plusieurs autres points. « Est-ce là ?... »

— « Non. »

— « Là ? »

— « Non. »

Alors, pour bien s'assurer qu'il ne restait aucun doute :

— « Là ? » demanda-t-il soudain, en piquant son index à la place précise de la vertèbre malade.

L'enfant laissa échapper un cri bref, qui se mua bien vite en un rire forcé.

Il y eut un silence.

— « Retournez-vous », dit Antoine, avec une douceur toute nouvelle.

Il palpa le cou, puis la poitrine, puis les aisselles. Huguette se raidissait pour ne plus se plaindre. Mais, lorsqu'il appuya sur les ganglions des aines, elle laissa échapper un faible gémissement.

Antoine se releva; il était impossible. Mais il évita le regard de l'enfant.

— « Eh bien, je vous laisse », fit-il, comme s'il boudait par jeu. « Vraiment, vous êtes trop douillette! »

On frappait à la porte, qui, en même temps, s'ouvrit.
— « C'est moi, docteur », fit une voix chaude; et, d'un pas présomptueux, la belle Anne fit son entrée. « Je vous demande pardon, je suis honteusement en retard... Mais vous habitez un quartier impossible! » Elle rit. « J'espère que vous ne m'avez pas attendue », ajouta-t-elle, cherchant sa fille des yeux. « Prends garde de prendre froid, toi! » fit-elle, sans tendresse. « Ma petite Mary, soyez assez gentille pour lui mettre quelque chose sur les épaules, voulez-vous? » Elle avait des inflexions de contralto, caressantes et graves, qui succédaient sans transition à des résonances plus rêches.

Elle s'avança vers Antoine. Sa souplesse était provocante; mais il restait toujours, sous ses gestes fringants, quelque chose d'un peu sec, où se trahissait une violente opiniâtreté, corrigée, assouplie par une longue habitude de séduire, et de séduire par la douceur. Un parfum musqué, qui semblait trop lourd pour s'élever dans l'air, stagnait autour d'elle. D'un geste libre, elle tendit sa main gantée de clair, où s'entrechoquaient des gourmettes :

— « Bonjour! »

Son regard gris plongeait jusqu'au fond des yeux d'Antoine. Il vit sa bouche entrouverte. Sous les ondulations brunes, de fines craquelures striaient imperceptiblement la peau des tempes et faisaient la chair plus fragile autour des paupières. Il détourna les yeux.

— « Êtes-vous content, docteur? » demanda-t-elle. « Où en êtes-vous de votre examen? »

— « Mais... c'est fini pour aujourd'hui », dit Antoine,

un sourire figé aux lèvres ; et, se tournant vers l'Anglaise :
« Vous pouvez rhabiller Mademoiselle. »

— « Reconnaissez que je vous l'ai ramenée en bon état ! » s'écria Mme de Battaincourt, en s'installant à contre-jour, par habitude. « Vous a-t-elle dit que nous avions passé... »

Antoine s'était approché du lavabo, et la tête poliment tournée vers Mme de Battaincourt, il commençait à savonner ses mains.

— « ... que nous avions passé, pour elle, deux mois à Ostende ? D'ailleurs, on le voit : est-elle brunie ! Et si vous l'aviez vue il y a six semaines ! N'est-ce pas, Mary ? »

Antoine réfléchissait. La tuberculose, cette fois, s'était déclarée : elle attaquait l'édifice en ses fondations, elle rongeait déjà profondément la colonne vertébrale. Il s'apprêtait bien à dire : « Lésions curables... » Mais il ne le pensait pas. L'état général, malgré l'apparence, était inquiétant. Tout l'appareil ganglionnaire était tuméfié. Huguette était la fille du vieux Goupillot, et cette hérédité corrompue semblait devoir gravement compromettre l'avenir.

— « Vous a-t-elle dit qu'elle avait eu le troisième prix de hâle, au concours du *Palace* ? Et un accessit à celui du Casino ? »

Elle zézayait un peu, très peu, juste ce qu'il fallait pour ajouter à son charme redoutable un rien d'ingénu, de rassurant. Ses prunelles, dont la nuance glauque étonnait dans ce teint de brune, lançaient sans raison des lueurs brèves, excessives. Dès leur première rencontre, Antoine l'avait sourdement irritée. Anne de Battaincourt aimait sentir sur elle la convoitise des hommes et des femmes. Les années venant, elle en tirait d'ailleurs moins souvent profit ; mais, plus le plaisir qu'elle y prenait restait platonique, et plus elle semblait anxieuse de s'assurer partout cette ambiance sensuelle. L'attitude d'Antoine l'exaspérait, justement parce que le regard attentif, amusé, qu'il posait sur elle, n'était pas absolument exempt de désir ; elle y sentait trop bien, cependant, qu'un tel désir était facilement maîtrisé et qu'il laissait au jugement toute sa clairvoyance.

Elle s'interrompit.

— « Excusez-moi », dit-elle avec un rire de gorge, « j'étouffe sous ce manteau. » Et, toujours assise, sans quitter le jeune homme des yeux, d'un mouvement onduleux qui fit cliqueter son sautoir, elle laissa glisser le long d'elle l'ample fourrure, qui recouvrit le siège sur lequel elle était. Son buste, plus libre, palpita ; l'échancrure du corsage dégageait un cou délié, jeune encore et pour ainsi dire insoumis, tant il portait fièrement la petite tête casquée au profil aquilin.

Penché maintenant sur ses mains qu'il essuyait avec lenteur, Antoine, distrait, soucieux, se représentait par avance l'inflammation progressive du tissu osseux, le ramollissement, puis soudain l'affaissement de la vertèbre cariée. Il fallait, au plus tôt, tenter l'unique chance : l'ensevelissement dans le corset de plâtre, pour des mois — des années peut-être...

— « Très gai, docteur, Ostende, cet été », poursuivait Mme de Battaincourt, forçant le ton pour être écoutée d'Antoine. « Un monde fou, trop de monde, même... Une foire ! » Elle rit. Puis, voyant que l'attention du médecin lui échappait, elle laissa progressivement tomber la voix, se tut, et tourna vers Miss Mary, qui rhabillait Huguette, un œil complaisant. Mais elle ne supportait jamais longtemps de rôle de spectatrice : il lui fallait toujours intervenir. Pour corriger un faux pli du col, elle se leva prestement, rectifia d'un tour de main l'arrangement du corsage, et, s'adressant à l'Anglaise, à mi-voix, elle lui dit, familièrement penchée vers son visage :

— « Vous savez, Mary, je préfère la guimpe qu'on a faite chez Hudson ; il faudra la donner comme modèle à Suzy... Tiens-toi donc debout », s'écria-t-elle, agacée.

« Toujours s'asseoir ! Comment veux-tu qu'on sache si ta robe est droite ?... » Et, d'un geste souple, renversant le buste du côté d'Antoine : « Vous n'imaginez pas combien cette grande bringue est mollasse, docteur ! Pour moi, qui ai toujours eu du vif-argent dans les veines, c'est horripilant ! »

Les yeux d'Antoine rencontrèrent ceux d'Huguette, vaguement interrogateurs, et il ne put retenir un petit éclair de connivence, qui fit sourire l'enfant.

« Voyons », précisa-t-il à part lui. « Aujourd'hui, lundi. Il faut que vendredi ou samedi elle soit dans son plâtre. Après, nous aviserons. »

Après ?... Il resta quelque temps songeur. Il voyait nettement, sur la terrasse d'un hospice de Berck, parmi les « cercueils » alignés sous le vent salin, une voiture plus longue que les autres, et, sur le matelas sans oreiller, dans le visage renversé de l'infirme, ce beau regard, vivace et bleu, errant sur l'horizon des dunes...

— « A Ostende », expliquait Mme de Battaincourt, toute à ses griefs contre la paresse de sa fille, « figurez-vous qu'on avait organisé des cours de danse, le matin, au casino. J'ai voulu l'y faire aller. Après chaque danse, Mademoiselle s'affalait sur les banquettes, pleurnichait, faisait l'intéressante ! Tout le monde s'attendrissait... » Elle haussa les épaules. « Moi qui ai horreur de l'attendrissement ! » lança-t-elle avec feu, braquant soudain vers Antoine un regard tellement inflexible, qu'il se souvint tout à coup qu'on avait jadis fait courir le bruit que le vieux Goupillot, devenu tardivement jaloux, était mort empoisonné. Elle ajouta, sur un ton de rancune : « Ça devenait tellement ridicule que j'ai bien dû céder. »

Antoine l'enveloppa d'un coup d'œil sans indulgence. Brusquement, sa décision fut prise. Il renoncerait à avoir un entretien grave avec cette femme ; il la laisserait partir, et, d'urgence, convoquerait le mari. Huguette n'était pas la fille de Battaincourt, mais Antoine se rappelait ce que Jacques avait toujours dit de Simon : « Rien dans la boule, mais un cœur d'or. »

— « Votre mari est à Paris ? » demanda-t-il.

Mme de Battaincourt crut qu'il consentait enfin à donner un tour plus mondain à la conversation. Ce n'était pas trop tôt ! Elle avait certaines choses à lui demander, pour lesquelles il lui fallait provoquer la bonne grâce d'Antoine. Elle éclata de rire et prit l'Anglaise à témoin :

— « Vous entendez, Mary ? Non, mon cher Monsieur : nous sommes condamnés à la Touraine jusqu'en février, pour les chasses ! J'ai juste pu m'échapper cette semaine entre deux fournées d'invités, mais samedi j'ai de nouveau maison pleine. »

Antoine ne répondit rien, et ce silence acheva de la dépiter. Il fallait renoncer à apprivoiser ce sauvage. Elle le trouvait ridicule, avec ses airs absents ; et mal élevé !

Elle traversa la pièce pour reprendre son manteau.

« Bon », se disait Antoine. « Je télégraphierai tout à l'heure à Battaincourt ; j'ai l'adresse. Il peut être à Paris, demain, après-demain au plus tard. Jeudi, radio. Et consultation du Patron, par sécurité. Nous lui ferons son plâtre samedi. »

Huguette, assise dans un fauteuil, se gantait d'un air sage. Mme de Battaincourt, debout, tout enveloppée de fourrure, rajustait devant la glace sa coiffure de Valkyrie, faite d'une dépouille de faisan doré. Elle demanda, non sans quelque aigreur :

— « Eh bien, docteur ? Pas d'ordonnance ? Quelles recommandations, cette fois ? Lui défendriez-vous de suivre quelques chasses, avec Miss Mary, en charrette anglaise ? »

VI

Mme de Battaincourt partie, Antoine revint dans son cabinet et ouvrit la porte du salon.

Rumelles entra du pas d'un homme qui n'a jamais une minute à perdre.

— « Je vous ai fait attendre », dit Antoine en manière d'excuse.

L'autre fit un geste de protestation courtoise et tendit familièrement la main. Il semblait dire : « Je ne suis rien d'autre ici qu'un client. »

Il portait une redingote noire à revers de soie et tenait à la main un chapeau haut de forme. Sa prestance s'accommodait d'ailleurs assez bien de ce harnais officiel.

— « Oh! oh! » fit Antoine gaiement, « vous venez au moins de chez le Président de la République? »

Rumelles rit avec complaisance.

— « Pas tout à fait, mon cher. Mais je sors de l'ambassade de Serbie : un déjeuner en l'honneur de la mission Djanilozsky, de passage à Paris cette semaine. Et puis je suis encore de corvée tout à l'heure : le ministre m'envoie recevoir la reine Élisabeth, qui a eu la fâcheuse idée d'annoncer qu'elle visiterait, à cinq heures et demie, l'Exposition des chrysanthèmes. Je la connais, heureusement. Très simple, tout à fait gentille. Elle adore les fleurs et déteste le protocole. Je m'en tiendrai à quelques mots de bienvenue, pas du tout solennels. »

Il sourit d'un air absent, et Antoine eut l'idée qu'il ruminait sa péroraison, une trouvaille à la fois respectueuse, galante et spirituelle.

Rumelles avait passé la quarantaine. Une tête léonine, une épaisse crinière blondasse rejetée en arrière autour d'un masque romain un peu gras; une moustache retrous-

sée au fer, agressive ; un œil bleu, volontairement mobile
et pénétrant. « Sans la moustache », pensait quelquefois
Antoine, « ce fauve aurait eu le profil d'un mouton. »
— « Ah! ce déjeuner, mon cher! » Il fit une pause,
fermant à demi les yeux et dodelinant la tête. « Vingt
ou vingt-cinq convives, rien que des officiels, des personnages de premier plan, et quoi? peut-être, en comptant bien, deux, trois intelligences? C'est effrayant... Je
crois pourtant avoir amorcé quelque chose d'utile. Le
ministre n'en sait rien. J'ai peur qu'il ne me gâte tout,
avec ses façons de chien qui tient un os... » Sa diction
substantielle, et le sourire subtil dont il prolongeait ses
moindres paroles, donnait du piquant, mais toujours le
même, à tous ses propos.

— « Vous permettez? » interrompit Antoine en
s'approchant de son bureau. « Le temps de rédiger une
dépêche urgente. Je vous écoute, d'ailleurs. Comment
vous sentez-vous, aujourd'hui, après ces agapes serbes? »

Rumelles n'eut pas l'air d'avoir entendu la question.
Il continuait à pérorer distraitement. « Dès qu'il a pu
prendre la parole », remarqua Antoine, « il n'a plus du
tout l'air d'un homme pressé... » Et, tandis qu'il grif-
fonnait son télégramme à Battaincourt, des bouts de
phrases parvenaient à son oreille distraite :

— « ... depuis que l'Allemagne s'agite... Les voilà
qui préparent à Leipzig, un monument commémoratif
des événements de 1813!... L'inauguration fera du ta-
page!... Tout prétexte leur est bon... Ça vient, mon cher!
Attendez seulement deux ou trois ans... Ça vient! »

— « Quoi donc? » dit Antoine, levant le nez. « La
guerre? »

Il regardait Rumelles d'un œil amusé.

— « Mais oui, la guerre », fit l'autre sérieusement.
« Nous y allons tout droit. »

Il avait toujours eu l'inoffensive manie de prédire à
bref délai la guerre européenne. On eût dit parfois qu'il

y comptait ; et justement, il ajouta : « Ce sera le moment de se montrer à la hauteur. » Phrase ambiguë, qui pouvait signifier : aller se battre, mais Antoine, sans hésiter, traduisit : grimper au pouvoir.

Rumelles, qui s'était approché du bureau, se pencha vers Antoine et baissa machinalement la voix :

— « Vous suivez ce qui se passe en Autriche ? »

— « Heu... Oui — comme un profane. »

— « Tisza se pose déjà en successeur de Berchtold. Or, Tisza, je l'ai vu de près en 1910 : c'est le pire des risque-tout. Il l'a prouvé d'ailleurs à la présidence de la Chambre hongroise. Vous avez lu ce discours où il menaçait ouvertement la Russie ? »

Antoine avait fini d'écrire et s'était levé.

— « Non », dit-il. « Mais, depuis que j'ai l'âge de lire un journal, j'ai toujours vu l'Autriche jouer ce rôle d'enfant terrible. Et, jusqu'ici, ça n'a jamais eu beaucoup d'importance. »

— « Parce que l'Allemagne faisait frein. Mais, justement, l'attitude de l'Autriche commence à devenir très inquiétante, à cause de l'évolution qui s'est produite en Allemagne depuis un mois environ. Et ça, le public ne s'en doute pas. »

— « Expliquez-moi ça », dit Antoine, intéressé malgré lui.

Rumelles consulta la pendule, et se redressa :

— « Je ne vous apprendrai pas que, malgré l'alliance apparente, malgré les beaux discours des deux empereurs, les relations entre l'Allemagne et l'Autriche, depuis six ou sept ans... »

— « Eh bien, pour nous, ce désaccord n'est-il pas une garantie de paix ? »

— « Inappréciable. C'*était* même la seule. »

— « C'*était?* »

Rumelles, gravement, fit un signe affirmatif.

— « Tout cela, mon cher, est en train de changer... »

Il regarda Antoine comme s'il se demandait jusqu'où il pouvait aller, puis ajouta, entre ses dents : « Et peut-être par notre faute. »

— « Par notre faute ? »

— « Mon Dieu, oui. Mais ça, c'est une autre histoire. Si je vous disais que nous sommes considérés, par les gens les plus avertis d'Europe, comme ayant des arrière-pensées belliqueuses ? »

— « Nous ? C'est idiot. »

— « Le Français ne voyage pas. Le Français, mon cher, n'a aucune idée de l'effet que peut faire sa politique cocardière, vue du dehors... Toujours est-il que le rapprochement progressif de la France, de l'Angleterre, de la Russie, leurs nouveaux accords militaires, tout ce qui se trame diplomatiquement depuis deux ans, tout ça, à tort ou à raison, commence à inquiéter sérieusement Berlin. En face de ce qu'elle nomme, de bonne foi, les "menaces" de la Triple Entente, l'Allemagne découvre tout à coup qu'elle pourrait bien se trouver toute seule. Elle sait que l'Italie ne fait plus qu'en théorie partie de la Triplice. Elle n'a donc plus que l'Autriche avec elle, et c'est pourquoi, ces dernières semaines, il lui a paru urgent de resserrer en hâte les liens d'amitié. Fût-ce au prix de concessions importantes. Fût-ce au prix d'un changement de direction. Vous saisissez ? De là, à modifier brusquement son attitude, à accepter la politique balkanique de l'Autriche, à l'encourager presque, il n'y a qu'un pas ; et on dit que ce pas est déjà fait. C'est d'autant plus grave que l'Autriche, ayant senti tourner le vent, en a tout de suite profité, comme vous avez vu, pour hausser le ton. Voilà donc l'Allemagne volontairement solidaire des audaces autrichiennes — ce qui, du jour au lendemain, peut donner à ces audaces une portée incalculable. C'est toute l'Europe automatiquement entraînée dans la bagarre balkanique !... Comprenez-vous maintenant qu'on se sente pessimiste, ou tout au moins inquiet, pour peu qu'on soit renseigné? »

Antoine se taisait, sceptique. Il savait par expérience que les spécialistes de politique extérieure prévoient toujours d'inévitables conflits. Il avait sonné Léon ; debout près de la porte, il attendait que le domestique fût venu, pour passer enfin aux choses sérieuses ; et il suivait, d'un œil sans indulgence, Rumelles qui, tout à son sujet, oubliant l'heure, portant beau, allait et venait devant la cheminée.

Le père Rumelles, ancien sénateur, avait été un ami de M. Thibault. (Il était mort juste à temps pour ne pas assister à l'ascension de son fils dans les honneurs républicains.) Antoine avait eu maintes fois, jadis, l'occasion de rencontrer Rumelles ; mais, à vrai dire, il ne l'avait jamais tant fréquenté que depuis une semaine. Son opinion, sévère, se précisait à chaque visite. Il avait observé que cette loquacité soutenue, cette courtoisie prématurée d'homme influent, cet intérêt pour les grands problèmes, laissaient toujours, à un moment ou à un autre, percer un trait mesquin où se révélait naïvement l'ambition personnelle ; l'ambition était sans doute le seul sentiment violent dont Rumelles fût capable, Antoine croyait même cette ambition un peu disproportionnée aux moyens du bord — qu'il jugeait limités : une instruction médiocre, une timidité sans modestie, un caractère inconsistant ; le tout, habilement dissimulé sous une allure de futur grand homme.

Cependant, Léon était venu prendre le télégramme. « Trêve de politique, et trêve de psychologie », se dit Antoine, en se tournant vers le discoureur.

— « Alors? Toujours pareil? »

Le visage de Rumelles s'assombrit brusquement.

Un soir, au début de la semaine précédente, vers neuf heures, Antoine avait vu Rumelles entrer dans son cabinet, livide. Atteint depuis l'avant-veille d'une maladie qu'il refusait d'avouer à son médecin habituel, encore moins à un inconnu — « parce que », disait-il, « comprenez-moi, mon cher, je suis marié, je suis un personnage un peu officiel, ma vie privée, ma vie publique sont à la merci d'une indiscrétion, d'un chantage... » — il s'était rappelé que le jeune Thibault était médecin, et il venait supplier Antoine de le soigner. Après avoir vainement tenté de l'envoyer chez un spécialiste, Antoine, toujours prêt à exercer son art, et assez curieux d'approcher ce politicien, avait consenti.

— « Aucun mieux, vraiment ? »

Rumelles secoua piteusement la tête, et resta muet. Ce bavard ne pouvait se résoudre à parler de son mal, à avouer qu'il subissait, par moments, un supplice de damné, et que, tout à l'heure encore, après le déjeuner diplomatique, il avait dû couper court à un entretien important pour quitter précipitamment le fumoir, tant les élancements étaient devenus douloureux.

Antoine réfléchit.

— « Eh bien », dit-il résolument, « il va falloir essayer le nitrate... »

Il ouvrit la porte du « laboratoire », et fit entrer Rumelles, devenu silencieux ; puis, le dos tourné, il prépara ses mélanges et remplit la seringue à cocaïne. Lorsqu'il revint vers sa victime, celle-ci avait dépouillé la solennelle redingote ; sans faux col, sans pantalon, ce n'était déjà plus qu'un pauvre diable de malade, endolori, inquiet, humilié, et qui défaisait avec embarras des linges souillés.

Mais il ne s'abandonnait pas encore. Quand Antoine s'approcha, il releva un peu la tête et essaya de sourire avec un reste de désinvolture. Il souffrait, pourtant, et de mille manières. Même de sa solitude morale. Car, dans sa disgrâce actuelle, c'était un surcroît de calamité que de ne pouvoir tout à fait jeter le masque, de ne pouvoir avouer à personne combien cet accident ridicule l'offensait, non pas seulement dans sa chair : dans son orgueil. Hélas! à qui eût-il parlé avec abandon? Il n'avait pas un ami. Depuis dix ans, la politique l'avait condamné à vivre isolé derrière un barrage de camaraderie hypocrite et méfiante. Pas un attachement véritable à sa portée. Si, un seul : celui de sa femme ; c'était, en réalité, sa seule amie, le seul être qui le connût et l'aimât pour ce qu'il était vraiment, le seul être auquel il eût été soulagé de se confier — mais justement celui auquel il devait le plus anxieusement cacher cette misérable aventure.

La douleur physique se chargea de mettre un terme à ces réflexions. Le nitrate commençait à agir. Rumelles étouffa les premiers cris de souffrance. Mais bientôt, malgré l'effet du calmant, il eut beau serrer les dents et les poings, il ne put se retenir. La cautérisation profonde lui arrachait des gémissements de femme en couches. De grosses larmes faisaient briller ses yeux bleus.

Antoine eut pitié :

— « Voilà, mon petit, un peu de courage, j'ai terminé... C'est douloureux, mais indispensable ; et ça ne durera pas. Restez tranquille, que je vous fasse encore un peu de cocaïne... »

Rumelles ne l'écoutait pas. Écartelé sur la table, sous l'impitoyable réflecteur, il contractait et détendait les jambes comme une grenouille de dissection.

Lorsque Antoine fut enfin parvenu à atténuer la douleur :

— « Il est le quart », dit-il. « A quelle heure faut-il que vous partiez d'ici ? »

— « A... à cinq heures seulement », bégaya l'infortuné. « J'ai... l'auto... en bas. »

Antoine sourit : un sourire amical, encourageant, mais qui déguisait un sourire subreptice : il venait, malgré lui, de penser au chauffeur bien stylé, à cocarde tricolore, impassible sur son siège, qui attendait M. le Délégué du Ministre; puis au chemin de tapis rouge qu'en ce moment sans doute on déroulait sous le vélum de l'Exposition des Fleurs, et sur lequel, dans une heure, ce Rumelles qui gigotait là comme un nouveau-né qu'on change de linge, le beau Rumelles enfin, sanglé dans sa redingote, un vague sourire sous sa moustache de chat, s'avancerait seul, à pas comptés, au-devant de la petite reine Elisabeth... Mais cette distraction ne dura qu'une minute. Bientôt, sous les yeux du médecin, il n'y eut plus qu'un malade ; moins qu'un malade, un cas ; et moins encore : une action chimique, le travail d'un caustique sur une muqueuse, travail qu'il avait sciemment provoqué, dont il était responsable, et dont il surveillait, en pensée, le développement nécessaire.

Trois coups discrets, frappés par Léon, le rappelèrent aux réalités extérieures. « Gise est là », songea-t-il soudain, en jetant son attirail dans un plateau de l'autoclave. Et, pressé maintenant de quitter Rumelles, mais habitué à ne pas transiger avec les obligations professionnelles, il attendit patiemment que l'effet douloureux fût calmé.

— « Reposez-vous ici tout à votre aise », dit-il en s'éclipsant. « Je n'ai pas besoin de cette pièce. Je viendrai vous prévenir quand il sera moins dix. »

VII

Léon avait dit à Gise :
— « Si Mademoiselle veut bien attendre là... »
« Là », c'était l'ancienne chambre de Jacques, obscurcie déjà par la nuit commençante, pleine d'ombre et de silence comme un caveau. Le cœur de Gise avait battu

en passant ce seuil, et l'effort qu'elle avait dû faire pour vaincre son malaise avait pris, comme toujours, la forme d'une prière, d'un bref appel à Celui qui n'abandonne jamais. Puis elle avait été s'asseoir, machinalement, sur ce canapé-lit où, tant de fois, à tous âges, elle était venue bavarder avec Jacquot. On entendait — était-ce dans le salon, était-ce dans la rue ? — les sanglots houleux d'un enfant. Gise avait du mal à dominer sa sensibilité. Pour un rien, maintenant, les larmes l'étouffaient. Par bonheur, en ce moment, elle était seule. Il faudrait voir un médecin. Mais pas Antoine. Elle n'allait pas bien, elle avait trop maigri. Les insomnies, sans doute. Ce n'était pas naturel, à dix-neuf ans... Elle songea, une minute, à l'étrange enchaînement de ces dix-neuf années : cette interminable enfance entre deux vieillards ; — puis, vers les seize ans, ce grand chagrin, compliqué de secrets si lourds!

Léon vint donner de la lumière, et Gise n'osa pas lui dire qu'elle préférait l'enveloppement de cette demi-obscurité. Dans la chambre, éclairée maintenant, elle reconnaissait chaque meuble, chaque bibelot. On sentait bien que la piété fraternelle d'Antoine s'était, par principe, interdit de toucher à rien ; mais, depuis qu'il prenait là ses repas, peu à peu, chaque objet avait été déplacé, avait changé de destination, et tout avait pris un aspect différent : cette table dépliée, au centre de la pièce ; ce service à thé, qui trônait sur le bureau désaffecté, entre la corbeille à pain et le compotier de fruits. La bibliothèque elle-même... Autrefois, ces rideaux verts n'étaient pas ainsi tirés derrière les vitres. L'un des rideaux bâillait ; Gise se pencha, vit briller de la vaisselle ; Léon avait empilé des livres sur les rayons d'en haut... Si ce pauvre Jacques avait pu voir sa bibliothèque transformée en buffet !

Jacques... Gise se refusait à penser à lui comme à un mort. Non seulement elle n'aurait pas été saisie de le voir brusquement surgir dans l'embrasure de la porte, mais, presque à tout instant, elle s'attendait à le voir paraître devant elle; et cette attente superstitieuse l'entretenait, depuis trois ans, dans un demi-rêve exalté, déprimant.

Ici, parmi ces choses familières, les souvenirs l'assaillent. Elle n'ose se lever ; elle respire à peine par crainte de remuer l'air, de profaner ce silence. Il y a, sur la cheminée, une photographie d'Antoine. Ses yeux s'y arrêtent. Elle se rappelle le jour où Antoine a donné cette épreuve à Jacques ; il en a remis une semblable à Mademoiselle ; elle est là-haut. C'est l'Antoine d'autrefois, qu'elle aimait comme un frère aîné, qui a été son grand secours pendant ces trois années d'épreuve. Depuis que Jacques n'est plus là, elle est si souvent descendue auprès d'Antoine, pour parler du disparu! Que de fois elle a failli lui dire son secret! Tout est changé maintenant. Pourquoi? Que s'est-il passé entre eux? Elle n'aurait su rien alléguer de précis. Elle se rappelle seulement la courte scène du mois de juin, à la veille de son départ pour Londres. Antoine avait paru perdre la tête devant cette séparation imminente et dont il ne pouvait deviner la secrète raison. Que lui a-t-il dit, au juste? Elle a cru comprendre qu'il ne l'aimait plus seulement comme un grand frère, qu'il pensait à elle « autrement ». Est-ce possible? Peut-être s'est-elle imaginé des choses? Mais non ; même dans les lettres ambiguës, trop tendres et comme réticentes, qu'il lui a écrites, elle n'a plus retrouvé la paisible affection des années précédentes. Aussi, depuis qu'elle est revenue en France, l'a-t-elle évité d'instinct, et n'a-t-elle pas eu avec lui, en ces quinze jours, un seul moment de tête-à-tête. Que lui veut-il aujourd'hui?

Elle tressaille. C'est Antoine, c'est son pas rapide, bien scandé. Il entre, s'arrête et sourit. Ses traits sont un peu las ; pourtant, le front est détendu, l'œil animé, heureux. Gise, qui se sentait aller à la dérive, se reprend aussitôt · il suffit qu'Antoine paraisse pour que se répande autour de lui un peu de son élan vital.

— « Bonjour, Nigrette! » dit-il en souriant. (C'est un très ancien surnom que M. Thibault avait donné à Gise, un jour de bonne humeur, à l'époque où Mlle de Waize, contrainte d'adopter sa nièce orpheline, venait de la prendre auprès d'elle et d'installer au foyer de la bourgeoise famille Thibault cette fille d'une mulâtresse malgache, et qui avait tout l'air d'une sauvageonne.)

Gise demande, pour dire quelque chose :

— « Tu as beaucoup de monde aujourd'hui? »

— « C'est le métier! » répond-il allégrement. « Veux-tu venir dans mon cabinet? Ou rester ici? » Et, sans attendre sa réponse, il s'assied auprès d'elle. « Comment vas-tu, toi? On ne te voit plus jamais... Tu as un joli châle... Donne-moi ta main... » Il saisit sans façon la main que Gise lui laisse prendre ; il la pose sur son poing fermé, la soulève : « Elle n'est plus potelée comme autrefois, ta petite main... » Gise sourit par contenance, et Antoine voit se creuser deux fossettes dans les joues brunes. Elle ne fait rien pour déplacer son bras, mais Antoine sent qu'elle est raidie, prête au recul. Sur le point de murmurer : « Tu n'es guère gentille depuis que tu es revenue », il se ravise, fronce les sourcils et se tait.

— « Ton père a voulu se recoucher, à cause de sa jambe », dit-elle évasivement.

Antoine ne répond pas. Depuis longtemps, il ne s'est pas trouvé, comme en ce moment, seul, près de Gise. Il continue à regarder la petite main sombre ; il s'applique à suivre le dessin des veines jusqu'au poignet mince et musclé ; un à un, il examine les doigts ; il se force à rire : « On dirait de jolis cigares blonds... » Mais, en même temps, et comme à travers une buée chaude, il caresse de l'œil toute la courbe de ce corps flexible replié sur soi-même, depuis le moelleux arrondi des épaules jusqu'à la pointe du genou qui fait saillie sous le châle de soie. Quel attrait pour lui dans cette langueur naturelle, — si proche! C'est quelque chose de subit, de violent... une poussée de sang... un courant refoulé qui va rompre ses digues... Résistera-t-il à l'envie de glisser un bras autour d'elle, d'attirer contre lui cette chair souple et jeune?... Il se contente de baisser la tête et de frôler avec sa joue la petite main. Il balbutie : « Comme tu as la peau douce, Nigrette... » Son regard, un regard de mendiant ivre, se hausse lourdement jusqu'au visage de Gise, qui détourne instinctivement la tête et dégage sa main.

Elle demande résolument :

— « Que voulais-tu me dire ? »

Antoine se ressaisit :

— « C'est une chose terrible que j'ai à t'apprendre, ma pauvre petite... »

Terrible ? Un atroce soupçon traverse l'esprit de Gise. Quoi ? Tous ses espoirs sont-ils cette fois anéantis ? Son regard, atterré, fait en quelques secondes le tour de cette chambre, se pose anxieusement sur chaque souvenir du bien-aimé.

Mais Antoine achève sa phrase :

— « Père est *très* malade, tu sais... »

Elle paraît d'abord ne pas avoir entendu. Le temps de revenir de si loin... Puis elle répète :

— « *Très* malade ? »

Et, ce disant, elle s'avise soudain qu'elle le savait sans que personne le lui eût dit. Elle ajoute, les sourcils levés, les yeux pleins d'une inquiétude un peu feinte :

— « Mais... malade au point de... ? »

Antoine fait un signe affirmatif. Puis, sur le ton de quelqu'un qui depuis longtemps est familiarisé avec la vérité :

— « L'opération de cet hiver, l'ablation du rein droit,

n'a servi qu'à une chose : à ce qu'on ne puisse plus s'illusionner sur la nature de la tumeur. L'autre rein s'est infecté, presque aussitôt. Mais le mal a pris un aspect différent, s'est généralisé ; heureusement, si l'on peut dire... Cela nous aide à tromper le malade. Il ne se doute de rien, il ne soupçonne pas qu'il est perdu. »

Après un court silence, Gise demande :

— « Combien de temps crois-tu que ?... »

Il la regarde. Il est content. Elle ferait vraiment une femme de médecin. Elle sait se tenir devant l'événement ; elle n'a même pas pleuré. Ces quelques mois à l'étranger l'ont singulièrement mûrie. Il se reproche d'avoir toujours tendance à la croire plus enfant qu'elle n'est.

Il répond, sur le même ton :

— « Deux, trois mois, tout au plus. » Et, vivement, il ajoute : « Peut-être beaucoup moins. »

Bien que son esprit n'ait pas des antennes très sensibles, elle a perçu, dans ces derniers mots, une intention à son adresse ; et elle est soulagée qu'Antoine se démasque sans délai :

— « Dis-moi, Gise, vas-tu me laisser seul, maintenant que tu sais ? Vas-tu quand même retourner là-bas ? »

Elle ne répond pas, et regarde doucement devant elle, de ses yeux brillants, immobiles. Sur sa figure ronde où rien d'autre ne bouge, un petit pli, entre les sourcils, se forme et disparaît, reparaît et s'efface, seul indice du débat intérieur. Son premier sentiment a été de tendresse : cet appel l'a troublée. Elle n'avait guère pensé qu'elle pût jamais être un soutien pour personne, à plus forte raison pour Antoine, sur lequel la famille entière a toujours pris appui.

Mais non ! Elle flaire le piège, elle sent bien pourquoi il voudrait la garder à Paris. Tout en elle s'insurge. Ce séjour en Angleterre, c'est le seul moyen qu'elle ait d'accomplir son grand dessein, c'est sa seule raison de vivre! Si seulement elle pouvait tout expliquer à Antoine! Hélas! ce serait dévoiler le secret de son cœur, et le dévoiler justement au cœur le moins préparé à cette confidence... Plus tard, peut-être... Par une lettre... Pas maintenant.

Ses regards restent fixés au loin avec une expression obstinée, qui déjà, pour Antoine, est un morne présage. Il insiste, cependant :

— « Pourquoi ne veux-tu pas me répondre ? »

Elle tressaille, et, sans quitter son air têtu :

— « Mais, Antoine, au contraire! Il faut que je me hâte plus que jamais d'avoir ce diplôme d'anglais. Je vais avoir besoin de me suffire à moi-même, bien plus tôt que je ne pensais... »

Antoine l'interrompt d'un geste irrité.

Il est surpris de distinguer, dans l'expression de cette bouche close, de ce regard, quelque chose comme un découragement sans remède ; et, en même temps, un éclat, une exaltation qui ressemble à une folle espérance. Pas de place pour lui, dans ces sentiments-là. Une bouffée de dépit lui fait relever la tête. Dépit, désespoir ? Le désespoir domine : sa gorge se contracte : des larmes... Et, pour une fois, il ne cherche ni à les refouler ni à les cacher : elles peuvent encore l'aider à fléchir cette opiniâtreté incompréhensible...

En effet, Gise est très émue. Elle n'a jamais vu pleurer Antoine. Elle n'avait même jamais songé qu'il pût pleurer. Elle évite de le regarder. Elle a pour lui un attachement tendre et profond, elle pense toujours à lui avec un élan intérieur, une sorte d'enthousiasme. Depuis trois ans, il a été son unique soutien, le compagnon robuste, éprouvé, dont le voisinage a été le seul réconfort de sa vie. Pourquoi faut-il qu'il paraisse souhaiter d'elle autre chose que cette admiration, que cette confiance ? Pourquoi ne peut-elle plus lui laisser voir ses sentiments fraternels ?

Un coup de timbre résonne dans le vestibule. Antoine prête machinalement l'oreille. Un bruit de portes ; puis, de nouveau, le calme.

Ils sont l'un près de l'autre, immobiles, silencieux, et leurs pensées, divergentes, galopent, galopent...

Enfin, la sonnerie du téléphone... Un pas dans le vestibule. Léon entrouvre la porte :

— « C'est de chez M. Thibault, Mademoiselle. Le docteur Thérivier est en haut. »

Gise, instantanément, s'est levée.

Antoine rappelle Léon, d'une voix lasse :

— « Combien de personnes au salon ? »

— « Quatre, Monsieur. »

Il se lève à son tour. La vie reprend. « Et Rumelles qui m'attend à moins dix » songe-t-il.

Elle dit, sans s'approcher de lui :

— « Il faut vite que je m'en aille, Antoine... Adieu. »

Il sourit bizarrement et hausse les épaules :

— « Eh bien, va-t'en... Nigrette ! » Et sa propre intonation lui rappelle l'adieu de son père, tout à l'heure : « Eh bien, va-t'en, mon cher ! » Pénible rapprochement...

Il ajoute, sur un autre ton :

— « Veux-tu dire à Thérivier que je ne peux pas m'absenter en ce moment ? S'il désire me parler, qu'il entre ici en descendant. N'est-ce pas ? »

Elle acquiesce d'un signe de tête et ouvre la porte ; puis, comme si elle prenait une détermination subite, elle se retourne vers Antoine... Mais non... Que lui dirait-elle ? Puisqu'elle ne peut pas *tout* lui dire, à quoi bon ?... Et, s'enveloppant plus étroitement dans son châle, elle disparaît sans avoir relevé les yeux.

— « L'ascenseur redescend », dit Léon, « Mademoiselle n'attend pas ? »

Elle fait signe que non, et commence à monter. Len-

tement, car elle est oppressée. Toute son énergie se
concentre maintenant autour d'une idée fixe : Londres !
Oui, repartir le plus tôt possible, sans même attendre
la fin de son congé ! Ah ! si Antoine pouvait savoir ce que
représente pour elle ce séjour outre-Manche !

Il y a deux ans déjà, un matin de septembre (dix mois
après la disparition de Jacques), le facteur de Maisons-
Laffitte, que Gise avait par hasard croisé dans le jardin,
lui avait remis un panier à son nom, portant l'étiquette
d'un fleuriste de Londres. Surprise, pressentant tout à
coup quelque chose de grave, elle avait gagné sa chambre
sans être vue, avait coupé les ficelles, arraché le couvercle,
et s'était presque évanouie en apercevant, sur un lit de
mousse humide, une simple botte de roses. Jacques !
Leurs roses ! Des roses pourpres, de petites roses pourpres au cœur noir, exactement les mêmes ! Septembre,
l'anniversaire ! Le sens de cet envoi anonyme était aussi
clair pour elle que celui d'une dépêche chiffrée dont elle
aurait eu la clé. Jacques n'était pas mort ! M. Thibault
se trompait. Jacques habitait l'Angleterre ! *Jacques
l'aimait !*... Son premier mouvement avait été d'ouvrir
tout grand la porte, pour crier, à pleine voix : « Jacques
est vivant ! » Par bonheur, elle s'était ressaisie à temps.
Comment expliquerait-elle que ces petites roses pourpres fussent à ce point révélatrices ? On la presserait
de questions. Tout, plutôt que de trahir son secret !
Elle avait refermé la porte, elle avait prié Dieu de lui
donner la force de se taire — en tout cas, jusqu'au soir :
elle savait qu'Antoine devait venir à Maisons pour
dîner.

Le soir, elle l'avait pris à part. Elle lui avait parlé d'un
envoi mystérieux : des fleurs, venues de Londres où elle
ne connaissait personne... Jacques ?... Il fallait à tout
prix lancer les recherches sur une nouvelle voie. Antoine,
intéressé, mais rendu sceptique par l'échec de toutes
ses tentatives depuis un an, avait néanmoins fait faire

des démarches immédiatement à Londres. La fleuriste avait donné un signalement très précis de l'acheteur qui avait fait la commande; or, ce signalement ne correspondait en aucune façon à celui de Jacques. La piste avait été abandonnée.

Non par Gise. Elle était seule à posséder une certitude. Elle n'avait plus parlé de rien ; avec une maîtrise de soi qu'on n'eût pas attendue de ses dix-sept ans, elle s'était tue. Mais elle avait pris l'invincible résolution d'aller elle-même en Angleterre, et, coûte que coûte, d'y retrouver la trace de Jacques. Projet presque irréalisable. Pendant deux ans, avec la persévérance insidieuse et taciturne des êtres primitifs qu'étaient ses ancêtres, elle avait, petit à petit, rendu possible et minutieusement organisé ce départ. Au prix de quels efforts! Elle se rappelait chaque étape. Il avait fallu, par de patientes manœuvres, implanter vingt idées nouvelles dans le cerveau rétif de sa tante. D'abord, lui faire admettre qu'une jeune fille sans fortune, même de bonne famille, a besoin d'un moyen d'existence; lui persuader ensuite que sa nièce avait, comme elle, la vocation d'élever des enfants; la convaincre aussi des difficultés de la concurrence actuelle et de la nécessité, pour une institutrice, de parler couramment l'anglais. Puis, il avait fallu mettre adroitement la vieille demoiselle en relations avec une institutrice de Maisons-Laffitte, laquelle venait justement de parfaire ses études dans une sorte d'institut anglais, tenu par des religieuses catholiques, aux environs de Londres. La chance avait voulu que M. Thibault, mis en branle, recueillît sur l'institut de bons renseignements. Enfin, après mille atermoiements, au printemps dernier, Mlle de Waize avait consenti à la séparation. Gise avait déjà passé l'été en Angleterre. Mais ces quatre mois n'avaient rien donné de ce qu'elle espérait : elle avait été victime de détectives malhonnêtes et n'avait essuyé que des déboires. C'est maintenant qu'elle allait pouvoir agir, remuer des gens. Elle venait de vendre quelques bijoux, de rassembler ses économies. Elle s'était abouchée enfin avec des agences sérieuses. Et surtout elle avait intéressé à sa romanesque entreprise la fille du *Commissioner of Metropolitan Police* de Londres, chez lequel elle devait déjeuner dès son retour là-bas, et qui pouvait lui être d'un incomparable appui. Comment ne pas espérer?...

Gise arrivait à l'étage de M. Thibault. Elle dut sonner : sa tante ne lui avait jamais confié la clé de l'appartement.

« Oui, comment ne pas espérer ? » se dit-elle. Et soudain, la certitude qu'elle allait retrouver Jacques reprit sur elle tant d'empire qu'elle se sentit toute raffermie. Antoine avait dit que cela pouvait durer trois mois. « Trois mois ? » songea-t-elle. « Avant trois mois, j'aurai réussi ! »

Pendant ce temps, en bas, dans la chambre de Jacques, Antoine, resté debout devant la porte que Gise avait refermée derrière elle, écrasait son regard sur ce panneau de bois opaque, infranchissable.

Il se sentait parvenu à un point limite. Jusqu'ici, sa volonté — qui s'était presque toujours attaquée au plus difficile, et victorieusement — ne s'était jamais acharnée contre l'irréalisable. Quelque chose, en ce moment, était en train de se détacher de lui. Il n'était pas homme à persévérer sans espoir.

Il fit deux pas hésitants, s'aperçut dans la glace, s'approcha, s'accouda à la cheminée, et, tendant le visage, se contempla quelques secondes jusqu'au fond des yeux. « Et si, brusquement, elle avait dit : *Oui, épouse-moi...* » ? Il frissonna : une peur rétrospective... « C'est bête de jouer avec ça », se dit-il, en pivotant sur les talons. Puis, tout à coup : « Sacredié, cinq heures... Et la reine Elisabeth ! »

A pas rapides, il se dirigea vers le « laboratoire ». Mais Léon l'arrêta : il avait l'œil terne, son sourire errant et narquois :

— « M. Rumelles est parti. Il s'est inscrit pour après-demain, même heure. »

— « Parfait », dit Antoine, soulagé. Et, sur le moment, cette petite satisfaction suffit presque à balayer son souci.

Il regagna son cabinet, le traversa en diagonale, et, soulevant la portière, de ce geste familier qu'il n'exécutait jamais sans un certain plaisir, il ouvrit la porte du salon.

— « Tiens, tiens », fit-il en pinçant au passage la joue d'un garçonnet pâlot qui s'avançait fort intimidé. « Tout seul, comme un grand garçon ? Tes parents vont bien ? »

Il s'empara de l'enfant, l'attira jusqu'à la fenêtre, s'assit à contre-jour sur un tabouret, et, d'un mouvement doux et ferme, il inclina en arrière la petite tête docile, pour inspecter le pharynx. « A la bonne heure », murmura-t-il, sans détacher son regard, « cette fois, voici ce qu'on appelle des amygdales... » Il avait retrouvé d'emblée cette voix alerte et sonore, un peu tranchante, qui agissait sur les malades à la façon d'un tonique.

Il demeurait attentivement penché sur l'enfant. Mais, souffrant tout à coup d'un retour d'orgueil, il ne pût s'empêcher de penser : « D'abord, si je veux, on pourra toujours la rappeler par dépêche... »

VIII

Il fut très surpris, en reconduisant le gamin, de trouver, assise sur la banquette du vestibule, Miss Mary, l'Anglaise au teint de fleur.

Elle se leva, lorsqu'il vint vers elle, et l'accueillit par un long, silencieux, adorable sourire ; puis, d'un air résolu, elle lui tendit une enveloppe bleutée.

Cette attitude, si différente de la réserve qu'elle avait montrée deux heures plus tôt, ce regard énigmatique et décidé, éveillèrent, chez Antoine, sans qu'il sût au juste pourquoi, l'idée d'une situation insolite.

Intrigué, il restait debout dans le vestibule et décachetait déjà l'enveloppe armoriée, lorsqu'il vit que l'Anglaise se dirigeait d'elle-même vers son cabinet, dont la porte était restée ouverte.

Il la suivit, tout en dépliant la lettre ·

« Mon cher Docteur,

« J'ai deux petites requêtes à vous adresser, et pour qu'elles ne soient pas mal reçues, je les confie au commissionnaire le moins rébarbatif que j'aie trouvé.

« *Primo :* Cette étourdie de Mary a sottement attendu d'être sortie de chez vous pour m'avouer qu'elle se sentait patraque depuis quelques jours, et que la toux l'avait empêchée de dormir ces dernières nuits. Auriez-vous l'amabilité de l'examiner en détail, et de lui donner quelques conseils ?

« *Secundo* : Nous avons, à la campagne, un ancien garde-chasse qui souffre horriblement d'un rhumatisme déformant. En cette saison, c'est une véritable torture. Simon a pris en pitié le pauvre vieux et lui fait des piqûres calmantes. Nous avons toujours de la morphine dans notre pharmacie, mais les dernières crises ont complètement épuisé notre provision, et Simon m'a bien recommandé de lui en rapporter, ce qui n'est pas possible sans une autorisation de médecin. J'ai totalement oublié de vous parler de cela cet après-midi. Vous seriez bien gentil de remettre à ma séduisante commissionnaire une ordonnance, si possible *renouvelable,* pour que je puisse me procurer immédiatement *cinq ou six douzaines d'ampoules d'un centimètre cube.*

« Je vous remercie d'avance pour ce secundo. Quant au primo, mon cher Docteur, lequel de nous deux devra remercier l'autre ? Vous ne devez pas manquer de clientes moins agréables à ausculter...

« Mon sympathique souvenir,
           « Anne-Marie S. de Battaincourt.

« *P.-S.* — Vous vous demanderez peut-être pourquoi Simon ne s'adresse pas au médecin de là-bas. C'est un individu borné et sectaire, qui vote toujours contre nous et ne nous pardonne pas de lui avoir refusé la clientèle du château. Sans quoi, je vous aurais épargné cette peine.

                              « A. »

Antoine avait terminé sa lecture, mais il ne relevait pas encore la tête. Son premier mouvement avait été de colère : pour qui le prenait-on ? Le second fut de trouver l'histoire piquante, et de s'en amuser.

Il connaissait, pour y avoir été pris lui-même, le jeu des deux glaces qui ornaient son cabinet. Tel qu'il était placé, un coude sur la cheminée, il pouvait apercevoir l'Anglaise sans bouger, rien qu'en déplaçant les pupilles sous ses paupières baissées. Ce qu'il fit. Miss Mary était assise un peu en arrière de lui; elle se dégantait; elle avait dégrafé son manteau, dégagé le buste, et regardait, avec une feinte distraction, le bout de son pied taquiner la frange d'un tapis. Elle semblait à la fois intimidée et intrépide. S'imaginant qu'il ne pouvait pas la voir sans changer de place, elle souleva brusquement ses longs cils, et lança vers lui un coup d'œil bleu et bref comme une étincelle.

Cette imprudence eut raison des derniers doutes d'Antoine, qui se retourna.

Il se mit à sourire. Il gardait la tête inclinée, parcourant une dernière fois la lettre tentatrice, qu'il replia avec lenteur. Puis, sans cesser de sourire, il se redressa, et son regard vint se poser sur celui de Mary. La rencontre de ces regards leur fut, à tous deux, perceptible comme un choc. L'Anglaise eut une seconde d'hésitation. Il ne prononça pas un mot : les paupières à demi baissées, il fit simplement « non », en tournant plusieurs fois et sans hâte la tête à droite et à gauche. Il souriait toujours. Sa physionomie était tellement expressive que Mary ne s'y méprit pas. On ne pouvait dire plus impertinemment : « Non, Mademoiselle : rien à faire, *ça ne prend pas*... Ne me croyez pas indigné : je ris, j'en ai vu bien d'autres... J'ai seulement le regret de vous dire que — même à ce prix-là — il n'y a rien à espérer de moi... »

Elle s'était levée de son siège, sans voix, le visage empourpré. Elle trébucha dans le tapis en reculant vers l'antichambre. Il la suivait, comme si rien n'eût été plus naturel que cette retraite précipitée ; il continuait à s'amuser beaucoup. Elle fuyait, l'œil à terre, sans une parole, cherchant à refermer son col de sa main énervée et nue, qui paraissait exsangue auprès de ses joues en feu.

Dans le vestibule, il dut s'approcher d'elle pour lui ouvrir la porte de l'appartement. Elle esquissa une vague inclinaison de tête. Il allait lui rendre son salut, lorsqu'elle fit un geste brusque : avant qu'il eût compris ce qui se passait, elle lui avait subtilisé, avec une prestesse de pickpocket, la lettre qu'il tenait entre ses doigts, et elle avait bondi dehors.

Il dut convenir, vexé, qu'elle ne manquait ni d'adresse ni de présence d'esprit.

En regagnant son cabinet, il se demanda quelles figures ils feraient, sous peu, lorsqu'ils se retrouveraient tête à tête, l'Anglaise, la belle Anne et lui. A cette idée, il sourit de nouveau. Sur le tapis gisait un gant, qu'il ramassa — qu'il flaira — avant de l'envoyer gaiement dans la corbeille à papiers.

Ces Anglaises!... Huguette... Quelle allait être la vie de la petite infirme, entre ces deux femmes?

La nuit tombait.

Léon entra pour fermer les volets.

— « Mme Ernst est là ? » demanda Antoine, après un coup d'œil sur l'agenda.

— « Oh! depuis longtemps, Monsieur... C'est même toute une famille : la mère, le petit garçon et le vieux papa. »

— « Bien », fit Antoine avec entrain, en soulevant la portière.

IX

Il vit, en effet, venir à lui un petit homme d'une soixantaine d'années.

— « Je vous prie, docteur, de bien vouloir me recevoir d'abord : j'aurais quelques mots à vous dire. »

L'accent était lourd, un peu traînant ; l'allure timide, distinguée.

Antoine referma soigneusement la porte et désigna un siège.

— « Je suis M. Ernst... Le docteur Philip a dû vous dire... Merci! » murmura-t-il en s'asseyant.

La physionomie était sympathique. Des yeux très encaissés, un regard expressif et triste, mais chaud, brillant et jeune. Le visage, au contraire, était d'un vieillard : usé, raviné, à la fois charnu et desséché, tout en creux et en petites bosses, sans une place unie : le front, les joues, le menton, semblaient modelés, fouillés à coups de pouce. Une moustache courte et rude, gris fer, coupait la figure en deux. Sur le crâne, de rares cheveux décolorés rappelaient l'herbe qui pousse sur les dunes.

Remarqua-t-il l'examen discret d'Antoine ?

— « Nous avons l'air d'être les grands-parents du petit », fit-il observer, avec mélancolie. « Nous nous sommes mariés très tard. Je suis professeur de l'Université : j'enseigne l'allemand au lycée Charlemagne. »

« Ernst », se dit Antoine, « et cet accent... Il doit être Alsacien. »

— « Sans vouloir abuser de vos instants, docteur, j'ai cru qu'il était indispensable, puisque vous voulez bien vous occuper du petit, que je vous explique certaines choses, certaines choses *confidentielles*... » Il leva les yeux; une ombre les voilait. Il précisa : « Je veux dire des choses que Mme Ernst ne sait pas. »

Antoine inclina la tête en signe d'acquiescement.

— « Voyons », fit l'autre, comme s'il rassemblait son courage. (Nul doute qu'il eût préparé ce qu'il avait à dire ; il se mit à parler, les yeux au loin, sans hâte mais sans précipitation, en homme qui a l'habitude de la parole.)

Antoine eut l'impression qu'Ernst préférait qu'on ne le regardât pas.

— « En 1896, docteur, j'avais quarante et un ans, j'étais professeur à Versailles. » La voix perdit de son assurance : « J'étais fiancé », dit-il, en faisant chanter l'*i* ; il donnait à ces trois syllabes, comme aux notes d'un accord arpégé, une sonorité étonnante.

Il reprit plus rudement :

— « J'avais, en outre, pris passionnément parti pour le capitaine Dreyfus. Vous êtes trop jeune, docteur, pour avoir vécu ce drame de conscience... » (Il prononçait « tramme », avec une intonation rauque et solennelle.) « ... mais vous n'ignorez pas qu'à cette époque il était difficile d'être en même temps fonctionnaire et dreyfusiste militant. » Il ajouta : « J'étais de ceux qui se compromettent. » Le ton était mesuré, sans bravade, mais suffisamment ferme pour qu'Antoine devinât fort bien ce qu'avaient été, quinze ans plus tôt, l'imprudence, l'énergie et la foi de ce calme vieillard au front bossué, au menton têtu, et dont l'œil jetait encore cet éclat noir.

— « Ceci », reprit M. Ernst, « pour vous expliquer comment, à la rentrée de 96, je me suis trouvé exilé au lycée d'Alger. Quant à mon mariage... », murmura-t-il avec douceur, « ... le frère de ma fiancée, son unique parent, un officier de marine — de marine marchande, mais peu importe — professait des idées opposées aux miennes : nos fiançailles ont été rompues. » Visiblement, il cherchait à donner un aperçu impersonnel des faits.

Il poursuivit, d'une voix plus sourde :

— « Quatre mois après mon arrivée en Afrique, je me suis aperçu que j'étais... malade. » De nouveau, la voix parut fléchir, mais il se raidit : « Il ne faut pas avoir peur des mots : j'étais atteint de syphilis. »

« Ah! bien », songea Antoine, « ... le petit... je comprends... »

— « J'ai vu aussitôt plusieurs médecins de la Faculté d'Alger. Sur leur conseil, je me suis confié au meilleur spécialiste de là-bas. » Il hésitait à le nommer : « Un certain docteur Lohr, dont vous connaissez peut-être les travaux », fit-il enfin, sans regarder Antoine. « Le mal était pris à son début, dès l'apparition de la première, de l'unique lésion. J'étais homme à suivre avec exactitude un traitement. Même rigoureux. Je l'ai fait. Lorsque j'ai été rappelé à Paris, quatre ans plus tard — après l'apaisement de l'affaire, le docteur Lohr m'a affirmé qu'il me considérait, depuis un an déjà, comme totalement guéri. Je l'ai cru. De fait, je n'ai jamais eu dans la suite le moindre accident, la plus légère menace de récidive. »

Il tourna la tête, posément, et chercha les yeux d'Antoine. Celui-ci fit signe qu'il écoutait avec attention.

Il ne se contentait pas d'écouter : il observait l'homme. A l'aspect, aux attitudes, il imaginait ce qu'avait pu être cette carrière laborieuse et loyale du petit professeur d'allemand. Il en avait connu de semblables. Pour celui-là, on le devinait supérieur à sa besogne. On le sentait aussi, de longue date, habitué à cette réserve, à ce repliement plein de décence qu'imposent à certaines natures de choix une situation gênée, une vie ingrate, dénuée de récompense, mais consentie d'un cœur fidèle et ferme. L'accent qu'il avait eu pour annoncer la rupture de son mariage en disait long sur ce qu'avait dû être, dans cette existence solitaire, cet amour contrarié ; d'ailleurs, la chaleur contenue de certains regards révélait d'une façon émouvante, chez ce magister grisonnant, une sensibilité aussi fraîche que celle d'un adolescent.

— « Six ans après mon retour en France », poursuivit-il, « ma fiancée a perdu son frère. » Il cherchait ses mots ; il murmura simplement : « J'ai pu la revoir... »

Cette fois, son trouble le contraignit à s'interrompre.

Antoine, tête baissée, attendait, discrètement. Il fut surpris d'entendre tout à coup la voix du professeur s'élever, avec un accent d'angoisse :

— « Docteur, je ne sais pas ce que vous penserez d'un homme qui a fait ce que j'ai fait... Cette maladie, ce traitement, c'était une vieille histoire qui datait de dix ans : une histoire oubliée... J'avais passé la cinquantaine... » Il soupira. « Toute ma vie, j'avais souffert d'être seul... Je vous dis les choses sans ordre, docteur... »

Antoine leva les yeux. Il avait compris, même avant d'avoir vu ce visage. Être un homme d'étude et avoir pour fils un infirme mental, ç'aurait été déjà une mortelle épreuve. Mais qu'était-ce, auprès d'un tel supplice : le père, conscient d'être l'unique responsable, et qui, ravagé de remords, assiste, impuissant, au destin qu'il a déchaîné ?

Ernst expliquait, d'une voix lasse :
— « J'ai eu des scrupules, pourtant. J'ai voulu consulter un médecin. Je l'ai presque fait. C'est-à-dire, non. Il ne faut pas avoir peur de la vérité. Je me persuadais que c'était inutile. Je me répétais ce que m'avait dit Lohr. J'ai cherché un biais. Un jour, chez un ami, j'ai rencontré un médecin, et j'ai mis la conversation là-dessus, pour me faire affirmer, encore une fois, qu'il y avait des guérisons *définitives*. Je n'en demandais pas plus pour chasser toute inquiétude... »

Il s'arrêta de nouveau :
— « Et puis, je me disais : Une femme, à cet âge-là, il n'y a plus à craindre qu'elle... qu'elle ait... un enfant... »

Un sanglot lui noua la gorge. Il n'avait pas baissé la tête ; il se tenait immobile, les poings serrés, tendant si fort les muscles de son cou qu'Antoine les voyait vibrer. Deux larmes, qui ne coulèrent pas, vinrent rendre plus brillant son regard fixe. Il voulait parler. Il fit un effort, et, d'une voix entrecoupée, déchirante, il balbutia :
— « J'ai pitié... de ce petit..., docteur ! »

Antoine en eut le cœur serré. Heureusement, l'intensité de l'émotion provoquait presque toujours chez lui une surexcitation enivrante, qui se traduisait aussitôt par un effréné besoin de décider quelque chose et d'agir.

Il ne balança pas une seconde.
— « Mais... Quoi donc ? » fit-il, jouant la surprise.

Il levait et fronçait les sourcils, se donnant l'air d'avoir très confusément suivi le récit et d'hésiter à comprendre ce que l'autre voulait dire. « Quel rapport entre ce... cet accident, qui a été soigné dès l'origine, qui a été complè-te-ment guéri, et... et l'infirmité — momentanée peut-être — de cet enfant ? »

Ernst le considérait, pétrifié.

Le visage d'Antoine s'éclaira d'un large sourire :
— « Mon cher Monsieur, si je comprends bien, ces scrupules vous font honneur. Mais, je suis médecin, laissez-moi vous parler sans ambages : au point de vue scientifique, ils sont... absurdes ! »

Le professeur s'était levé, comme pour s'avancer vers Antoine. Il restait inerte, debout, le regard tendu. Il était de ces êtres dont la vie intérieure est ample, profonde, et qui, lorsqu'une pensée lancinante s'insinue en eux, ne peuvent lui mesurer la place, lui abandonnent leur cœur entier. Depuis des années qu'il portait dans sa poitrine cet immense remords — dont il n'avait même pas osé faire la confidence à la compagne de son martyre — c'était la première minute de répit, le premier espoir d'allégement.

Antoine devinait tout cela. Mais, craignant des questions plus précises qui l'eussent contraint à des mensonges circonstanciés et plus difficiles, il rompit délibérément les chiens. Il semblait trouver inutile de s'attarder à ces déprimantes chimères :

— « L'enfant est né avant terme? » demanda-t-il inopinément.

L'autre battit des cils :
— « L'enfant ?... Avant terme ?... Non... »
— « Accouchement laborieux ? »
— « Très laborieux. »
— « Les fers? »
— « Oui. »
— « Ah ! » fit Antoine, comme s'il était sur une piste importante. « Voilà qui explique sans doute bien des choses... » Puis, pour couper tout à fait court : « Eh bien, montrez-moi votre petit malade », dit-il en se levant, et en se dirigeant vers le salon.

Mais le professeur fit un pas rapide, lui barra la route, lui mit la main sur le bras :
— « Docteur, est-ce vrai? Est-ce vrai? Vous ne me

dites pas ça, pour... Ah! docteur, donnez-moi votre parole... Votre parole, docteur... »

Antoine s'était retourné. Il vit cette face implorante où déjà le désir éperdu de croire se mêlait à une reconnaissance sans bornes. Une allégresse particulière l'envahit ; l'allégresse de l'action et de la réussite ; l'allégresse de la bonne action. Pour le petit, on allait voir ce qu'on pourrait faire. Mais, pour le père, pas d'hésitation : délivrer, à tout prix, ce malheureux, d'un si vain désespoir!

Alors il implanta son regard dans celui d'Ersnt, et dit, gravement, à voix basse :

— « Ma parole, Monsieur. »

Puis, après un bref silence, il ouvrit la porte.

Dans le salon, une dame âgée, vêtue de noir, s'efforçait de maintenir entre ses genoux un diablotin à boucles brunes, qui, d'abord, retint seul toute l'attention d'Antoine. Au bruit de la porte, l'enfant, cessant de jouer, fixa sur cet inconnu de grands yeux noirs, intelligents ; puis il sourit ; puis, intimidé par son propre sourire, il se détourna d'un air offusqué.

Antoine reporta son regard sur la mère. Tant de douceur et de tristesse embellissaient ce visage fané, qu'il en fut naïvement touché, et qu'il se dit aussitôt : « Allons... Il s'agit de s'y mettre... On peut *toujours* obtenir des résultats! »

— « Voulez-vous venir par ici, Madame? »

Il souriait charitablement ; il voulait, dès le seuil, faire à la pauvre femme l'aumône d'un peu de confiance. Derrière lui, il entendait le souffle oppressé du professeur. Il tenait patiemment la portière soulevée et regardait venir à lui cette mère et cet enfant. Il avait l'âme en fête. « Quel beau métier, nom de Dieu, quel beau métier! » se disait-il.

X

Jusqu'au soir, les clients se succédèrent, sans qu'Antoine prît conscience de sa fatigue ni de l'heure ; chaque fois qu'il rouvrait la porte du salon, son activité rebondissait sans effort. Après avoir reconduit sa dernière cliente — une belle jeune femme, serrant dans ses bras un bébé florissant qu'il croyait bien menacé d'une cécité à peu près complète — il fut stupéfait de s'apercevoir qu'il était huit heures. « Trop tard pour le phlegmon du petit », se dit-il ; « je passerai rue de Verneuil en retournant ce soir chez Héquet. »

Il rentra dans son cabinet, ouvrit la fenêtre pour renouveler l'air, et s'approcha d'une table basse où s'empilaient des livres ; il cherchait une lecture à faire pendant son repas. « Au fait », songea-t-il, « je voulais vérifier quelque chose pour le cas du petit Ernst. » Il feuilleta rapidement d'anciennes années de la *Revue de Neurologie*, pour retrouver la fameuse discussion de 1908 sur l'aphasie. « Un cas vraiment typique, ce petit », songea-t-il. « J'en parlerai à Treuillard. »

Il eut un sourire amusé en pensant à Treuillard, à ses manies légendaires. Il se rappela l'année d'internat qu'il avait passée dans le service de ce neurologue. « Comment diable étais-je entré là ? » se demanda-t-il. « Il faut croire que ces questions me préoccupent depuis longtemps... Qui sait si je n'aurais pas mieux donné ma mesure en me consacrant aux maladies nerveuses et mentales ? C'est un terrain où il reste encore tant à défricher... » Et brusquement se dressa devant lui l'image de Rachel. Pourquoi cette association d'idées ? Rachel, qui n'avait aucune culture médicale ni scientifique, montrait, il est vrai, un goût très marqué pour tous les problèmes de psychologie ; et elle avait incontestablement contribué à développer chez lui cet intérêt si vif qu'il portait maintenant aux êtres. D'ailleurs — combien de fois l'avait-il déjà constaté ? — la brève rencontre de Rachel l'avait de mille manières transformé.

Son regard devint vague, se nuança de mélancolie. Il demeurait debout, les épaules lasses, balançant entre le pouce et l'index la revue médicale. Rachel... Il ne pouvait évoquer, sans une secousse douloureuse, l'image de l'étrange créature qui avait traversé sa vie. Jamais il n'avait reçu d'elle la moindre nouvelle. Et, au fond, il n'en était pas étonné : l'idée ne lui venait pas que Rachel pût être encore vivante quelque part dans le monde. Usée par le climat, les fièvres... Victime de la tsé-tsé... Tuée dans un accident, noyée, étranglée peut-être ?... Mais morte : cela ne faisait pas de doute.

Il se redressa, glissa le fascicule sous son bras, gagna l'antichambre et appela Léon pour le dîner. Alors, une boutade de Philip lui revint à la mémoire. Un jour que, après une absence du Patron, Antoine le renseignait sur les nouveaux hospitalisés dans le service, Philip, moitié figue moitié raisin, lui avait posé la main sur le bras :

— « Vous m'inquiétez, mon petit ; vous vous intéressez de plus en plus à la mentalité de vos malades, et de moins en moins à leurs maladies ! »

La soupière fumait sur la table. Antoine, en s'asseyant, s'aperçut qu'il était fatigué. « Quel beau métier tout de même », se dit-il.

Son entretien avec Gise lui revint une fois de plus à l'esprit ; mais il ouvrit hâtivement sa revue et s'efforça d'écarter ce souvenir. En vain. L'atmosphère de cette chambre, chargée encore de la présence de Gise, s'imposait à lui comme un témoignage accablant. Il se rappela certaines obsessions de ces derniers mois. Comment avait-il pu, tout un été, caresser ce projet qui ne reposait sur rien ? Il était, devant ce rêve détruit, comme devant les décombres d'une construction de théâtre dont l'effondrement ne laisse derrière lui qu'une inconsistante poussière. Il ne souffrait guère. Il ne souffrait pas. Il était seulement atteint dans son orgueil. Tout cela lui apparaissait médiocre, puéril, indigne de lui.

Le coup de timbre timide qui retentit dans l'antichambre fut une diversion bienvenue. Il posa aussitôt sa serviette et resta aux écoutes, le poing sur la nappe, prêt à se lever et à faire instantanément face à l'imprévu.

Ce furent d'abord des conciliabules, des chuchotements de femmes ; enfin la porte s'ouvrit, et Léon, à la surprise d'Antoine, introduisit sans façon deux visiteuses dans la pièce. C'étaient les deux bonnes de M. Thibault. Au premier abord, Antoine ne les reconnut pas, dans l'ombre ; puis, supposant tout à coup qu'elles accouraient le chercher, il se dressa si brusquement que sa chaise tomba derrière lui.

— « Non, non... », s'écrièrent les deux femmes, au comble de la confusion. « Que Monsieur Antoine fasse excuse. Nous qui pensions faire moins de dérangement en venant à cette heure-ci ! »

« J'ai pensé que Père était mort », se dit Antoine, simplement ; et il se rendit compte combien il était déjà préparé à accepter cette fin. L'idée, d'ailleurs plausible, d'une embolie provoquée par les troubles phlébitiques s'était immédiatement emparée de son esprit. Songeant alors au lent supplice que cet accident brutal eût évité, il ne put se défendre d'une sorte de déception.

— « Asseyez-vous » dit-il. « Je vais continuer à dîner, parce que j'ai encore des visites à faire, ce soir. »

Les deux femmes restèrent debout.

Leur mère, la vieille Jeanne, était depuis un quart de siècle cuisinière chez M. Thibault. Mais, hors d'âge, les jambes nouées de varices, avouant elle-même qu'elle n'était plus qu'un « vieux pot fêlé », elle avait cessé tout emploi ; ses filles lui traînaient un fauteuil auprès du fourneau, et elle passait là ses journées, un tisonnier à la main par habitude, se donnant l'illusion suprême d'assumer encore quelque responsabilité, parce qu'elle se tenait au courant de tout, battait quelquefois la mayonnaise, et, du matin au soir, accablait ses filles de conseils, bien qu'elles eussent toutes deux passé la trentaine. Clotilde, l'aînée, forte fille, dévouée mais peu serviable, bavarde mais rude au travail, avait gardé le genre rugueux et le parler savoureux de sa mère, pour avoir été longtemps servante de ferme, au pays ; c'est elle qui maintenant faisait la cuisine. L'autre, Adrienne, plus fine que son aînée, avait été élevée chez les Sœurs et toujours placée à la ville, elle aimait la lingerie, les romances, un petit bouquet sur sa table à ouvrage et les beaux offices de Saint-Thomas-d'Aquin.

Comme toujours, Clotilde avait pris la parole :

— « C'est à cause de la mère, qu'on vient, Monsieur Antoine. Depuis trois, quatre jours, on voit bien qu'elle souffre, la pauvre femme. C'est une grosseur qu'elle a là, dans le devant, du côté droit. La nuit, elle ne peut plus dormir, et, quand elle va aux besoins, la bonne vieille, on l'entend qui rechigne comme un enfant. Mais elle est dure au mal, et elle ne veut rien dire, la mère ! Faudrait que Monsieur Antoine vienne, sans avoir l'air de rien — n'est-ce pas, Adrienne ? — et puis tout à coup qu'il déniche lui-même la bosse, sous le tablier. »

— « C'est bien facile », dit Antoine, en tirant son carnet. « Demain, j'entrerai à la cuisine, sous un prétexte quelconque. »

Adrienne, pendant que sa sœur s'expliquait, changeait l'assiette d'Antoine, avançait la corbeille à pain, s'empressait par habitude à faire le service.

Elle n'avait pas encore soufflé mot. D'une voix mal affermie, elle demanda :

— « Monsieur Antoine croit-il que... que ça peut devenir grave ? »

« Une tumeur qui évolue si brusquement... », songea Antoine. « A l'âge de la vieille, risquer une opération ! » Il se représenta, avec une précision cruelle, tout ce qu'il savait possible en pareil cas : le monstrueux développement du néoplasme, ses ravages, l'étouffement progressif des organes... Pis encore : l'horrible et lente décomposition de tant de morts vivants...

Le sourcil levé, la lèvre maussade, il évitait lâchement de rencontrer ce regard craintif auquel il n'aurait su mentir. Il repoussa son assiette et fit un geste évasif. Par bonheur, la grosse Clotilde, qui ne pouvait supporter un silence sans y jeter aussitôt des paroles, répondait déjà pour lui :

— « On ne peut pas dire ça d'avance, bien sûr ; faut d'abord que Monsieur Antoine se rende compte. Mais je sais bien une chose : c'est que la mère de défunt mon mari, eh bien, elle a fini par mourir d'un rhume de froid sur la poitrine, après avoir eu plus de quinze ans le ventre enflé ! »

XI

Un quart d'heure après, Antoine arrivait au 37 *bis* de la rue de Verneuil.

De vieux bâtiments sur une courette obscure. Au sixième, à l'entrée d'un couloir qui puait le gaz, la porte n° 3.

Robert vint ouvrir, une lampe à la main.

— « Et ton frère ? »

— « Il est guéri. »

La lampe éclairait de près un regard franc, gai, un

peu dur, mûri trop tôt, et tout un visage d'enfant, tendu par une énergie précoce.

Antoine sourit.

— « Voyons ça ! » Et, prenant lui-même la lampe, il la souleva pour s'orienter.

Le milieu de la chambre était encombré par une table ronde, recouverte de toile cirée. Sans doute Robert était-il en train d'écrire : un grand registre était ouvert entre une fiole d'encre débouchée et une pile d'assiettes, sur laquelle un quignon de pain et deux pommes composaient une humble « nature morte ». La chambre était en ordre ; presque confortable. Il y faisait chaud. Sur le petit fourneau devant la cheminée, une bouillotte ronronnait.

Antoine s'avança vers le haut lit d'acajou qui occupait le fond de la chambre :

— « Tu dormais, toi ? »

— « Non, M'sieur. »

Le malade, qui visiblement venait de s'éveiller en sursaut, s'était dressé sur son coude valide, et il écarquillait les yeux, en souriant sans timidité.

Le pouls était calme. Antoine déposa sur la table de nuit la boîte de gaze qu'il avait apportée et commença à défaire le pansement.

— « Qu'est-ce qui bout, sur ton poêle ? »

— « De l'eau. » Robert rit : « On allait se faire du tilleul que la concierge m'a donné. » Tout à coup il cligna de l'œil : « Vous en voulez, dites ? Avec du sucre ? Oh ! si M'sieur ! Dites oui ! »

— « Non, non, merci », fit Antoine amusé. « Mais j'ai besoin d'eau bouillie pour laver un peu ça. Verse-m'en dans une assiette propre. Bon. On va attendre qu'elle refroidisse un peu. » Il s'assit et regarda les deux enfants qui lui souriaient comme à un ami de toujours. Il pensa : « L'air franc ; mais sait-on jamais ? »

Il se tourna vers l'aîné :

— « Et comment se fait-il, à votre âge, que vous habitiez là, tout seuls ? »

Un geste vague, un mouvement des sourcils qui semblait dire : « Il faut bien! »

— « Que sont devenus vos parents ? »

— « Oh! les parents... », fit Robert, comme si c'était vraiment une trop ancienne histoire. « Nous, on habitait avec notre tante. » Il devint songeur, et, du doigt, désigna le grand lit : « Et puis, elle est morte, en pleine nuit, le 10 août, ça fait maintenant plus d'un an. On a été rudement embêtés, n'est-ce pas, Loulou? Heureusement, on était amis avec la concierge, elle n'a rien dit au proprio, on a pu rester. »

— « Mais le loyer ? »

— « On le paye. »

— « Qui ? »

— « Nous. »

— « Et d'où vient l'argent ? »

— « On le gagne, pardi. C'est-à-dire, moi. Parce que, lui, c'est justement ça qui ne tourne pas rond. Faudrait lui trouver autre chose. Il est chez Brault, vous connaissez, à Grenelle ? Pour faire des courses. Quarante francs par mois, pas nourri. Ça n'est pas payé, dites ? Rien qu'avec les ressemelages, vous pensez! »

Il se tut et se pencha, intéressé, parce qu'Antoine venait d'enlever les compresses. L'abcès avait très peu suppuré ; le bras était désenflé ; la plaie avait bon aspect.

— « Et toi ? » demanda Antoine, en faisant tremper ses compresses.

— « Moi ? »

— « Toi, tu gagnes bien ta vie ? »

— « Oh! moi », fit Robert, sur un ton traînant qui, tout à coup, claqua comme un drapeau : « Moi... je m'débrouille! »

Antoine, surpris, leva les yeux, et croisa cette fois un

regard aigu, un peu inquiétant, dans une petite figure passionnée et volontaire.

Le gamin ne demandait qu'à parler. Gagner sa vie, c'était le grand sujet, le seul qui vaille, ce vers quoi, sans répit, depuis qu'il pensait, toute sa pensée était tendue.

Il commença sur un ton volubile, pressé de tout dire, de confier ses secrets :

— « Comme petit clerc, quand la tante est morte, je ne gagnais que soixante francs par mois. Mais, maintenant, je fais aussi le Palais : ça fait cent vingt de fixe. Et puis, M. Lamy, le maître clerc, a bien voulu que je remplace le frotteur qui cirait l'étude, le matin, avant l'arrivée des clercs. Un vieux branquignol, qui ne frottait que les lendemains de boue, et encore, où ça se voyait, devant les fenêtres. On n'a pas perdu au change, allez!... Ça me fait quatre-vingt-cinq francs de plus. Et moi, ça m'amuse, la patinoire!... » Il sifflota. « Et puis, ça n'est pas tout... J'ai encore d'autres trucs. »

Il hésita un peu et attendit qu'Antoine eût de nouveau tourné la tête vers lui ; d'un coup d'œil, il parut jauger définitivement son homme. Quoique rassuré sans doute, il crut néanmoins prudent de commencer par un préambule :

— « Je vous raconte ça, à vous, parce que je sais que je peux. Mais n'ayez jamais l'air de savoir, hein? » Puis, élevant la voix, et s'enivrant peu à peu de ses confidences :

— « Vous connaissez Mme Jollin, la concierge du 3 *bis*, en face de chez vous? Eh bien — ne dites jamais ça — cette bonne femme-là, elle fabrique des cigarettes pour des clients... Même que, si ça vous intéressait, des fois?... Non?... Elles sont bonnes, pourtant, et douces, pas serrées. Et pas chères. Je vous en ferai goûter... En tout cas, paraît que c'est archi-défendu, ce métier-là. Alors, pour porter les paquets et toucher l'argent sans se faire pincer, il lui faut quelqu'un à la coule. Je lui fais ça, moi, sans avoir l'air de rien, de six à huit, après l'étude. Et elle, en échange, elle me donne à déjeuner tous les jours, sauf le dimanche. Et ça n'est pas une gargoteuse, rien à dire. Vous parlez d'une économie! Sans compter que, presque toujours, en payant leur facture, les clients — c'est tous des *gros* — ils me refilent un pourboire, dix sous, vingt sous, ça dépend... Alors vous comprenez, tout ça, bout à bout, on s'en tire... »

Une pause. Antoine, à l'intonation, devina que le gamin devait avoir une petite lueur de fierté dans les yeux. Mais il évita exprès de lever le nez.

Robert, lancé, continua gaiement :

— « Le soir, quand Louis rentre, il est fourbu, on fait la popote ici : une soupe, ou bien des œufs, du fromage, c'est vite fait ; on aime mieux ça que les mastroquets, n'est-ce pas, Loulou? Et même, vous voyez, je m'amuse encore, des fois, à faire des en-têtes de pages pour le caissier. J'adore ça, les beaux titres, bien moulés, à la ronde : on ferait ça pour le plaisir. A l'étude, ils... »

— « Passe-moi les épingles doubles », interrompit Antoine. Il affectait un air indifférent, craignant que l'enfant ne prît plaisir à l'amuser par son bagou. Mais, à part lui, il songeait : « Ces gosses-là, ils méritent qu'on ne les perde pas de vue... »

Le pansement était terminé, le bras remis en écharpe. Antoine consulta sa montre :

— « Je reviendrai encore une fois demain, vers midi. Et, après ça, c'est toi qui viendras à la maison. Vendredi ou samedi, je pense que tu pourras reprendre ton travail. »

— « M... m... merci, M'sieur! » lança enfin le petit malade. Sa voix, qui muait, semblait avoir pris un élan démesuré, et elle tomba si drôlement dans le silence que

Robert éclata de rire ; d'un rire étranglé, excessif, où se trahissait tout à coup la tension constante de ce petit être trop nerveux.

Antoine avait tiré vingt francs de son gousset :

— « Pour vous aider un peu cette semaine, les enfants ! »

Mais Robert avait fait un bond en arrière, et il levait déjà le nez en fronçant les sourcils :

— « Pensez-vous ! Jamais de la vie ! Puisque je vous dis qu'on a ce qu'il faut ! » Et, pour convaincre Antoine qui, pressé, insistait, il se décida à livrer le secret suprême : « Savez-vous combien on a déjà mis de côté, à nous deux ? Une pelote ! Devinez !... Dix-sept cents ! Oui, M'sieur ! N'est-ce pas, Loulou ? » Et soudain, baissant la voix comme un traître de mélodrame : « Sans compter que ça pourrait bien augmenter encore, si mon système réussit... »

Ses yeux brillèrent si fort qu'Antoine, intrigué, s'arrêta, une seconde encore, sur le seuil.

— « Un nouveau truc... Avec un courtier en vins, olives et huiles. Le frère à Bassou, un clerc de l'étude. Voilà la combine : en revenant du Palais, l'après-midi — ça ne regarde personne, hein ? — j'entre chez les bistrots, les épiciers, les vins et liqueurs, et je leur fais mes offres. Faut attraper le boniment, ça viendra... N'empêche qu'en sept jours j'en ai déjà placé des estagnons ! Quarante-quatre francs de gagnés ! Et Bassou dit que, si je suis débrouillard... »

Antoine riait tout seul en descendant les six étages. Sa sympathie était conquise. Il aurait fait n'importe quoi pour ces deux gosses. « Ça ne fait rien », songea-t-il ; « il faudra veiller à ce qu'ils ne deviennent pas un peu trop *débrouillards*... »

XII

Il pleuvait. Antoine prit un taxi. A mesure qu'il approchait du faubourg Saint-Honoré, sa bonne humeur s'évanouissait, son front devenait soucieux.

« Si seulement ce pouvait être fini », se dit-il en gravissant sans entrain, pour la troisième fois de la journée, l'escalier des Héquet. Un instant, il eut l'espoir que son vœu était exaucé : la femme de chambre, qui lui ouvrit, le regarda d'une façon insolite et s'approcha vivement pour lui dire quelque chose. Mais elle était seulement chargée d'une commission secrète : Madame suppliait le docteur d'entrer la voir, lui parler, avant de se rendre auprès de l'enfant.

Il ne pouvait se dérober. La chambre était éclairée, la porte ouverte. En entrant, il aperçut la tête de Nicole, versée sur l'oreiller. Il s'approcha. Elle demeurait immobile : elle s'était assoupie. L'éveiller eût été inhumain. Elle reposait, rajeunie, délivrée ; toute son angoisse et sa fatigue avaient fondu dans le sommeil. Antoine la contemplait, n'osant bouger, retenant son souffle, effrayé de lire, sur ces traits que la douleur venait à peine de déserter, tant de béatitude déjà, une telle soif d'oubli, de bonheur. La nacre des paupières abaissées, la double frange dorée des cils, cet abandon, cette langueur... Comme il était troublant, ce beau masque nu ! Quelle attirance dans l'arc affaissé de cette bouche, dans ces lèvres entrouvertes, inanimées, qui n'exprimaient plus rien que la détente et l'espoir ! « Pourquoi », se demandait Antoine, « pourquoi ce visage endormi d'un être jeune exerce-t-il une telle fascination ? Et qu'y a-t-il au fond de cette impure pitié de l'homme, toujours si prompte à s'émouvoir ? »

Il fit demi-tour sur la pointe des pieds, sortit sans bruit de la pièce, et se dirigea, par le couloir, vers la chambre du bébé, dont il distinguait déjà, à travers les cloisons, le cri rauque, ininterrompu. Il dut rassembler sa volonté pour tourner le bouton, franchir ce seuil, reprendre contact avec les forces mauvaises qui siégeaient là.

Héquet était assis, les mains à plat sur le bord du berceau qu'on avait placé au milieu de la chambre et qu'il balançait gravement ; de l'autre côté de la nacelle, une garde de nuit, inclinée sous son voile d'infirmière, dans une attitude d'inlassable patience professionnelle, attendait, les mains au creux de son tablier ; et, debout, adossé à la cheminée, toujours empaqueté dans sa blouse de toile, Isaac Studler, les bras croisés, lissait d'une main sa barbe noire.

En voyant entrer le docteur, la garde se leva. Mais Héquet, les yeux sur l'enfant, ne parut s'apercevoir de rien. Antoine vint auprès du berceau. Alors seulement Héquet tourna la tête vers lui et soupira. Antoine avait saisi au vol la petite main brûlante qui s'agitait sur les couvertures, et aussitôt le corps du bébé s'était rétracté, comme un vermisseau qui cherche à s'enfoncer dans le sable. La figure de l'enfant était rouge, marbrée, presque aussi sombre que le sachet de glace fixé derrière l'oreille ; des bouclettes de cheveux, blonds comme ceux de Nicole, mouillés par la sueur ou par les compresses, collaient au front et à la joue ; l'œil était à demi clos, et, sous la paupière gonflée, la pupille, trouble, avait un reflet métallique comme celle d'un animal mort. Le va-et-vient du berceau balançait mollement la tête de droite et de gauche, et rythmait aussi les gémissements qui s'échappaient de la petite gorge enrouée.

Prévenante, la garde avait été prendre le stéthoscope ;

mais Antoine fit signe que ce n'était pas la peine.

— « C'est une idée de Nicole », fit alors Héquet, sur un ton étrange, à voix presque haute. Et, comme Antoine surpris ne paraissait pas comprendre, il expliqua, sans hâte : « Le berceau, vous voyez ?... C'est une idée de Nicole... » Il souriait vaguement : dans son désarroi total, ces détails semblaient avoir acquis une particulière importance.

Il ajouta presque aussitôt :

— « Oui... On a été le chercher au sixième... Son petit berceau !... Au sixième, plein de poussière... Ce balancement, c'est la seule chose qui la calme un peu, vous voyez ? »

Antoine le considérait avec émotion. Il comprit, à ce moment-là, que sa compassion, si intense fût-elle, n'atteindrait jamais à la mesure d'une telle douleur. Il mit la main sur le bras de Héquet.

— « Vous êtes à bout de forces, mon pauvre ami. Vous devriez aller vous étendre un peu. A quoi bon vous épuiser ?... »

Studler insista :

— « La troisième nuit que tu ne dors pas ! »

— « Soyez raisonnable », reprit Antoine en se penchant. « Vous aurez besoin de toute votre énergie... bientôt. » Il éprouvait un désir physique d'arracher le malheureux au contact de ce berceau, de plonger au plus vite dans l'inconscience du sommeil tant de souffrance stérile.

Héquet ne répondit pas. Il continuait à balancer l'enfant. Mais on le vit plier de plus en plus les épaules comme si le « bientôt » d'Antoine était vraiment très lourd à porter. Puis, de lui-même et sans autre instance, il se leva, pria d'un geste la garde de le remplacer auprès du berceau, et sans essuyer ses joues trempées de larmes, il tourna la tête comme s'il cherchait quelque chose. Enfin, il s'approcha d'Antoine et fit effort pour le regarder au visage. Antoine fut frappé de voir combien l'expression de ses yeux était changée : ce regard de myope, aigu et décidé, s'était comme émoussé : il était lent à se déplacer, pesant et mou lorsqu'il se posait.

Héquet regardait Antoine. Ses lèvres remuèrent avant qu'il parlât :

— « Il faut... Il faut faire quelque chose », murmura-t-il. « Elle souffre, vous savez... A quoi bon la laisser souffrir, n'est-ce pas? Il faut avoir le courage de... de faire quelque chose... » Il se tut, parut quêter l'appui de Studler ; puis, de nouveau, fixa lourdement son regard sur celui d'Antoine. « Vous, Thibault, il *faut* que vous fassiez quelque chose... » Et, comme s'il voulait éviter la réponse, il baissa la tête, traversa la chambre d'un pas flottant, et disparut.

Antoine demeura quelques secondes figé sur place. Puis il rougit brusquement. Des pensées confuses se pressaient dans sa tête.

Studler lui toucha l'épaule :

— « Eh bien? » fit-il à voix basse, en regardant Antoine. Les yeux de Studler faisaient penser à ceux de certains chevaux, ces yeux allongés et trop vastes où, dans un blanc mouillé, nage à l'aise une prunelle languide. En ce moment, son regard, comme celui d'Héquet, était fixe, exigeant.

— « Qu'est-ce que tu vas faire? » souffla-t-il.

Il y eut un bref silence pendant lequel leurs pensées se croisèrent.

— « Moi? » fit Antoine évasivement. Mais il comprit que Studler ne le tiendrait pas quitte d'une explication. « Parbleu, je sais bien... », lança-t-il tout à coup. « Et cependant, quand il dit : *Faire quelque chose*, on ne peut même pas avoir l'air de comprendre! »

— « Chut... », fit Studler. Il jeta un coup d'œil du côté de l'infirmière, entraîna Antoine dans le couloir et ferma la porte.

— « Tu es pourtant d'avis qu'il n'y a plus rien à tenter ? » demanda-t-il.
— « Rien. »
— « Et qu'il n'y a plus aucun, aucun espoir ? »
— « Pas le moindre. »
— « Alors ? »
Antoine, qui sentait une sourde agitation le gagner, s'embusqua dans un silence hostile.
— « Alors ? » déclara Studler. « Il n'y a pas d'hésitation : il faut que ça finisse au plus tôt ! »
— « Je le souhaite comme toi. »
— « Souhaiter ne suffit pas. »
Antoine releva la tête et dit fermement :
— « On ne peut pourtant rien de plus. »
— « Si ! »
— « Non ! »
Le dialogue avait pris un ton si tranchant que Studler se tut quelques secondes.
— « Ces piqûres... », reprit-il enfin, « ... je ne sais pas, moi... peut-être qu'en forçant la dose... »
Antoine coupa net :
— « Tais-toi donc ! »
Il était en proie à une violente irritation. Studler l'observait en silence. Les sourcils d'Antoine formaient un bourrelet presque rectiligne, les muscles de la face subissaient d'involontaires contractions qui tiraillaient la bouche, et, sur son masque osseux, la peau semblait par instants onduler, comme si les frémissements nerveux se fussent propagés entre cuir et chair.
Une minute passa.
— « Tais-toi », répéta Antoine, moins brutalement. « Je te comprends. Ce désir d'en finir, nous le connaissons tous, mais ce n'est qu'une ten... tentation de débutant ! Avant tout, il y a une chose : le respect de la vie ! Parfaitement ! Le respect de la vie... Si tu étais resté médecin, tu verrais les choses exactement comme nous

les voyons tous. La nécessité de certaines lois... Une limite à notre pouvoir ! Sans quoi... »

— « La seule limite, quand on se sent un homme, c'est la conscience ! »

— « Eh bien, justement, la conscience ! La conscience professionnelle... Mais réfléchis donc, malheureux ! Le jour où les médecins s'attribueraient le droit... D'ailleurs aucun médecin, entends-tu, Isaac, aucun... »

— « Eh bien... », s'écria Studler, d'une voix sifflante.

Mais Antoine l'interrompit :

— « Héquet s'est trouvé cent fois devant des cas aussi dou... douloureux, aussi dé... désespérés que celui-ci ! Pas une fois, il n'a, lui-même, volontairement, mis un terme à... jamais ! Ni Philip ! Ni Rigaud ! Ni Treuillard ! Ni aucun médecin digne de ce nom, tu m'entends ? Jamais ! »

— « Eh bien », jeta Studler, farouche, « vous êtes peut-être de grands pontifes, mais, pour moi, vous n'êtes que des jean-foutre ! »

Il recula d'un pas, et la lumière du plafonnier éclaira soudain son visage. On y lisait beaucoup plus de choses que dans ses paroles : non seulement un mépris révolté, mais une sorte de défi, presque une menace, et comme une secrète détermination.

« Bon », pensa Antoine : « j'attendrai onze heures pour faire moi-même la piqûre. »

Il ne répondit rien, haussa les épaules, rentra dans la chambre, et s'assit.

—

La pluie qui cinglait sans trêve les persiennes, les gouttes d'eau qui frappaient en mesure le zinc de la fenêtre, et, dans la chambre, cet incessant va-et-vient du berceau dont la cadence s'était imposée aux gémissements de l'enfant, tous ces bruits entremêlés formaient dans ce calme nocturne, habité déjà par la mort, une harmonie opiniâtre, déchirante.

« Tout à l'heure, j'ai bégayé deux ou trois fois de suite », se dit Antoine, dont l'énervement ne se calmait pas. (Cela lui arrivait très rarement, et seulement lorsqu'il avait à se raidir dans une attitude artificielle — par exemple, lorsqu'il avait à faire un mensonge difficile devant un malade trop perspicace ; ou bien lorsqu'il se trouvait amené, dans la conversation, à soutenir une idée toute faite, sur laquelle il n'avait pas encore de conviction personnelle.) « C'est la faute du Calife », songea-t-il. Du coin de l'œil, il constata que le « Calife » avait repris sa place, le dos à la cheminée. Il se souvint alors d'Isaac Studler étudiant, tel qu'il l'avait rencontré, dix ans plus tôt, aux alentours de l'École de Médecine. A cette époque-là, tout le quartier Latin connaissait le Calife, sa barbe de roi mède, sa voix veloutée, son rire puissant, mais aussi son caractère fanatique, séditieux, irascible, tout d'une pièce. On le croyait plus qu'un autre prédestiné à un avenir de choix. Puis, un beau jour, on apprit qu'il avait planté là ses études pour gagner immédiatement de quoi vivre ; et l'on raconta qu'il avait pris à sa charge la femme et les enfants d'un de ses frères, employé de banque, qui venait de se suicider après un détournement de fonds.

Un cri plus rauque de l'enfant rompit le fil des souvenirs. Un instant, Antoine observa les contractions du bébé, s'appliquant à noter la fréquence de certains mouvements ; mais il n'y avait pas de renseignements à tirer de cette gesticulation désordonnée, pas plus que des palpitations d'un poulet qu'on saigne. Alors, cette sensation de malaise, contre laquelle Antoine luttait depuis son altercation avec Studler, s'accrut soudain jusqu'à la détresse. Pour sauver la vie d'un malade en danger, il était capable de tenter n'importe quelle action téméraire, de courir personnellement n'importe quel risque ; mais s'achopper ainsi à une situation sans issue,

se sentir à ce point dépourvu de tout moyen d'action,
n'avoir plus qu'à regarder venir l'Ennemie victorieuse,
cela était au-dessus de ses forces. Et puis, dans le cas
présent, l'interminable débat de ce petit être, ses cris
inarticulés, ébranlaient particulièrement ses nerfs.
Antoine était pourtant accoutumé à voir souffrir, même
les tout-petits. Pourquoi, ce soir, ne parvenait-il pas
à se rendre insensible ? Ce qu'il y a toujours de mystérieux, d'inacceptable, dans l'agonie d'un autre être
humain, lui causait, en ce moment, comme au moins
préparé, une angoisse insurmontable. Il se sentait
atteint jusqu'au tréfonds : atteint dans sa confiance en
lui, dans sa confiance en l'action, en la science, en la vie.
Ce fut comme une vague qui le submergea. Un sinistre
cortège défila devant lui : tous ceux de ses malades
qu'il jugeait condamnés... Rien qu'à compter ceux qu'il
avait vus depuis le matin, la liste était déjà longue :
quatre ou cinq malades de l'hôpital, Huguette, le petit
Ernst, le bébé aveugle, celui-ci... Et certainement, il en
oubliait !... Il revit son père, cloué dans son fauteuil,
et sa lèvre épaisse, mouillée de lait... Dans quelques
semaines, après des jours et des nuits de douleur, le
robuste vieillard, à son tour... Tous, les uns après les
autres !... Et aucune raison à cette misère universelle...
« Non, la vie est absurde, la vie est mauvaise ! » se dit-il
avec rage, comme s'il s'adressait à un interlocuteur obstinément optimiste ; et cet entêté, bêtement satisfait,
c'était lui, c'était l'Antoine de tous les jours.

L'infirmière se leva sans bruit.
Antoine regarda sa montre : l'heure de la piqûre... Il
fut ravi d'avoir à changer de place, d'avoir à faire
quelque chose ; il était presque ragaillardi, déjà, à l'idée
qu'il allait pouvoir s'évader bientôt.
La garde lui apportait sur un plateau tout ce qu'il

fallait. Il rompit l'ampoule, y introduisit l'aiguille, emplit la seringue jusqu'au degré prescrit, et vida lui-même les trois quarts de l'ampoule dans le seau. Il sentait fixé sur lui le regard attentif de Studler.

La piqûre faite, il se rassit, le temps de constater un léger indice d'apaisement ; alors il se pencha sur l'enfant, chercha une fois encore les battements du pouls qui était extrêmement faible, donna tout bas quelques instructions à la garde ; puis, se levant sans hâte, il se savonna au lavabo, vint serrer en silence la main de Studler, et quitta la pièce.

Il traversa sur la pointe des pieds tout l'appartement illuminé, désert. La chambre de Nicole était fermée. À mesure qu'il s'éloignait, les plaintes de l'enfant lui semblaient diminuer. Il ouvrit et referma sans bruit la porte du vestibule. Sur le palier, il prêta l'oreille : il n'entendait plus rien. Il respira un grand coup, et, lestement, dégringola l'escalier.

Dehors, il ne put s'empêcher de tourner la tête vers la façade obscure où s'alignait, comme un soir de fête, une rangée de persiennes éclairées.

La pluie venait de cesser. Le long des trottoirs coulaient encore de rapides ruisseaux. Les rues, désertes, miroitaient à perte de vue.

Antoine eut froid, leva son col et pressa le pas.

XIII

Ce bruit d'eau, ces surfaces mouillées... Il se représenta subitement un visage trempé de larmes : Héquet, debout, et son regard insistant : « Vous, Thibault, il faut que vous fassiez quelque chose... » Vision pénible qu'il ne parvenait pas à chasser tout de suite : « Le sentiment pa-

ternel... Un sentiment qui m'est totalement inconnu,
quelque effort que je fasse pour l'imaginer... » Et,
brusquement, il pensa à Gise : « Un ménage... Des enfants... » Simple hypothèse, par bonheur irréalisable.
Ce soir, l'idée de mariage ne lui semblait pas seulement
prématurée, mais folle! « Égoïsme ? » se demanda-t-il.
« Lâcheté ? » Sa pensée dévia de nouveau : « Quelqu'un
qui me juge lâche, en ce moment, c'est le Calife... » Il
se revit, non sans impatience, acculé dans le couloir
devant la figure ardente, vulgaire, sous le regard tenace
de Studler. Il essaya de se dérober à l'essaim d'idées
qui, depuis ce moment-là, tournoyait autour de lui.
« Lâche », lui était un peu désagréable ; il trouva :
« timoré ». « Studler m'a trouvé timoré. L'imbécile! »

Il arrivait devant l'Élysée. Une patrouille de gardes
municipaux, au pas, achevait une ronde autour du palais ;
il y eut un bruit de crosses sur le trottoir. Avant qu'il
eût pris le temps de s'en défendre, une suite de suppositions, comparables aux images bondissantes d'un rêve,
se déroula dans sa tête : Studler éloignait l'infirmière,
tirait une seringue de sa poche... L'infirmière revenait,
palpait le petit cadavre... Soupçons, dénonciation,
refus d'inhumer, autopsie... Juge d'instruction, gardes
municipaux... « Je prendrais tout sur moi », décida-t-il
rapidement ; et il toisa la sentinelle devant laquelle il
passait. « Non », déclara-t-il avec défi, s'adressant à
quelque magistrat imaginaire, « il n'y a pas eu d'autre
piqûre que la mienne. J'ai forcé la dose, sciemment. Le
cas était désespéré, et je revendique toute la... » Il haussa
les épaules, sourit et ralentit le pas. « Je suis idiot. »
Mais il sentait bien qu'il n'en avait pas fini avec ces
questions. « Si je suis prêt à endosser les conséquences
d'une piqûre mortelle faite par un autre, pourquoi me
suis-je si catégoriquement refusé à le faire moi-même ? »

Les problèmes qu'un violent et court effort de méditation ne suffisait pas, sinon à résoudre, du moins à

éclaircir, l'irritaient toujours profondément. Il se rappela son dialogue avec Studler, son emportement, ses bégaiements. Bien qu'il n'eût aucun regret de sa conduite, il éprouvait l'impression désagréable d'avoir joué un rôle et tenu des propos qui ne concordaient pas très bien avec l'ensemble de son personnage, avec un certain fond essentiel de lui-même ; il avait aussi l'intuition, vague mais lancinante, que ce rôle et ces propos pourraient bien se trouver un jour en opposition avec sa manière de voir ou d'agir. Et il fallait que ce sentiment de désapprobation intérieure fût bien positif pour qu'Antoine ne parvînt pas à s'en débarrasser, car il se refusait, en général, à porter jugement sur ce qu'il avait fait ; la notion de remords lui était absolument étrangère. Il aimait à s'analyser, et, depuis ces dernières années, il s'observait même avec passion ; mais par pure curiosité psychologique : rien n'était plus contraire à son tempérament que de se décerner des bons ou des mauvais points.

Une question se formula, qui accrut sa perplexité : « N'aurait-il pas fallu plus d'énergie pour consentir que pour refuser ? » Lorsqu'il hésitait entre deux partis, sans trouver, à la réflexion, plus de raisons d'adopter l'un que l'autre, il choisissait en général celui qui exigeait la plus grande somme de volonté : il prétendait, après expérience, que c'était presque toujours le meilleur. Force lui fut de reconnaître que, ce soir, il avait opté pour le plus facile, et pris le chemin tout tracé.

Certaines phrases qu'il avait prononcées, le hantaient. Il avait dit à Studler : « Le respect de la vie... » On ne se méfie jamais assez des locutions consacrées. « Le respect de la vie... » *Respect* ou *fétichisme ?*...

Alors lui revint à l'esprit une histoire qui l'avait frappé jadis : celle du bicéphale de Tréguineuc :

Dans un port breton où les Thibault étaient en

vacances, une quinzaine d'années auparavant, la femme d'un pêcheur avait mis au monde un avorton nanti de deux têtes distinctes, parfaitement constituées. Le père et la mère avaient sommé le médecin du pays de ne pas laisser vivre le petit monstre ; et, sur le refus du médecin, le père, un alcoolique notoire, s'était jeté sur le nouveau-né pour l'étouffer de ses mains ; il avait fallu s'emparer de lui et l'interner. Grand émoi dans le village, intarissable sujet de conversations pour les baigneurs de la table d'hôte. Et Antoine, qui avait à cette époque seize ou dix-sept ans, se souvenait de la discussion orageuse qu'il avait eue avec M. Thibault — l'une des premières scènes violentes entre le père et le fils — parce qu'Antoine, avec l'intransigeance simpliste de la jeunesse, revendiquait pour le médecin licence de supprimer sans délai une existence aussi fatalement condamnée.

Il fut troublé de s'apercevoir qu'il n'avait pas sensiblement changé d'avis sur ce cas particulier, et se demanda : « Qu'en penserait Philip ? » Aucun doute : Antoine dut s'avouer que Philip n'aurait même pas envisagé l'hypothèse de la suppression ; bien plus : à supposer que le petit infirme se fût trouvé en danger, Philip aurait mis tout en œuvre pour sauver cette misérable existence. Et Rigaud pareillement. Et Terrignier, de même. Et Loisille. Tous, tous... Partout où il reste une parcelle de vie, le devoir est indiscutable. Race de terre-neuve... Il crut entendre la voix nasillarde de Philip : « Pas le droit, mon petit, pas le droit ! »

Antoine s'insurgea : « Le *droit* ?... Voyons, vous savez comme moi ce qu'elles valent, ces notions de droit, de devoir ? Il n'y a de loi que les lois naturelles ; celles-là, oui, inéluctables. Mais ces prétendues lois morales, qu'est-ce que c'est ? Un faisceau d'habitudes implantées en nous depuis des siècles... Rien de plus... Autrefois, il est possible qu'elles aient été indispensables au développement social de l'homme. Mais aujourd'hui ?

Peut-on raisonnablement conférer à ces anciens règlements d'hygiène et de police, je ne sais quelle vertu sacrée, le caractère d'un impératif absolu ? » Et, comme le Patron ne répondait rien, Antoine haussa les épaules, enfonça les mains dans les poches de son pardessus, et changea de trottoir.

Il marchait, sans regarder, discutant toujours, mais avec lui-même : « D'abord, c'est un fait : la morale n'existe pas pour moi. On *doit*, on *ne doit pas*, le *bien*, le *mal*, pour moi ce ne sont que des mots ; des mots que j'emploie pour faire comme les autres, des valeurs qui me sont commodes dans la conversation ; mais, au fond de moi, je l'ai cent fois constaté, ça ne correspond vraiment à rien de réel. Et j'ai toujours été ainsi... Non, cette dernière affirmation est de trop. Je suis ainsi depuis... » L'image de Rachel passa devant ses yeux. « ... depuis longtemps, en tout cas... » Pendant un instant, il chercha de bonne foi à démêler sur quels principes se réglait sa vie quotidienne. Il ne trouvait rien. Il hasarda, faute de mieux : « Une certaine sincérité ? » Il réfléchit, et précisa : « Ou, plutôt, une certaine *clairvoyance* ? » Sa pensée était encore confuse ; mais, sur le moment, il fut assez satisfait de sa découverte. « Oui. Ce n'est pas grand-chose, évidemment. Mais, quand je cherche en moi, eh bien, ce besoin de clairvoyance, c'est malgré tout un des seuls points fixes que je trouve... Il se pourrait bien que j'en aie fait, sans y penser, une sorte de principe moral à mon usage... Cela se formulerait ainsi : *Liberté complète, à la condition de voir clair*... C'est assez dangereux, en somme. Mais cela ne me réussit pas mal. Tout dépend de la qualité du regard. Voir clair... S'observer de cet œil libre, lucide, désintéressé, qu'on acquiert dans les laboratoires. Se regarder cyniquement penser, agir. Se prendre exactement pour ce qu'on est. Comme corollaire : s'accepter tel qu'on est... Et alors ? Alors, je serais bien près de dire : tout est permis...

Tout est permis du moment qu'on n'est pas dupe de soi-même ; du moment qu'on sait ce qu'on fait, et, autant que possible, pourquoi on le fait ! »

Presque aussitôt, il sourit aigrement : « Le plus déroutant, c'est que, si l'on y regarde attentivement, ma vie — cette fameuse " liberté complète " pour laquelle il n'y a ni bien ni mal — elle est à peu près uniquement consacrée à la pratique de ce que les autres appellent le bien. Et tout ce bel affranchissement, il aboutit à quoi ? A faire, non seulement ce que font les autres, mais, plus particulièrement, ce que font ceux que la morale courante appelle les meilleurs ! La preuve : ce qui s'est passé ce soir... En suis-je arrivé, de fait et malgré moi, à me soumettre aux mêmes disciplines morales que tout le monde ?... Philip sourirait... Je me refuse pourtant à admettre que la nécessité, pour l'homme, d'agir comme un animal social, soit plus despotique que tous ses instincts individuels ! Alors, comment expliquer mon attitude de ce soir ? C'est incroyable à quel point l'action peut être dissociée, indépendante du raisonnement ! Car, au fond de moi-même, avouons que je donne raison à Studler. Les objections pâteuses que je lui ai servies ne comptent pour rien. C'est lui qui est logique : cette gosse souffre en pure perte ; l'issue de cette horrible lutte est absolument inévitable ; inévitable et imminente. Alors ? Si je me contente de réfléchir, je ne vois que des avantages à hâter cette mort. Non seulement pour la petite, mais pour Mme Héquet : il est évident que, dans l'état où est la mère, le spectacle de cette interminable agonie n'est pas sans danger... Héquet, sûrement, a pensé tout ça... Et il n'y a rien à répondre : si l'on se contente de raisonner, la valeur de ces arguments n'est pas contestable... Est-ce bizarre qu'on ne puisse presque jamais se contenter de raisonnements logiques ! Je ne dis pas ça pour excuser une lâcheté. Je sais bien, moi, seul en face de moi-même, que ce qui m'a obligé, ce soir, à me dérober comme je l'ai fait, ce n'est pas simplement de la lâcheté. Non. C'est quelque chose d'aussi pressant, d'aussi impérieux qu'une loi naturelle. Mais je n'arrive pas à comprendre ce que c'est... » Il passa diverses interprétations en revue. Était-ce une de ces idées confuses — à l'existence desquelles il croyait, d'ailleurs — qui semblent somnoler en nous sous la surface de nos idées claires, et qui, par moments, s'éveillent, se lèvent, s'emparent de la direction, déclenchent un acte, puis disparaissent sans explication dans l'arrière-fond de nous-mêmes ? Ou bien, plus simplement, ne fallait-il pas admettre qu'il y a une loi morale collective, et qu'il est presque impossible à l'homme d'agir uniquement à titre d'individu ?

Il lui semblait tourner en rond, les yeux bandés. Il cherchait à retrouver les termes d'une phrase, souvent citée, de Nietzsche : qu'un homme ne doit pas être un problème, mais une solution. Principe qui, jadis, lui avait paru de toute évidence, et auquel, d'année en année, il trouvait plus impossible de se conformer. Il avait déjà eu l'occasion de constater que certaines de ses déterminations (généralement les plus spontanées et souvent les plus importantes) se trouvaient en contradiction avec sa logique habituelle ; au point qu'il s'était plusieurs fois demandé : « Mais suis-je vraiment celui que je crois ? » Soupçon fulgurant et furtif, pareil à l'éclair qui troue une seconde les ténèbres et les laisse plus opaques après lui ; soupçon qu'il écartait aussitôt — et que, ce soir encore, il repoussa.

Les circonstances l'y aidèrent. Comme il arrivait à la rue Royale, le soupirail d'une boulangerie lui souffla au visage une odeur de pain cuit, chaude comme une haleine, qui fit subitement diversion. Il bâilla et chercha des yeux quelque brasserie éclairée ; puis il eut brusquement envie d'aller jusqu'au Théâtre-Français manger quelque chose chez Zemm — petit bar qui restait ou-

vert jusqu'au matin, et où il s'arrêtait quelquefois, la
nuit, avant de repasser les ponts.

« Étrange, tout de même! » confessa-t-il, après un
moment de silence intérieur. « On a beau douter, démolir, on a beau s'affranchir de tout, il y a, quoi qu'on
veuille, une chose irréductible, une chose qu'aucun
doute ne parvient à entamer : ce besoin qu'a l'homme
de croire en sa raison... Je viens de m'en donner une
belle preuve, depuis une heure!... » Il se sentait las et
demeurait insatisfait. Il cherchait quelque axiome de
tout repos qui pût lui rendre la quiétude. « Tout est
conflit », accorda-t-il paresseusement ; « ce n'est pas
nouveau ; et, ce qui se passe en moi, c'est le phénomène universel, l'entrechoc de tout ce qui vit. »

Il marcha quelque temps sans songer à rien de précis.
La cohue des boulevards était proche. Les rues étaient
jalonnées de promeneuses nocturnes, éminemment sociables, qu'il détournait de lui avec un geste débonnaire.

Peu à peu cependant, le travail inconscient de son
esprit se condensait :

« Je vis, » se dit-il enfin ; « voilà un fait. Autrement
dit, je ne cesse pas de faire choix et d'agir. Bon. Mais ici
commencent les ténèbres. *Au nom de quoi*, ce choix, cette
action ? Je n'en sais rien. Serait-ce au nom de cette clairvoyance à laquelle je pensais tout à l'heure ? Eh bien,
non... Théorie!... Au fond, jamais ce souci de lucidité n'a
réellement motivé, de ma part, une décision, un acte. C'est
seulement lorsque j'ai agi que cette clairvoyance entre
en jeu pour justifier à mes yeux ce que j'ai fait... Et
pourtant, depuis que je suis un être qui pense, je me
sens mû par — mettons : par un instinct — par une
force qui me fait, presque sans interruption, choisir
ceci et non cela, agir d'une façon et non d'une autre.
Or — et voilà le plus déconcertant — je remarque que
je n'agis pas en des sens contradictoires. Tout se passe
donc exactement comme si j'étais soumis à une règle

inflexible... Oui, mais quelle règle ? Je l'ignore ! Chaque fois que, dans un moment sérieux de ma vie, cet élan interne m'a fait choisir une direction déterminée et agir dans ce sens, j'ai eu beau me demander : *au nom de quoi ?* je me suis toujours heurté à un mur noir. Je me sens bien d'aplomb, bien existant, je me sens légitime — et pourtant en marge de toutes les lois. Je ne trouve ni dans les doctrines du passé, ni dans les philosophies contemporaines, ni en moi, aucune réponse qui soit satisfaisante pour moi ; je vois nettement toutes les règles auxquelles je ne peux pas souscrire, mais je n'en vois aucune à laquelle je pourrais me soumettre ; de toutes les disciplines codifiées, aucune, jamais, ne m'a paru, même de loin, s'adapter à moi, ni pouvoir expliquer ma conduite. Et, malgré tout, je vais de l'avant ; je file même à bonne allure, sans hésitation, à peu près droit ! Est-ce étrange ! Je me fais l'effet d'un navire rapide qui suivrait hardiment sa route et dont le pilote n'aurait jamais eu de boussole... On dirait positivement que je dépends d'un ordre ! Et cela, je crois même le sentir : ma nature est ordonnée. Mais, cet ordre, quel est-il ?... Au demeurant, je ne me plains pas. Je suis heureux. Je ne souhaite nullement devenir autre ; j'aimerais simplement comprendre en vertu de quoi je suis tel. Et il entre un brin d'inquiétude dans cette curiosité. Chaque être porte-t-il ainsi son énigme ? Trouverai-je jamais la clé de la mienne ? Parviendrai-je à formuler *ma loi* ? Saurai-je un jour *au nom de quoi ?...* »

Il pressa le pas : il apercevait, de l'autre côté de la place, l'enseigne lumineuse de Zemm, et ne pouvait plus s'intéresser qu'à sa faim.

Il s'engouffra si vite dans le couloir d'entrée qu'il trébucha contre des paniers d'huîtres qui répandaient dans le passage un amer relent de marée.

Le bar occupait le sous-sol ; on y descendait par un étroit escalier en spirale, pittoresque, vaguement clandestin. A cette heure, la salle était pleine de noctambules attablés dans une buée tiède qui puait la cuisine, l'alcool, le cigare, et que brassaient en sifflant les ventilateurs. L'acajou verni et le cuir vert donnaient à cette pièce basse sans fenêtres, et toute en longueur, l'aspect d'un fumoir de paquebot.

Antoine choisit un angle, jeta son manteau sur la banquette, et s'assit. Une impression de bien-être, déjà, le pénétrait. Instantanément, par contraste, il revit, là-bas, la chambre du bébé, le petit corps mouillé de sueur se débattant en vain sous l'étreinte ; il avait encore dans l'oreille la fatale cadence du berceau, pareille au martèlement d'un pied qui bat la mesure... Il se contracta, oppressé soudain.

— « Un seul couvert ? »

— « Un seul. Rosbif, pain noir ; et du whisky, dans un grand verre, sans soda, avec une carafe bien fraîche. »

— « Pas de soupe au fromage ? »

— « Si vous voulez. »

Sur chaque table, afin d'entretenir la soif, des frites, givrées de sel et minces comme des « monnaies du pape », s'entassaient dans une coupe. Antoine mesura sa fringale au plaisir qu'il eut à croquer celles qui étaient devant lui, en attendant cette soupe au gruyère, mijotée, écumeuse, filante, et caramélée d'oignon, qui était la spécialité de l'endroit.

Non loin de lui, des gens, debout, réclamaient leur vestiaire. Une jeune femme, qui faisait partie de ce groupe tapageur, regarda vers Antoine à la dérobée ; leurs yeux se croisèrent ; elle lui sourit imperceptiblement. Où donc avait-il déjà rencontré ce visage d'estampe japonaise, lisse et plat, ces sourcils au trait, ces yeux minces, légèrement bridés ? Il s'amusa de la façon subtile dont elle avait, à l'insu de tous, esquissé ce signe d'intelligence. Ah! c'était un modèle qu'il avait vu plusieurs fois chez Daniel de Fontanin. Dans l'ancien atelier, rue Mazarine. Maintenant, il se rappelait même très bien une certaine séance, par un après-midi d'été, très chaud : il se souvenait de l'heure, de l'éclairage, de la pose — et du trouble qui l'avait retenu là, bien qu'il fût pressé... Il suivit la femme des yeux, jusqu'à la porte. Comment donc Daniel l'appelait-il? Un nom qui ressemblait à la marque d'un thé... Avant de disparaître, elle se retourna. Le corps aussi, dans le souvenir d'Antoine, était resté quelque chose de plat, de lisse, de nerveux.

Pendant les quelques mois où il s'était persuadé qu'il aimait Gise, il n'y avait guère eu, dans sa vie, place pour aucune femme. En réalité, depuis sa rupture avec Mme Javenne (une liaison qui avait duré deux mois et qui avait failli très mal finir), il vivait sans maîtresse. Pendant quelques secondes, il en eut un cuisant regret. Il trempa ses lèvres dans le whisky qu'on venait d'apporter, et, soulevant lui-même le couvercle de la soupière, il huma les effluves généreux qui montaient vers lui.

A ce moment, le chasseur de l'entrée vint lui remettre un papier froissé, plié en quatre. C'était un programme de music-hall. Dans un coin, griffonné au crayon :

Zemm demain soir dix heures ?

— « On attend la réponse ? » demanda-t-il, amusé mais perplexe.
— « Non, la dame est partie », répondit le chasseur.

Antoine était bien décidé à ne tenir aucun compte de cette convocation. Il enfouit néanmoins le papier dans sa poche et se mit à souper.

« C'est chic, la vie », songea-t-il tout à coup. Un tumulte inattendu de pensées joyeuses l'enveloppa.

« Oui, j'aime la vie », affirma-t-il ; il réfléchit un instant : « Et, au fond, je n'ai besoin de personne. » Le souvenir de Gise survola de nouveau. Il reconnut que, même sans amour, la vie suffisait à son bonheur. Il confessa de bonne foi que, pendant le séjour de Gise en Angleterre, il n'avait cessé de se sentir heureux loin d'elle. D'ailleurs, y avait-il jamais eu grande place pour une femme, dans son bonheur?... Rachel?... Oui, Rachel! Mais que serait-il advenu, si Rachel n'était pas partie? Et puis, ne se sentait-il pas définitivement guéri des passions de cette nature?... Le sentiment qu'il venait d'avoir pour Gise, il n'aurait plus osé, ce soir, l'appeler amour. Il chercha un autre mot. Inclination?... Un instant, encore, la pensée de Gise l'obséda. Il se promit de tirer au clair ce qui s'était passé en lui, ces derniers mois. Une chose était sûre : c'est qu'il s'était créé, à sa mesure, une certaine image de Gise, fort différente de la Gise réelle qui, cet après-midi encore... Mais il refusa de s'attarder à cette confrontation.

Il but une gorgée de whisky coupé d'eau, attaqua le rosbif, et se répéta qu'il aimait à vivre.

La vie, à ses yeux, c'était avant tout un large espace découvert où les gens actifs comme lui n'avaient qu'à s'élancer avec entrain ; et, quand il disait : aimer la vie, il voulait dire : s'aimer soi-même, croire en soi. Toutefois, lorsqu'il se représentait plus particulièrement sa propre vie, elle ne lui apparaissait pas seulement comme un champ de manœuvres merveilleusement disponible, comme un ensemble infini de combinaisons possibles, mais aussi et surtout comme un chemin nettement tracé, une ligne droite qui menait infailliblement quelque part.

Il sentit qu'il venait de mettre en branle une cloche familière, dont il écoutait toujours le son avec indulgence. « Thibault? » murmurait la voix intérieure. « Il a trente-deux ans, l'âge des beaux départs!... Santé?

Exceptionnelle : la résistance d'un animal jeune, en pleine vigueur... Intelligence? Souple, hardie, sans cesse en progrès... Faculté de travail? A peu près inépuisable... Aisance matérielle... Tout, enfin! Ni faiblesses ni vices! Aucune entrave à sa vocation! Et le vent en poupe! »

Il allongea les jambes, et alluma une cigarette.

Sa vocation... Depuis l'âge de quinze ans, la médecine n'avait pas cessé d'exercer sur lui une attraction singulière. Encore maintenant, il admettait comme un dogme que la science médicale était l'aboutissement de tout l'effort intellectuel, et constituait le plus clair profit de vingt siècles de tâtonnements dans toutes les voies de la connaissance, le plus riche domaine ouvert au génie de l'homme. Science illimitée dans son étude spéculative, et néanmoins enracinée dans la plus concrète réalité, en contact direct et constant avec l'être humain. A cela, il tenait particulièrement. Jamais il n'aurait consenti à s'enfermer dans un laboratoire, à limiter son observation au champ du microscope : il aimait ce corps à corps perpétuel du médecin avec la multiforme réalité.

« Ce qu'il faudrait », reprit la voix, « c'est que Thibault travaille davantage pour lui... Ne pas se laisser paralyser par la clientèle, comme Terrignier, comme Boistelot... Trouver le temps de provoquer et de suivre des expériences, de coordonner les résultats, de dégager les lignes d'une *méthode*... » Car Antoine imaginait son avenir pareil à celui des plus grands maîtres : avant la cinquantaine, il posséderait à son actif nombre de découvertes ; et, surtout, il aurait déjà jeté les bases de cette méthode personnelle, encore confuse, mais que, certains jours, il croyait bien entrevoir. « Oui, bientôt, bientôt... »

Sa pensée franchit une sorte d'espace obscur qui était la mort de son père ; au-delà, le chemin redevenait lumineux. Entre deux bouffées de cigarette, il envisagea cette mort tout autrement que d'habitude, sans appré-

hension aucune, sans tristesse ; au contraire, comme une
délivrance nécessaire, attendue, comme un élargissement de l'horizon et l'une des conditions de son essor.
Cent possibilités nouvelles s'offraient à lui. « Il s'agira
de faire aussitôt un choix parmi la clientèle... Se
réserver des loisirs... Et puis, un aide à demeure, pour
les recherches. Peut-être même un secrétaire ; pas un
collaborateur, non, un garçon jeune, une intelligence
ouverte à tout, que je dresserais, qui me débarrasserait
des besognes... Et moi, je pourrais travailler dur...
M'acharner... Découvrir du neuf... Ah! oui, je suis
sûr de faire de grandes choses!... » Sur sa lèvre se joua
une ébauche de sourire, reflet intérieur de cet optimisme
qui le dilatait.

Tout à coup il jeta sa cigarette et s'arrêta, songeur.
« N'est-ce pas étrange, si l'on y pense ? Ce sens moral que
j'ai expulsé de ma vie, et dont je me sentais, il n'y a pas
une heure, radicalement affranchi, voilà que je viens de
le retrouver en moi, brusquement! Et non pas réfugié
dans quelque repli obscur et inexploré de ma conscience!
Non! Épanoui, au contraire, solide, indéracinable,
s'étalant à la place principale, en plein centre de mon
énergie et de mon activité : au cœur de ma vie professionnelle! Car il ne s'agit pas de jouer sur les mots :
comme médecin, comme savant, j'ai un sens de la droiture absolument inflexible, et, sur ce point-là, je crois
bien pouvoir dire que je ne transigerai jamais... Comment concilier tout ça?... Bah! » se dit-il, « pourquoi
toujours vouloir concilier ? » En fait, il y renonça vite,
et, cessant de penser avec précision, il s'abandonna
lâchement au bien-être, mêlé de fatigue, qui peu à peu
l'engourdissait.

Deux automobilistes venaient d'entrer et de s'installer non loin de lui. Ils étaient surchargés de manteaux qu'ils empilèrent sur la banquette. L'homme pouvait avoir vingt-cinq ans ; la femme, un peu moins. Une admirable paire : tous deux élancés, vigoureux ; tous deux bruns, l'œil franc, la bouche grande, la dent saine, le teint coloré par le froid. Même âge, même santé, même classe sociale, même élégance naturelle, et sans doute mêmes goûts. En tout cas, même appétit : l'un près de l'autre, au même rythme, ils mordaient à grandes bouchées dans deux sandwiches jumeaux ; puis, du même geste, ils vidèrent leurs chopes de bière, réendossèrent leurs fourrures, et, sans avoir échangé un mot ni un regard, s'éloignèrent du même pas élastique. Antoine les suivit des yeux ; ils suggéraient l'idée de l'entente modèle, du couple parfait.

Alors il remarqua que la salle était presque vide. Son regard consulta, dans une glace éloignée, un cadran qui se trouvait suspendu au-dessus de sa tête. « Dix heures dix ? Non, c'est à l'envers. Quoi ? bientôt deux heures ? »

Il se leva, secouant sa torpeur. « Je serai frais demain matin », songea-t-il, penaud.

Toutefois, en remontant l'étroit escalier où le chasseur sommeillait affalé sur une marche, il eut une pensée vivace, suivie d'une évocation très précise, qui le fit sourire furtivement : « Demain soir dix heures.... », se dit-il.

Il sauta dans un taxi. Cinq minutes plus tard, il entrait chez lui.

Sur la table de l'antichambre, où l'attendait le courrier du soir, s'étalait, en évidence, un papier déplié ; l'écriture de Léon :

On a téléphoné vers une heure de chez le docteur Héquet. La petite fille est décédée.

Il garda quelques secondes la feuille entre les doigts et dut relire. « Une heure du matin? Après mon départ... Studler? Devant la garde? Non... Sûrement, non... Alors? Ma piqûre? Peut-être... Petite dose, pourtant. Mais le pouls était si faible... »

La surprise passée, ce qui dominait, c'était une sensation de soulagement. Pour Héquet et sa femme, si douloureuse que pût être la certitude, elle terminait du moins cette abominable attente. Il se rappela le visage de Nicole endormie. Bientôt, un petit être nouveau serait là, entre eux. La vie avait raison de tout ; pas de plaie qui ne devienne cicatrice. Il prit son courrier d'un geste distrait. « Pauvres gens, tout de même », pensa-t-il, le cœur serré. « Je passerai chez eux avant l'hôpital. »

Dans a cuisine, la chatte miaulait désespérément. « Elle va m'empêcher de dormir, la sale bête », grogna Antoine ; et, tout à coup, il se souvint des petits chats. Il entrouvrit la porte. La chatte se jeta dans ses jambes, éplorée, câline, se frottant contre lui avec une insistance irritée. Antoine se pencha sur le panier aux chiffons : il était vide.

N'avait-il pas dit : « Vous allez tous les noyer, n'est-ce pas? » C'était de la vie, pourtant... Pourquoi cette différence? *Au nom de quoi?*

Il haussa les épaules, leva les yeux vers la pendule, et bâilla.

« Quatre heures à dormir, allons-y. »

Il tenait encore le papier de Léon ; il en fit une boule qu'il lança gaiement sur l'armoire.

« Et puis, une bonne douche froide... Système Thibault : détremper la fatigue avant de se mettre au lit! »

LA SORELLINA

I

— « Répondez : non! » lança M. Thibault sans ouvrir les yeux. Il toussota : une toux sèche, qu'on appelait son « asthme » et qui secouait à peine la tête enfouie dans l'oreiller.

Juché devant une table pliante, dans l'embrasure de la fenêtre, M. Chasle, bien qu'il fût déjà deux heures passées, décachetait le courrier du matin.

Ce jour-là, l'unique rein fonctionnait si mal, et les souffrances avaient été si continues que, de toute la matinée, M. Thibault n'avait pu donner audience à son secrétaire ; enfin, à midi, sœur Céline s'était décidée à faire, sous un prétexte, la piqûre calmante qu'elle réservait d'habitude pour la fin de la journée. La douleur avait presque aussitôt cessé ; mais M. Thibault, qui ne comptait plus bien les heures, avait dû, non sans irritation, attendre, pour se faire lire ses lettres, que M. Chasle fût revenu de déjeuner.

— « Après ? » demanda-t-il.

M. Chasle parcourait une lettre des yeux.

— « Aubry (Félicien), sous-officier de zouaves..., demande une place de surveillant au Pénitencier de Crouy. »

— « *Pénitencier ?* Pourquoi pas *prison ?*... Au panier, Après ? »

— « Quoi ? Pourquoi pas prison ? » répéta M. Chasle, très bas. Il renonça à comprendre, assujettit ses lunettes et ouvrit précipitamment une autre enveloppe :

— « Presbytère de Villeneuve-Joubin... profonde reconnaissance... remerciements pour un pupille... Sans intérêt. »

— « Sans intérêt ? Lisez, monsieur Chasle. »

« Monsieur le Fondateur,

« Mon saint ministère me donne l'occasion de remplir un devoir bien doux. Je suis chargé par ma paroissienne, Mme Beslier, de vous exprimer sa profonde reconnaissance... »

— « Plus fort ! » commanda M. Thibault.

« ... sa profonde reconnaissance pour les admirables résultats du régime de Crouy sur la nature du jeune Alexis. Quand vous avez eu la bonté de l'admettre à la Fondation Oscar-Thibault, il y a quatre ans, nous désespérions, hélas ! de ce pauvre enfant : ses instincts vicieux, ses écarts de conduite, sa violence naturelle, laissaient présager le pire. Mais, en trois ans, vous avez accompli un miracle. Voici plus de neuf mois maintenant que notre jeune homme est rentré au bercail. Sa mère, ses sœurs, les voisins, moi-même, ainsi que M. Binot (Jules), charpentier, chez lequel il est en apprentissage, nous sommes unanimes à louer la douceur d'Alexis, son goût au travail, son zèle à remplir les devoirs de notre religion.

« Je prie N.-S. qu'il accorde ses grâces à la prospérité d'une œuvre où de pareilles rénovations morales sont possibles, et je salue respectueusement M. le Fondateur en qui revit l'esprit de charité et de désintéressement d'un saint Vincent de Paul.

« J. Rumel, prêtre. »

M. Thibault avait toujours les yeux clos, mais la barbiche était agitée d'un tremblement : la faiblesse mettait le vieillard à la merci du moindre attendrissement.

— « Une belle lettre, monsieur Chasle », fit-il, quand il se fut rendu maître de son émotion. « Ne pensez-vous pas qu'elle mérite d'être publiée dans le *Bulletin* de l'année prochaine ? Vous m'en ferez souvenir en temps utile je vous prie. Après ? »

— « Ministère de l'Intérieur. Administration pénitentiaire. »

— « Ah ! ah... »

— « Non, ce n'est qu'un imprimé... Une formule... à vau-l'eau. »

Sœur Céline entrouvrit la porte. M. Thibault grogna :

— « Finissons d'abord ! »

La sœur ne protesta pas. Elle vint remettre une bûche au feu de bois qu'elle entretenait dans la chambre du malade pour lutter contre cette odeur qu'elle nommait, avec une petite grimace, le « *goût* d'hôpital » — et s'en alla.

— « Après, monsieur Chasle ? »

— « Institut de France. Séance du 27... »

— « Plus fort. Après ? »

— « Comité supérieur des Œuvres diocésaines. Novembre, réunion le 23 et le 30. Décembre le... »

— « Vous enverrez une carte à M. l'abbé Baufremont pour excuser mon absence le 23... Et aussi le 30... », ajouta-t-il après une brève indécision. « Pour décembre, inscrivez sur l'agenda... Après ? »

— « C'est tout, Monsieur. Le reste, en définitive... Cotisation pour le Secours paroissial... Des cartes... Se sont fait inscrire dans la journée d'hier : le Révérend Père Nussey. M. Ludovic Roye, secrétaire de la *Revue des Deux-Mondes*. Le général Kerigan... Ce matin, le vice-président du Sénat a fait prendre des nouvelles...

Et puis des circulaires... Œuvres paroissiales... Les journaux... »

La porte se rouvrit, avec autorité. Sœur Céline s'avança, portant cette fois sur une assiette un cataplasme fumant.

M. Chasle baissa les yeux et s'éloigna sur la pointe des pieds pour ne pas faire crier ses bottines.

La religieuse avait déjà soulevé les couvertures. Ces cataplasmes étaient, depuis deux jours, la marotte de sœur Céline. En réalité, s'ils atténuaient la douleur, ils n'avaient pas sur la paresse des organes l'action que la religieuse avait espérée. Au point qu'il fut urgent de procéder, malgré les répugnances de M. Thibault, à un nouveau sondage.

L'opération faite, il en éprouva du soulagement. Mais ces soins le laissaient fort abattu. Trois heures et demie venaient de sonner. La fin de la journée ne promettait rien de bon. L'effet de la morphine commençait à décroître. Il y avait plus d'une heure à passer avant le lavement de cinq heures. Pour faire diversion, la religieuse prit sur elle de rappeler M. Chasle.

Le petit homme vint discrètement se réinstaller dans son embrasure.

Il était soucieux. La grosse Clotilde qu'il venait de croiser dans le couloir lui avait soufflé à l'oreille : « Dites donc, il a bien changé cette semaine, votre patron ! » Et, comme M. Chasle la dévisageait, effaré, elle lui avait posé la patte sur le bras : « Croyez-moi, monsieur Chasle, à ce mal-là, point de pardon ! »

M. Thibault, immobile, soufflait et geignait un peu — par habitude, car il ne souffrait pas encore : il éprouvait même, ainsi allongé, une détente. Néanmoins, craignant de voir reprendre les douleurs, il eût souhaité s'endormir. La présence de son secrétaire le gênait

Il souleva une paupière et coula vers la fenêtre un regard dolent :

— « Ne perdez pas votre temps à attendre, monsieur Chasle. Impossible de travailler ce soir. Regardez... » Il essaya de soulever les bras : « Je suis un homme fini. »

M. Chasle ne songeait pas à feindre.

— « Déjà ! » s'écria-t-il, alarmé.

M. Thibault, surpris, tourna la tête. Une lueur narquoise s'alluma entre ses cils :

— « Ne voyez-vous pas que, chaque jour, les forces me manquent davantage ? » soupira-t-il. « Pourquoi se leurrer ? S'il faut mourir, que ce soit le plus vite possible. »

— « Mourir ? » répéta M. Chasle, en joignant les mains.

M. Thibault s'amusait :

— « Oui, mourir ! » lança-t-il, sur un ton menaçant. Il ouvrit brusquement les deux yeux, et les referma.

M. Chasle, pétrifié, contemplait ce visage inerte, gonflé — déjà cadavéreux. Clotilde aurait-elle raison ? Alors, et lui ?... Sa vieillesse lui apparut : la misère...

Il se mit à trembler, comme chaque fois qu'il rassemblait tout son courage ; et, sans bruit, il glissa de sa chaise.

— « Vient une heure, mon ami, où l'on n'aspire plus qu'au repos », murmura M. Thibault, prêt à s'abandonner au sommeil. « La mort ne doit pas effrayer un chrétien. »

Les yeux clos, il écoutait l'écho de ses paroles ronronner dans sa tête. Il sursauta lorsqu'il entendit la voix de M. Chasle retentir tout près de lui :

— « Sûr ! La mort, ça ne doit pas effrayer ! » Le petit homme eut peur de son audace. Il balbutia : « Ainsi, moi, la mort de maman... » et s'arrêta comme s'il s'étranglait.

Il parlait avec difficulté à cause d'un râtelier qu'il

portait seulement depuis peu : une prime qu'il avait gagnée à un concours de rébus, organisé par un Institut dentaire du Midi dont la spécialité était de soigner les dents par correspondance et de confectionner à distance des appareils de prothèse, d'après des empreintes envoyées par les clients. M. Chasle en était d'ailleurs satisfait, de ce dentier, à condition de l'enlever pour les repas ou lorsqu'il avait à parler un peu longuement. Aussi avait-il acquis assez d'adresse pour déboîter d'un coup l'appareil et le projeter dans son mouchoir, en ayant l'air d'éternuer. Ce qu'il fit.

Délesté, il rebondit :

— « Ainsi, moi, la mort de ma mère, eh bien, ça ne m'effraye pas. Pourquoi s'effrayer ? Pourtant on est bien tranquille, maintenant qu'elle est dans son asile ; et même en enfance, c'est ça qui fait le charme... »

Il s'arrêta de nouveau. Il cherchait une transition.

— « J'ai dit : *on*, parce que je ne vis pas seul. Peut-être le savez-vous, Monsieur ? Aline est restée avec moi... Aline, l'ancienne bonne de maman... Et aussi la petite, sa nièce, Dédette, celle que M. Antoine a opérée, cette fameuse nuit... Oui », ajouta-t-il en souriant, et ce sourire exprima soudain la plus subtile tendresse, « elle vit avec nous, cette petite, même qu'elle m'appelle *Oncle Jules*, une habitude... Pourtant, je ne suis pas son oncle, c'est drôle... »

Son sourire s'évanouit, une ombre s'étendit sur son visage ; il déclara d'un ton rude :

— « A trois, dame, ça fait de la dépense ! »

Avec un sang-gêne inaccoutumé, il s'était avancé plus près encore du lit, comme s'il avait quelque chose d'urgent à dire ; mais il évitait avec soin de regarder M. Thibault. Celui-ci, pris au dépourvu, n'avait pas complètement refermé les yeux ; il examinait M. Chasle. Dans l'apparente incohérence de ces paroles qui semblaient tourner en rond autour d'une intention secrète, il percevait quelque chose d'insolite, d'inquiétant, qui mit en déroute ses velléités de sommeil.

Brusquement, M. Chasle recula et se mit à aller et venir à travers la chambre. Ses semelles grinçaient, mais il n'en avait cure.

Il reprit avec âpreté :

— « D'ailleurs, ma mort non plus ne m'effraie pas ! Ça regarde le bon Dieu, en définitive... Mais la vie ! Ah ! c'est la vie qui m'effraie, moi ! Vieillir, voilà ! » Il pivota sur les talons, murmura : « Quoi ? » d'un air interrogatif, puis : « J'avais dix mille francs d'économie. Je leur ai porté ça, un soir à l'*Age mûr*. Voilà dix mille francs et ma mère, prenez ! C'était le prix. Ça ne devrait pas exister, ces choses-là... On est tranquille, c'est vrai, mais tout de même, dix mille francs ! Tout y a passé... Et Dédette ? Plus d'avance, plus rien. (Ça fait même moins que rien, puisque Aline m'a déjà avancé deux mille francs. De son argent à elle. Pour nos dépenses. Pour vivre...) Dame, comptons : quatre cents francs que je touche ici, tous les mois, ça n'est pas un gros maximum. On est trois. Il faut ce qu'il faut, pour cette petite. Elle est apprentie, ça ne gagne pas, ça coûte... Pourtant on regarde à tout, ma parole d'honnête homme, Monsieur. On regarde même au journal : on relit des vieux, qu'on avait mis de côté... » Sa voix tremblait. « Je vous raconte les vieux journaux, Monsieur, excusez-moi si je me déshonore. Mais ça ne devrait pas exister, tout ça, après vingt siècles de christianisme et tout ce qu'on dit de la civilisation... »

M. Thibault remua doucement les mains. Mais M. Chasle ne se décidait pas à regarder vers le lit. Il poursuivit :

— « Si je n'avais plus ces quatre cents francs, qu'est-ce qu'on deviendrait ? » Il fit un demi-tour vers la fenêtre et leva la tête comme s'il espérait entendre des voix. « A moins d'un héritage ? » s'écria-t-il, comme s'il venait de faire une découverte. Mais bientôt il fronça les sourcils : « Dieu nous juge! Quatre mille huit cents, pour l'année, on ne peut pas moins, quand on est trois. Eh bien, un petit capital équivalent, voilà ce que le bon Dieu fera pour nous, s'il veut être juste! Oui, Monsieur, il nous enverra un petit capital — le bon Dieu... »

Il tira son mouchoir et s'épongea le front comme s'il avait fait un effort surhumain.

— « Ayez confiance, c'est toujours le refrain! Ces messieurs de Saint-Roch, par exemple : « Ayez confiance, voyons : vous n'êtes pas sans protecteur... » Sans protecteur, non ; ça, j'admets : je ne suis pas sans protecteur. Et, pour la confiance, je veux bien l'avoir, moi. Mais il me faudrait d'abord l'héritage... le petit capital... »

Il était arrêté près de M. Thibault, mais il évitait toujours de le regarder.

— « Avoir confiance », murmura-t-il, « ça serait plus facile, Monsieur... — si j'étais sûr! »

Et, peu à peu, son regard, semblable à un oiseau qui se familiarise, se rapprocha du vieillard ; d'une aile rapide, il effleura même le visage, revint se poser sur les yeux clos, sur le front immobile, s'échappa de nouveau, se posa encore, et finalement se fixa tout à fait, comme s'il s'était englué. Le jour baissait. M. Thibault, soulevant enfin les paupières, aperçut dans la pénombre l'œil de M. Chasle rivé au sien.

Ce choc acheva de secouer sa torpeur. Depuis bien longtemps, il considérait comme un devoir d'assurer l'avenir de son secrétaire ; et le legs qu'il lui destinait figurait très explicitement parmi ses dispositions posthumes. Mais, jusqu'à l'ouverture du testament, il importait que l'intéressé n'en soupçonnât rien. M. Thibault pensait connaître les hommes et se défiait de tous. Il croyait que, si M. Chasle avait vent de cette donation, il cesserait bientôt d'être ce travailleur ponctuel que justement M. Thibault se flattait de récompenser.

— « Je crois vous avoir compris, monsieur Chasle »,
déclara-t-il avec douceur.

L'autre rougit brusquement et détourna les yeux.

M. Thibault se recueillit quelques secondes :

— « Mais — comment dirais-je ?... — n'y a-t-il pas
plus de courage, en certains cas, à repousser une suggestion comme la vôtre, au nom de principes bien établis,
qu'à y céder par surprise, par aveuglement, par fausse
charité... par faiblesse ? »

M. Chasle, debout, opinait du chef. L'assurance de ce
débit oratoire exerçait toujours un tel ascendant sur
lui, et il avait si fort accoutumé de faire siennes les
affirmations de son patron, qu'il ne pouvait, aujourd'hui
encore, lui marchander son assentiment. Il s'avisa
seulement après coup que, en acquiesçant à ces paroles,
il acceptait aussi l'échec de sa démarche. Il se résigna
aussitôt. Il avait l'habitude. Dans ses prières, ne for-
mulait-il pas souvent de très légitimes requêtes qui
n'étaient pas exaucées ? Il ne s'insurgeait pas pour cela
contre la Providence. M. Thibault bénéficiait également,
à ses yeux, d'une sagesse impénétrable et souveraine,
devant laquelle il avait pris le pli de s'incliner.

Il était si bien résolu à l'approbation et au silence
qu'il décida de remettre son dentier. Il plongea la main
dans sa poche. Son visage s'empourpra. L'appareil
n'y était plus.

— « Ne reconnaîtrez-vous pas avec moi, monsieur
Chasle », continuait M. Thibault, sans élever la voix,
« que vous avez été la victime bénévole d'un chantage,
en abandonnant à un asile... laïque et suspect à tous
égards ce pécule que vous aviez amassé par votre travail ? Alors que nous aurions trouvé sans peine quelque
établissement diocésain, où l'on peut être soigné gratui-
tement, pour peu que l'on soit sans ressources et soutenu
par quelqu'un de considéré ?... Si je vous faisais dans
mes dispositions testamentaires la place que vous semblez

solliciter, n'est-il pas évident que vous retomberiez, après moi, dans les filets de quelque aigrefin qui vous grugerait jusqu'au dernier de mes centimes ? »

M. Chasle n'écoutait plus. Il se souvenait d'avoir tiré son mouchoir : le dentier avait dû tomber sur le tapis. Il imagina, entre des mains étrangères, cet appareil intime, révélateur — peut-être malodorant... Le cou tendu, il écarquillait les yeux, glissant un regard sous chaque meuble et sautillant sur place comme un volatile effarouché.

M. Thibault l'aperçut, et il eut cette fois un sentiment de compassion. « Si j'augmentais le legs ? » songea-t-il.

Croyant tempérer les inquiétudes de son secrétaire, il reprit avec bonhomie :

— « Et d'ailleurs, monsieur Chasle, n'a-t-on pas tort de confondre si souvent indigence et pauvreté ? Certes, l'indigence est redoutable ; c'est une mauvaise conseillère. Mais la pauvreté ? N'est-elle pas souvent une forme... déguisée... de la Grâce divine ? »

Comme aux oreilles bourdonnantes d'un noyé, la voix du patron ne parvenait plus à M. Chasle que par bouffées indistinctes. Il fit un effort pour se ressaisir ; il palpa de nouveau sa jaquette, son gilet, plongea désespérément la main dans ses basques. Et, tout à coup, il étouffa un cri de joie. Le dentier était là, pris dans les clefs du trousseau !

— « ... La pauvreté », continuait M. Thibault, « a-t-elle jamais été incompatible avec le bonheur chrétien ? Et l'inégalité des biens temporels n'est-elle pas la condition même de l'équilibre social ? »

— « Sûr ! s'écria M. Chasle. Il eut un petit rire triomphal, se frotta les mains, et murmura distraitement : « C'est ça qui fait le charme... »

M. Thibault, dont les forces déclinaient, tourna les yeux vers son secrétaire. Il était touché de lui voir manifester de tels sentiments, et prenait plaisir à se sentir approuvé. Il fit un effort pour être aimable :

— Je vous ai inculqué de bonnes méthodes, monsieur Chasle. Exact et sérieux comme vous l'êtes, j'estime que vous trouverez toujours à rendre des services... » Il prit un temps : « ... même si je venais à disparaître avant vous. »

La sérénité avec laquelle M. Thibault envisageait la misère de ceux qui devaient lui survivre avait une vertu apaisante, contagieuse. Et puis, l'immense soulagement que ressentait M. Chasle effaçait pour l'instant toute inquiétude d'avenir. Une lueur joyeuse s'alluma derrière ses lunettes.

Il s'écria :

— « Pour ça, Monsieur, vous pouvez mourir tranquille : je me débrouillerai toujours, allez! J'ai plusieurs cordes, comme on dit! La bricole, les inventions pratiques... » Il rit : « J'ai déjà ma petite idée, oui... Toute une affaire à mettre sur pied — dès que vous ne serez plus là... »

Le malade ouvrit un œil : le coup involontaire de M. Chasle avait porté. « Dès que vous ne serez plus là... » Que voulait dire au juste cet imbécile ?

M. Thibault allait poser une question lorsque la sœur parut et tourna le commutateur. La pièce s'éclaira brusquement. Alors, comme un écolier au son de la cloche libératrice, M. Chasle, en un tournemain, rassembla ses paperasses, fit plusieurs petits saluts, et s'esquiva.

II

L'heure du lavement était arrivée.

La sœur avait déjà rejeté les couvertures et tournait autour du lit avec des gestes rituels. M. Thibault réfléchissait. Il se rappelait la phrase de M. Chasle, et surtout l'intonation : « Dès que vous ne serez plus là... » Une intonation si naturelle ! Pour M. Chasle, cette disparition prochaine ne pouvait pas être mise en doute. « L'ingrat ! » songea M. Thibault, avec irritation ; et il s'abandonnait complaisamment à sa colère, pour éloigner de lui l'interrogatoire qui l'obsédait.

— « Allons-y », dit la sœur gaiement. Elle avait retroussé ses manches.

L'entreprise était difficile. Il fallait glisser sous le malade une véritable litière de serviettes. M. Thibault était lourd et ne s'aidait pas ; il se laissait manier comme un cadavre. Mais chaque mouvement éveillait le long des jambes, au creux du dos, une douleur aiguë, qu'aggravait encore un tourment d'ordre moral : les détails de cette épreuve quotidienne mettaient au supplice orgueil et pudeur.

Pendant l'attente, chaque jour plus longue, du résultat, sœur Céline avait la manie de s'asseoir familièrement au bout du lit. Dans les débuts, cette proximité, en un pareil moment, exaspérait le malade. Maintenant il la supportait ; peut-être même préférait-il ne pas rester seul.

Sourcils froncés, paupières closes, M. Thibault tournait et retournait dans son cerveau la redoutable question : « Serais-je vraiment si touché ? » Il ouvrit les yeux. Son regard vint se heurter, à l'improviste, au récipient de porcelaine que la garde avait mis, à portée de la main, en évidence sur la commode, et qui, ridicule, monumental, semblait insolemment attendre. Il se détourna.

La sœur profitait de ce court répit pour égrener son chapelet.

— « Priez pour moi, ma sœur », chuchota tout à coup M. Thibault, sur un ton pressant et grave qui ne lui était pas habituel.

Elle acheva ses *Ave*, et répondit :

— « Mais oui, Monsieur, plusieurs fois par jour. »
Il y eut un silence, que M. Thibault rompit brusquement :
— « Je suis très malade, ma sœur, vous savez ! Très... très malade ! » Il bégayait, prêt à pleurer.
Elle protesta, avec un sourire un peu contraint :
— « Eh bien, en voilà des idées ! »
— « On ne veut pas me le dire », reprit le malade, « mais je le sens bien, je ne me remettrai jamais ! » Et, comme elle ne l'interrompait pas, il ajouta, non sans défi : « Je sais que je n'en ai plus pour longtemps. »
Il l'épiait. Elle hocha la tête et continua ses prières.
M. Thibault prit peur.
— « Il faut que je voie l'abbé Vécard », déclara-t-il d'une voix rauque.
La religieuse objecta simplement :
— « Oh ! vous avez communié l'autre samedi, vous devez être en règle avec le bon Dieu. »
M. Thibault ne répondit pas. La sueur perlait à ses tempes ; sa mâchoire tremblait. Le lavement lui travaillait le corps. La terreur, aussi.
— « Le bassin » souffla-t-il.
Une minute plus tard, entre deux épreintes profondes, entre deux gémissements, il lança vers la religieuse un coup d'œil vindicatif, et balbutia :
— « Mes forces diminuent tous les jours... Il faut que je voie l'abbé ! »
Elle réchauffait l'eau de la cuvette, et ne s'aperçut pas qu'il guettait éperdument l'expression de son visage.
— « Si vous voulez », dit-elle évasivement. Elle reposa la bouillotte et tâta l'eau du bout de son doigt. Puis, sans lever les yeux, elle murmura quelque chose.
M. Thibault tendait l'oreille : « ... jamais trop de précautions... »
Il pencha la tête sur sa poitrine, et serra les dents.

Bientôt, lavé, changé, recouché dans un lit frais, il n'eut plus rien à faire qu'à souffrir.

Sœur Céline s'était assise et continuait son chapelet. Le plafonnier était éteint ; une lampe basse éclairait la chambre. Aucune diversion, non seulement à l'angoisse du malade, mais aux douleurs névralgiques, dont les élancements, de plus en plus vifs, sillonnaient la face postérieure des cuisses, irradiaient dans toutes les directions, pour éclater soudain, comme de brusques coups de canif, en des points précis, dans les lombes, dans les rotules, dans les chevilles. Pendant les secondes d'accalmie où la souffrance persistait, mais sourde — l'inflammation de ses escarres ne lui laissait aucun véritable répit — M. Thibault ouvrait les yeux, regardait devant lui, et sa pensée, lucide, tournait dans le même cercle : « Qu'est-ce qu'ils pensent, tous ? Est-ce qu'on peut être en danger sans s'en rendre compte ? Comment savoir ? »

La religieuse, voyant augmenter la douleur, décida de ne pas attendre le soir pour injecter une demi-dose de morphine.

Il ne s'aperçut pas qu'elle quittait la pièce. Lorsqu'il se vit seul, livré aux puissances mauvaises qui planaient dans cette chambre silencieuse et presque obscure, l'épouvante le prit. Il voulut appeler, mais la crise reprenait avec une violence nouvelle. Il saisit la sonnette et sonna désespérément.

Ce fut Adrienne qui accourut.

Il ne pouvait parler. Les mâchoires crispées, il hurlait confusément. Il fit, pour se redresser, un effort brusque qui acheva de lui déchirer les flancs. Il retomba sur l'oreiller en gémissant.

— « Va-t-on me laisser mourir comme ça ? » cria-t-il enfin. « La sœur ! Cherchez l'abbé ! Non, appelez Antoine ! Vite ! »

Prise de panique, la jeune fille regardait le vieillard d'un œil agrandi, qui acheva de le terrifier.

— « Allez! Ramenez M. Antoine! Tout de suite! »

La sœur revenait, avec la seringue chargée. Elle ne comprit pas ce qui s'était passé. Elle vit la femme de chambre partir en courant. M. Thibault, versé sur le traversin, payait son agitation d'une recrudescence de douleur. Il se trouvait justement assez bien placé pour la piqûre.

— « Ne bougez pas », dit la sœur, en lui découvrant l'épaule. Et, sans plus attendre, elle le piqua.

Antoine, qui sortait, fut rejoint par Adrienne, sous la voûte.

Il monta précipitamment.

A son entrée, M. Thibault tourna la tête. Cette présence d'Antoine, qu'il avait réclamée, dans sa frayeur, sans grand espoir de pouvoir être exaucé, lui fut un premier réconfort. Il balbutia, machinalement :

— « Ah! te voilà ? »

Il commençait à éprouver le bienfait de la piqûre. Dressé sur deux oreillers, les bras étendus, il respirait quelques gouttes d'éther que la sœur lui avait versées sur un mouchoir. Dans l'échancrure de la chemise, Antoine aperçut le cou décharné, la pomme d'Adam saillante entre deux cordons tendineux. Le tremblotement de la mâchoire accusait la morne immobilité du front ; ce crâne massif, ces larges tempes plates, ces oreilles, avaient en ce moment quelque chose de pachydermique.

— « Eh bien, Père ? » fit Antoine.

M. Thibault ne lui répondit rien, mais pendant quelques secondes il le considéra fixement ; puis il referma les yeux. Il aurait voulu lui crier : « Dis-moi la vérité! Est-ce qu'on me trompe ? Est-ce que je suis

perdu, dis? Parle! Sauve-moi, Antoine! » Mais il était
retenu par une timidité croissante envers son fils,
et par l'appréhension superstitieuse, s'il formulait
tout haut ses craintes, de leur conférer soudain une
infrangible réalité.

Les yeux d'Antoine croisèrent le regard de la sœur ;
ce regard désignait la table. Antoine y aperçut le thermomètre. Il s'approcha et lut 38°9. Cette subite poussée
l'étonna : jusqu'alors, le mal avait évolué presque sans
température. Il revint vers le lit et prit le poignet, mais
c'était pour tranquilliser le malade :

— « Le pouls est bon », déclara-t-il presque aussitôt. « Qu'est-ce qui ne va pas ? »

— « Mais je souffre comme un damné ! » cria M. Thibault. « J'ai souffert toute la journée. Je... j'ai failli
mourir ! N'est-ce pas ? » Il lança vers la religieuse un coup
d'œil impérieux ; puis il changea de voix, et son regard
devint craintif : « Il ne faut pas que tu me quittes,
Antoine. J'ai peur, vois-tu ! J'ai peur... que ça recommence. »

Antoine eut pitié. Par chance, rien de très urgent ne
l'obligeait à sortir. Il promit de rester là jusqu'au dîner.

— « Je vais téléphoner que j'ai un empêchement »,
dit-il.

Dans le bureau, où était l'appareil, il fut suivi par
sœur Céline.

— « La journée ? »

— « Pas fameuse. J'ai dû faire ma première piqûre
à midi, et je viens de recommencer. Une demi-dose »,
ajouta-t-elle. « Mais c'est le moral, monsieur Antoine !
Des idées terribles : "On me ment, je veux voir M. l'abbé,
je vais mourir", et Dieu sait quoi ! »

Le regard inquiet d'Antoine semblait poser une question précise : « Croyez-vous possible qu'il se doute ?... »
La religieuse hocha la tête ; elle n'osait plus répondre
non.

Antoine réfléchissait. « Cela ne suffit pas à expliquer la température », se dit-il.

— « L'important... » — il fit un geste énergique — « ... c'est d'extirper immédiatement tout germe de soupçon. » Un projet insensé lui traversa l'esprit ; il se contint. « D'abord, lui faire une soirée calme », déclara-t-il. « Vous lui injecterez un nouveau demi-centigramme, quand je vous le dirai... Je vous rejoins. »

— « Me voilà libre jusqu'à sept heures », s'écria-t-il gaiement, lorsqu'il fut de retour dans la chambre. Il avait sa voix mordante et son masque d'hôpital, crispé, résolu. Il sourit cependant :

— « Ça n'a pas été tout seul! C'est la grand-mère de ma petite malade que j'ai trouvée au bout du fil. Elle était désespérée, la pauvre dame ; elle bêlait dans l'appareil : « Comment, docteur, nous ne vous verrons pas ce soir ? » Il feignit soudain un air alarmé : « Excusez-moi, Madame, je viens d'être appelé auprès de mon père, qui est au plus mal... » (Le visage de M. Thibault se contracta brusquement.) « Mais avec les femmes on n'en a jamais fini! « Votre père ? Ah! mon Dieu, qu'est-ce qu'il a donc ? »

Antoine se grisait de sa témérité. A peine s'il balança une seconde avant d'oser :

— « Que dire ?... Devine!... Je lui ai répondu, sans sourciller : « Un cancer, Madame! Un cancer de... la prostate!... » Il rit fébrilement : « Pourquoi pas ? Pendant que j'y étais! »

Il vit que la sœur, en train de verser de l'eau dans un verre, s'arrêtait net. Il eut tout à coup conscience de la partie qu'il jouait. La peur le frôla. Trop tard pour reculer.

Il éclata de rire. :

— « Mais ce mensonge-là, Père, je le porte à ton compte, tu sais! »

M. Thibault, raidi , écoutait de tout son être. Sa main s'était mise à trembler sur le drap. Jamais les plus explicites protestations n'eussent si vite, si totalement dissipé son angoisse! L'audace diabolique d'Antoine avait à l'improviste culbuté les spectres, et, d'un coup, rejeté le malade en plein espoir. Il ouvrit les deux yeux et regarda son fils ; il ne se décidait plus à baisser les paupières. Un sentiment nouveau, une flamme de tendresse, embrasait son vieux cœur. Il voulut parler ; mais, ce qu'il éprouvait était pareil à un vertige : il referma les yeux, après un bref sourire que le jeune homme saisit au vol.

Tout autre qu'Antoine se fût dit, en s'épongeant le front : « Je l'ai échappé belle... » Un peu plus pâle que tout à l'heure, satisfait de lui, il pensait seulement : « Le tout, dans ces trucs-là, c'est d'être bien décidé à réussir. »

Quelques minutes passèrent.

Antoine évitait le regard de la sœur.

M. Thibault bougea le bras. Puis, comme s'il continuait une discussion.

— « M'expliquerez-vous, alors, pourquoi je souffre de plus en plus ? A croire que vos sérums exaspèrent la douleur, au lieu de... »

— « Mais, naturellement, ils l'exaspèrent », interrompit Antoine. « C'est la preuve qu'ils agissent! »

— « Ah! »

M. Thibault ne demandait qu'à se laisser convaincre. Et, comme, à vrai dire, l'après-midi n'avait pas été aussi pénible qu'il le prétendait, il regretta presque de n'avoir pas souffert plus longtemps.

— « Qu'éprouves-tu en ce moment ? » questionna Antoine. L'accès fiévreux de son père le préoccupait.

Pour être franc, M. Thibault eût dû répondre : « Un grand bien-être. » Mais il marmonna :

— « Ma douleur dans les jambes... Et puis, une lourdeur dans les reins... »

— « Il y a eu un sondage à trois heures », spécifia sœur Céline.

— « Et puis un poids, là... une oppression... »

Antoine approuvait de la tête.

— « C'est assez curieux », déclara-t-il à la religieuse. (Il ne savait pas, cette fois, ce qu'il allait imaginer.) « Je pense à certaines observations que j'ai faites sur... sur l'alternance des remèdes. Ainsi, pour les affections cutanées, on arrive à des résultats inespérés par l'alternance des traitements. Peut-être avons-nous eu tort, Thérivier et moi, de prescrire d'une façon continue ce nouveau sérum, le... le N. 17... »

— « Bien sûr, vous avez eu tort! » affirma, de confiance, M. Thibault.

Antoine l'interrompit avec bonne humeur :

— « Mais c'est ta faute, Père! Tu es si pressé de guérir! Nous allons trop vite en besogne! »

Il interpella sérieusement la sœur :

— « Où avez-vous mis les ampoules que j'ai apportées avant-hier, le D. 92? »

Elle fit un geste gauche ; non qu'elle eût la moindre répugnance à mystifier un malade, mais elle avait quelque peine à s'y reconnaître dans tous ces « sérums » qu'Antoine inventait selon les besoins de la cause.

— « Vous allez me faire tout de suite une piqûre de ce D. 92. Oui, avant que l'action du N. 17 soit terminée. Je veux observer l'effet du mélange dans le sang. »

M. Thibault avait remarqué l'hésitation de la garde. Antoine surprit son coup d'œil scrutateur, il ajouta aussitôt, pour couper court à toute méfiance :

— « Cette piqûre-là va sans doute te sembler plus douloureuse, Père. Le D. 92 est moins fluide que les autres. Un moment à passer. Ou je me trompe fort, ou tu vas te sentir très soulagé ce soir ! »

« Je deviens chaque jour plus habile », constatait Antoine à part lui. Progrès professionnel, qu'il n'enregistrait pas sans satisfaction. Et puis, dans ce lugubre jeu, il y avait une difficulté sans cesse renaissante, une sorte de risque aussi, dont Antoine ne pouvait s'empêcher de sentir l'attrait.

La sœur revint.
M. Thibault ne se prêta pas sans anxiété à l'opération : avant même d'avoir l'aiguille dans le bras, il s'était mis à glapir :
— « Ah ! tu sais, ton sérum ! » grommela-t-il dès que ce fut fini. « Il est tellement plus épais, celui-ci ! C'est du feu qui entre sous la peau ! Et cette odeur, sens-tu ? L'autre, au moins, était inodore ! »

Antoine s'était assis. Il ne répondit rien. Entre la précédente piqûre et celle-ci, aucune distinction possible : deux ampoules jumelles, la même aiguille, la même main ; mais, soi-disant, une autre étiquette... Il suffisait de bien orienter l'esprit vers l'erreur, aussitôt tous les sens faisaient du zèle ! Piètres instruments, dont nous ne doutons jamais !... Et ce puéril besoin, jusqu'au bout, de satisfaire notre raison ! Le pire, même pour un malade, c'est de ne pas *comprendre*. Dès qu'on a pu donner un nom au phénomène, lui prêter une cause plausible, dès que notre pauvre cerveau peut associer deux idées avec une apparente logique... « La raison, la raison », se dit Antoine, « c'est tout de même un point fixe dans le tourbillon. Sans la raison, que resterait-il ? »

M. Thibault avait refermé les yeux.
Antoine fit signe à sœur Céline de se retirer. (Ils avaient remarqué que le malade était plus irritable lorsqu'ils étaient tous deux ensemble à son chevet.)

Bien que le jeune homme vît son père tous les jours, il constatait aujourd'hui des changements marqués. La chair avait une transparence ambrée, un poli de mauvais augure. La boursouflure avait augmenté ; de flasques poches s'étaient formées sous les yeux. Le nez, au contraire, avait fondu, montrant une arête osseuse qui modifiait bizarrement l'expression du visage.

Le malade remua.

Peu à peu, ses traits s'animaient. Il n'avait plus son air renfrogné. A travers les cils, qui s'écartaient plus fréquemment, luisait une pupille dilatée, brillante.

— « La double piqûre commence à agir », pensa Antoine ; « il va devenir loquace. »

M. Thibault éprouvait, en effet, une sorte de détente : un besoin de repos, délicieux parce que dépourvu de tout accompagnement de fatigue. Il n'avait pas cessé, pourtant, de songer à sa mort ; mais, comme il avait cessé d'y croire, il lui devenait possible, agréable même, d'en parler. L'excitation de la morphine aidant, il ne résista pas à la tentation d'improviser, pour lui-même et pour son fils, le spectacle d'une fin édifiante.

— « M'écoutes-tu, Antoine ? » demanda-t-il à l'improviste. L'intonation était solennelle. Puis, sans autre préambule : « Dans le testament que tu trouveras après ma mort... » (Une pause, à peine perceptible, comme celle de l'acteur qui attend une réplique.)

— « Mais, Père », interrompit, de bonne grâce, Antoine, « je ne te croyais pas si pressé de mourir ! » Il rit. « Je te faisais même remarquer, tout à l'heure, combien tu étais impatient de reprendre ton existence ! »

Le vieillard, satisfait, souleva la main :

— « Laisse-moi parler, mon cher. Il se peut que, aux yeux de la science, je ne sois pas un malade condamné. Mais j'ai, moi, le sentiment que... que je suis... D'ailleurs, la mort... Le peu de bien que j'ai essayé de faire en ce monde me sera compté... Oui... Et, si le jour est venu... »

(un coup d'œil pour s'assurer que le sourire incrédule d'Antoine ne s'était pas effacé « ... eh bien, que veux-tu ? ayons confiance... La miséricorde de Dieu est infinie. »

Antoine écoutait en silence.

— « Ce n'est pas cela que je voulais te dire, Antoine. A la fin de mes dispositions testamentaires, tu trouveras une liste de legs... Les vieux serviteurs... Je tiens à attirer ton attention sur ce codicille, mon cher. Il date de plusieurs années. Peut-être n'ai-je pas été assez... assez généreux. Je pense à M. Chasle. Le brave homme me doit beaucoup, c'est indiscutable ; il me doit tout. Mais est-ce une raison pour que son... ce dévouement... ne recueille pas une récompense... même superflue ?

La toux qui, par moments, hachait ses paroles, le contraignit à s'arrêter un instant. « Il faut que la généralisation du mal progresse assez vite », se dit Antoine, « cette toux augmente, les nausées aussi. Le néoplasme doit s'être, depuis peu, propagé de bas en haut... Poumons, estomac... Nous sommes à la merci de la première complication. »

— « J'ai toujours eu », reprit M. Thibault, que l'opium rendait à la fois lucide et incohérent, « j'ai toujours eu la fierté d'appartenir à cette classe aisée, sur laquelle, de tout temps, la religion, la patrie... Mais cette aisance impose certains devoirs, mon cher... » La pensée, encore une fois, dévia. « Toi, tu as une fâcheuse tendance à l'individualisme ! » fit-il tout à coup, en jetant vers Antoine un regard courroucé. « Tu changeras sans doute quand tu seras grand. » Il rectifia : « ... quand tu auras vieilli, quand tu auras, toi aussi, fondé une famille... Une famille », répéta-t-il. Ce mot, qu'il ne prononçait jamais sans emphase, éveilla en lui de confuses résonances, des fragments de discours prononcés naguère. La suite de ses idées lui échappa de nouveau. Il enfla la voix : « Effectivement, mon cher, si l'on admet que la famille doit rester la cellule première du tissu social, ne faut-il pas... ne faut-il pas qu'elle constitue cette... cette aristocratie plébéienne... où dorénavant se recrutent les élites ? La famille, la famille... Réponds : ne sommes-nous pas le pivot sur lequel... sur lequel tourne l'État bourgeois d'aujourd'hui ? »

— « Mais je suis de ton avis, Père », accorda Antoine, avec douceur.

Le vieux n'eut pas l'air d'avoir entendu. Insensiblement, le ton devint moins oratoire, les intentions plus faciles à saisir :

— « Tu en reviendras, mon cher ! L'abbé y compte, comme moi. Tu en reviendras de certaines idées, et je souhaite que ce soit bientôt... Je voudrais que ce soit déjà fait, Antoine... Au moment de quitter ce monde, n'est-il pas pénible pour moi que mon fils... ? Élevé comme tu l'as été, vivant sous ce toit, ne devrais-tu pas... ? Une ferveur religieuse enfin ! Une foi plus solide, plus pratiquante ! »

« Et s'il soupçonnait où j'en suis », pensa Antoine.

— « Qui sait si Dieu ne me demandera pas... ne me tiendra pas rigueur... ? » soupira M. Thibault. « Hélas ! pour cette tâche chrétienne, la présence de ta sainte mère m'a été ravie... trop tôt ! »

Deux larmes jaillirent de ses paupières. Antoine les vit éclore, puis descendre le long des joues. Il ne s'y attendait pas, et ne put se défendre d'une pointe d'émotion — qui s'accrut, lorsqu'il entendit son père reprendre, sans divaguer, d'une voix basse, intime, pressante, qu'Antoine ne lui connaissait pas :

— « J'ai d'autres comptes à rendre. La mort de Jacques. Pauvre enfant... Ai-je fait tout mon devoir ?... Je voulais être ferme. J'ai été dur. Mon Dieu, je m'accuse d'avoir été dur avec mon enfant... Je n'ai jamais su gagner sa confiance. Ni la tienne, Antoine... Non, ne proteste pas, c'est la vérité. Dieu l'a voulu ainsi ; Dieu

ne m'a jamais accordé la confiance de mes enfants...
J'ai eu deux fils. Ils m'ont respecté, ils m'ont craint ;
mais, dès l'enfance, ils se sont écartés de moi... Orgueil,
orgueil! Le mien ; le leur... Pourtant, est-ce que je n'ai
pas fait tout ce que je devais ? Est-ce que je ne les ai pas,
dès le plus jeune âge, confiés à l'Église ? Est-ce que je
n'ai pas veillé à leur éducation, à leur instruction ? Ingratitude... Mon Dieu, jugez-moi : est-ce ma faute ?...
Jacques s'est toujours dressé contre moi. Jusqu'à son
dernier jour, jusqu'à la veille de sa mort !... Pourtant !
Est-ce que je pouvais donner mon consentement à...
à cette chose-là ? Non... Non... »

Il se tut.

— « Va-t'en, mauvais fils ! » cria-t-il tout à coup.

Antoine le considéra, surpris. Son père ne s'adressait
pas à lui. Délirait-il, maintenant ? La mâchoire tendue,
le front mouillé de sueur, les bras soulevés, il semblait
hors de soi.

— « Va-t'en ! » reprit-il. « Tu as oublié tout ce que tu
dois à ton père, à son nom, à son rang ! Le salut d'une
âme ! L'honneur d'une famille ! Il y a des actes... des
actes qui dépassent notre personne ! Qui compromettent
toutes les traditions ! Je te briserai ! Va-t'en ! » La toux
coupait ses phrases. Il souffla longuement. Puis la voix
s'assourdit : « Mon Dieu, je ne suis pas sûr de votre pardon... Qu'as-tu fait de ton fils ? »

— « Père », risqua Antoine.

— « Je n'ai pas su le protéger... Les influences ! Les
machinations des huguenots ! »

— « Ah ! les huguenots », pensa Antoine.

(C'était une idée fixe du vieux, et personne n'en avait
jamais bien compris l'origine. Sans doute — c'était une
supposition d'Antoine — aussitôt après le départ de
Jacques au début des recherches, une maladresse avait
dû révéler à M. Thibault les relations assidues que
Jacques, pendant l'été qui avait précédé, entretenait,

à Maisons, avec les Fontanin. Dès lors, et sans qu'on pût
l'en faire démordre, le vieillard, aveuglé par son aversion
pour les protestants, hanté probablement aussi par les
souvenirs de la fugue à Marseille avec Daniel, et confon-
dant peut-être le passé avec le présent, n'avait cessé de rejeter sur les Fontanin toute la responsabilité du drame.)

— « Où vas-tu ? » cria-t-il encore, en essayant de se
soulever.

Il ouvrit les yeux, parut rassuré par la présence d'Antoine et tourna vers lui son regard voilé de larmes :

— « Le malheureux », balbutia-t-il. « Ces huguenots
l'ont attiré, mon cher... Ils nous l'ont pris... C'est eux!
Ils nous l'ont poussé au suicide... »

— « Mais non, Père », s'écria Antoine. « Pourquoi
s'imaginer toujours qu'il se soit... »

— « Il s'est tué! Il est parti, il est allé se tuer!... »
(Antoine crut entendre, très bas : « ... Maudit! » Mais il
avait dû se tromper. Pourquoi « maudit »? Cela n'avait
vraiment aucun sens.) Le reste de la phrase se perdit
en un sanglotement désespéré, presque silencieux, qui
dégénéra en une quinte de toux, laquelle, assez vite,
s'apaisa.

Antoine crut que son père s'endormait. Il évitait de
faire un mouvement.

Quelques minutes passèrent.

— « Dis donc! »

Antoine tressaillit.

— « Le fils de la tante... euh... tu sais ?... Oui, le fils
de la tante Marie, de Quillebeuf... Mais, tu n'as pas pu
le connaître, toi. Lui aussi, il s'est... J'étais encore un
gamin quand c'est arrivé. Avec son fusil, un soir de
chasse. On n'a jamais su... »

M. Thibault, distrait, l'esprit dispos et envahi de
souvenirs, souriait.

— « ... Elle agaçait maman, avec ses chansons, toujours ses chansons... Euh... *Monture... petit coursier,*

comment donc ?... A Quillebeuf, pendant les vacances...
Tu n'as pas connu la pataehe du père Niqueux, toi...
Ha, ha, ha!... Le jour où la malle des bonnes est... est
tombée... Ha, ha, ha!... »

Antoine se leva brusquement ; cette hilarité lui était
plus pénible que les sanglots.

Ces dernières semaines, il arrivait souvent au vieillard, surtout le soir après les piqûres, d'évoquer ainsi
des détails insignifiants d'autrefois qui, dans sa mémoire
dépeuplée, s'amplifiaient soudain, comme un son dans
les volutes d'un coquillage. Il les ressassait ensuite plusieurs jours, riant tout seul comme un enfant.

Il se tourna joyeusement vers Antoine, et se mit à
fredonner, d'une voix jeune :

> Monture guillerette,
> Hop, Jip... petit coursier...
> La... la... la... lamourette...
> Hop... hop... au rendez-vous!

— « Ah! je ne sais plus », fit-il, agacé. « C'est une
chanson que Mademoiselle connaît bien, elle aussi. Elle
la chantait à la petite... »

Il ne pensait plus à sa mort, ni à celle de Jacques.
Inlassablement, jusqu'au départ d'Antoine, il repêcha
dans son passé les souvenirs de Quillebeuf et les bribes
de la vieille chanson.

III

Resté seul avec sœur Céline, il retrouva sa gravité.
Il réclama son potage et se laissa abecquer sans souffler
mot. Puis, lorsqu'ils eurent dit ensemble la prière du
soir, il lui fit éteindre le plafonnier.

— « Ma sœur, ayez l'obligeance de prier Mademoiselle de venir. Et veuillez appeler les bonnes, que je leur parle. »

Mécontente d'être dérangée à cette heure, Mlle de Waize franchit en trottinant le seuil de la chambre et s'arrêta, essoufflée. Elle essaya en vain de lever son regard jusqu'au lit ; son dos noué l'en empêchait ; elle n'apercevait que les pieds des meubles, et, dans l'espace éclairé, les reprises du tapis. La religieuse voulut lui avancer un fauteuil, mais Mademoiselle recula d'un pas ; elle serait restée comme un échassier, debout sur une patte, pendant dix heures consécutives, plutôt que de poser sa jupe sur ce siège colonisé par les microbes!

Les deux bonnes, inquiètes, se tenaient l'une près de l'autre, formant un groupe obscur qu'éclairaient par à-coups les flammes du feu.

M. Thibault se recueillit quelques secondes. La séance avec Antoine ne l'avait pas rassasié ; un désir irrésistible le tourmentait d'ajouter encore une scène au spectacle.

— « Je sens que ma fin n'est plus bien éloignée... », commença-t-il en toussotant, « et j'ai voulu profiter d'un instant d'accalmie dans mes souffrances... dans les tourments qui me sont infligés... pour vous dire adieu... »

La sœur, qui repliait des serviettes, s'interrompit, surprise. Mademoiselle et les deux bonnes, saisies, se taisaient. M. Thibault crut un instant que l'annonce de sa mort prochaine n'étonnait personne, et il connut une minute d'atroce anxiété. Heureusement pour lui, la sœur, plus hardie, s'écria :

— « Mais, Monsieur, vous allez de mieux en mieux, pourquoi parler de mourir ? Si le docteur vous entendait! »

M. Thibault sentit aussitôt son énergie morale s'affermir. Il fronça les sourcils, et sa main engourdie fit un effort pour réduire au silence la bavarde.

Il reprit, comme s'il récitait :

— « A la veille de paraître devant le Tribunal suprême, je demande pardon. Pardon à tous. Je me suis souvent montré sans indulgence pour autrui. J'ai blessé peut-être, par ma sévérité, l'attachement de mes... de tous ceux qui vivaient dans ma maison. Je reconnais... Des dettes... Des dettes envers vous tous... Envers vous, Clotilde et Adrienne... Envers votre mère, surtout, qui est maintenant clouée... qui est clouée, comme moi, sur un lit de douleurs... et qui vous a donné, pendant vingt-cinq ans, un si bel exemple de servitude... Envers vous, enfin, Mademoiselle, vous qui... »

A ce moment, Adrienne fondit si bruyamment en larmes que M. Thibault, troublé, faillit lui-même éclater en sanglots. Il hoqueta, mais se ressaisit ; et, pesant chaque mot :

— « ... vous qui avez fait le sacrifice d'une existence modeste, pour vous installer à notre foyer en deuil... veiller sur la lampe... sur notre lampe familiale. Qui donc était plus que vous digne... de... auprès des enfants... de remplacer celle que vous aviez élevée ? »

Entre les phrases, lorsqu'il s'arrêtait, on entendait les femmes pleurer dans l'ombre. Le dos de la petite vieille s'était arqué davantage, son chef branlait sans interruption, et le tremblement de ses lèvres faisait, dans les silences, un léger bruit de succion.

— « Grâce à vous, grâce à votre vigilance, notre famille a pu continuer sa route... sa route, sous le regard de Dieu. Je vous en remercie publiquement ; et c'est à vous, Mademoiselle, que je veux présenter ma dernière requête. Lorsque sera venue l'heure fatale... » Bouleversé par les paroles qu'il prononçait, il dut, pour dominer son effroi, faire une pause, réfléchir à son état présent, au bien-être qu'il éprouvait depuis la piqûre. Il poursuivit : « Lorsque l'heure fatale aura sonné, je vous recommande, Mademoiselle, de lire vous-même, à haute voix, cette belle prière, vous savez, ces *Litanies de... de la bonne mort...* que j'ai lues... avec vous... au chevet de ma pauvre femme... dans cette même chambre... n'est-ce pas ?... sous ce même crucifix... »

Son regard essaya de fouiller l'obscurité. Cette chambre d'acajou et de reps bleu était sa chambre de toujours ; celle où, jadis, à Rouen, il avait, à quelques années d'intervalle, vu ses parents mourir... Elle l'avait suivi, à Paris ; elle avait été sa chambre de jeune homme: elle avait été sa chambre nuptiale... Par une froide nuit de mars, Antoine y était né. Puis, moins de dix ans après, par une autre nuit d'hiver, sa femme, en donnant la vie à Jacques, y était morte. Il la revit morte, au milieu du grand lit semé de violettes...

Sa voix trembla :

— « ... et j'espère que notre sainte bien-aimée... m'assistera de là-haut... me communiquera son courage... sa résignation... le courage dont elle a fait preuve... oui... » Il ferma les yeux et joignit gauchement les mains.

Il semblait dormir.

Alors sœur Céline fit signe aux bonnes de se retirer sans bruit.

Avant de quitter leur maître, elles le contemplèrent attentivement, comme si déjà ce lit était une couche mortuaire. On perçut dans le couloir les sanglots d'Adrienne et le caquetage étouffé de Clotilde, qui donnait le bras à la vieille demoiselle. Elles ne savaient plus où aller. Elles échouèrent à la cuisine et s'assirent en rond. Elles pleuraient. Clotilde décréta qu'il fallait veiller, pour pouvoir au premier appel courir chercher un prêtre ; et, sans perdre de temps, elle se mit à moudre du café.

Seule, la religieuse savait à quoi s'en tenir : elle avait l'habitude. Pour elle, la sérénité d'un mourant était toujours une preuve que, dans les profondeurs de son instinct — souvent à tort, d'ailleurs — le malade ne

croyait pas vraiment la mort imminente. Aussi, après
avoir remis la chambre en ordre et couvert le feu, ouvrit-
elle le lit pliant sur lequel elle reposait. Et, dix minutes
plus tard, dans la chambre obscure, la religieuse, sans
avoir échangé un mot avec son malade, glissait paisiblement, comme chaque soir, de la prière au sommeil.

M. Thibault, lui, ne dormait pas. La double piqûre
lui assurait un prolongement de bien-être, mais le tenait
éveillé. Immobilité voluptueuse, peuplée de pensées, de
projets. D'avoir semé la frayeur autour de lui, semblait
l'avoir définitivement purgé de sa propre angoisse. Le
souffle de la garde assoupie l'agaçait bien un peu ; mais
il se plut à rêver au jour où, guéri, il la congédierait,
avec des remerciements — avec une belle offrande pour
sa communauté. Combien ? On verrait... Bientôt. Ah !
qu'il était impatient de revivre ! Que devenaient ses
œuvres, sans lui ?

Une bûche s'écroula dans les cendres. Il entrouvrit
un œil. Une flamme, ressuscitée, hésitante, faisait danser
des ombres au plafond. Il se vit soudain, tremblant, une
bougie allumée à la main, à Quillebeuf, dans le couloir
humide, qui, toute l'année, sentait le salpêtre et la
pomme : de grandes ombres naissaient devant lui et
s'en allaient ainsi danser au plafond... Ces terrifiantes
araignées noires qu'il y avait toujours, le soir, dans les
cabinets de tante Marie !... (Entre l'enfant peureux d'alors
et le vieillard d'aujourd'hui, l'identité était pour lui si
complète, qu'il lui fallait un effort de l'esprit pour les
distinguer l'un de l'autre.)

La pendule sonna dix heures. Puis la demie.

Quillebeuf... La patache... La basse-cour... Léontine...

Ces souvenirs, qu'un hasard avait fait lever des bas-
fonds de sa mémoire, flottaient obstinément à la surface,
ne consentaient plus à redescendre dans les profondeurs.

L'air de la vieille chanson faisait à ces évocations puériles un accompagnement discontinu. Les paroles lui manquaient encore presque toutes, sauf le début qui s'était recomposé peu à peu, et le refrain, qui avait surgi inopinément des ténèbres :

> Monture guillerette,
> Trilby, petit coursier,
> Tu sers mon amourette
> Mieux qu'un beau destrier !
> . . . .
> Hop ! Hop ! Trilby trottine !
> Hop ! Vite ! Au rendez-vous !

La pendule sonna onze coups.

> ... Monture guillerette,
> Trilby, petit coursier...

IV

Le lendemain, vers quatre heures, Antoine, entre deux visites, vint à passer si près de chez lui qu'il en profita pour aller aux nouvelles. Il avait trouvé, le matin, M. Thibault assez affaibli. La fièvre persistait. Annonçait-elle une complication ? Soulignait-elle seulement l'aggravation générale ?

Antoine voulait ne pas être vu du malade, que cette visite supplémentaire eût inquiété. Il gagna le cabinet de toilette par le couloir. Sœur Céline s'y trouvait. A voix basse, elle le rassura. Jusqu'alors la journée n'avait pas été trop mauvaise. Pour l'instant, M. Thibault était sous l'action d'une piqûre. (Ces doses répétées de morphine devenaient indispensables pour lui permettre de supporter les douleurs.)

Par la porte de la chambre, qui n'était pas complètement fermée, venait un murmure, un chant. Antoine tendit l'oreille. La religieuse haussa les épaules :

— « Il n'a pas eu de cesse que je n'aie été lui chercher Mademoiselle pour qu'elle lui chante une romance de je ne sais quoi. Il ne parle pas d'autre chose depuis ce matin. »

Antoine s'approcha sur la pointe des pieds. La voix ténue de la petite vieille s'élevait dans le silence :

> Monture guillerette,
> Trilby, petit coursier,
> Tu sers mon amourette
> Mieux qu'un beau destrier!
> Gentiment, pour Rosine,
> Pour ses yeux andalous.
> Hop! Hop! Trilby trottine!
> Hop! Vite! Au rendez-vous!

Alors Antoine entendit la voix de son père, comme un bourdon fêlé, qui reprenait, en s'essoufflant, le refrain :

> Hop! Vite! Au rendez-vous!...

Puis la flûte chevrotante reprit :

> Vois cette fleur charmante,
> Là-bas, au bord du pré.
> Je veux que mon Infante
> En ait le front paré!
> Je la cueille, et toi, broute!
> (Car, à chacun ses goûts.)

— « Ah! voilà! » interrompit M. Thibault, avec un accent de triomphe. « Tante Marie chantait toujours : *La... la... la... et toi, broute!... La... la... la.. et toi, broute!* »

Is reprirent ensemble :

Hop! Hop! Trilby en route!
Hop! Vite! Au rendez-vous!

— « Pendant ce temps-là », chuchota la sœur, « il ne se plaint pas ».

Antoine s'éloigna, le cœur serré.

Comme il passait devant la loge, il fut hélé par la concierge. Le facteur venait de déposer quelques lettres. Antoine les prit distraitement. Sa pensée était là-haut :

... Monture guillerette,
Trilby, petit coursier...

Il s'étonnait lui-même de ses sentiments pour le malade. Lorsqu'il avait eu, un an plus tôt, la révélation que M. Thibault était perdu, il s'était découvert, pour ce père qu'il croyait ne pas aimer, une déconcertante et indéniable affection, toute fraîche, semblait-il, et pourtant pareille à une très ancienne tendresse que l'approche de l'irréparable aurait seulement ravivée. Sentiment qu'était encore venu renforcer, pendant ces longs mois, l'attachement du médecin pour ce condamné, dont il était seul à connaître la sentence, et qu'il fallait mener le plus doucement possible vers sa fin.

Antoine avait déjà fait quelques pas dans la rue, lorsque ses yeux tombèrent sur l'une des enveloppes qu'il tenait à la main.

Il s'arrêta net :

Monsieur Jacques Thibault
4 bis, rue de l'Université.

De temps à autre arrivaient bien encore un catalogue de librairie ou un prospectus, au nom de Jacques. Mais une lettre! Cette enveloppe bleutée, cette écriture d'homme — de femme, peut-être ? — haute, cursive, un peu dédaigneuse!... Il fit demi-tour. D'abord, réfléchir. Il gagna son cabinet. Mais, avant même de s'être assis, d'un geste résolu il avait décacheté la lettre.

Dès les premiers mots un transport le saisit :

> *1 bis, place du Panthéon.*
> *25 novembre 1913.*
>
> « Cher monsieur,
>
> J'ai lu votre nouvelle... »

« Une nouvelle? Jacques écrit? » Et aussitôt la certitude : « Il vit! » Les mots dansaient. Antoine, fébrile, chercha la signature : « JALICOURT. »

« J'ai lu votre nouvelle avec un intérêt très vif. Vous devinez, de reste, les réserves que peut inspirer au vieil universitaire... »

« Ah! Jalicourt! Valdieu de Jalicourt. Le professeur, l'académicien... » Antoine le connaissait bien, de réputation ; il avait même deux ou trois livres de Jalicourt dans sa bibliothèque.

« Vous devinez, de reste, les réserves que peut inspirer au vieil universitaire que je suis, une formule romanesque qui heurte, et ma culture classique, et la plupart de mes goûts personnels. Je ne puis véritablement souscrire ni au fond ni à la forme. Mais je dois reconnaître que ces pages, dans leur outrance même, sont d'un poète, et d'un psychologue. J'ai plus d'une fois songé, en vous lisant, à ce mot d'un maître musicien de mes amis, auquel un jeune compositeur révolutionnaire (qui pourrait être des vôtres) montrait un essai d'une troublante audace : « Remportez vite tout cela, Monsieur, je finirais par y prendre goût. »

« JALICOURT. »

Antoine tremblait sur ses jambes. Il s'assit. Il ne quittait pas des yeux la lettre dépliée devant lui sur son bureau. Au fond, que Jacques fût vivant ne le surprenait guère : jamais il n'avait eu, lui, aucune raison de supposer un suicide. Le premier éveil, au toucher de cette lettre, avait été celui du chasseur : en quelques secondes, il avait senti ressusciter en lui cet instinct de limier qui, trois ans plus tôt, l'avait, plusieurs mois de suite, lancé sur toutes les pistes, à la recherche de l'absent. Puis, en même temps, une telle tendresse pour son frère, un si haletant besoin de le revoir, qu'il en demeurait tout étourdi. — Souvent, ces derniers jours — et ce matin même — il avait eu à se raidir contre un sentiment d'amertume, en se voyant seul au chevet du vieillard ; devant une tâche si lourde, comment se défendre d'un mouvement de rancune envers ce frère fugitif, qui, en un pareil moment, désertait son poste ? Mais cette lettre !

Un espoir le traversa : atteindre Jacques, l'avertir, le rappeler ! Ne plus être seul !

Il reprit la feuille : *1 bis, place du Panthéon... Jalicourt...*

Un regard sur la pendule ; un autre à son calepin.

« Bon. Trois visites encore, ce soir. Celle de 4 h 1/2, avenue de Saxe, urgente, impossible à manquer. Ensuite, ce début de scarlatine, rue d'Artois : indispensable aussi, mais pas de rendez-vous. La troisième, une convalescence, ça peut se remettre. » Il se leva. « Avenue de Saxe, tout de suite. Et aussitôt après, Jalicourt. »

Vers cinq heures, Antoine arrivait place du Panthéon. Vieille maison. Pas d'ascenseur. (Sa fougue, d'ailleurs, l'eût empêché de le prendre.) Il grimpa quatre à quatre.

— « M. de Jalicourt est sorti. Mercredi... Son cours à l'École Normale, de 5 à 6... »

« Du calme », se dit Antoine, en descendant. « Juste le temps d'aller voir ma scarlatine. »

Avant six heures, il sautait de taxi devant l'École Normale.

Il se rappela sa visite au directeur, après la disparition de son frère ; puis, ce jour d'été déjà lointain, où il était venu dans cette sombre bâtisse attendre avec Jacques et Daniel le résultat de l'examen d'entrée.

— « Le cours n'est pas terminé. Montez au palier du premier étage. Vous verrez les élèves sortir. »

Un courant d'air perpétuel sifflait sous les préaux, dans les escaliers, dans les couloirs. Les lampes électriques, parcimonieusement distribuées, avaient des airs fumeux de quinquets. Ces dalles, ces arcades, ces portes claquantes, cet escalier monumental, obscur et délabré, où, sur des murs crasseux, des pancartes en lambeaux flottaient au vent d'automne, tant de solennité, tant de silence et d'abandon, faisaient penser à quelque évêché de province, à jamais désaffecté.

Quelques minutes s'écoulèrent. Antoine, figé, attendait. Sur le carreau, glissèrent des pas mous : un élève, hirsute, débraillé, traînant la savate et balançant un livre au bout de son bras, dévisagea Antoine et passa.

De nouveau, le silence. Et, tout à coup, un bourdonnement : la porte de la salle céda, dans un brouhaha de séance parlementaire ; des étudiants, en grappes, riant, s'interpellant, se pressaient les uns contre les autres ; puis, en hâte, se dispersèrent dans les corridors glacés.

Antoine guettait. (Le professeur, évidemment, sortait le dernier.) Quand la ruche lui parut vidée, il s'approcha. Au fond d'une salle en boiseries, garnie de bustes et mal éclairée, un grand bonhomme à cheveux blancs, debout et courbé, rangeait nonchalamment des papiers sur une table. Ce ne pouvait être que M. de Jalicourt.

Il se croyait seul. Au bruit que fit Antoine, il se redressa en grimaçant. Il était grand et se tournait presque de profil pour regarder devant lui, car il ne voyait que d'un œil, à travers un monocle épais comme une lentille. Dès qu'il eut aperçu quelqu'un, il quitta sa place, et, d'un geste courtois, fit signe au visiteur d'avancer.

Antoine attendait un vieux professeur. La vue de ce gentilhomme, habillé de clair et qui semblait descendre de cheval plutôt que de chaire, le surprit.

Il se présenta :

— « ... le fils d'Oscar Thibault, votre collègue de l'Institut... Le frère de Jacques Thibault, à qui vous avez écrit hier... » Et, comme l'autre, sourcils dressés, affable et hautain, ne bronchait pas, Antoine brûla les étapes : « Que savez-vous de Jacques, Monsieur ? Où est-il ? »

Le front de Jalicourt eut un frémissement ombrageux.

— « Vous allez me comprendre, Monsieur », repartit Antoine. « Je me suis permis d'ouvrir votre lettre. Mon frère a disparu. »

— « Comment, disparu ? »

— « Disparu depuis trois ans ! »

Jalicourt, assez brusquement, avait avancé la tête. A travers le monocle, son œil myope et perçant dévisageait le jeune homme, de tout près. Antoine sentit sur sa joue le souffle du professeur.

— « Oui, depuis trois ans », répéta-t-il. « Sans motiver son départ. Sans donner signe de vie, ni à mon père ni à moi. A personne. Sauf à vous, Monsieur. Alors, vous comprenez, j'accours... Nous ne savions même pas s'il était encore vivant ! »

— « Vivant ? Il l'est, puisqu'il vient de faire paraître cette nouvelle ! »

— « Quand ? Où ? »

Jalicourt ne répondit pas. Son menton pointu, rasé, creusé d'un fort sillon, jaillissait, assez arrogant, des hautes pointes du faux col. Ses doigts effilés jouaient avec l'extrémité de la moustache, qui tombait, longue, soyeuse et très blanche. Il murmura évasivement :

— « Après tout, je ne sais pas. La nouvelle n'était pas signée " Thibault " ; c'est moi qui ai cru pouvoir identifier un pseudonyme... »

Antoine balbutia :

— « Quel pseudonyme ? » Déjà une affreuse déception l'étreignait.

Jalicourt, qui ne le perdait pas de vue, s'émut et rectifia :

— « Pourtant, Monsieur, je ne crois pas m'être trompé. »

Il restait sur la défensive. Non qu'il craignît outre mesure les responsabilités ; mais il avait une répugnance native de l'indiscrétion, et l'horreur de s'immiscer dans le privé des gens. Antoine comprit qu'il aurait une méfiance à vaincre ; il expliqua :

— « Ce qui aggrave tout, c'est que, depuis un an, mon père est condamné. Le mal progresse. Quelques semaines encore, et ce sera la fin. Nous n'étions que deux enfants. Alors, votre lettre, vous comprenez pourquoi je l'ai décachetée ? Si Jacques vit, si je peux l'atteindre, le prévenir de ce qui se passe, je le connais, il me reviendra ! »

Jalicourt réfléchit une seconde. Des tics tourmentaient son visage. Puis, spontanément, il tendit la main.

— « C'est différent », dit-il. « Je ne demande qu'à vous aider. » Il parut hésiter : son regard fit le tour de la salle. « Impossible de causer ici. Vous plairait-il de m'accompagner jusque chez moi, Monsieur ? »

Ils traversèrent ensemble, vite et sans mot dire, l'École déserte où mugissait la bise.

Dès qu'ils furent dans la paisible rue d'Ulm, Jalicourt reprit, sur un ton amical :

— « Je voudrais pouvoir vous aider. Le pseudonyme m'a paru clair : *Jack Baulthy*. N'est-ce pas ? D'autant que j'ai bien reconnu l'écriture ; j'avais, une fois déjà, reçu de votre frère une lettre... Je vous dirai le peu que je sais. Mais expliquez-moi d'abord... Pourquoi est-il parti ? »

— « Ah ! pourquoi ? Je n'ai jamais pu trouver une raison plausible. Mon frère est un violent, un inquiet... je n'ose pas dire : un visionnaire. Tous ses actes sont plus ou moins déroutants. On croit le connaître, et, chaque jour, il est différent de ce qu'il a été la veille... Il faut vous dire, Monsieur, que Jacques, à quatorze ans, avait déjà fait une fugue : il avait décampé, un beau matin, entraînant avec lui un camarade, et on les a retrouvés, trois jours après, sur la route de Toulon. En médecine — je suis médecin — les fugues morbides sont depuis longtemps décrites et caractérisées. La première fuite de Jacques pouvait, à la rigueur, être pathologique. Mais cette disparition, pendant trois ans ?... Et pourtant nous n'avons rien trouvé dans sa vie qui ait pu motiver son départ : il semblait heureux ; il avait passé ses vacances au calme, avec nous ; il avait été brillamment reçu à Normale et devait entrer à l'École au début de novembre. Son acte n'a pas dû être prémédité, car il est parti sans bagages, presque sans argent, n'emportant guère que des papiers. Il n'avait prévenu aucun ami. Mais il avait envoyé au directeur de l'École une lettre de démission que j'ai vue et qui est datée du jour de sa disparition... A cette époque-là, moi, j'ai fait un voyage de deux jours : c'est pendant mon absence que Jacques a disparu. »

— « Mais... Monsieur votre frère hésitait beaucoup à entrer à l'École, n'est-ce pas ? » insinua Jalicourt.

« Croyez-vous ? »

Jalicourt n'insista pas, et Antoine se tut.

L'évocation de cette période tragique l'émouvait toujours. L'absence dont il venait de parler, c'était son voyage au Havre, Rachel, la *Romania*, l'arrachement... Et, le jour même où il revenait, pantelant, à Paris, c'était pour trouver la maison bouleversée : son frère, parti depuis la veille ; son père déchaîné, têtu, ayant alerté la police, vociférant : « Il est allé se tuer! », sans qu'on pût tirer de lui autre chose. Le drame de famille s'était greffé à vif sur le drame d'amour. Maintenant, d'ailleurs, il considérait que cette secousse lui avait été salutaire. L'idée fixe de trouver la piste du fugitif avait chassé l'autre obsession. Très pris par son hôpital, il avait usé tout son temps libre à courir les bureaux de la Préfecture, la Morgue, les agences privées. Il avait dû faire face à tout : à l'agitation maladive, encombrante, de son père ; au désespoir qui, un moment, avait sérieusement fait craindre pour la santé de Gise ; aux visites des amis ; au courrier quotidien ; aux multiples enquêtes des agents lancés dans toutes les directions, même à l'étranger, et qui, sans cesse, donnaient de faux espoirs. Somme toute, cette vie harassante l'avait, à ce moment-là, sauvé de lui-même. Et quand, après des mois de vains efforts, il avait fallu peu à peu renoncer aux recherches, l'habitude se trouvait prise pour lui de vivre sans Rachel.

Ils marchaient vite ; ce qui n'empêchait pas Jalicourt d'entretenir la conversation. Son urbanité s'accommodait mal du silence. Il parlait de choses et d'autres, avec une amabilité cavalière. Mais, plus il se montrait affable, et plus on le sentait distant.

Ils arrivèrent place du Panthéon. Jalicourt gravit les quatre étages sans ralentir le pas. Sur son palier, le vieux gentilhomme se redressa, se découvrit, et, s'effaçant, il poussa devant Antoine le battant de sa porte comme si elle eût donné accès à la Galerie des Glaces.

Le vestibule fleurait tous les légumes du pot-au-feu. Jalicourt ne s'y attarda point, et fit cérémonieusement passer son visiteur dans le salon qui précédait le cabinet de travail. Le petit appartement se trouvait tout encombré de meubles marquetés, de sièges en tapisserie, de bibelots, de vieux portraits. Le cabinet de travail était une pièce sombre, qui paraissait exiguë et fort basse, parce que le panneau du fond était entièrement occupé par une pompeuse tapisserie représentant le cortège de la reine de Saba chez le roi Salomon et tout à fait disproportionnée avec la hauteur du mur ; il avait fallu replier les bords, si bien que les personnages, beaucoup plus grands que nature, avaient les jarrets coupés et touchaient la corniche de leurs diadèmes.

M. de Jalicourt fit asseoir Antoine. Lui-même s'installa sur les coussins aplatis et décolorés d'une bergère, placée devant un bureau d'acajou en grand désordre ; c'est là qu'il travaillait. Entre les deux oreilles du fauteuil, sur ce fond de velours olive, sa tête renversée, son visage osseux, le grand nez busqué, la perspective fuyante du front, et ces boucles blanches, comme poudrées, prenaient du style.

— « Voyons », dit-il, en jouant avec la chevalière qui glissait de son doigt maigre, « que je rappelle mes souvenirs... Les premiers rapports que j'ai eus avec Monsieur votre frère ont été de correspondance. A ce moment-là — il doit y avoir quatre ou cinq ans — Monsieur votre frère devait préparer l'École. Il m'avait écrit, autant qu'il me souvient, à propos d'un des livres que j'ai fait paraître en ces temps lointains. »

— « Oui », dit Antoine, « *A l'aube d'un siècle* ».

— « J'ai dû garder sa lettre. Le ton m'avait frappé. Je lui ai répondu ; je l'ai même engagé à venir me voir, ce qu'il n'a pas fait — du moins, à cette époque-là. Il a attendu d'être reçu à l'examen d'entrée, pour se présenter à moi : et ceci est la deuxième phase de nos relations. Courte phase : une heure d'entretien. Monsieur votre frère est venu chez moi, un soir, assez tard, à l'improviste, il y a trois ans, un peu avant la rentrée, c'est-à-dire au début de novembre. »

— « Juste avant son départ ! »

— « Je l'ai reçu ; je reçois toujours les jeunes gens. Sa physionomie énergique, passionnée, presque fiévreuse ce soir-là, m'est restée présente à l'esprit. » (Jacques lui avait paru exalté et assez fat.) « Il hésitait entre deux déterminations, et venait me demander avis : devait-il entrer à l'École et y terminer sagement ses études universitaires ? Ou bien, devait-il prendre une autre voie ? — que, d'ailleurs, lui-même ne semblait pouvoir préciser, et qui était, je pense, renoncer aux examens, travailler à sa guise, écrire. »

— « Je ne savais pas », murmura Antoine. Il se rappelait ce qu'avait été sa propre vie, pendant ce dernier mois avant l'embarquement de Rachel ; et il se reprocha d'avoir entièrement abandonné Jacques à lui-même.

— « Je vous avoue », continua Jalicourt, avec un rien de coquetterie fort seyante, « que je ne sais plus très bien ce que je lui ai conseillé. J'ai dû — naturellement — l'engager à ne pas abandonner l'École... Pour des êtres de sa trempe, notre enseignement est, somme toute, inoffensif : ils savent choisir, d'instinct ; ils ont — comment dirais-je ? — une désinvolture de bonne race, qui ne se laisse pas mettre en lisière. L'École n'est fatale qu'aux timides et aux scrupuleux... Au reste, il m'a paru que Monsieur votre frère venait me consulter pour la forme, et que sa résolution était prise. C'est justement l'indice d'une vocation, qu'elle soit impérieuse. N'est-ce pas ? Il m'a parlé, avec une violence... juvénile, de l'esprit universitaire, de la discipline, de certains professeurs ; et même, si j'ai bonne mémoire, de sa vie de famille, de la vie sociale... Cela vous étonne? J'aime beaucoup les jeunes gens. Ils m'aident à ne pas vieillir par trop vite. Ils devinent qu'il y a en moi, sous le professeur de littérature, un vieux poète impénitent auquel ils peuvent parler hardiment ; et Monsieur votre frère, si j'ai bonne mémoire, ne s'en est pas fait faute... Je goûte assez l'intolérance des jeunes. C'est bon signe qu'un adolescent soit en révolte, par nature, contre tout. Ceux de mes élèves qui sont arrivés à quelque chose étaient tous de ces indociles, entrés dans la vie « l'injure à la bouche », comme disait mon maître, M. Renan...

« Mais, revenons à Monsieur votre frère. Je ne sais plus bien comment nous nous sommes quittés. Toujours est-il que, peu de jours après, le surlendemain peut-être, j'ai reçu de lui un feuillet, que j'ai encore. Une vieille habitude de compilateur... »

Il se leva, ouvrit un placard et revint avec un dossier qu'il mit sur la table.

— « Ce n'est pas une lettre : une simple transcription d'un poème de Whitman, sans autre signature. Mais l'écriture de Monsieur votre frère n'est pas de celles qu'on oublie : elle est belle, n'est-ce pas ? »

Tout en parlant, il parcourait des yeux le billet qu'il venait de déplier. Il le tendit à Antoine, qui reçut un choc : cette écriture nerveuse, simplifiée à l'excès, et pourtant régulière, ronde, comme râblée! L'écriture de Jacques...

— « Malheureusement », poursuivait Jalicourt, « j'ai dû jeter l'enveloppe. D'où m'écrivait-il ?... Au reste, cette citation de Whitman ne prend pour moi son véritable sens qu'aujourd'hui. »

« Je ne suis pas assez fort en anglais pour comprendre ça, à la lecture », avoua Antoine.

Jalicourt reprit la feuille, l'approcha de son monocle, et traduisit :

— « A foot and light-hearted I take to the open road...

A pied et le cœur léger, je prends la route ouverte, la grand-route. Bien portant, libre, le monde devant moi!

« *Devant moi, le long chemin brunâtre qui conduit n'importe où... wherever I choose... n'importe où je veux!*

« *Désormais, je ne demande pas de bonne fortune... je ne fais plus appel à la bonne fortune, c'est moi qui suis la bonne fortune!*

« *Désormais je ne pleurniche plus, je ne... postpone no more... je ne temporise plus, je n'ai plus besoin de rien!*

« *Finies les doléances intérieures, les bibliothèques, les discussions critiques!*

« *Vigoureux et satisfait... I travel... Je m'élance... I travel the open road... J'arpente la grand-route!* »

Antoine soupira.
Il y eut un court silence, qu'il rompit :
— « Et la nouvelle ? »
Jalicourt tira du dossier un fascicule de revue.
— « La voici. Elle a paru dans *Calliope*, en septembre. *Calliope* est une revue de jeunes, très vivante, qui est éditée à Genève. »
Antoine s'était emparé de la brochure et la maniait d'une main fébrile. Et tout à coup il se heurta de nouveau à l'écriture de son frère. Au-dessus du titre de la nouvelle : *la Sorellina*, Jacques avait écrit ces lignes :

« Ne m'avez-vous pas dit, ce fameux soir de novembre : " Tout est soumis à l'action de deux pôles. La vérité est toujours à double face " ? »
« L'amour aussi, quelquefois.
                            « Jack BAULTHY. »

Antoine ne comprit pas. Plus tard. Une revue genevoise. Jacques serait-il en Suisse ? *Calliope* .. 161, rue du Rhône, à Genève.

Ah! c'était bien le diable, si, à la revue, on ne trouvait pas son adresse!

Il ne tenait plus en place. Il se leva.

— « J'ai reçu ce fascicule à la fin des vacances », expliquait Jalicourt. « J'ai tardé à répondre, je n'ai pu m'exécuter qu'hier. J'ai d'ailleurs bien failli expédier ma lettre à *Calliope*. C'est par hasard que je me suis ravisé : écrire dans une revue suisse n'implique pas forcément que l'on ait quitté Paris... » (Il omettait de dire que le prix de l'affranchissement avait influé sur sa décision.)

Antoine n'écoutait pas. Intrigué au-delà de toute patience, le feu aux joues, happant par-ci par-là une phrase troublante, énigmatique, il feuilletait machinalement ces pages qui étaient de son frère, qui étaient Jacques ресssuscité. Pressé d'être seul, comme s'il attendait de cette lecture une révélation, il prit assez brièvement congé.

Jalicourt, en le reconduisant jusqu'à la porte trouva le moyen de lui glisser mille choses aimables ; ses phrases, ses gestes, semblaient appartenir à un cérémonial.

Dans le vestibule, il s'arrêta et pointa l'index sur *la Sorellina* qu'Antoine tenait sous son bras.

— « Vous verrez, vous verrez... », fit-il. « Je sens bien que c'est plein de talent. Mais moi, j'avoue... Non!... Je suis trop vieux. » Et, comme Antoine esquissait un mouvement de politesse : « Si. Je ne comprends plus ce qui est très nouveau... Il faut se faire une raison. On se fige... Tenez, en musique, j'ai encore eu la chance de pouvoir évoluer : après avoir été un wagnérien forcené, j'ai pourtant compris Debussy. Mais il était temps! Voyez-vous que j'aie manqué Debussy?... Eh bien, aujourd'hui, je suis sûr, Monsieur, qu'en littérature je manquerais Debussy... »

Il s'était redressé. Antoine le considérait avec une curiosité admirative : vraiment, le vieux gentilhomme pouvait avoir grand air. Il était debout sous le plafonnier : le front, les cheveux rayonnaient ; ses arcades sourcilières surplombaient deux cavités, dont l'une, vitrée, s'allumait par instants d'un reflet d'or, comme une fenêtre au couchant.

Antoine voulut protester une dernière fois de sa gratitude. Mais Jalicourt semblait se réserver comme un monopole toute manifestation de politesse. Il coupa court, allongea le bras et tendit cavalièrement sa main grande ouverte :

— « Veuillez me rappeler au souvenir de M. Thibault. Et puis, cher Monsieur, ne me laissez pas sans nouvelles, je vous prie... »

v

Le vent était tombé, il bruinait, et la lueur des réverbères n'était qu'un halo dans le brouillard. Il était trop tard pour entreprendre des démarches ; Antoine ne songeait qu'à rentrer au plus tôt.

Pas de taxi à la station. Il dut descendre à pied la rue Soufflot, serrant *la Sorellina* contre lui ; mais son impatience croissait à chaque pas, et devint bientôt irrésistible. Au coin du boulevard, la *Grande Brasserie*, illuminée, offrait, sinon l'isolement, du moins un gîte immédiat qu'Antoine accepta.

Dans le tambour d'entrée, il croisa deux jouvenceaux imberbes qui, bras dessus, bras dessous, riaient en se parlant ; d'amour, sans doute ? Antoine entendit : « Non, mon vieux, si l'esprit humain pouvait concevoir une relation entre ces deux termes... » Antoine se sentit au cœur du quartier Latin.

Au rez-de-chaussée, les tables étaient prises et, pour

atteindre l'escalier, il dut traverser un nuage de fumée tiède. L'entresol était réservé aux jeux. Autour des billards, ce n'était qu'appels, rires et disputes : « 13! 14! 15! » — « La poisse! » — « Enc'quore fosse queue! » — « Eugène, un bock! » — « Eugène, un byrrh! » Tapageuse gaieté, que le claquement froid des billes ponctuait comme un *staccato* d'appareil morse.

Tout était juvénile sur ces visages : la roseur de la joue sous la barbe naissante, l'œil frais derrière le binocle, la gaucherie, la vivacité, le lyrisme des sourires, qui proclamaient la joie d'éclore, d'espérer tout, d'exister.

Antoine zigzaguait parmi les joueurs, cherchant quelque place à l'écart. Le grouillement de ces êtres jeunes le distrayait un instant de sa préoccupation, et, pour la première fois, il sentit peser sa trentaine.

« 1913... », songeait-il ; « belle couvée... Plus saine et peut-être encore plus allante que la jeunesse d'il y a dix ans, la mienne... »

Ayant peu voyagé, il ne pensait pour ainsi dire jamais à son pays. Pourtant, ce soir, il eut pour la France, pour l'avenir national, un sentiment nouveau, de confiance, de fierté. Mêlé soudain de mélancolie : Jacques aurait pu être l'une de ces promesses... Et où était-il? Que faisait-il en ce moment?

Au fond de la salle, quelques tables étaient libres et servaient de vestiaire. Il songea qu'on ne serait pas mal, sous cette applique, derrière ce rempart de manteaux. Personne aux alentours, si ce n'est un couple paisible : le mâle, un gamin, pipe au bec, lisait *l'Humanité*, indifférent à sa compagne qui, tout en sirotant un lait chaud s'amusait, seule, à polir ses ongles, à compter sa monnaie, à inspecter ses quenottes dans sa glace de poche et à observer du coin de l'œil les nouveaux venus : ce vieil étudiant soucieux qui, déjà, plongeait dans un livre avant d'avoir choisi sa consommation, l'intrigua quelques secondes.

Antoine s'était mis à lire, mais il ne parvenait pas à rassembler son attention. Machinalement, il prit son pouls, qui battait vite ; il s'était bien rarement trouvé si peu maître de lui.

Le début, d'ailleurs, avait de quoi dérouter :

Pleine chaleur. Odeur de terre séchée, poussière. Le chemin grimpe. Les étincelles jaillissent du roc sous le fer des chevaux. Sybil est en avant. Dix heures sonnent à San Paolo. Le rivage effiloché se découpe sur du bleu cru. Azur et or. A droite, à perte de vue, Golfo di Napoli. A gauche, un peu d'or solidifié émerge de l'or liquide, Isola di Capri.

Jacques, en Italie ?
Antoine sauta impatiemment quelques pages. Étrange style...

Son père. Les sentiments de Giuseppe pour ce père. Inaccessible coin de son âme, buisson d'épines, brûlure. Des années d'idolâtrie inconsciente, enragée, rétive. Tous les élans naturels rebutés. Vingt ans, avant de s'être résigné à la haine. Vingt ans, avant d'avoir compris qu'il fallait bien haïr. De plein cœur, haïr.

Antoine s'arrête, mal à l'aise. Ce Giuseppe ? Il reprend les pages du début ; il s'efforce au calme.

La première scène est une promenade à cheval de deux jeunes gens, de ce Giuseppe, qui ressemble à Jacques, avec Sybil, une jeune fille qui doit être Anglaise, car elle dit :

En Angleterre, dès qu'il le faut, nous nous contentons de situations provisoires. Cela nous permet de décider et d'agir. Vous autres, Italiens, vous voulez d'abord du

*définitif. Elle pense : en ceci du moins je serais déjà
Italienne, inutile qu'il le sache.*

Sur la hauteur, les deux jeunes gens descendent de
cheval pour se reposer :

*Elle saute à terre avant Giuseppe, cravache l'herbe
roussie pour chasser les lézards et s'assied. Droite sur le
sol brûlant.
— Au soleil, Sybil ?
Giuseppe s'allonge le long du mur, dans l'ombre étroite.
Il appuie sa tête au crépi chaud, et regarde. Ses gestes,
songe-t-il, ne demanderaient qu'à être gracieux, mais elle
ne consent jamais à elle-même.*

Antoine est si fébrile qu'il passe d'un paragraphe à
l'autre, essayant de comprendre avant d'avoir lu. Son
regard accroche une phrase au vol :

Elle est Anglaise et protestante.

Il lit le passage :

*Pour lui, tout en elle est exceptionnel. Adorable, odieux.
Attrait, qu'elle soit née, qu'elle ait vécu, qu'elle vive, dans
un monde presque inconnu de lui. La tristesse de Sybil.
Sa pureté. Cette camaraderie. Son sourire. Non, elle
sourit des yeux, jamais des lèvres. Ce sentiment qu'il a
pour elle, sévère, exaspéré, hargneux. Elle le blesse. Elle
semble désirer qu'il soit de race inférieure, mais en souffrir.
Elle dit : Vous, les Italiens. Vos gens du Sud. Elle est
Anglaise et protestante.*

Une femme que Jacques a rencontrée, aimée ?... Avec
laquelle il vit, peut-être ?

Descente à travers les vignes, les citronniers. La plage. Un troupeau, poussé par un bambin, regard sombre, l'épaule nue sous le haillon. Il siffle pour appeler sur ses talons deux chiens blancs. La cloche de la vache qui mène, tinte. Immensité. Soleil. Les pieds font des trous d'eau dans le sable.

Ces descriptions agacent Antoine, qui passe deux pages.

Voici la jeune Sybil chez elle :

Villa Lunadoro. Bâtisse croulante, assiégée de roses. Double parterre, comblé de fleurs vivaces...

Littérature... Antoine tourne le feuillet, et ceci l'arrête, un instant :

La roseraie, écroulement de pourpres, voûte basse de fleurs en paquets, dont l'odeur, au soleil, à peine tolérable, pénètre la peau, s'insinue dans les veines, trouble la vue, ralentit ou précipite les pulsations du cœur.

Que lui rappelle cette roseraie? Elle mène à la volière *où palpitent les pigeons blancs*. Maisons-Laffitte? Au fait, protestante! Sybil serait-elle...? La voici :

Sybil, en amazone, s'est jetée sur un banc. Bras écartés, lèvres jointes, l'œil dur. Dès qu'elle est seule, tout redevient clair, la vie ne lui a été donnée que pour rendre Giuseppe heureux. C'est quand il n'est pas là que je l'aime. Les jours où j'attends le plus désespérément qu'il vienne, je suis sûre de le faire souffrir. Absurde cruauté. Honte. Celles qui peuvent pleurer ont de la chance. Moi, ce cœur clos, induré.

Induré? Antoine sourit : un mot de médecin, un mot qui vient de lui, sans doute.

Me devine-t-il ? Comme je voudrais qu'il me devine. Et dès qu'il me semble deviner je ne peux pas, je ne peux plus, je me détourne, je mens, n'importe, n'importe quoi, il faut que j'échappe.

Et voici la mère maintenant :

Mrs. Powell descend le perron. Du soleil dans ses cheveux blancs. Elle protège ses yeux avec sa main et sourit avant de parler, avant d'avoir aperçu Sybil. Une lettre de William, dit-elle. Une si bonne lettre. Il a commencé deux études. Il restera quelques semaines encore à Paestum.
Sybil se mord les lèvres. Désespoir. Attendait-elle le retour de son frère pour se déchiffrer, se comprendre ?

Plus de doute : Mme de Fontanin, Jenny, Daniel, tout un ramassis de souvenirs.

Antoine passe.

Il feuillette le chapitre suivant. Il voudrait retrouver cette page sur le père Seregno.

Voici... Non, il s'agit du palais Seregno, une vieille demeure sur le bord du golfe :

... de longues fenêtres cintrées qu'encadrent des rinceaux peints à la fresque.

Des descriptions : le golfe, le Vésuve.

Antoine sauta des pages, piquant une phrase de-ci, de-là, pour comprendre.

Ce Giuseppe habite seul avec les domestiques, dans cette résidence d'été. Sa sœur, Annetta, est à l'étranger. La mère est morte — naturellement. Le père, le conseiller Seregno, retenu à Naples par une haute ma-

T. II. 11

gistrature, ne vient que le dimanche et quelquefois un soir en semaine. « Ce que faisait Père à Maisons », remarque Antoine.

Il débarquait du bateau pour dîner. Digestion. Des cigares, et les cent pas dans le péristyle. Levé tôt pour gourmander les valets d'écurie, les jardiniers. Il rembarquait, taciturne, sur le premier bateau du matin.

Ah! le portrait du père... Antoine l'aborde en tremblant :

Le conseiller Seregno. Une réussite sociale. Tout, en lui, se pénètre, se complète. Situation de famille, situation de fortune, intelligence professionnelle, esprit d'organisation. Autorité officielle, consacrée, agressive. Probité anguleuse. Les plus dures vertus. Et aussi l'aspect physique. Assurance, carrure. Violence sous pression, qui toujours menace et toujours se contient. Majestueuse caricature, qui s'est imposée au respect de tous, à la crainte. Fils spirituel de l'Église, et citoyen modèle. Au Vatican comme à la Cour, au Tribunal, à son bureau, en famille, à table, partout, lucide, puissant, irréprochable, satisfait, immobile. Une force. Mieux, un poids. Non pas une force agissante, mais force inerte, qui pèse. Un ensemble parachevé, un total. Un monument.
Ah! son petit rire froid, intérieur...

Devant les yeux d'Antoine, tout se brouille un instant. Il s'étonne que Jacques ait osé. Comme elle lui semble implacable, cette page vengeresse, lorsqu'il évoque le vieillard déchu :

Monture guillerette,
Trilby, petit coursier...

Entre son frère et lui, la distance s'est accentuée soudain.

Ah! son petit rire froid, intérieur, pour clore un silence outrageant. Vingt ans de suite, Giuseppe a subi ces silences, ces rires. Dans la révolte.
Oui, haine et révolte, tout le passé de Giuseppe. S'il pense à sa jeunesse, un goût de vengeance lui monte. Dès la prime enfance, tous ses instincts, à mesure qu'ils prennent forme, entrent en lutte contre le père. Tous. Désordre, irrespect, paresse, qu'il affiche, par réaction. Un cancre, et honteux de l'être. Mais c'est ainsi qu'il s'insurge le mieux contre le code exécré. Irrésistible appétit du pire. Les désobéissances ont la saveur de représailles.
Enfant sans cœur, disaient-ils. Lui qu'un cri d'animal blessé, qu'un violon de mendiant, qu'un sourire de signora croisée sous un porche d'église, faisait sangloter le soir dans son lit. Solitude, désert, enfance réprouvée. L'âge d'homme a pu venir, sans que Giuseppe ait cueilli sur une autre bouche que celle de sa petite sœur un mot de douceur prononcé pour lui.

« Et moi ? » songe Antoine.
Le ton se nuance de tendresse pour parler de la petite sœur :

Annetta, Annetta, sorellina. Miracle qu'elle ait pu fleurir dans cette sécheresse.
Sœur cadette. Sœur de ses désespoirs d'enfant, de ses rébellions. Unique clarté, source fraîche, source unique dans cette ombre aride.

« Et moi ? » Mais voici : un peu plus loin, il est question d'un frère âgé, Humberto :

Parfois, dans le regard de son aîné, Giuseppe a discerné l'effort d'une sympathie...

L'effort ? Ingrat !

... d'une sympathie tarée d'indulgence. Mais, entre eux, dix ans, un abîme. Humberto se cachait de Giuseppe, qui mentait à Humberto.

Antoine s'arrête. Le malaise qu'il ressentait au début s'est dissipé ; peu importe que la matière de ces pages soit si personnelle. Il s'interroge : que valent les jugements de Jacques ? En gros, tout cela, même ce qui concerne Humberto, est assez exact. Mais quel souffle de rancune ! Après trois ans de séparation, de solitude, trois années sans nouvelles des siens, faut-il que Jacques haïsse son passé, pour avoir de tels accents ! Antoine s'inquiète : s'il retrouve la trace de son frère, retrouvera-t-il le chemin de son cœur ?

Il feuillette le reste de la nouvelle, pour voir si Humberto... Non, il y est à peine nommé. Secrète déception...

Mais ses yeux tombent sur un passage dont l'accent pique sa curiosité :

Sans amis, roulé en boule, courbé sur son désordre, livré aux secousses...

L'existence de Giuseppe, seul à Rome. L'existence de Jacques, en quelque ville étrangère ?

Certains soirs. Dans sa chambre, un air trop lourd. Le livre tombe. Il souffle la lampe et part dans la nuit, jeune loup. Rome de Messaline, quartiers sordides semés de pièges et d'attraits. Leurs équivoques sous le rideau effrontément baissé. Ombre peuplée, ombres qui s'offrent, ombres qui quêtent, luxure. Il file au long des murs troués d'embuscades. Se fuit-il lui-même ? Quel apaisement pour cette soif ? Des heures, l'esprit hanté de folies non commises, il erre, insensible, les yeux brûlés, la fièvre aux mains, la gorge râpeuse, aussi étranger à lui que s'il avait vendu âme et corps. Sueur d'anxiété, sueur de concupiscence. Il tourne en rond et rôde par les ruelles. Il frôle et refrôle les mêmes trébuchets. Des heures. Des heures.

Trop tard. Les lumières s'éteignent sous les rideaux louches. Les rues se vident. Seul avec son démon. Prêt à n'importe quelle chute. Trop tard. Impuissant, asséché par l'excès cérébral du désir.

La nuit s'achève. Pureté tardive du silence, religieuse solitude de l'aube. Trop tard.

Écœuré, fourbu, insatisfait, avili, il se traîne jusqu'à sa chambre, il se glisse entre ses draps. Sans remords. Mystifié. Mâchant jusqu'au jour blême l'amertume de n'avoir pas osé.

Pourquoi cette page est-elle pénible à Antoine ? Il se doutait bien que son petit avait vécu, qu'il s'était sali à beaucoup de rencontres ; il est prêt à dire : « Tant pis ! » Et même : « Tant mieux ! » Pourtant...

Il se hâta de tourner quelques feuillets. Il ne parvient pas à lire avec suite, et devine, tant bien que mal, le déroulement des faits.

La villa des Powell, au bord du golfe, est peu distante du palais Seregno. Pendant les vacances, Giuseppe et Sybil voisinent. Courses à cheval, soirées en barque...

A la villa Lunadoro, Giuseppe venait tous les jours, Sybil ne se refusait à aucune rencontre. L'énigme de Sybil. Giuseppe tournait autour, sans joie.

Cet amour de Giuseppe encombre le récit ; Antoine en est importuné.

Il s'oblige cependant à lire, en partie, une scène assez

longue, qui suit un semblant de rupture entre les jeunes
gens.

*Six heures du soir. Giuseppe arrive à la villa. Sybil.
Le jardin saoulé d'odeurs cuve sa journée de soleil. Prince
de légende, Giuseppe avance entre deux murs de feu,
l'allée des grenadiers en fleurs qu'embrase le couchant.
Sybil, Sybil. Personne. Fenêtres closes, stores baissés.
Il s'arrête. Autour de lui, affolantes, les hirondelles percent
l'air de jets qui sifflent. Personne. Sous la pergola peut-
être, derrière la maison ? Il se retient de courir.*

*A l'angle de la villa, une bouffée au visage, le son du
piano. Sybil. La baie du salon est ouverte. Que joue-t-elle ?
Déchirants soupirs, plaintive interrogation qui s'élève
dans la douceur du soir. Inflexions humaines, phrase
parlée et pourtant insaisissable, à jamais intraduisible
en langage clair. Il écoute, il approche, il pose le pied sur
le seuil. Sybil n'a rien entendu. Le visage impudemment
découvert. Paupières qui battent, bouche tendue, tout n'est
qu'aveu. L'âme est dessous ce masque, l'âme et l'amour sont
ce masque même. Solitude transparente, secret surpris,
viol, étreinte dérobée. Elle joue. La volute de sons s'en-
roule à cet instant merveilleux. Sanglot vite étouffé, détresse qui s'allège et plane et demeure suspendue avant de
se résoudre miraculeusement dans le silence, comme dans
l'espace un vol d'oiseaux, fuyant.*

*Sybil a levé les mains. Le piano vibre, on percevrait
en y posant la paume le tumulte d'un cœur qui vit. Elle se
croit seule. Elle tourne la tête. Une lenteur, une grâce
inconnue de lui. Tout à coup...*

Littérature, littérature ! Ce parti pris de touches
brèves et brutales est exaspérant.

Jacques aurait-il été réellement épris de Jenny ?

L'imagination d'Antoine devance le récit. Il revient
au texte.

Enfin le nom de Humberto frappe de nouveau son regard. Une courte scène au palais Sereguo, un soir que le conseiller est arrivé dîner à l'improviste, en compagnie de son fils aîné :

L'immense salle à manger. Trois fenêtres cintrées, sur un ciel rose où fume le Vésuve. Murs de stuc, pilastres verts qui portent la coupole en trompe-l'œil.
Bénédicité. Les grosses lèvres du conseiller remuent. Son signe de croix emplit la salle. Humberto se signe par convenance. Giuseppe, raidi, ne se signe pas. On s'assied. Austérité de la grande nappe blanche. Les trois couverts, trop espacés. Filippo, chaussé de feutre, et ses plats d'argent.

Plus loin :

Devant le père, le nom même des Powell n'est jamais prononcé. Il a refusé de connaître William. Cet étranger. Un peintre. Pauvre Italie, carrefour, proie des errants. L'an dernier, pour trancher dans le vif: Je t'interdis de voir ces hérétiques.
Soupçonne-t-il qu'on lui désobéit ?

Antoine s'impatiente, tourne des pages.
Voici de nouveau le frère aîné :

Humberto jette quelques nouvelles inoffensives. Le silence se referme. Un beau front, Humberto. Regard méditatif et fier. Sans doute ailleurs est-il jeune, ardent. Il a fait des études. Devant lui, un avenir de lauréat. Giuseppe aime son frère. Pas comme un frère. Comme un oncle qui pourrait devenir un ami. S'ils étaient seuls assez longtemps, peut-être Giuseppe parlerait-il. Leurs tête-à-tête sont rares et d'avance composés. Pas d'intimité possible avec Humberto.

« Évidemment », se dit Antoine, en se rappelant l'été de 1910. « C'est à cause de Rachel, c'est ma faute. »

Il interrompt sa lecture, et, songeur, appuie avec lassitude sa tête au dossier. Il est déçu : ce bavardage littéraire ne mène à rien, laisse entier le mystère du départ.

L'orchestre joue un refrain d'opérette viennoise, que reprennent en sourdine toutes les lèvres et qu'accompagnent, ici et là, d'invisibles siffleurs. Le couple paisible n'a pas bougé : la femme a bu son lait ; elle fume et s'ennuie ; de temps à autre, posant son bras nu sur l'épaule de son ami, qui a déplié *les Droits de l'Homme*, elle lui caresse distraitement le lobe de l'oreille, et bâille comme une chatte.

« Peu de femmes », remarque Antoine. « Presque toutes fraîches, d'ailleurs... Mais reléguées au second plan... Simples associées de plaisir. »

Une discussion s'élève entre deux tablées d'étudiants ; les noms de Péguy, de Jaurès, éclatent comme des pétards.

Un jeune Israélite au menton bleu est venu s'asseoir entre *les Droits de l'Homme* et la chatte, qui ne s'ennuie plus.

Antoine fait un effort pour se remettre à lire. Il a perdu sa page. En feuilletant la revue, il tombe sur les dernières lignes de *la Sorellina* :

... Ici, la vie, l'amour sont impossibles. Adieu.
... Attrait de l'inconnu, attrait d'un lendemain tout neuf, ivresse. Oublier, recommencer tout.
Le premier train pour Rome. Rome, le premier train pour Gênes, Gênes, le premier paquebot.

. . . .

Il n'en faut pas plus pour ranimer d'un coup l'intérêt d'Antoine. Patience, le secret de Jacques est là, caché entre les lignes! Il faut aller jusqu'au bout, lire calmement, page après page.

Il revient en arrière, met son front dans ses mains, s'applique.

Voici l'arrivée d'Annetta, la *sorellina*, qui vient d'un couvent suisse où elle terminait ses études :

Un peu changée, Annetta. Autrefois, les servantes en étaient fières. E' una vera napoletana. *Petite Napolitaine. Des épaules grasses. La peau sombre. La bouche charnue. Les yeux aussi éclatent de rire, à propos de tout, à propos de rien.*

Pourquoi donc avoir mêlé Gise à cette histoire ? Et pourquoi en avoir fait la véritable sœur de Giuseppe ?... D'ailleurs, dès la première scène entre le frère et la sœur, Antoine éprouve quelque gêne.

Giuseppe est allé au-devant d'Annetta ; ils reviennent en voiture au palais Seregno :

Le soleil a disparu derrière les crêtes. Bercement de la vieille calèche sous le parasol qui branle. Ombre. Soudaine fraîcheur.
Annetta, son babil. Elle a passé le bras sous celui de Giuseppe. Et bavarde. Il rit. Qu'il était seul, jusqu'à ce soir. Sybil ne dissipe pas la solitude. Sybil, Sybil, eau sombre éternellement limpide, vertige de pureté, Sybil.
Le paysage se rétrécit autour de la calèche. Glissement du crépuscule à la nuit.
Annetta s'est pelotonnée, comme autrefois. Un rapide baiser. Lèvres chaudes, élastiques, rêches de poussière. Comme autrefois. Au couvent aussi, rires, babillages, baisers. Comme autrefois, frère et sœur. Giuseppe, épris de Sybil, quelle chaude douceur il trouve aux caresses de la sorellina. *Il lui rend ses baisers. N'importe, sur l'œil,*

dans les cheveux. Baisers fraternels, qui claquent. Le cocher rit. Elle bavarde, le couvent, n'est-ce pas, les examens. Giuseppe aussi, à bâtons rompus, le père, l'automne prochain, l'avenir. Il se retient, il ne prononcera pas le nom des Powell. Annetta est pieuse. Dans sa chambre, l'autel de la Madone a six bougies bleues. Les Juifs ont crucifié Jésus, ils n'avaient pas deviné le Fils de Dieu. Mais les hérétiques savaient. Ils ont renié la Vérité, par orgueil.

En l'absence du père, le frère et la sœur s'installent au palais Seregno.

Certaines pages sont, d'un bout à l'autre, désagréables à Antoine :

Le lendemain, Giuseppe encore couché, Annetta entre. Un peu changée tout de même, Annetta. Toujours ce regard large et pur, vaguement étonné, mais plus chaud, et qu'un rien troublerait à jamais. Elle vient à son lit. Encore molle et tiède. Ébouriffée, pas coquette, enfant. Comme autrefois. Elle a déjà sorti des malles ses souvenirs de Suisse, des images, tiens. Ses lèvres vont et viennent sur les dents rangées. Et sa chute en ski. Une pointe de roche dans la neige. Encore la marque au genou, regarde. Son mollet, sa jambe, sous le peignoir. Sa cuisse nue. Elle palpe la cicatrice, pâle boutonnière sur la peau brune. Distraitement. Elle se plaît à caresser sa chair. Matin et soir elle aime son miroir et sourit à son corps. Elle bavarde. Elle pense à mille choses. Les leçons de manège. J'aimerais monter à cheval avec toi, ou bien un poney, costume d'amazone, on galoperait sur la plage. Elle palpe toujours. Elle plie et déplie son genou brillant. Giuseppe bat des cils et s'allonge dans son lit. Le peignoir retombe, enfin. Elle court à la fenêtre. L'éclat du matin sur le golfe. Paresseux, neuf heures, courons nous baigner.

Cette intimité se prolonge plusieurs jours. Giuseppe partage son temps entre sa *sorellina* et l'énigmatique Anglaise.

Antoine parcourt des pages, sans s'arrêter.

Un jour que Giuseppe est venu chercher Sybil, pour une promenade sur le golfe, a lieu une scène qui semble décisive. Antoine la lit en entier, malgré d'insupportables « fioritures » :

Sybil, sous la pergola, au bord du soleil. Pensive. Sa main, dans la lumière, appuyée au pilier blanc. Elle guettait ? — Je vous ai attendu hier. — Je suis resté près d'Annetta. — Pourquoi ne l'amenez-vous pas ? L'intonation déplaît à Giuseppe.

Antoine saute un peu plus loin :

...Giuseppe cesse de ramer. L'air s'arrête autour d'eux. Silence ailé. Le golfe est de mercure. Splendeur. Mol clapotis de l'eau contre la barque. — A quoi pensez-vous ? — Et vous ? Silence. — Nous pensons aux mêmes choses, Sybil. Silence. L'altération de leurs voix. — Je pense à vous, Sybil. Silence, long silence. — Et moi aussi je pense à vous. Il tremble. — Pour toute la vie, Sybil ? Ah! elle renverse le front. Il voit les lèvres s'écarter avec douleur, la main saisir le bord de bois. Silencieux engagement, presque triste. Le golfe brasille sous le feu vertical. Reflet, éblouissement. Chaleur. Immobilité. Le temps, la vie, suspendus. Oppression intolérable. Par bonheur, un vol de mouettes ramène autour d'eux le mouvement. Elles s'élancent et s'abaissent, rasent l'eau, plongent du bec, se relèvent. Etincellement d'ailes au soleil, cliquetis d'épée Nous pensons aux mêmes choses, Sybil.

Jacques, en effet, allait beaucoup chez les Fontanin, cet été-là. L'amour, déçu peut-être, de Jacques pour Jenny, a-t-il pu provoquer le départ de Jacques ?

Quelques pages encore, et soudain l'action semble se précipiter.

A travers des scènes de vie quotidienne qui rappellent à Antoine l'existence de Jacques et de Gise à Maisons, il suit l'inquiétante évolution de cette tendresse entre frère et sœur. Ont-ils conscience du caractère de cette intimité ? Pour Annetta, elle sait bien que sa vie est toute soulevée vers celle de Giuseppe ; mais c'est de bonne foi, tant sa candeur est réelle, qu'elle prête à ses ardeurs le masque d'un sentiment naturel et permis. Pour Giuseppe, l'amour déclaré qu'il porte à Sybil semble bien, au début, l'occuper et l'aveugler assez pour qu'il ne distingue pas l'attrait physique que sa sœur exerce sur lui. Mais combien de temps pourra-t-il se leurrer sur la nature de son attachement ?

Une fin d'après-midi, Giuseppe propose à la *sorellina* :

Veux-tu, une promenade à la fraîche, dîner dans une auberge, une grande course jusque dans la nuit ? Elle bat des mains. Je t'aime, Beppino, quand tu es gai.

Giuseppe a-t-il prémédité ce qu'il va faire ?

Après un repas improvisé dans un village de pêcheurs, il entraîne la jeune fille sur des routes qu'elle ne connaît pas.

Il marche vite. A travers les citronniers, des sentiers de pierres qu'il a suivis vingt fois avec Sybil. Annetta s'étonne. Tu es sûr du chemin ? Il tourne à gauche. Une pente. Un vieux mur, une porte basse arrondie. Giuseppe s'arrête et rit. Viens voir. Elle approche sans défiance. Il pousse la porte, une clochette tinte. Tu es fou. Il l'entraîne, en riant, sous les sapins. Le jardin est noir. Elle a peur, elle ne comprend pas, Giuseppe.

Elle est entrée à la villa Lunadoro.

La porte basse, arrondie, la clochette, ce massif de sapins, tous les détails, cette fois, sont si fidèles...

Mrs. Powell et Sybil sont sous la pergola. Je vous présente ma petite sœur. On l'installe, on la questionne, on lui fait fête. Annetta croit rêver. Annetta, entre deux hérétiques. L'accueil de la maman, ses blancs cheveux, son sourire. Venez avec moi que je vous donne des roses, mon enfant. La roseraie, voûte obscure, répand tout alentour sa violence, sa douceur.

Sybil et Giuseppe sont restés seuls. Prendre sa main ? Elle se déroberait. Plus forte que sa volonté, plus que son amour, cette réserve rigide. Il songe : Qu'elle se laisse malaisément aimer.

Mrs. Powell a cueilli des roses pour Annetta. Roses pourpres, petites, serrées et sans épines, roses pourpres au cœur noir. Il faudra revenir, my dear, Sybil vit tellement seule, Annetta croit rêver. C'est là ce clan maudit ? Se peut-il qu'elle ait craint ces gens comme un maléfice ?

Antoine saute une page.
Voici Annetta et Giuseppe sur le chemin du retour.

La lune est cachée. La nuit est plus sombre. Annetta se sent légère, enivrée. Ces Powell. Annetta suspend au bras de Giuseppe le poids de son jeune corps, et Giuseppe l'entraîne, tête haute, le cœur au loin, dans son rêve. Se confiera-t-il ? Il n'y tient plus, se penche. Tu comprends que ce n'est pas seulement pour Will que je vais là.

Elle ne distingue pas son visage, mais le sourd lyrisme de sa voix. Pas seulement pour William ? Le sang se précipite dans ses veines. Elle n'avait rien deviné. Sybil ? Sybil et Giuseppe ? Elle suffoque, elle se dégage, elle voudrait fuir, blessée, la flèche au flanc. Pas la force. Ses dents craquent. Quelques pas. Elle mollit, chancelle, et renversant la nuque s'affaisse dans l'herbe sous les hauts tilleuls.

Il s'agenouille, il n'a pas compris. Qu'y a-t-il ? Mais elle jette ses bras comme des tentacules. Ah ! cette fois, il a compris. Elle s'agrippe, se soulève, se presse contre lui, sanglote. Giuseppe, Giuseppe.

Cri de l'amour. Il ne l'a jamais entendu. Jamais, jamais, Sybil, murée dans son énigme. Sybil, l'étrangère. Et contre lui cette détresse, Annetta. Contre lui ce corps jeune, voluptueux et plein, abandonné. Mille pensées ensemble dans sa tête, leur amoureuse enfance, tant de confiance, tant de tendresse, il peut l'aimer, elle est de son climat, il veut la consoler, la guérir. Contre lui, cette tiédeur animale qui l'enlace, les jambes soudain. Vague brusque qui emporte tout, et la conscience. Sous ses narines l'odeur connue et neuve des cheveux, sous sa lèvre un visage ruisselant, une lèvre houleuse. Complicité de la nuit, des parfums, du sang, invincible transport. Il penche une bouche d'amant sur cette bouche humide, entrouverte, qui attend sans savoir quoi. Elle reçoit le baiser, ne le rend pas encore, mais comme elle s'y abandonne, comme elle y revient. Quel double et furieux élan se heurte au joint de ces deux bouches. Gravité tragique. Suavité. Confusion des haleines, des membres, des désirs. Les arbres, au-dessus d'eux, tournoyent, les étoiles s'évanouissent. Vêtements soulevés, épars, irrésistible attraction, découverte, contact de chairs inconnues, écrasement, contact, écrasement viril, humble consentement éperdu, prise, prise, ivresse douloureuse, nuptiale.

Ah! une seule haleine et le temps suspendu.

Silence grondant d'échos, bourdonnements, angoisse diffuse, immobilité. Le visage de l'homme, haletant, effondré sur la tendre poitrine, le bruit des cœurs qui tapent, les bruits contrariés de leurs deux cœurs distincts qui ne peuvent prendre l'unisson.

Et, subit, ce vif rayon de lune, regard indiscret et brutal, qui les sépare d'un coup de fouet.

Ils se sont relevés très vite. Égarement. Bouches tordues. Ils tremblent. Ce n'est pas de honte. De joie. De joie et de surprise. De joie et de désir encore.

*Au creux du lit d'herbe, en paquet, les roses s'effeuillent
sous la lune. Alors, ce geste romantique. Annetta saisit
la gerbe, la secoue. Un vol de pétales couvre l'herbe
foulée qui garde l'empreinte d'un seul corps.*

Antoine s'arrête, frémissant, révolté.
Stupeur! Gise? Est-ce croyable?
Et, cependant, tout ce passage sue la véracité : non
seulement le vieux mur, la clochette, la roseraie, mais
lorsqu'ils roulent ensemble, embrassés, toute fiction cède,
ce n'est plus sur un chemin pierreux d'Italie ni même à
l'ombre des citronniers, c'est dans cette herbe drue de
Maisons, qu'Antoine imagine trop bien, c'est sous
les tilleuls séculaires de l'avenue. Oui. Jacques a bien
emmené Gise chez les Fontanin, et, par une semblable
nuit d'été, au retour... Naïveté! Avoir vécu si près d'eux,
si près de Gise, et ne s'être douté de rien! Gise? Que
ce petit corps chaste et clos ait pu cacher un pareil secret,
non, non...
Au fond de lui, Antoine résiste et se refuse encore à
croire.

Tant de détails, pourtant! Les roses... Les roses
rouges! Ah! maintenant il comprend l'émoi de Gise,
lorsqu'elle a reçu ce colis anonyme d'un fleuriste de
Londres, et pourquoi, sur cet indice qui semblait presque
insignifiant, elle avait si fort exigé qu'on entreprît en
Angleterre une enquête immédiate! Elle était seule,
évidemment, à comprendre le message de ces roses
pourpres, un an, jour pour jour, peut-être, après la
chute sous les tilleuls!

Jacques aurait donc habité Londres? Et l'Italie? Et
la Suisse?... Serait-il encore en Angleterre?... On peut
bien, de là-bas, collaborer à cette revue de Genève...

Et, brusquement, d'autres parties s'éclairent, comme
si, un à un, s'écroulaient de larges pans d'ombre autour
d'un point confusément lumineux. L'absence de Gise,

son obstination à être envoyée dans ce couvent anglais ! Pour se mettre, parbleu, à la recherche de Jacques ! (Et Antoine se reproche, maintenant, d'avoir abandonné, dès le premier échec, la piste du fleuriste londonien !)

Il essaie de réfléchir avec un peu de suite, mais trop de suppositions, trop de souvenirs aussi, font irruption dans sa tête. Tout le passé lui apparaît ce soir sous un jour neuf. Comme il s'explique maintenant le désespoir de Gise, après la disparition de Jacques ! Désespoir dont il n'a pas soupçonné toute la signification, mais qu'il s'est efforcé d'adoucir. Il se souvient de ses rapports avec Gise, de sa compassion. D'ailleurs, n'est-ce pas de cette pitié que, peu à peu, son sentiment pour Gise est né ? A cette époque, ce n'était ni avec son père, buté à l'hypothèse du suicide, ni avec la vieille Mademoiselle, toute à ses prières, à ses neuvaines, qu'Antoine pouvait parler de Jacques. Gise, au contraire, il la sentait si proche, si fervente ! Chaque jour, après le dîner, elle descendait aux nouvelles. Il avait plaisir à la mettre au courant de ses espoirs, de ses démarches. N'est-ce pas au long de ces soirées d'intimité qu'il avait pris goût à cet être vibrant, replié sur son amoureux mystère ? Qui sait s'il n'avait pas subi, à son insu, le charme capiteux de ce jeune corps déjà consacré ? Il se rappelle les gestes affectueux de la petite, ses câlineries d'enfant qui souffre. Annetta... Comme elle l'a bien trompé ! Et lui que l'absence de Rachel avait laissé dans un complet dénuement sentimental, comme il s'était vite imaginé... Misère ! Il hausse les épaules. Il s'est épris de Gise, simplement parce qu'il avait de l'affectivité sans emploi ; et il a cru que Gise avait un penchant pour lui, parce que, dans cette passion mutilée, dans ce désarroi, elle s'était attachée au seul être capable de lui retrouver son amant !

Antoine essaie de chasser ces idées. « Jusqu'ici », se

dit-il, « rien encore ne m'explique le brusque départ de Jacques. »

Il fait un effort pour reprendre sa lecture.

Laissant les roses éparpillées dans l'herbe, le frère et la sœur regagnent le palais Seregno.

Retour. Giuseppe soutient les pas d'Annetta. Vers quoi vont-ils ? Brève étreinte qui ne peut être qu'un prélude. Cette longue nuit vers laquelle ils marchent, leurs chambres, cette nuit, que s'y passera-t-il ?

Antoine s'achoppe aux premières lignes. Une nouvelle bouffée de sang lui est montée au visage.

A vrai dire, ce qu'il éprouve ne ressemble guère à de la réprobation. Devant une passion qui s'affirme, son jugement est vite désarmé. Mais il ne maîtrise pas une surprise irritée, où se glisse de la rancune : il n'a pas oublié le jour où Gise s'est si farouchement cabrée devant ses timides avances. Cette lecture réveille presque son désir pour elle : un désir tout physique, un désir libéré. Au point que, pour retrouver son attention, il lui faut écarter de force la vision du jeune corps, souple et brun.

...Cette longue nuit vers laquelle ils marchent, leurs chambres, cette nuit, que s'y passera-t-il ?

L'amour les plie sous son souffle. Ils avancent, silencieux, possédés, engourdis par le sortilège. La lune, intermittente, les accompagne. Elle frappe en plein le palais Seregno, fait saillir des ténèbres la colonnade de stuc. Ils franchissent la première terrasse. Leurs joues se frôlent en marchant. La joue d'Annetta est brûlante. En ce corps d'enfant, déjà, quelle hardiesse naturelle vers le péché.

Brusquement, ils sont séparés. Une ombre s'est dressée entre les colonnes.

Le père est là.

Le père attendait. Il avait débarqué à l'improviste. Les enfants, où sont-ils donc ? Il avait dîné seul dans la grande salle. Depuis, il piétinait le marbre du péristyle. Les enfants ne rentraient pas.

La voix éclate dans le silence.

— D'où venez-vous ?

Pas le temps d'inventer un mensonge. Un éclair de rébellion. Giuseppe crie :

— De chez Mrs. Powell.

Antoine sursaute : M. Thibault aurait-il...?

Giuseppe crie :

— *De chez Mrs. Powell.*

Annetta fuit entre les piliers, elle traverse les vestibules, gagne l'escalier, sa chambre, elle tire le verrou et s'abat dans le noir, sur son lit étroit de vierge.

En bas, pour la première fois, le fils fait front au père. Et, le plus étrange, pour la joie de braver, il proclame cet autre pâle amour auquel il ne croit plus. — *J'ai mené Annetta chez Mrs. Powell. Il prend un temps, il détache les syllabes :* — *Je suis fiancé à Sybil.*

Le père éclate de rire. Un rire effrayant. Debout, redressé, grandi par l'ombre qui le prolonge, immense et théâtral Titan nimbé de lune. Il rit. Giuseppe se broie les mains. Le rire cesse. Silence. — *Vous rentrerez à Naples, tous les deux, avec moi.* — *Non.* — *Demain.* — *Non.* — *Giuseppe.* — *Je ne vous appartiens pas. Je suis fiancé à Sybil Powell.*

Jamais le père n'a heurté de résistance qu'il n'ait écrasée. Il feint le calme. — *Taisez-vous. Ils viennent ici manger notre pain, acheter nos terres. Prendre nos fils, c'est trop. Pensiez-vous qu'une hérétique allait porter notre nom!* — *Le mien.* — *Sot. Jamais. Machination huguenote. Le salut d'une âme, l'honneur des Seregno. Ils ont compté sans moi. Je veille.* — *Père.* — *Je briserai*

*votre volonté. Je vous couperai les vivres. Je vous ferai
engager dans un régiment du Piémont.* — Père. — *Je vous
briserai. Montez dans votre chambre. Vous quitterez ce
pays demain.*

Giuseppe raidit les poings. Il souhaite...

Antoine retient son souffle :

... Il souhaite... la mort du père.
*Pour un suprême affront, il trouve la force de rire. Il
laisse tomber :* — Vous êtes comique.
*Il passe devant le père. Tête haute, lèvre crispée, il
ricane et descend les marches.*
— Où vas-tu ?
*L'enfant s'arrête. Quelle flèche envenimée décochera-t-il
avant de disparaître ? L'instinct lui souffle le pire :* — Je
vais me tuer.
D'un bond, il saute les degrés. Le père a levé la main.
— Va-t'en, mauvais fils. *Giuseppe ne tourne pas la tête.
La voix du père s'élève une dernière fois :* — Maudit.
*Giuseppe traverse en courant la terrasse et se perd dans
la nuit.*

Antoine voudrait de nouveau faire halte, réfléchir.
Mais il ne reste plus que quatre pages, et son impatience
l'emporte.

*Giuseppe a couru devant lui, au hasard. Il s'arrête,
essoufflé, étonné, absent. Au loin, sous quelque véranda
d'hôtel, plusieurs mandolines confondues filent un chant
mièvre, nostalgique. Écœurante langueur. S'ouvrir les
veines dans la douceur d'un bain.*
*Sybil n'aimait pas les mandolines napolitaines. Sybil
était une étrangère. Sybil irréelle et lointaine, comme une
héroïne qu'il aurait aimée, dans un livre.*

Annetta. Rien que le souvenir du bras nu sous sa paume. Oreilles qui bourdonnent. Soif.

Giuseppe a son plan. Au petit jour, revenir au palais, enlever Annetta, fuir ensemble. Il se glissera jusqu'à la chambre. Elle se jettera hors du lit, à sa rencontre, jambes nues. Retrouver son contact, ses muscles tièdes et lisses, sa chaude odeur. Annetta. Déjà il la sent s'abattre sur lui. Sa bouche entrouverte, sa bouche humide, sa bouche.

Giuseppe se lance dans un chemin de traverse. Ses artères battent. Un raidillon rocheux qu'il gravit d'un élan. Fraîcheur tonique de la campagne, sous la lune.

Au bord d'un talus, sur le dos, bras en croix. Par la chemise qui bâille, lentement il palpe et caresse sa poitrine vivante. Sur lui tout un ciel laiteux, constellé. Paix, pureté.

Pureté. Sybil. Sybil, âme, froide et profonde eau de source, froide et pure nuit du nord.

Sybil ?

Giuseppe est debout. A grandes enjambées, il descend la colline. Sybil. Une dernière fois, une dernière fois avant le petit jour.

Lunadoro. Voilà le mur, la porte ronde. La place exacte du baiser, sur le mur recrépi. Son premier aveu. C'est là. Un soir pareil, un soir de lune. Sybil était venue le reconduire. Son ombre nette se découpait sur le crépi blanc. Il a osé, il s'est penché brusquement, il a baisé sur le mur le profil, elle a fui. Un soir pareil.

Annetta, pourquoi suis-je revenu à la petite porte ? Pâle visage de Sybil, visage de volonté. Sybil, si peu lointaine, si proche, si réelle et tout inconnue encore. Renoncer à Sybil ? Ah ! non, mais délier à force de tendresse, délier ce nœud. Debâillonner cette âme close. Sur quel secret si bien close ? Rêve pur, délivré des instincts : véritable amour. Aimer Sybil. Aimer.

Annetta, pourquoi ce regard consentant, pourquoi cette bouche trop soumise ? Trop de feu dans cette chair offerte.

Désir, trop bref désir. Amour sans mystère, sans épaisseur, sans horizon. Sans lendemains.

Annetta, Annetta, oublier ces caresses faciles, retrouver autrefois, redevenir enfants. Annetta, fillette câline, sœur aimée. Mais sœur, sœur, petite sœur.

Bouche soumise, certes, bouche entrouverte, bouche humide, fondante, complice. Ah! désir incestueux, désir mortel, qui nous délivrera?

Annetta, Sybil. De l'une à l'autre écartelé. Laquelle? Et pourquoi choisir? Je n'ai pas voulu le mal. Double attraction, équilibre essentiel, sacré. Élans jumeaux, également légitimes puisqu'ils jaillissent du fond de moi? Pourquoi, dans le réel, inconciliables? Comme tout serait pur, au grand jour consentant. Pourquoi cette interdiction, si tout est harmonieux dans mon cœur?

Unique issue, l'un des trois est de trop. Lequel?

Sybil? Ah! Sybil blessée, intolérable vision, pas Sybil. Mais Annetta.

Annetta, petite sœur, pardon, je baise tes yeux, tes paupières, pardon.

Pas l'une sans l'autre, eh bien, ni l'une ni l'autre. Renoncer, oublier, mourir. Non pas mourir, être mort. Disparaître. Ici l'envoûtement, l'infranchissable obstacle, l'interdit.

Ici, la vie, l'amour sont impossibles.

Adieu.

Attrait de l'inconnu, attrait d'un lendemain tout neuf, ivresse. Oublier, recommencer tout.

Demi-tour. Filer jusqu'à la gare. Le premier train pour Rome. Rome, le premier train pour Gênes. Gênes, le premier paquebot. Pour l'Amérique. Ou pour l'Australie.

Et tout à coup, il rit.

Amour? Eh non, c'est la vie que j'aime.

En avant.

Jack BAULTHY.

Antoine ferma la brochure d'un coup sec, l'enfouit dans sa poche, et se dressa, tout étourdi. Un instant, debout, il cligna des yeux dans la lumière ; puis, s'apercevant de sa distraction, il se rassit.

L'entresol s'était entièrement dépeuplé pendant qu'il lisait : les joueurs avaient été dîner ; l'orchestre s'était tu. Seuls, dans leur coin, l'Israélite et *les Droits de l'Homme* achevaient une partie de jacquet, sous l'œil émoustillé de la chatte. L'ami tirait sur sa pipe éteinte, et, chaque fois qu'il jetait les dés, la chatte se couchait sur l'épaule du Juif avec de petits rires complices.

Antoine allongea les jambes, alluma une cigarette et s'efforça de rassembler ses idées. Mais, pendant plusieurs minutes, sa pensée diffuse erra, comme ses regards, sans qu'il pût la fixer. Il parvint enfin à écarter l'image de Jacques et de Gise; et retrouva un peu de calme.

L'important, c'eût été de pouvoir bien discerner ce qui était vérité d'avec ce qui était imagination romanesque. Vérité, sans nul doute, cette orageuse explication entre le père et le fils. Dans les paroles du conseiller Seregno, certains traits sonnaient indéniablement juste : *Machination huguenote ! Je te briserai ! Je te couperai les vivres ! Je te ferai engager !...* Et ceci : *Une hérétique, porter mon nom ?...* Antoine croyait entendre la voix rageuse de son père, debout, dressé, jetant sa malédiction dans la nuit. Vérité, à coup sûr, le cri de Giuseppe : *Je vais me tuer !* qui expliquait enfin l'idée fixe de M. Thibault. Dès le premier jour des recherches, il n'avait jamais voulu supposer que Jacques fût vivant : il téléphonait lui-même, quatre fois par jour, à la Morgue. Ce cri expliquait aussi son remords, confusément révélé, d'avoir été cause de la disparition de Jacques. Et peut-être bien ce taciturne repentir n'était-il pas complètement étranger à la crise d'albumine qui avait tant affaibli le vieillard à la veille de son opération. Ainsi, sous cet éclairage, bien des événements de ces trois ans prenaient un autre aspect.

Antoine reprit le fascicule et chercha la dédicace autographe :

Ne m'avez-vous pas dit, ce fameux soir de novembre:
« *Tout est soumis à l'action de deux pôles. La vérité est toujours à double face* » *?*
L'amour aussi, quelquefois.

« Évidemment », se dit-il, « la coexistence de ce double amour... Évidemment... Si Gise a été la maîtresse de Jacques, et si, d'autre part, Jacques s'est senti aussi durement épris de Jenny, la vie pour lui devenait vraiment difficile. Pourtant... »

Antoine continuait à buter contre quelque chose d'opaque. Il lui était, malgré tout, impossible d'admettre que le départ pût s'expliquer entièrement par ce qu'il venait d'apprendre de la vie sentimentale de Jacques. D'autres facteurs, impondérables et soudainement accumulés, avaient dû emporter l'extravagante détermination. Mais lesquels ?

Il s'avisa tout à coup que ces réflexions n'avaient rien d'urgent. Ce qui pressait, c'était de tirer le meilleur parti de ces indices et de trouver au plus tôt la piste de son frère.

S'adresser à la direction de la revue eût été fort imprudent. Si Jacques n'avait pas donné signe de vie, c'était bien qu'il persévérait dans son obstination à se terrer. Risquer qu'il sût sa retraite éventée, c'était du même coup risquer de le faire fuir ailleurs, plus loin, de le perdre sans recours. La seule façon de réussir, c'était d'agir par surprise — et personnellement. (Antoine n'avait jamais vraiment confiance qu'en lui-même.) Aussitôt il s'imagina qu'il débarquait à Genève. Mais qu'y ferait-il ? Et si Jacques habitait Londres ? Non :

il convenait d'expédier d'abord en Suisse un homme du
métier qui saurait se procurer l'adresse de Jacques ;
« Et alors, là où il est, moi, j'irai », fit-il en se levant.
« Que je parvienne seulement à le surprendre, et nous
verrons bien s'il m'échappe ! »

Le soir même, il donnait ses instructions à un agent
privé.
Et, trois jours plus tard, il recevait les premiers renseignements :

Confidentiel.

« M. Jack Baulthy est bien effectivement résidant en
Suisse. Il n'est pas domicilié à Genève, mais à Lausanne,
ville dans laquelle il est signalé avoir occupé plusieurs
logements. Il habite depuis avril dernier, 10, rue des
Escaliers-du-Marché, Pension Cammerzinn.

« Nous n'avons pas encore été favorisé pour retrouver
la date de son arrivée sur le territoire suisse. Mais nous
nous sommes employé à connaître sa situation militaire.

« D'après des indications secrètes obtenues au consulat français, M. Baulthy se serait présenté en janvier
1912 au bureau militaire de ce consulat, muni de pièces
d'identité et autres, au nom de Jacques-Jean-Paul-
Oscar Thibault, de nationalité française, né à Paris en
1890, etc. Sa fiche dont nous n'avons pu recopier le signalement (lequel est conforme à celui que nous possédons
d'autre part) porte qu'il aurait déjà bénéficié d'un premier ajournement pour motif d'insuffisance mitrale,
en 1910, par décision du conseil de révision du VII⁰ arrondissement de Paris, et d'un second ajournement, à la
suite d'un rapport médical présenté en 1911 au consulat
français de Vienne (Autriche). Par suite du nouvel
examen qu'il a subi à Lausanne en février 1912 et qui a

été transmis par voie administrative au bureau compétent du recrutement de la Seine, il lui a été accordé un troisième et dernier ajournement, lequel l'a mis définitivement en règle avec les autorités de son pays d'origine en ce qui concerne l'exemption du service militaire pour raison de santé.

« M. Baulthy semble mener une vie assez recommandable et faire principalement sa fréquentation d'étudiants et de journalistes. Il est inscrit membre adhérent du Cercle de la Presse Helvétique. Le travail de collaboration et autre qu'il fournit, dit-on, à plusieurs journaux et périodiques, peut suffire à assurer des moyens de subsistance honnêtes. Il nous a été affirmé que M. Baulthy écrivait sous plusieurs noms autres que le sien propre, noms qu'il serait possible d'identifier si des instructions ultérieures nous étaient communiquées à ce sujet. »

Un employé de l'agence s'était dérangé, un dimanche, à dix heures du soir, pour apporter d'urgence ce document.

Impossible de partir dès le lundi matin. Cependant, l'état de M. Thibault ne permettait guère de différer.

Antoine consulta son agenda, puis l'indicateur, et résolut de prendre, dès le lendemain soir, le rapide de Lausanne. Et, de toute la nuit, il ne put fermer l'œil.

VI

La journée du lendemain se trouvait déjà surchargée ; Antoine, à cause de son départ, dut néanmoins y intercaler plusieurs visites supplémentaires. Parti tôt pour son hôpital, il courut Paris toute la journée, sans même revenir déjeuner chez lui. Il ne rentra qu'après sept heures du soir. Le train était à 8 h 30.

Tandis que Léon préparait un sac pour le voyage, Antoine monta rapidement chez son père, qu'il n'avait pas vu depuis la veille.

L'état général avait certainement empiré. M. Thibault qui ne s'alimentait plus, était très faible, et ne cessait pas de souffrir.

Antoine dut faire effort pour lancer, comme de coutume, ce : « Bonjour, Père ! » qui était, pour le malade, une quotidienne gorgée de cordial. Il s'assit à sa place habituelle et procéda, d'un air attentif, à l'interrogatoire quotidien, évitant comme un piège le moindre silence. Il regardait son père en souriant, bien qu'il ne parvînt pas, ce soir, à chasser cette idée fixe : « Il va bientôt mourir. »

A plusieurs reprises, il fut frappé du regard absorbé que son père tournait vers lui ; ce regard semblait poser une question.

« Jusqu'à quel point est-il inquiet de son état ? » se demandait Antoine. M. Thibault prononçait souvent sur sa mort des choses résignées et solennelles. Mais, en son for intérieur, que pensait-il ?

Pendant quelques minutes, le père et le fils, murés l'un et l'autre dans leur secret — qui, peut-être, était le même — échangèrent des propos insignifiants sur la maladie, sur les plus récents remèdes. Puis Antoine se leva, prétextant une visite urgente à faire avant le dîner. M. Thibault, qui souffrait, ne tenta rien pour le retenir.

Antoine n'avait encore prévenu personne de son départ. Son intention était d'avertir seulement la religieuse qu'il s'absentait pour trente-six heures. Mais elle se trouvait malencontreusement occupée auprès du malade, lorsqu'il quitta la chambre.

L'heure pressait. Il attendit quelques minutes dans le couloir; et, comme la sœur ne venait pas, il alla trouver Mlle de Waize qui écrivait une lettre dans sa chambre.

— « Ah! » lui dit-elle, « tu vas m'aider, Antoine; j'ai un colis de légumes qui s'est égaré... »

Il eut beaucoup de peine à lui faire comprendre qu'il était, cette nuit, mandé en province pour un cas grave, qu'il ne serait probablement pas là le lendemain, mais qu'il ne fallait s'inquiéter de rien : le docteur Thérivier, au courant de cette absence, se tenait prêt à accourir au premier appel.

Il etait huit heures passées. Antoine avait juste le temps d'arriver au train.

Le taxi roulait à vive allure vers la gare; les quais déjà déserts, le pont noir et luisant, la place du Carrousel, défilèrent au rythme accéléré d'un film d'aventures; et, pour Antoine qui voyageait rarement, l'excitation de cette course dans la nuit, l'inquiétude de l'heure, mille pensées qui l'obsédaient, le risque aussi de ce qu'il allait tenter, tout le jetait déjà hors de lui-même, dans une atmosphère d'intrépidité et de prouesses.

Le compartiment où sa place avait été retenue était presque complet. Il essaya de dormir. En vain. Il s'énerva, compta les arrêts. A la fin de la nuit, comme il s'était assoupi, la locomotive siffla désespérément, et le train ralentit pour pénétrer dans la gare de Vallorbe. Après les formalités de la douane, les allées et venues dans le hall glacé, le café au lait suisse, comment retrouver le sommeil ?

Le monde extérieur commençait à reprendre forme dans l'aube tardive de décembre. La ligne ferrée suivait le fond d'un val dont on distinguait les coteaux. Nulle couleur : sous le petit jour hésitant et brutal, ce n'était encore qu'un paysage au fusain, noir sur blanc.

Le regard d'Antoine acceptait passivement ce qui s'offrait à lui. La neige coiffait les collines et traînait en plaques à demi fondues dans les creux d'un sol calciné. Des ombres de sapins se découpèrent soudain sur un fond blême. Puis tout s'effaça : le convoi roulait dans un nuage. La campagne reparut ; de petites lumières jaunes, piquées dans le brouillard, décelaient partout la vie matinale d'une région surpeuplée. Déjà les îlots de maisons devenaient plus distincts, et les lumignons, plus rares dans les constructions moins sombres. Insensiblement, le noir du sol tournait au vert ; et bientôt la plaine ne fut qu'une nappe d'opulents pâturages, sur laquelle des raies neigeuses indiquaient chaque pli, chaque rigole, le moindre sillon. Les fermes basses, accroupies comme des poules couveuses et largement adhérentes à la terre de leurs clos, ouvrirent tous les volets de leurs petites fenêtres. Le jour était levé.

Inattentif, le front à la vitre, gagné par la tristesse de ce paysage étranger, Antoine se sentait complètement dépourvu. Les difficultés de son entreprise se dressaient devant lui, accablantes, et il s'alarmait de l'infériorité à laquelle cette nuit d'insomnie le condamnait.

Cependant, on approchait de Lausanne. La voie traversait déjà la banlieue. Il considérait les façades encore closes de ces maisons cubiques, encadrées de balcons et isolées l'une de l'autre comme de petits gratte-ciel. Qui sait si Jacques ne s'éveillait pas, en ce moment, derrière une de ces jalousies de sapin blond ?

Le train stoppa. Des vents froids balayaient le quai. Antoine frissonna. La foule s'engouffrait dans le passage souterrain. Fébrile, engourdi, ayant pour une fois abdiqué la conduite de son esprit et de sa volonté, il suivait, traînant son sac, hésitant sur ce qu'il allait faire. *Lavabos. Bains. Douches.* Un bain chaud pour se détendre, une douche froide pour se ressaisir ? Se raser, changer de linge ? C'était la dernière chance de résurrection.

L'idée était bonne ; il sortit de ces ablutions comme d'une source miraculeuse : remis à neuf. Il courut à la consigne, s'y délesta de son sac, et, résolument, s'élança au-devant des hasards.

La pluie fouettait maintenant. Il sauta dans un tram pour monter en ville. Bien qu'il ne fût guère plus de huit heures, les boutiques étaient ouvertes ; un peuple affairé, silencieux, vêtu d'imperméables et chaussé de caoutchoucs, circulait déjà, encombrant les trottoirs, mais attentif à ne pas empiéter sur la chaussée, pourtant déserte de voitures. « Ville laborieuse, sans fantaisie », se dit Antoine, qui généralisait vite. Guidé par son plan, il trouva son chemin jusqu'à la petite place de l'Hôtel-de-Ville. Il leva le nez vers l'horloge du beffroi comme elle sonnait la demie. La rue habitée par Jacques était à l'extrémité de la place.

Cette rue des Escaliers-du-Marché devait être l'une des plus anciennes de Lausanne. Moins une rue, d'ailleurs, qu'un tronçon de ruelle, en gradins, n'ayant de maisons que sur la gauche. Devant les maisons grimpait la « rue », faite de paliers successifs ; vis-à-vis des maisons s'élevait un mur au long duquel rampait un vieil escalier de bois, couvert d'une charpente moyenâgeuse, peinte en un rouge vineux. Ces degrés abrités offraient un poste d'observation inespéré. Antoine s'y engagea. Les quelques maisons de cette ruelle étaient d'étroites bicoques mal alignées et dont les rez-de-chaussée devaient servir d'échoppes depuis le xvie siècle. On entrait au 10 par une porte basse, écrasée sous un linteau mouluré. L'enseigne se lisait mal sur le battant de la porte ouverte. Antoine déchiffra : *Pension J.-H. Cammerzinn.* C'était là.

Avoir langui trois années sans nouvelles, avoir senti l'univers entre son frère et lui, et se trouver ainsi à quelques mètres de Jacques, à quelques minutes de l'instant où il allait le revoir... Mais Antoine dominait bien son émotion ; le métier l'avait dressé : plus il rassemblait son énergie, plus il devenait insensible et lucide. « Huit heures et demie », se dit-il. « Il doit être là. Au lit, peut-être. L'heure classique des arrestations. S'il est chez lui, j'allègue un rendez-vous, je vais à sa chambre sans me laisser annoncer, et j'entre. » Se dissimulant sous son parapluie, il traversa la chaussée d'un pas ferme et franchit les deux pierres du perron.

Un couloir dallé, puis un ancien escalier à balustres, spacieux, bien entretenu, mais obscur. Pas de portes. Antoine se mit à gravir les marches. Il distinguait confusément un bruit de voix. Lorsque sa tête eut dépassé le niveau du palier, il aperçut, à travers la baie vitrée d'une salle à manger, une dizaine de convives autour d'une table. Il eut le temps de se dire : « Heureusement l'escalier est sombre, on ne me voit pas », puis : « Le petit déjeuner en commun. *Il* n'y est pas. *Il* va descendre. » Et tout à coup... Jacques... le timbre de sa voix !... Jacques avait parlé ! Jacques était là, vivant, indiscutable comme un fait !

Antoine vacilla, et, cédant à une seconde de panique, descendit précipitamment quelques marches. Il respirait avec effort : une tendresse, surgie des profondeurs, se dilatait soudain dans sa poitrine, l'étouffait. Et tous ces inconnus... Que faire ? Partir ? Il se ressaisit : le goût de la lutte le poussait en avant : ne pas remettre, agir. Il souleva prudemment la tête. Jacques lui apparaissait de profil, et seulement par intermittence, à cause des voisins. Un petit vieux, à barbe blanche, présidait ; cinq ou six hommes, d'âges divers, étaient attablés ; vis-à-vis du vieux, une femme blonde, belle, encore jeune, entre deux petites filles. Jacques se penchait ; sa parole était rapide, animée, libre ; et, pour Antoine, dont la présence, comme une imminente menace, planait au-dessus de son frère, c'était saisissant de constater avec quelle sécurité, quelle inconscience de la minute qui va suivre, l'homme peut vivre les instants les plus chargés de destin. La table, d'ailleurs, s'intéressait au débat : le vieux riait ; Jacques semblait tenir tête aux deux jeunes gens placés en face de lui. Il ne se retournait jamais du côté d'Antoine. Deux fois de suite, il ponctua son dire de ce geste tranchant de la main droite, qu'Antoine avait oublié ; et brusquement, après un échange de mots plus vifs, il sourit. Le sourire de Jacques !

Alors, sans réfléchir plus longtemps, Antoine remonta les marches, atteignit la porte vitrée, l'ouvrit doucement, et se découvrit.

Dix visages s'étaient tournés vers lui, mais il ne les vit pas ; il ne s'aperçut pas que le petit vieux quittait sa place et lui posait une question. Ses yeux, hardis, joyeux, s'étaient fixés sur Jacques ; et Jacques, les pupilles dilatées, les lèvres entrouvertes, regardait, lui aussi, son frère. Interrompu net au milieu d'une phrase, il conservait sur son visage pétrifié l'expression d'une gaieté dont ne subsistait que la grimace. Cela ne dura qu'une dizaine de secondes. Déjà Jacques s'était dressé, mû par cet unique souci : avant tout, donner le change, pas de scandale.

D'un pas raide et précipité, avec une amabilité gauche qui pouvait faire croire qu'il attendait le visiteur, il fonça sur Antoine qui, se prêtant à la feinte, recula sur le palier. Jacques l'y rejoignit, fermant derrière lui le battant vitré. Il dut y avoir une machinale poignée de main, dont aucun d'eux ne prit conscience ; mais pas un mot ne put franchir leurs lèvres.

Jacques parut hésiter, ébaucha un geste hagard qui semblait inviter Antoine à l'accompagner, et s'engagea dans l'escalier.

VII

Un étage, un second, un troisième.

Jacques montait pesamment, s'accrochant à la rampe et ne se retournant pas. Antoine suivait, redevenu très maître de lui ; au point qu'il fut surpris de se sentir si peu ému en un pareil moment. Plusieurs fois, déjà, il s'était demandé avec inquiétude : « Que penser d'un sang-froid si facile? Présence d'esprit — ou absence de sentiment, froideur? »

Au troisième palier, une seule porte, que Jacques ouvrit. Dès qu'ils furent tous deux dans la chambre, il donna un tour de clé, puis enfin leva les yeux vers son frère.

— « Qu'est-ce que tu me veux? » souffla-t-il, d'une voix rauque.

Mais son regard agressif se heurta au sourire affectueux d'Antoine, qui, sous ce masque débonnaire, veillait, circonspect, résolu à temporiser, mais prêt à tout.

Jacques baissa la tête :

— « Quoi? Qu'est-ce qu'on me veut? » répéta-t-il. L'accent était pitoyable, lourd de rancune, tremblant d'angoisse ; mais Antoine, le cœur étrangement sec, dut simuler de l'émotion :

— « Jacques », murmura-t-il en s'approchant davantage. Et, tout en jouant son rôle, il observait son frère d'un œil actif, lucide, et il s'étonnait de lui trouver une carrure, des traits, un regard, différents de ceux d'autrefois, différents de ceux qu'il avait imaginés.

Les sourcils de Jacques se crispèrent ; il essaya en vain de se raidir ; sa bouche, contractée, parvint à réprimer un sanglot ; puis, avec un soupir où s'exhalait sa colère, s'abandonnant soudain comme découragé de sa faiblesse, il laissa tomber son front sur l'épaule d'Antoine, et répéta de nouveau, les dents serrées :

— « Mais qu'est-ce qu'on me veut ? Qu'est-ce qu'on me veut ? »

Antoine eut l'intuition qu'il fallait répondre tout de suite ; et frapper droit :

— « Père est au plus mal. Père va mourir. » Il prit un temps, et ajouta : « Je viens te chercher, mon petit. »

Jacques n'avait pas bronché. Son père ? Pensait-on que la mort de son père pouvait l'atteindre dans cette vie toute neuve qu'il s'était faite, le débûcher de son refuge, changer quoi que ce fût aux motifs qui avaient exigé sa disparition ? Dans les paroles d'Antoine, la seule chose qui le bouleversait profondément, c'était ces derniers mots : « Mon petit », qu'il n'avait pas entendu depuis des années.

Le silence était si pénible qu'Antoine poursuivit :

— « Je n'ai personne auprès de moi... » Il eut tout à coup une inspiration : « Mademoiselle ne compte pas », expliqua-t-il ; « et Gise est en Angleterre. »

Jacques souleva le front.

— « En Angleterre ? »

— « Oui, elle prépare un diplôme, dans un couvent, près de Londres, et ne peut pas revenir. Je suis tout seul. J'ai besoin de toi. »

Dans l'obstination de Jacques, quelque chose, à son insu, venait d'être ébranlé ; sans qu'elle se précisât dans son esprit, l'idée d'un retour avait néanmoins cessé d'être radicalement inacceptable. Il se dégagea, fit deux pas incertains, puis, comme s'il préférait se laisser couler au fond de sa souffrance, il s'affaissa sur une chaise, devant sa table de travail. Il ne sentit pas la main qu'Antoine venait poser sur son épaule ; la tête enfouie dans ses bras, il sanglotait. Il lui semblait voir crouler cet abri que, depuis trois ans, il s'était construit de ses mains, pierre à pierre, dans la peine, dans l'orgueil, dans sa solitude ; il conservait assez de sagacité, dans ce désarroi, pour regarder la fatalité en face, pour comprendre que toute résistance finirait par échouer, qu'on obtiendrait tôt ou tard son retour, que son bel isolement, sinon sa liberté, avait pris fin, et qu'il valait mieux composer avec l'irrémédiable ; mais cette impuissance le faisait suffoquer de douleur et de dépit.

Antoine, debout, ne cessait pas d'observer, de réfléchir, comme si sa tendresse fût momentanément demeurée en réserve. Il contemplait cette nuque secouée par les sanglots ; il se rappelait les désespoirs de Jacques enfant ; mais, calmement, il supputait ses chances. Plus la crise se prolongeait, et plus il se persuadait que Jacques se trouverait acculé à la résignation.

Il avait retiré sa main. Il promenait ses regards autour de lui et pensait rapidement à cent choses. Cette chambre était mieux que propre : confortable. Le plafond était bas ; la pièce avait dû être ménagée dans les combles ; mais elle était vaste, claire, et d'une agréable nuance blonde. Le parquet, couleur de cire et luisant, craquait tout seul, sans doute à la chaleur du petit poêle de faïence blanche, où ronflait un feu de bûches. Deux fauteuils de cretonne à bouquets ; plusieurs tables chargées de papiers, de journaux. Peu de livres : une cinquantaine peut-être, sur une étagère, au-dessus du lit, qui n'était pas encore fait. Et pas une photo : aucun rappel du passé. Libre, seul, inaccessible même au souvenir ! — Une pointe d'envie vint se mêler à la réprobation d'Antoine.

Il s'aperçut que Jacques s'apaisait. La cause était-elle gagnée ? Ramènerait-il son frère à Paris ? Au fond de lui, il n'y avait jamais eu véritable doute sur sa réussite. Alors ce fut comme une digue rompue : un flot de

tendresse s'empara de lui, un grand élan d'amour, de pitié ; il eût voulu serrer ce malheureux dans ses bras. Il se pencha vers cette nuque ployée ; il appela, très bas :
— « Jacques... »
Mais, d'un coup de reins, l'autre fut debout. Rageusement, il essuyait ses yeux et toisait son frère.
— « Tu m'en veux », dit Antoine.
Pas de réponse.
— « Père va mourir », reprit Antoine en manière d'excuse.
Jacques détourna la tête un instant.
— « Quand ? » demanda-t-il. Sa voix était brusque, distraite ; son visage tourmenté. Il eut conscience de ce qu'il venait de dire en rencontrant le regard d'Antoine. Il baissa le front, et rectifia :
— « Quand... penses-tu partir ? »
— « Au plus tôt. Tout est à craindre... »
— « Demain ? »
Antoine hésita.
— « Ce soir même, si c'était possible. »
Ils s'entre-regardèrent un instant. Jacques eut un faible haussement d'épaules. Ce soir, demain, qu'importait maintenant ?
— « Le rapide de nuit », prononça-t-il d'une voix mate.
Antoine comprit que *leur* départ venait d'être fixé. Mais il s'attendait toujours à ce qu'il avait énergiquement désiré, et n'eut, en réalité, ni surprise ni joie.
Ils étaient restés debout, au milieu de la chambre. Aucun bruit ne montait de la rue; on se serait cru dans la campagne. L'eau ruisselait doucement sur le brisis du toit, et, par intervalles, des bouffées de vent se faufilaient en mugissant sous les tuiles du grenier. La gêne, entre eux, s'accentuait de minute en minute.
Antoine pensa que Jacques souhaitait de rester seul.

— « Tu dois avoir à faire », dit-il, « je vais te laisser. »
L'autre rougit brusquement :

— « Moi ? Mais non ! Pourquoi ? » Et, précipitamment, il s'assit.

— « Bien vrai ? »

Jacques secoua la tête.

— « Alors », fit Antoine, s'efforçant à une cordialité qui sonnait faux, « je m'assieds... Nous avons tant à nous dire ! »

En réalité, il songeait surtout à questionner. Mais il n'osait pas. Afin de gagner du temps, il se lança dans un récit détaillé, et malgré lui technique, des diverses phases de la maladie paternelle. Ces détails, pour lui, n'évoquaient pas seulement un cas désespéré ; ils évoquaient la chambre même, le lit du malade, un corps enflé, blême, douloureux, des traits contractés, des cris, une souffrance que l'on parvenait mal à calmer. Et c'était lui, maintenant, dont l'accent frémissait, tandis que Jacques, ramassé dans son fauteuil, tendait vers le poêle une figure farouche qui semblait dire : « Père va mourir, tu viens m'arracher d'ici, c'est bien, je partirai, mais qu'on ne m'en demande pas plus. » Un seul moment Antoine crut voir fléchir cette insensibilité : c'est lorsqu'il évoqua le jour où il avait entendu, à travers la porte, le malade et Mademoiselle, ânonner ensemble la vieille chanson. Jacques se souvenait du refrain, car, sans hâte, les yeux toujours fixés sur le poêle, il sourit. Ce sourire endolori, embrumé... C'était si bien le sourire du petit Jacques !

Mais presque aussitôt, comme Antoine concluait : « Après ce qu'il a souffert, la mort sera une délivrance », Jacques, qui jusque-là n'avait rien dit, éleva durement la voix :

— « Pour nous, sans aucun doute. »

Antoine, offusqué, se tut. Dans ce cynisme, il faisait bien la part du défi, mais il y percevait aussi un ressentiment qui ne désarmait pas, et cette rancune envers son malade, envers un mourant, lui était intolérable. Il la trouvait injuste. Le moins qu'on pût en dire, c'est qu'elle retardait sur les faits. Il se souvint du soir où M. Thibault s'était accusé, en pleurant, d'avoir été la cause du suicide de son fils. Il ne pouvait pas oublier non plus l'effet que la disparition de Jacques avait eu sur la santé de M. Thibault : quelle était l'action du chagrin, du remords, à l'origine de cette dépression nerveuse qui avait tant favorisé le début de ses troubles, et sans laquelle, peut-être, le mal actuel ne se serait pas si vite développé ?

Alors, comme si Jacques eût impatiemment attendu que son frère eût fini de parler, il se leva violemment et demanda :

— « Comment as-tu découvert où j'étais ? »

Impossible de se dérober.

— « Par... Jalicourt. »

— « Jalicourt ? » Aucun nom ne semblait pouvoir le surprendre davantage. Il répéta, en articulant : « Ja-li-court ? »

Antoine avait tiré son portefeuille. Il prit la lettre de Jalicourt, qu'il avait naguère décachetée, et la tendit à son frère. C'était le plus simple : ce geste supprimait toute explication.

Jacques saisit la lettre, la parcourut, puis s'approchant de la fenêtre, il se mit à la lire, posément, les paupières baissées, la bouche close, impénétrable.

Antoine l'examinait. Ce visage qui, trois ans plus tôt, offrait encore les traits hésitants de l'adolescence, et qui, tout rasé aujourd'hui, n'aurait pas dû paraître si différent, retenait son attention sans qu'il pût préciser ce qu'il y découvrait de neuf : plus de vigueur, moins d'orgueil, moins d'inquiétude aussi ; moins d'obstination, peut-être, et plus de fermeté. Jacques avait certainement perdu de son charme, mais il avait acquis de la force. C'était maintenant un garçon presque trapu. La tête avait pris du volume ; elle se dégageait assez mal des épaules élargies, et Jacques avait l'habitude de la tenir rejetée en arrière, dans une attitude un peu arrogante ou pour le moins combative. La mâchoire était redoutable ; la bouche énergique et musclée, mais d'un dessin triste. L'expression de cette bouche avait beaucoup changé. Le teint conservait sa blancheur, avec quelques taches de son aux pommettes. Mais les cheveux, assez fournis, étaient maintenant plus châtains que roux ; ils formaient autour du masque vigoureux une masse indisciplinée qui en augmentait encore les proportions ; une mèche sombre, à reflets dorés, et que la main relevait sans cesse avec impatience, retombait toujours sur la tempe et ombrageait une partie du front.

Antoine vit ce front tressaillir et deux plis se creuser entre les sourcils. Il devinait le choc des pensées que cette lecture pouvait suggérer à Jacques et il ne fut pas pris au dépourvu, lorsque celui-ci, laissant retomber la main qui tenait la lettre, se tourna vers lui :

— « Alors, toi aussi, tu as... tu as lu ma nouvelle ? »

Antoine se contenta de baisser puis de relever les paupières. Souriant des yeux plus que des lèvres, il fit céder sous son regard affectueux l'irritation de son frère, qui se contenta d'ajouter, moins agressif :

— « Et... qui d'autres encore ? »

— « Personne. »

Le regard de Jacques restait incrédule.

— « Ma parole », déclara Antoine.

Jacques enfonça les mains dans ses poches, et se tut. En réalité, il s'habituait vite à l'idée que son frère avait lu sa *Sorellina*. Il eût même été curieux de connaître son opinion. Quant à lui, il était sévère pour cette œuvre, écrite avec passion mais un an et demi plus tôt. Il estimait avoir grandement progressé depuis cette époque, et trouvait insupportable, aujourd'hui, ces recherches, cette poésie, ces exagérations de jeunesse. Le plus étrange est qu'il ne songeait plus du tout au sujet, au rapport de ce sujet avec sa propre histoire ; depuis qu'il avait donné une existence d'art à ce passé, il croyait l'avoir détaché de soi ; et, lorsqu'il pensait par hasard à ces douloureuses expériences, c'était pour s'affirmer aussitôt : « Je suis guéri de tout ça. » Ainsi, quand Antoine lui avait dit : « Je viens te chercher », sa première pensée réflexe avait été : « En tout cas, je suis guéri. » A quoi, un peu plus tard, il avait ajouté : « Et puis, Gise est en Angleterre. » (Il supportait, à la rigueur, l'évocation de Gise, le rappel de son nom ; mais à Jenny il refusait farouchement la plus fugitive allusion.)

Après une minute de silence, qu'il passa devant la fenêtre, debout, immobile, l'œil au loin, il se tourna de nouveau :

— « Qui est-ce qui sait que tu es ici ? »
— « Personne. »
Cette fois, il insista :
— « Père ? »
— « Mais non ! »
— « Gise ? »
— « Non, personne. » Antoine hésita, puis pour rassurer tout à fait son frère : « Après ce qui s'est passé, et puisque Gise est à Londres, mieux vaut qu'elle ne sache encore rien. »

Jacques observait son aîné ; une lueur interrogative effleura son regard, et s'éteignit.

Le silence retomba.

Antoine redoutait ce silence ; mais, plus il désirait le rompre, moins il en trouvait l'occasion. Évidemment, vingt questions l'obsédaient ; mais il ne se risquait pas à interroger. Il cherchait quelque sujet simple et sans danger, qui les eût tous deux acheminés vers plus d'intimité ; mais rien de tel ne se présentait.

La situation allait devenir critique, lorsque Jacques, brusquement, ouvrit la croisée et recula dans la pièce. Un beau matou siamois, amplement fourré de gris et le museau charbonné, sauta moelleusement sur le parquet.

— « Un visiteur ? » fit Antoine, ravi de la diversion.

Jacques sourit :

— « Un ami. » Il ajouta : « Et d'une espèce précieuse : un ami intermittent. »

— « D'où vient-il ? »

— « Personne n'a pu me renseigner. De loin, sans doute : dans le quartier, on ne le connaît pas. »

Le beau matou faisait dignement le tour de la chambre en ronronnant comme une toupie d'Allemagne.

— « Il est trempé, ton ami », remarqua Antoine, qui sentait le silence rôder, lui aussi, autour d'eux.

— « C'est généralement quand il pleut que je reçois sa visite », reprit Jacques. « Quelquefois très tard, à minuit. Il gratte au carreau, il entre, il se lèche devant le poêle, et, quand il est sec, il demande à partir. Je n'ai jamais pu le caresser ; encore moins lui faire prendre quelque chose. »

L'animal, après avoir fait son inspection, était revenu près de la fenêtre restée entrouverte.

— « Tiens », fit Jacques presque gaiement, « il ne s'attendait pas à te trouver là : il va s'en aller. » En effet, le chat bondit sur le bord de zinc et gagna le toit sans se retourner.

— « Il me fait cruellement sentir que je suis un intrus », dit Antoine, à demi sérieux.

Jacques profita de ce qu'il fermait la fenêtre pour ne rien répondre. Mais, lorsqu'il se retourna, une vive rougeur le colorait. Il se mit à marcher, doucement, de long en large.

Le silence menaçait.

Alors Antoine, faute de mieux — avec l'espoir sans

doute de modifier les sentiments de Jacques, et parce que la pensée du malade le hantait —, se reprit à parler de son père ; il insista sur les transformations du caractère de M. Thibault depuis son opération, et se hasarda même jusqu'à dire :

— « Tu le jugerais peut-être autrement, si tu l'avais vu vieillir comme moi, au cours de ces trois ans. »

— « Peut-être », fit Jacques évasif.

Antoine ne se décourageait pas aisément.

— « D'ailleurs », reprit-il, « je me suis quelquefois demandé si nous l'avions bien connu tel qu'il était, au fond... » Et, s'accrochant à son sujet, il eut l'idée de conter à Jacques un petit fait tout récent. « Tu sais », dit-il, « en face de la maison, Faubois, le coiffeur, près de l'ébéniste, avant la rue du Pré-aux-Clercs... »

Jacques, qui allait et venait, tête baissée, s'arrêta net. Faubois... La rue du Pré-aux-Clercs... C'était, dans l'obscurité voulue de sa retraite, la brusque projection de tout un monde qu'il avait cru oublier. Il en revoyait précisément le moindre détail, chaque dalle du trottoir, chaque devanture, le vieil ébéniste aux doigts couleur de brou, l'antiquaire blafard et sa fille, puis « la maison », le cadre même de son passé, « la maison » et sa porte cochère à demi ouverte, et la loge, et leur petit rez-de-chaussée, et Lisbeth, et, plus loin encore, toute son enfance répudiée... Lisbeth, sa première expérience... A Vienne, il avait connu une autre Lisbeth, dont le mari, jaloux, s'était tué... Il réfléchit soudain qu'il lui faudrait annoncer son départ à Sophia, la fille du père Cammerzinn...

Antoine poursuivait son récit.

Donc, un jour qu'il était pressé, il était entré chez Faubois, ce coiffeur auquel Jacques et lui avaient toujours refusé leur clientèle, parce que, depuis vingt ans, ledit Faubois taillait chaque samedi la barbe de leur père. Le vieux, qui connaissait Antoine de vue, s'était mis aussitôt à lui parler de M. Thibault. Et, petit à petit, Antoine, désœuvré, la serviette au cou, avait eu la surprise de voir se dessiner dans les propos du coiffeur une figure paternelle qu'il n'avait guère prévue. « Ainsi », expliqua-t-il, « Père parlait sans cesse de nous à Faubois. De toi, spécialement... Faubois se rappelle très bien le jour d'été où " le gamin de M. Thibault " — c'était toi — a passé son baccalauréat, et où Père a entrebâillé la porte de la boutique, simplement pour annoncer : " *Monsieur Faubois, le petit est reçu.* " Et Faubois dit : " Il relevait la crête, le bon papa, que ça faisait plaisir à voir! " Inattendu, n'est-ce pas?... Mais le plus déroutant pour moi, c'est... ce qui s'est passé depuis trois ans... »

Le visage de Jacques se contracta légèrement, et Antoine se demanda s'il ne se fourvoyait pas en continuant.

Mais il était lancé :

— « Oui. Depuis ton départ. J'ai fini par comprendre que Père n'avait jamais soufflé mot de la vérité, et qu'il avait même inventé tout un roman pour donner le change au quartier. Par exemple, Faubois m'a dit des choses comme ceci : " Les voyages, c'est le meilleur de tout! Du moment que votre papa pouvait payer à son garçon des apprentissages à l'étranger, il a bien fait de l'expédier là-bas. D'abord, avec la poste, on s'écrit maintenant de partout ; ainsi, il me disait que vous ne restiez jamais plus d'une semaine sans nouvelles du petit... " »

Antoine évita de regarder Jacques, et, pour s'écarter un peu de ce sujet trop précis :

— « Père lui parlait aussi de moi : *Mon aîné, il sera un jour professeur à l'École de Médecine.* Et de Mademoiselle, et des bonnes. Faubois connaît toute la maison. Et de Gise. Tiens, c'est curieux, ça aussi : il paraît que Père parlait très souvent de Gise! (Faubois devait avoir une fille du même âge : je crois avoir compris qu'elle est morte. Il disait à Père : " La mienne, elle fait ceci." Et Père lui disait : " La *mienne* fait cela." Crois-tu ? Faubois m'a rappelé un tas de gamineries, de mots d'enfants, que Père lui racontait, et que moi j'avais oubliés. Qui aurait pu croire, à ce moment-là, que Père remarquait ces enfantillages ? Eh bien, Faubois m'a dit textuellement ceci : " C'était son regret, à votre papa, de n'avoir pas eu de fille. Mais il m'a dit souvent : *Cette petite-là, Monsieur Faubois, c'est maintenant comme si j'en avais une.* " Textuellement. Ça m'a bien étonné, je t'assure. Toute une sensibilité, en somme bourrue, timide peut-être et douloureuse — que personne ne soupçonnait ! »

Jacques, sans un mot, sans relever la tête, continuait ses allées et venues ; et, bien qu'il ne regardât presque jamais son frère, aucun des mouvements d'Antoine ne lui échappait. Il n'était pas ému, il était secoué par des impulsions violentes et contradictoires. Ce qui — de beaucoup — lui était le plus pénible, c'était de sentir le passé faire, de gré ou de force, irruption dans sa vie.

Devant le mutisme de Jacques, Antoine se découragea : impossible d'amorcer aucune conversation. Il ne perdait pas son frère de vue, cherchant à démêler quelque indice de pensée sur ces traits qui n'exprimaient qu'une morne résolution d'indifférence. Toutefois, il ne parvenait pas à lui en vouloir. Il aimait ce visage retrouvé, même raidi et se détournant de lui. Aucun visage au monde ne lui avait jamais été si cher. Et, de nouveau, sans qu'il osât se trahir par un mot ni par un geste, une fraîche tendresse lui vint au cœur.

Cependant le silence s'installait — victorieux, consenti, oppressant. On n'entendait rien que la course de l'eau dans les gouttières, le bourdonnement du feu, et parfois, une lame du plancher que Jacques faisait craquer sous son pas.

Un moment, il s'approcha du poêle, l'ouvrit et y jeta deux bûches : alors, à demi agenouillé, il se tourna vers son frère qui le suivait des yeux, et murmura soudain, d'un ton rogue :

— « Tu me juges sévèrement. Ça m'est égal. Je ne le mérite pas. »

— « Mais non », s'empressa de rectifier Antoine

— « J'ai bien le droit d'être heureux à ma façon », reprit Jacques. Il se releva d'un mouvement impétueux, se tut un instant, puis, les dents serrées : « Ici, j'étais pleinement heureux. »

Antoine se pencha :

— « C'est vrai ? »

— « Pleinement ! »

Après chaque échange de propos, ils se dévisageaient de part et d'autre, une seconde, avec une grave curiosité, une réserve loyale et songeuse.

— « Je te crois », dit Antoine. « D'ailleurs, ton départ... Pourtant, il y a tant de choses encore que... que je m'explique si mal... Oh ! » s'écria-t-il prudemment, « je ne suis pas venu pour te faire le moindre reproche, mon petit... »

Ce fut seulement alors que Jacques remarqua le sourire de son frère. Il se souvenait d'un Antoine contracté, brutalement énergique ; ce sourire-là était pour lui une émouvante nouveauté. Craignit-il soudain de s'attendrir ? Il crispa les poings et secoua les bras :

— « Tais-toi, Antoine, laisse tout ça... » Il ajouta, comme un correctif : « Pas maintenant. » Une véritable expression de souffrance passa sur son visage ; il tourna la tête vers l'ombre, baissa les paupières, et balbutia : « Tu ne peux pas comprendre. »

Ensuite, tout redevint silencieux. Mais l'air était devenu respirable.

Antoine se leva, et, sans forcer le naturel :

— « Tu ne fumes pas ? » demanda-t-il. « J'ai très envie d'allumer une cigarette, tu permets ? » Il jugeait essentiel de ne rien dramatiser, d'acclimater peu à peu cette sauvagerie, à force de cordialité et d'aisance.

Il tira quelques bouffées, puis s'avança vers la fenêtre. Tous les vieux toits de Lausanne dévalaient vers le lac en un inextricable enchevêtrement de bâts noirâtres dont la buée fondait les contours ; ces tuiles, rongées de lichens, semblaient s'être imbibées d'eau comme du feutre. L'extrême horizon était fermé par une chaîne de montagnes, à contre-jour. Aux crêtes, la neige s'enlevait en blanc sur un ciel uniformément gris ; et, le long des pentes, elle se plaquait en coulées claires sur les surfaces plombées. On eût dit de sombres volcans de lait, bavant leur crème.

Jacques s'était approché.

— « Les Dents d'Oche », fit-il, en étendant le bras.

Du lac, la ville étagée masquait la rive la plus proche ; et l'autre bord, à contre-jour, n'était qu'une falaise d'ombre derrière un voile de pluie.

— « Ton beau lac, il écume aujourd'hui comme une mauvaise mer », constata Antoine.

Jacques eut un sourire de complaisance. Il s'attardait, immobile, sans pouvoir détacher les yeux de ce rivage où il apercevait, dans un rêve, des bouquets d'arbres, des villages, et les flottilles amarrées près des pontons, et les sentiers en lacet vers les auberges de la montagne... Tout un décor de vagabondage et d'aventure, qu'il fallait quitter — pour combien de temps ?

Antoine voulut détourner son attention.

— « Je suis sûr que tu avais des choses à faire, ce matin », dit-il. « Surtout si... » Il voulait ajouter : « Surtout si nous partons ce soir » ; mais il n'acheva pas.

Jacques secoua la tête, agacé :

— « Mais non, je t'assure. Je ne dépends que de moi

Rien n'est compliqué, quand on vit seul — quand on s'est gardé... *libre.* » Le mot vibra dans le silence. Puis, de nouveau, mais d'un autre accent, triste, avec une regard appuyé, il soupira : « Tu ne peux pas comprendre. »

« Quelle existence mène-t-il donc ici ? » se demandait Antoine. « Ses travaux, oui... Mais de quoi vit-il ? » Il fit diverses hypothèses, s'abandonnant un instant au cours de ses pensées, et finit par dire, à mi-voix :

— « Depuis que tu es majeur, tu aurais si bien pu prendre ta part de la fortune de maman... »

Une lueur d'amusement passa dans le regard de Jacques. Il faillit poser une interrogation. Une pointe de regret l'atteignit : il songea qu'il aurait pu, certains jours, éviter certaines besognes... Docks de Tunis... Sous-sol de l'*Adriatica*, à Trieste... *Deutsche Buchdruckerei* d'Innsbruck... Cela ne dura qu'une seconde; et l'idée que la mort de M. Thibault allait le mettre définitivement à l'aise ne lui vint même pas à l'esprit. Non! Sans leur argent, sans eux! Tout seul!

— « Comment t'en tires-tu ? hasarda Antoine. « Gagnes-tu facilement de quoi vivre ? »

Jacques promena ses regards autour de lui :

— « Tu vois bien. »

Antoine ne put se retenir d'insister :

— « Mais quoi? Que fais-tu ? »

Le visage de Jacques avait repris son expression voilée, têtue. Un pli se formait et s'effaçait sur son front.

— « Je ne te questionne pas pour m'immiscer dans tes affaires », se hâta de protester Antoine. « Je n'ai qu'un désir, mon petit, c'est que tu organises au mieux ta vie, c'est que tu sois heureux ! »

— « Ça!... » laissa échapper Jacques, sourdement. A n'en pas douter, le ton signifiait : « Ça — que je sois heureux — c'est impossible! » Il reprit aussitôt, d'une voix excédée en haussant les épaules : « Laisse, Antoine, laisse... Tu ne me comprendrais pas bien. » Il fit l'effort de sourire. Après plusieurs pas indécis, il revint à la croisée, et, les yeux perdus, sans paraître remarquer la contradiction de ses paroles, il affirma de nouveau : « J'étais pleinement heureux, ici... Pleinement. »

Puis, consultant sa montre, il se retourna vers Antoine sans lui laisser le temps de renouer l'entretien :
— « Il faut que je te présente au père Cammerzinn. Et à sa fille, si elle est là. Ensuite, nous irons déjeuner. Pas ici, non : au-dehors. » Il avait rouvert le poêle et le garnissait de bois, tout en parlant : « ... Un ancien tailleur... Maintenant, conseiller municipal... Un fervent syndicaliste aussi... Il a fondé une feuille hebdomadaire qu'il rédige presque tout seul... Un très brave homme, tu verras. »

Le vieux Cammerzinn, en manches de chemise, dans son bureau surchauffé, corrigeait des épreuves, équipé d'étranges lunettes rectangulaires dont les tiges d'or, souples comme des cheveux, s'enroulaient autour de ses petites oreilles charnues. Finaud sous ses airs puérils, sentencieux dans ses propos mais espiègle dans ses attitudes, il riait à tout instant, et, par-dessus ses lunettes, regardait avec insistance les gens dans les yeux. Il fit apporter de la bière. Il appelait Antoine : « Mon cher Monsieur » ; puis bientôt : « Mon cher garçon. »

Jacques annonça froidement que la santé de leur père l'obligeait à s'absenter « pour quelque temps », qu'il partirait ce soir, mais qu'il conserverait sa chambre, dont il paierait d'avance le mois en cours, et où il laisserait « toutes ses affaires ». Antoine ne sourcilla pas.

Le petit vieux, brandissant les feuillets qu'il avait devant lui, se lança dans une volubile improvisation sur un projet d'imprimerie coopérative pour les journaux du « parti ». A quoi Jacques, intéressé, sembla-t-il, donna la réplique. Antoine écoutait. Jacques ne paraissait pas pressé de retrouver le tête-à-tête. Attendrait-il quelqu'un qui ne se montra pas?

Enfin, il donna le signal du départ.

VIII

Dehors, une bise aigre s'était levée, qui charriait de la neige fondue.

— « Ça floque », dit Jacques.

Il tâchait de se montrer moins taciturne. En descendant de larges escaliers de pierre qui flanquaient un édifice public, il expliqua de lui-même que c'était l'Université. Le ton trahissait quelque fierté pour sa ville d'élection. Antoine admira. Mais les bouffées de pluie et de neige qui se succédaient en rafales les incitaient à gagner au plus vite un refuge.

Au coin de deux rues étroites, sillonnées de cyclistes et de piétons, Jacques se dirigea vers un rez-de-chaussée vitré, qui, pour toute enseigne, portait en majuscules blanches, sur la glace de la porte :

GASTRONOMICA

La salle, lambrissée de vieux chêne, était toute en surfaces cirées. Le restaurateur, gros homme actif, sanguin, essoufflé, mais content de lui, de sa santé, de son personnel, de son menu, s'empressait auprès de ses clients, qu'il traitait comme des invités fortuits. Les murs étaient parsemés d'inscriptions en lettres gothiques : *A Gastronomica, cuisine n'est pas chimie!* Ou bien : *A*

Gastronomica, point de moutarde sèche au bord du moutardier !

Jacques, qui semblait moins contracté depuis la visite à Cammerzinn et cette marche sous la pluie, souriait de bonne grâce à l'amusement de son frère. C'était assez inattendu, cette curiosité d'Antoine pour le monde extérieur, ce regard gourmand, cet air de happer et de savourer au passage chaque trait significatif. Autrefois, dans les bouillons du quartier Latin où les deux frères avaient eu l'occasion de déjeuner ensemble, Antoine n'observait rien, et son premier geste était d'installer devant lui quelque revue médicale, dressée contre la carafe.

Antoine sentit que Jacques l'examinait.

— « Me trouves-tu changé ? » demanda-t-il.

L'autre fit un geste évasif. Oui, Antoine lui paraissait changé, très changé. Mais en quoi ? N'était-ce pas, surtout, que Jacques avait oublié, au cours de ces trois ans, bien des particularités de son aîné ? Il les retrouvait, une à une. Par moments, tel geste d'Antoine — cette secousse de l'épaule et ce clignement de paupières, cette façon d'ouvrir la main en donnant une explication — le frappait soudain comme la rencontre d'une image jadis familière et totalement effacée de sa mémoire. Pourtant, d'autres singularités le troublaient sans lui rappeler rien qu'il eût désappris : l'expression générale de la physionomie, de l'attitude, cette sérénité naturelle, cette disposition conciliante, ce regard sans brusquerie ni dureté. Très nouveau, tout cela. Il essaya de le dire, en quelques mots confus. Antoine sourit. Il savait que c'était le legs de Rachel. Pendant plusieurs mois, la passion triomphante avait imprimé sur son visage jusque-là rebelle à tout aveu de bonheur, une sorte d'assurance optimiste, peut-être même une satisfaction d'amant privilégié — pli qui n'avait jamais complètement disparu.

Le déjeuner était bon ; la bière, fluide, légère, glacée ;

T. II. 14

la salle, accueillante. Antoine, gaiement, s'étonnait des spécialités locales ; il avait constaté que sur ce terrain-là, le mutisme de son frère cédait plus volontiers. (Bien que, chaque fois que Jacques ouvrait la bouche, il semblait se jeter dans la conversation avec désespoir. Sa parole, hésitante, hachée, devenait, par moments, sans raison, tumultueuse et vibrante, avec de brusques arrêts ; et, tout en parlant, il plongeait son regard dans celui de son aîné.)

— « Non, Antoine! » répliqua-t-il à une boutade de celui-ci. « Tu aurais tort de croire... On ne peut pas dire qu'en Suisse... Ainsi, j'ai vu beaucoup d'autres pays ; eh bien, je t'assure... »

L'involontaire curiosité qu'il saisit sur le visage d'Antoine l'arrêta. Bientôt, regrettant peut-être cette humeur ombrageuse, il reprit de lui-même :

« — Tiens, celui-là, plutôt, pourrait être pris pour type : ce monsieur seul, qui parle au patron, à notre droite. Un assez bon type populaire du Suisse. L'aspect, la tenue... L'accent... »

— « Cet accent d'enrhumé ? »

— « Non », rectifia Jacques, avec un scrupuleux froncement de sourcils. « Un ton appuyé, un peu traînant, qui marque la réflexion. Mais surtout, tu vois, cet air replié sur soi, indifférent à ce qui se passe. Ça, c'est très suisse. Et aussi cet air d'être toujours en sécurité partout.... »

— « L'œil est intelligent », concéda Antoine. « Mais dépourvu de vivacité à un point incroyable. »

— « Eh bien, à Lausanne, ils sont ainsi des milliers. Du matin au soir, sans se bousculer ni perdre une minute, ils font ce qu'ils ont à faire. Ils croisent d'autres vies sans s'y mêler. Ils ne débordent guère leurs frontières ; ils sont entièrement pris, à chaque instant de leur existence, par la chose qu'ils font ou celle qu'ils vont faire l'instant d'après. »

Antoine l'écoutait, sans l'interrompre ; et cette attention intimidait un peu Jacques, mais le soutenait aussi, éveillait en lui un secret sentiment d'importance qui le rendait plus loquace.

— « Tu disais : « vivacité... », reprit-il. « On les croit lourds. C'est vite dit ; et c'est faux. Ils sont d'un autre tempérament que... toi... Plus compact, peut-être. Presque aussi souple, à l'usage... Pas lourds, non : *stables*. Ce n'est pas du tout la même chose. »

— « Ce qui me surprend », dit Antoine, en tirant une cigarette de sa poche, « c'est de te voir, toi, à l'aise dans cette fourmilière... »

— « Mais justement! » s'écria Jacques. Il déplaça la tasse vide qu'il avait failli renverser. « J'ai séjourné partout, en Italie, en Allemagne, en Autriche...»

Antoine, les yeux sur son allumette, hasarda, sans lever le nez :

— « En Angleterre... »

— « En Angleterre? Non. Pourquoi l'Angleterre? »

Il y eut une courte pause, pendant laquelle leurs pensées se cherchèrent. Antoine ne relevait pas les yeux. Jacques, interloqué, continua cependant :

— « Eh bien, je crois que jamais je n'aurais pu me fixer dans aucun de ces pays-là. On ne peut pas y travailler! On s'y brûle! Je n'ai trouvé l'équilibre qu'ici... »

Et, en effet, il avait l'air, en ce moment, d'avoir atteint une certain équilibre. Il était assis de biais, dans une pose qui semblait lui être habituelle, la tête inclinée du côté de la mèche indocile, comme si le poids des cheveux l'eût surchargée. L'épaule droite avançait. Tout le buste se trouvait arc-bouté sur le bras droit, dont la main écartée prenait solidement appui sur la cuisse. Le coude gauche, au contraire, posait légèrement sur la table, et les doigts de la main gauche jouaient avec des miettes éparses sur la nappe. Ces mains étaient devenues des mains d'homme, nerveuses, expressives.

Il réfléchissait à ce qu'il venait de dire.

— « Les gens d'ici sont reposants », fit-il, avec une sorte de gratitude. « Évidemment, cette absence de passion n'est qu'apparente... Des passions, il y en a ici, dans l'air, comme ailleurs. Mais tu comprends, des passions qui se laissent si quotidiennement museler, ça n'offre pas grand danger... Ça n'est pas très contagieux... » Il s'interrompit encore, rougit soudain, puis, à mi-voix : « C'est que, depuis trois ans, tu sais!... »

Sans regarder Antoine, il rejeta sa mèche d'un vif revers de main, changea de position, et se tut.

Était-ce un premier pas vers les confidences ? Antoine attendit, sans faire un geste, enveloppant son frère d'un regard engageant.

Mais, délibérément, Jacques rompit les chiens :

— « Et la pluie tombe toujours », fit-il en se levant. « Rentrons, c'est le mieux, n'est-ce pas ? »

Comme ils sortaient du restaurant, un cycliste qui passait devant eux sauta de machine et courut à Jacques :

— « Vous avez vu quelqu'un de là-bas ? » demanda-t-il, essoufflé, sans dire bonjour. La pèlerine de mongne, qu'il disputait au vent en croisant les bras sur sa poitrine, était trempée de pluie.

— « Non », répondit Jacques, sans paraître autrement surpris. Il avisa l'entrée d'une maison dont la grand-porte était ouverte : « Mettons-nous là », proposa-t-il; et, comme Antoine, discrètement, semblait rester à l'écart, il se retourna pour l'appeler. Mais, lorsqu'ils furent tous trois à l'abri, il ne fit aucune présentation.

Le nouveau venu, d'un mouvement de tête, laissa tomber sur ses épaules le capuchon qui lui cachait les yeux. C'était un homme qui avait passé la trentaine. Malgré cette entrée en matière un peu rude, son regard restait doux, presque caressant. Le visage, que l'air vif avait rougi, était balafré par une ancienne cicatrice, dont la traînée exsangue fermait à demi l'œil droit, coupait en biais le sourcil et venait se perdre sous le chapeau.

— « Ils m'accablent de reproches », reprit-il d'une voix fiévreuse, sans paraître se soucier de la présence d'Antoine. « Mais je ne les ai pas mérités, n'est-ce pas ? » Il semblait attacher une importance particulière au jugement de Jacques, qui fit un geste conciliant. « Que veulent-ils ? Ils disent que c'étaient des gens payés. Est-ce ma faute ? Maintenant, ils sont loin, et ils savent bien qu'on ne les dénoncera pas. »

— « Leur manège ne peut pas réussir », prononça Jacques, après avoir réfléchi. « De deux choses l'une... »

— « Oui, voilà ce qu'on peut dire ! » s'écria l'autre, sans attendre, avec une sorte de reconnaissance et de chaleur imprévues. « Mais il ne faudrait pas que la presse politique nous fasse sauter avant. »

— « Sabakine disparaîtra, dès qu'il flairera quelque chose », souffla Jacques, en baissant la voix. « Et Bisson aussi, vous verrez. »

— « Bisson ? Peut-être. »

— « Mais, ces revolvers ? »

— « Non, ça c'est facile à prouver. Son ancien amant les avait achetés à Bâle, à la vente d'une armurerie, après décès. »

— « Écoutez, Rayer », dit Jacques : « ne comptez pas sur moi, ces jours-ci, je ne peux rien écrire d'ici quelque temps. Mais allez trouver Richardley. Qu'il vous remette les papiers. Vous lui direz que c'est pour moi. Et, s'il a besoin d'une signature, qu'il téléphone à Mac Laber. N'est-ce pas ? »

Rayer prit la main de Jacques et la serra sans répondre.

— « Et Loute ? » fit Jacques, gardant la main de Rayer dans la sienne.

L'autre baissa la tête.

— « Je n'y peux rien », reprit-il, avec un rire intimidé. Il releva les yeux et répéta, rageusement : « Je n'y peux rien, je l'aime. »

Jacques lâcha la main de Rayer. Puis, après une pause, il grommela :

— « Où ça vous mènera-t-il, tous les deux ? »

Rayer soupira.

— « Elle a eu des couches trop difficiles, elle ne se remettra jamais bien ; jamais assez, en tout cas, pour pouvoir travailler... »

Jacques l'interrompit :

— « Elle m'a dit, à moi : " Si j'avais du courage, il y aurait bien un moyen d'en finir. " »

— « Vous voyez ? Alors, que voulez-vous que je fasse ? »

— « Mais Schneebach ? »

L'homme fit un geste de menace. Une lueur de haine flamba dans son regard.

Jacques avança la main et la posa sur le bras de Rayer: une pression amicale, mais ferme, presque impérieuse.

— « Où ça vous mènera-t-il, Rayer ? » répéta-t-il, sévèrement.

L'autre secoua les épaules d'un air courroucé. Jacques retira sa main. Après un silence, Rayer leva le bras avec une sorte de solennité.

— « Pour nous comme pour eux, la mort est au bout, voilà ce qu'on peut dire », conclut-il à mi-voix. Il rit silencieusement, comme si ce qu'il allait dire était de toute évidence : « Sans quoi, ce serait les vivants qui seraient les morts, et les morts qui seraient les vivants... »

Il empoigna sa bicyclette par la selle et la souleva d'un seul bras. Sa cicatrice devint un bourrelet violacé. Puis il baissa comme une cagoule le capuchon de sa pèlerine, et tendit la main.

— « Merci. J'irai chez Richardley. Vous êtes un grand, un vrai, un chic type. » Son accent était redevenu confiant et heureux. « Rien que de vous voir, Baulthy, ça me raccommode presque avec le monde — avec l'homme, avec la littérature... même avec la presse, oui... Au revoir ! »

Antoine n'avait rien compris à leurs propos, mais pas un mot ni un geste ne lui avaient échappé. Il avait remarqué, dès le début, l'attitude de cet homme, sensiblement plus âgé que Jacques, et qui cependant lui témoignait cette sorte de considération affectueuse qu'on accorde seulement à certains aînés reconnus. Mais, surtout, ce qui, pendant tout cet entretien, n'avait cessé de le surprendre, de le bouleverser, c'était le visage accueillant de Jacques, son front détendu, réfléchi, la maturité de son regard, l'autorité inattendue qui émanait de sa personne. Une révélation, pour Antoine. Il avait eu sous les yeux, pendant quelques minutes, un Jacques qu'il ne connaissait absolument pas, dont rien jusque-là n'avait pu lui laisser soupçonner l'existence, et qui, cependant, sans aucun doute, était pour tous le véritable Jacques, le Jacques d'aujourd'hui.

Rayer avait enfourché sa machine ; et, sans avoir pensé à saluer Antoine, il s'éloigna entre deux giclements de boue.

IX

Les deux frères reprirent leur chemin, sans que Jacques émît le moindre commentaire sur cette rencontre. D'ailleurs, le vent qui s'engouffrait dans leurs vêtements et semblait spécialement s'acharner contre le parapluie d'Antoine rendait toute conversation très difficile.

Pourtant, au pire moment, comme ils attaquaient la place de la Riponne — vaste esplanade où tous les vents du ciel semblaient venus s'affronter — Jacques, indifférent à la pluie qui le cinglait, ralentit subitement le pas et demanda :

— « Pourquoi donc, à table, tout à l'heure, as-tu dit : ... l'Angleterre ? »

Antoine flaira une intention agressive. Gêné, il s'en tira par quelques mots confus, qu'emporta le vent.

— « Qu'est-ce que tu dis ? » fit Jacques, qui n'avait rien entendu. Il s'était rapproché et marchait de biais, offrant son épaule en coupe-vent ; l'œil interrogateur qu'il fixait sur son frère marquait tant d'insistance qu'Antoine, acculé, eut scrupule à mentir.

— « Eh bien, mais... à cause... des roses rouges ! » avoua-t-il.

L'accent qu'il y mit avait plus d'âpreté qu'il n'eût voulu. Une fois de plus s'imposèrent à lui l'incestueuse passion de Giuseppe et d'Annetta, leur chute dans l'herbe, tout un cortège de visions qui lui étaient devenues trop familières sans cesser de lui être pénibles. Mécontent, nerveux, s'en prenant aux rafales qui le harcelaient, il marmonna un juron et ferma rageusement son parapluie.

Jacques était demeuré une seconde sur place, interdit : évidemment, il était à cent lieues de prévoir cette réponse. Il se mordit les lèvres et fit quelques pas sans souffler mot. (Que de fois déjà il avait déploré cette heure d'inconcevable faiblesse, et regretté ce panier de roses, acheté de si loin par l'intermédiaire d'un ami — message compromettant, qui proclamait : « Je vis et je pense à toi », au moment qu'il se voulait mort pour tous les siens ! Mais il avait du moins pu croire jusqu'ici que ce geste imprudent était demeuré très secret. L'indiscrétion de Gise, inattendue pour lui et incompréhensible, l'exaspéra.) Il ne sut pas retenir son amertume :

— « Tu as manqué ta vocation », fit-il en ricanant. « Tu étais né policier ! »

Antoine, vexé par le ton, se rebiffa :

— « Mon vieux, quand on tient tant à cacher sa vie privée, on ne l'étale pas au grand jour, dans les pages d'une revue ! »

Jacques, piqué au vif, lui cria au visage :

— « Ah ? C'est peut-être ma nouvelle qui t'a mis au courant de cet envoi de fleurs ? »

Antoine n'était plus maître de lui :

— « Non », répliqua-t-il, affectant le calme, et détachant les syllabes d'une voix mordante ; « mais ta nouvelle m'a du moins permis de goûter toute la signification de cet envoi ! » Et, après avoir décoché ce trait, il fonça contre le vent et hâta le pas.

Mais, aussitôt, le sentiment d'avoir commis une irrémédiable faute lui sauta aux yeux avec tant d'évidence qu'il en eut la respiration coupée. Quelques mots de trop, tout était compromis : Jacques allait lui échapper définitivement... Pourquoi avait-il tout à coup perdu sa direction, cédé à cet accès d'humeur ? Parce que Gise était en cause ? Et que faire, maintenant ? S'expliquer, s'excuser ? Était-il encore temps ? Ah ! il se sentait prêt à toutes les réparations !...

Il allait se tourner vers son frère, et, le plus tendrement possible, reconnaître ses torts, lorsqu'il sentit soudain que Jacques lui saisissait le bras, et s'accrochait à lui de toutes ses forces : pression passionnée, absolument inattendue, étreinte convulsive, fraternelle, qui abolissait, en une seconde, non seulement cet échange d'aigres propos, mais tout le silence de ces trois années d'éloignement. Contre son oreille, une bouche tremblante balbutiait d'une voix décomposée :

— « Mais, Antoine, quoi ? Qu'est-ce que tu as pu supposer ? Tu as cru que Gise... que moi, je ?... Tu as cru possible ?... Tu es fou ! »

Leurs regards se pénétrèrent. Celui de Jacques était douloureux, mais épuré, rajeuni, et sur son visage la pudeur offensée mêlait l'indignation à la souffrance. Ce fut pour Antoine un flot bienfaisant de lumière. Radieux, il serrait contre lui le bras de son cadet. Avait-il réellement soupçonné ces deux petits ? Il ne savait plus. Il pensait à Gise avec une émotion intense. Il se sentait allégé, délivré, extraordinairement heureux, tout à coup. Il avait enfin retrouvé son frère.

Jacques se taisait. Devant ses yeux ne défilaient que des souvenirs pénibles : cette soirée de Maisons-Laffitte, où il avait découvert, en même temps, et l'amour de Gise, et l'attrait physique, invincible, qu'elle éveillait en lui ; leur trouble et bref baiser sous les tilleuls, dans la nuit ; puis le geste romantique de Gise, effeuillant les roses à cette place où ils s'étaient donné ce timide gage d'amour...

Antoine, aussi, se taisait. Il eût bien voulu rompre ce silence ; mais il restait muet, intimidé. Du moins, par la contraction de son bras, il essaya de dire à Jacques : « Oui, j'étais fou, je te crois, et comme je suis heureux! » L'autre lui rendit sa pression. Ils se comprenaient mieux qu'à l'aide de paroles.

Ils continuèrent d'avancer, dans la pluie, serrés l'un contre l'autre, et troublés tous deux par ce contact trop tendre, trop prolongé ; mais ni l'un ni l'autre n'osaient plus prendre l'initative de la séparation. Alors, comme ils longeaient un mur qui les abritait du vent, Antoine ouvrit son parapluie, et ils eurent l'air de s'être ainsi rapprochés pour se mettre à l'abri.

Ils arrivèrent à la pension sans avoir échangé un mot. Mais, devant la porte, Antoine s'arrêta, dégagea son bras, et dit, d'une voix naturelle :

— « Voyons, tu as certainement des choses à faire, avant ce soir ? Je vais te laisser ? Je vais visiter la ville... »

— « Par ce temps ? » fit Jacques. Il souriait, mais

Antoine avait perçu l'éclair d'une hésitation. (En réalité, ils redoutaient tous les deux ce long après-midi tête à tête.) « Non », reprit-il ; « j'ai deux ou trois lettres à écrire, cela me prendra vingt minutes ; et peut-être une course à faire, avant cinq heures. » Cette perspective parut jeter du sombre sur sa physionomie. Néanmoins, il se redressa : « D'ici là, je suis libre. Montons. »

En leur absence, la chambre avait été faite. Le poêle, rechargé, ronflait. Ils étendirent devant le feu leurs paletots trempés, s'entraidant avec une camaraderie toute neuve.

L'une des fenêtres était restée ouverte. Antoine s'en approcha. Parmi ce peuple de toits qui descendaient vers le lac, émergeait une tour souveraine, couronnée de clochetons, et dont la haute flèche vert-de-gris luisait sous la pluie. Il la désigna du doigt.

— « Saint-François », dit Jacques. « Vois-tu l'heure ? »

Sur l'une des faces du clocher s'épanouissait un cadran peint, rougeâtre et or.

— « Deux heures et quart. »

— « Tu as de la chance. Ma vue a beaucoup baissé. Et je ne peux pas m'habituer aux lunettes, à cause de mes migraines. »

— « Tes migraines ? » s'écria Antoine, qui fermait la fenêtre. Il se retourna prestement. Son visage interrogateur fit sourire Jacques.

— « Oui, docteur. J'ai eu d'affreux maux de tête ; et ce n'est pas complètement passé. »

— « Quel genre de maux de tête ? »

— « Une douleur, là. »

— « Toujours à gauche ? »

— « Non... »

— « Des vertiges ? Des troubles oculaires ? »

— « Rassure-toi », reprit Jacques, que cet entretien commençait à gêner. « Je vais beaucoup mieux maintenant. »

— « Ta, ta ta ! » déclara Antoine, qui ne plaisantait pas. « Il faudra qu'on t'examine sérieusement, qu'on étudie un peu les phénomènes digestifs... »

Bien qu'il n'eût évidemment pas idée de commencer cet examen, il avait fait un pas machinal vers Jacques, et celui-ci ne put s'empêcher d'esquisser un mouvement de retraite. Il avait perdu l'habitude qu'on s'occupât de lui ; la moindre attention lui paraissait une atteinte à son indépendance. Presque aussitôt, d'ailleurs, il se raisonna ; et même, après coup, cette sollicitude lui causa une impression de douceur, comme si, au fond de lui, un souffle tiède était venu baigner des fibres longtemps engourdies.

— « Tu n'avais rien de semblable, autrefois », poursuivit Antoine. « D'où cela t'est-il venu ? »

Jacques, qui regrettait son geste de recul, voulut répondre, donner quelques éclaircissements. Mais pouvait-il dire la vérité ?

— « C'est venu après une espèce de maladie... comme un choc... une grippe, je ne sais pas... peut-être aussi du paludisme... Je suis resté presque un mois à l'hôpital. »

— « A l'hôpital ? Où ? »

— « A... Gabès. »

— « Gabès ? En Tunisie ? »

— « Oui. J'avais eu le délire, paraît-il. Alors, après, j'ai terriblement souffert de la tête, pendant des mois. »

Antoine ne dit rien, mais il était clair qu'il pensait : « Avoir, à Paris, un foyer confortable, être le frère d'un médecin, et courir le risque de crever dans un hôpital d'Afrique... »

— « Ce qui m'a sauvé », reprit Jacques, désirant parler d'autre chose, « c'est la peur. La peur de mourir là, dans cette fournaise. Je pensais à l'Italie comme un naufragé, sur son radeau, doit penser à la terre, aux puits d'eau douce... Je n'avais plus qu'une idée : mort ou vif, prendre le bateau, gagner Naples. »

Naples... Antoine se souvint de Lunadoro, de Sybil, des promenades de Giuseppe sur le golfe. Il hasarda :

— « Pourquoi Naples ? »

La figure de Jacques s'empourpra. Il parut lutter un instant contre lui-même afin d'expliquer quelque chose, puis son regard bleu se figea.

Antoine s'empressa de rompre le silence :

— « Ce qu'il t'aurait fallu, je crois, c'est du repos, mais dans un climat vif. »

— « D'abord », reprit Jacques — et il était visible qu'il n'avait pas écouté — « à Naples, j'avais une recommandation pour quelqu'un du consulat. L'ajournement, à l'étranger, est plus facile. Je préférais être en règle. » Il eut un redressement des épaules. « D'ailleurs, je me serais plutôt laissé porter déserteur que de rentrer en France pour être coffré dans leurs casernes! »

Antoine ne broncha pas. Il changea de sujet :

— « Mais, pour ces voyages, tu... tu avais de l'argent ? »

— « Quelle question! C'est bien de toi! » Il se mit à aller et venir, les mains dans les poches. « Jamais je ne me suis trouvé longtemps sans argent — le nécessaire. Au début, là-bas, évidemment, il a fallu faire n'importe quoi... » Il rougit de nouveau, et son regard se déroba. « Oh! quelques jours... On se tire vite d'affaire, tu sais. »

— « Mais quoi? Comment? »

— « Eh bien... par exemple... des leçons de français dans une école d'apprentissage... Des corrections d'épreuves, la nuit, au *Courrier Tunisien*, à *Paris-Tunis*... Ça m'a souvent servi d'écrire l'italien aussi couramment que le français... Bientôt j'ai pu leur passer des articles, j'ai décroché la revue de la presse dans un hebdomadaire, et puis les échos, la besogne... Et puis, dès que j'ai pu, le reportage! » Ses yeux brillèrent : « Ah! çà, si j'avais eu la santé suffisante, j'y serais encore!... Quelle vie!... Je me rappelle à Viterbe... Assieds-toi donc. Non, moi, j'aime mieux marcher.)... Ils m'avaient envoyé à Viterbe, personne n'osait, pour cet extraordinaire procès de la Camorra, tu te souviens? Mars 1911... Quelle aventure! Je logeais chez des Napolitains. Un vrai repaire. La nuit du 13 au 14, ils ont tous décampé : quand la police est arrivée, je dormais, j'étais tout seul, j'ai dû... » Il s'interrompit au milieu de sa phrase, malgré l'attention d'Antoine — à cause d'elle, peut-être. Comment, avec des paroles, faire seulement entrevoir ce qu'avait été, pendant des mois, cette vie vertigineuse! Bien que le regard de son frère fût pressant, il se détourna : « Que c'est loin, tout ça! Laisse... N'y pensons plus. »

Et, pour fuir lui-même le sortilège de ces évocations il se contraignit à parler de nouveau, mais avec calme :

— « Tu me disais... ces maux de tête? Eh bien, vois, je n'ai jamais pu supporter le printemps d'Italie. Dès que j'ai pu, dès que j'ai été libre » — il fronça les sourcils ; sans doute, là encore, se heurtait-il à de pénibles souvenirs — « dès que j'ai pu m'échapper de tout ça », fit-il, avec un geste violent du bras, « je suis remonté dans le Nord. »

Il s'était arrêté, debout, les mains dans les poches, les yeux baissés sur le poêle.

Antoine questionna :

— « Le Nord de l'Italie? »

— « Non! » s'écria Jacques, en tressaillant. « Vienne, Pest... Et puis la Saxe, Dresde. Et puis Munich. » Son visage se rembrunit subitement ; cette fois, il jeta vers son frère un coup d'œil aigu et parut vraiment hésiter : ses lèvres eurent un frémissement. Mais, quelques secondes s'étaient écoulées, il tordit la bouche et se contenta de murmurer, les dents si serrées que le dernier mot fut à peine intelligible :

— « Ah! Munich... Munich aussi est une ville effroyable. »

Antoine, précipitamment, coupa court :

— « En tout cas, tu devrais... Tant qu'on n'aura pas trouvé la cause... Une migraine, ce n'est pas une maladie, c'est un symptôme... »

Jacques ne l'écoutait pas, et Antoine se tut. A plusieurs reprises, déjà, s'était produit le même phénomène : on eût juré que Jacques, tout à coup, éprouvait le besoin d'expulser de lui quelque harassant secret; sa bouche remuait, il semblait au bord même de l'aveu; puis, soudain, comme si les paroles se bloquaient dans sa gorge, il stoppait net. Et, chaque fois, Antoine, paralysé par une absurde appréhension, au lieu d'aider son frère à franchir l'obstacle, s'était cabré lui-même et dérobé, en se jetant à l'étourdie sur n'importe quelle piste.

Il se demandait comment remettre Jacques sur la voie, lorsqu'un bruit de pas légers se fit entendre dans l'escalier. On frappa, la porte s'entrebâilla presque aussitôt, et Antoine aperçut une frimousse échevelée de gamin.

— « Oh! pardon. Je vous dérange ? »

— « Entre », fit Jacques, en traversant la chambre.

Ce n'était nullement un gamin, mais un petit homme sans âge précis, au menton rasé, au teint de lait, aux cheveux ébouriffés couleur de chanvre sec. Il hésita sur le seuil et dut couler vers Antoine un regard inquiet ; mais ses yeux étaient frangés de cils incolores si épais qu'on ne distinguait pas le jeu des pupilles.

— « Approche-toi du poêle », dit Jacques, en débarrassant le visiteur de son manteau ruisselant.

Il semblait encore une fois décidé à ne pas présenter son frère. Mais il souriait sans contrainte aucune, et ne paraissait pas autrement contrarié de la présence d'Antoine.

— « Je venais vous dire que Mithoerg est arrivé, et qu'il apporte une lettre », expliqua le nouveau venu. Il parlait d'une voix sifflante, rapide, mais sur un ton bas, presque craintif.

— « Une lettre ? »

— « De Vladimir Kniabrowski ! »

— « De Kniabrowski ? » s'écria Jacques, et ses traits s'éclairèrent. « Assieds-toi, tu as l'air fatigué. Veux-tu de la bière ? Du thé ? »

— « Non, merci, rien. Mithoerg est arrivé cette nuit. Il vient de là-bas... Alors, que vais-je faire, moi ? Que me conseillez-vous ? Faut-il essayer ? »

Jacques réfléchit assez longtemps avant de répondre.

— « Oui. C'est le seul moyen, maintenant, de savoir. »

L'autre s'agita.

— « A la bonne heure ! Je m'en doutais ! Ignace m'avait découragé, et Chenavon aussi. Mais vous, vous ! A la bonne heure ! » Il restait tourné vers Jacques et sa petite figure rayonnait de confiance.

— « Seulement !... » fit Jacque, avec sévérité, en levant le doigt.

L'albinos balança la tête de haut en bas, en signe d'acquiescement.

— « Par la douceur, par la douceur », prononça-t-il gravement. On devinait une ténacité de fer dans ce corps fragile.

Jacques l'examinait.

— « Tu n'as pas été souffrant, Vanheede ? »

— « Non, non... Un peu fatigué. » Il ajouta, souriant avec rancune : « Je me sens si mal à l'aise, savez-vous, dans leur grande baraque ! »

— « Prezel est encore ici ? »

— « Oui. »

— « Et Quilleuf ? Tu diras de ma part à Quilleuf qu'il parle trop. N'est-ce pas ? Il comprendra. »

— « Oh ! Quilleuf, je lui ai dit carrément : « Vous faites comme si vous étiez vous-mêmes des êtres vils ! » Il a déchiré le manifeste de Rosengaard sans le lire !

Tout est corrompu, là-dedans. » Il répéta : « Tout est corrompu », d'une voix sourde et indignée ; mais, en même temps, un sourire d'une angélique indulgence illuminait ses lèvres de petite fille.

Il reprit, sur un ton aigu, sifflant :

— « Saffrio ! Tursey ! Paterson ! Tous ! Et même Suzanne ! Ça sent le corrompu ! »

Jacques secoua la tête :

— « Josepha, peut-être. Mais Suzanne, non. Josepha, vois-tu, c'est une misérable créature. Elle vous brouillera tous. »

Vanheede l'observait silencieusement. Il remuait sur ses petits genoux ses mains de poupée, et l'on apercevait ses poignets, incroyablement frêles et pâles.

— « Je sais bien. Mais quoi ? Peut-on la jeter au ruisseau, maintenant ? Le feriez-vous dites ? Est-ce une raison ? C'est un être, après tout, et qui n'est pas foncièrement vil, non... Et qui s'est mis sous notre garde en somme. Alors ?... Par la douceur, peut-être, par la douceur... » Il soupira. « Combien en ai-je rencontré, déjà, des créatures comme elle !... Tout est corrompu. »

Il soupira de nouveau, effleura Antoine de son invisible regard, puis se leva, et, s'approchant de Jacques, il dit, avec une fièvre soudaine :

— « La lettre de Vladimir Kniabrowski, c'est une belle lettre, savez-vous... »

— « Eh bien », questionna Jacques, « qu'est-ce qu'il compte faire, maintenant ? »

— « Il se soigne. Il a retrouvé sa femme, sa mère, les enfants. Il se prépare à vivre, encore une fois. »

Vanheede s'était mis à marcher, devant le poêle ; par instants, il serrait nerveusement ses mains l'une contre l'autre. Et comme à lui-même, il dit, avec une expression recueillie :

— « Un cœur très pur, Kniabrowski. »

— « Très pur », répéta Jacques aussitôt, avec la même intonation.

Il ajouta, après un silence :
— « Quand pense-t-il faire paraître son livre ? »
— « Il ne dit pas. »
— « Ruskinoff prétend que c'est une chose bouleversante, tu sais. »
— « Et comment serait-ce autrement ? Un livre qu'il a entièrement écrit dans la prison ! » Il fit quelques pas. « Je ne vous ai pas apporté sa lettre aujourd'hui : je l'ai prêtée à Olga, pour qu'elle la porte au cercle. Je l'aurai ce soir. » Sans regarder Jacques, avec une légèreté de feu follet, il allait et venait, la tête levée : il avait l'air de sourire aux anges. « Vladimir dit qu'il n'a jamais été si vraiment lui-même que dans cette prison. Seul avec sa solitude. » La voix devenait de plus en plus harmonieuse, mais de plus en plus voilée : « Il dit que sa cellule était jolie et bien claire, tout en haut des bâtiments, et qu'il grimpait sur les planches de la couchette pour atteindre avec son front le bas de la fenêtre grillée. Il dit qu'il restait là des heures, à penser, en regardant les flocons tourbillonner dans le ciel. Il dit qu'il ne pouvait rien voir d'autre, pas un toit, pas une cime d'arbre, rien, jamais rien. Mais dès le printemps, et tout l'été, à la fin de l'après-midi, pendant une heure, un peu de soleil lui touchait le visage. Il dit qu'il attendait cette heure-là pendant tout le jour. Vous lirez sa lettre. Il dit qu'une fois il a entendu, au loin, pleurer un tout-petit... Une autre fois, il a entendu une détonation... » Vanheede jeta un coup d'œil vers Antoine qui l'écoutait et ne pouvait s'empêcher de le suivre curieusement du regard. « Mais je vous apporterai toute la lettre demain », fit-il, en revenant s'asseoir.

— « Pas demain », dit Jacques. « Je ne serai pas là demain ».

Vanheede ne manifesta aucune surprise. Mais, de nouveau, il tourna la tête vers Antoine, et, après une courte pause, il se remit debout.

— « Excusez-moi. Sans doute je vous ai dérangé. Je voulais tout de suite vous donner des nouvelles de Vladimir. »

Jacques aussi s'était levé.

— « Tu travailles trop, en ce moment, Vanheede ; tu devrais te ménager. »

— « Mais non. »

— « Toujours chez Schomberg & Rieth ? »

— « Toujours. » Il sourit malicieusement : « Je tape à la machine. Je dis : *Oui, Monsieur*, du matin jusqu'au soir, et je tape. Qu'est-ce que ça peut faire ? Le soir venu, je me retrouve. Alors je suis libre de penser : *Non, Monsieur*, toute la nuit, et jusqu'au lendemain matin. »

Le petit Vanheede, en ce moment, portait très haut sa petite tête, et son toupet de chanvre ébouriffé lui donnait davantage encore l'air de se redresser. Il fit un mouvement, comme si, cette fois, il s'adressait à Antoine :

— « J'ai crevé de faim pendant dix ans, Messieurs, pour ces idées-là : j'y tiens. »

Puis il revint à Jacques, lui tendit la main, et, brusquement, la voix flûtée se troubla :

— « Vous partez peut-être ?... Tant pis. Ça me faisait du bien de venir, savez-vous ? »

Jacques, ému, ne répondit pas ; mais, d'un geste affectueux, il posa sa main sur le bras de l'albinos. Antoine se souvint de l'homme à la cicatrice. Jacques avait eu, déjà, ce même geste, amical, stimulant, un peu protecteur. Il paraissait vraiment tenir, dans ces étranges groupements, une place à part ; on le consultait, on quêtait son approbation, on craignait son blâme ; manifestement aussi, on venait se réchauffer le cœur près de lui.

« C'est un Thibault !... » se dit Antoine, satisfait. Mais aussitôt une tristesse l'envahit. « Jacques ne restera pas à Paris », songea-t-il ; « il reviendra vivre en Suisse, ce n'est pas douteux. » Il eut beau se dire : « Nous nous écrirons, je viendrai le voir, ce ne sera plus la même chose que pendant ces trois ans... », il éprouvait une poignante angoisse : « Mais quelle sera son œuvre, quelle sera sa vie, au milieu de ces gens ? Que fera-t-il de sa force ? Est-ce là ce merveilleux avenir que j'ai rêvé pour lui ? »

Jacques avait pris le bras de son ami, et le reconduisait, à petits pas, vers la porte. Là, Vanheede se retourna, salua Antoine d'une timide inclinaison de tête, et disparut sur le palier, suivi de Jacques.

Antoine entendit une dernière fois la petite voix sifflante :

— « ... Tout est si corrompu... Ils ne souffrent autour d'eux que des serviles, que des chiens couchants... »

x

Jacques revint. Il ne donna pas plus d'explication sur cette visite que sur la rencontre du cycliste à pèlerine. Il s'était versé un verre d'eau et buvait à petites gorgées.

Antoine, par contenance, alluma une cigarette, se leva pour jeter l'allumette dans le poêle, vint glisser un coup d'œil par la fenêtre, puis, retourna s'asseoir.

Le silence durait depuis quelques minutes. Jacques avait repris sa marche à travers la chambre.

— « Qu'est-ce que tu veux ? », fit-il de but en blanc, sans même interrompre ses allées et venues, « il faut tâcher de me comprendre, Antoine ! Comment aurais-je pu donner trois ans, trois ans de ma vie, à leur École, voyons ? »

Antoine, interloqué, avait pris un air attentif et d'avance conciliant.

— « Ce prolongement déguisé du collège!... » reprit Jacques. « Ces cours, ces leçons, ces gloses à l'infini! Ce respect de tout!... Et cette promiscuité! Toutes les idées mises en commun, piétinées par le troupeau, dans ces réduits sans air, leurs *turnes!* Rien que leur vocabulaire de *cagneux*, tiens! Leur *pot*, leurs *caïmans!* Non, jamais je n'aurais pu!

« Comprends-moi, Antoine... Je ne dis pas... Bien sûr, j'ai de l'estime pour eux... Ce métier de professeur, il ne peut être exercé qu'honnêtement, à force de foi. Ils sont touchants, bien sûr, à cause de leur dignité, de leur effort spirituel, de cette fidélité si mal rétribuée. Oui, mais...

« Non tu ne peux pas me comprendre », murmura-t-il, après une pause. « Ce n'est pas seulement pour échapper à l'embrigadement ni par dégoût pour cet appareil scolaire, non... Mais cette vie désiroire, Antoine! » Il s'était arrêté; il répéta : « Dérisoire! » en fixant sur le plancher un regard têtu.

— « Quand tu as été voir Jalicourt », demanda Antoine, « tu étais déjà bien décidé à... »

— « Pas du tout! » Il restait debout, immobile, le sourcil dressé, l'œil à terre, cherchant de bonne foi à reconstituer le passé. « Ah! ce mois d'octobre! J'étais revenu de Maisons-Laffitte dans un état... dans un état lamentable! » Ses épaules s'arrondirent, comme sous une charge; il grommela : « Trop de choses inconciliables... »

— « Oui, octobre », dit Antoine, qui songeait à Rachel.

— « Alors, à la veille de la rentrée, devant ce surcroît : la menace de l'École — j'ai été pris d'une telle appréhension... Vois comme c'est bizarre! Aujourd'hui, je comprends clairement que, jusqu'à ma visite à Jalicourt, j'avais seulement une grande appréhension; pas plus. Sans doute, excédé de tout ça, avais-je, à plusieurs reprises, pensé à lâcher l'École, et même à partir... Oui... Mais ce n'était qu'une vague rêverie, irréalisable.

C'est seulement après ma soirée chez Jalicourt que tout s'est décidé. Ça t'étonne ? » fit-il, levant enfin les yeux, et apercevant le visage stupéfait de son frère. « Eh bien, je te donnerai à lire les notes que j'ai prises, ce soir-là, en rentrant ; je les ai justement retrouvées l'autre jour. »

Il se remit à marcher d'un air sombre ; le souvenir de cette visite semblait encore le bouleverser à distance.

— « Quand j'y pense... », dit-il, en balançant la tête. « Mais toi, quels rapports as-tu eus avec lui ? Vous vous êtes écrit ? Tu as été le voir, probablement ? Ton impression ? »

Antoine se contenta d'un geste évasif.

— « Oui », dit Jacques, pensant que l'opinion de son frère était défavorable. « Tu dois avoir du mal à comprendre ce qu'il représentait, aux yeux de ma génération ! » Et, changeant d'attitude, il vint s'asseoir en face d'Antoine, dans le fauteuil qui était près du poêle. « Ce Jalicourt ! » fit-il, souriant tout à coup. Sa voix s'était adoucie. Il allongea voluptueusement les jambes vers la chaleur. « Depuis des années, Antoine, nous disions : " Quand on sera l'élève de Jalicourt... " Nous pensions même : " son disciple ". Moi, chaque fois que j'avais une hésitation sur l'École, je me disais : " Oui, mais il y a Jalicourt ". Il était le seul qui nous paraissait valoir la peine, comprends-tu ? Nous savions par cœur ses vers. On colportait des traits de lui, on citait ses mots. Ses collègues le jalousaient, disait-on. Il avait su faire admettre par l'université, non seulement ses cours, qui étaient de longues improvisations lyriques, pleines de vues hardies, de digressions, de brusques confidences, de mots crus — mais encore ses boutades, son élégance de vieux gentilhomme, son monocle, et jusqu'à son feutre conquérant ! Un type enthousiaste, lunatique, extravagant, mais riche et généreux, une grande conscience moderne, celui qui, pour nous, avait su mettre le doigt sur tous les points sensibles ! Je lui avais

écrit. J'avais de lui cinq lettres ; ma fierté, un trésor ;
cinq lettres, dont trois, même quatre, sont, je le crois
encore aujourd'hui, admirables.

« Tiens : un matin de printemps, vers onze heures,
nous l'avions croisé... — un ami et moi. Comment oublier
ça ? Il montait la rue Soufflot, à longs pas élastiques.
Je me rappelle sa jaquette au vent, ses guêtres claires,
ses cheveux blancs sous les grands bords du chapeau.
Très droit, le monocle levé, le nez busqué formant
proue, la moustache blanche à la gauloise... Un profil de
vieil aigle prêt à jouer du bec. Un oiseau de proie, mais
mâtiné d'échassier. Du vieux lord, aussi. Inoubliable ! »

— « Je le vois », s'écria Antoine.

— « Nous l'avons filé jusqu'à sa porte. Nous étions
ensorcelés. Nous avons fait dix boutiques, à la recherche
de sa photo ! » Jacques ramena brutalement ses jambes
sous lui. « Ah ! tiens, quand j'y pense, je le hais ! »
Puis, penché en avant, les mains tendues vers le poêle,
il ajouta pensivement : « Et pourtant, si j'ai eu le
courage de partir, c'est à lui que je le dois ! »

— « Je crois bien qu'il ne s'en est même pas
douté », remarqua Antoine.

Jacques n'écoutait pas. Tourné vers le feu, un
sourire distrait aux lèvres, la voix absente, il dit :

— « Tu veux que je te raconte ?... Eh bien, c'est
un soir, après le dîner, que j'ai décidé, à l'improviste,
d'aller le trouver. De lui expliquer... tout ! Et je suis
parti, sans attendre, sans réfléchir... A neuf heures,
je sonnais chez lui, place du Panthéon. Tu connais ?
Un vestibule noir, une Bretonne godiche, la salle à
manger, la fuite d'une jupe. La table était desservie,
mais il y traînait une corbeille à ouvrage, du linge
à repriser. Une odeur de mangeaille, de pipe, une
chaleur lourde. La porte s'ouvre : Jalicourt. Aucun
rapport avec le vieil aigle de la rue Soufflot. Ni avec
l'auteur des lettres. Ni avec le poète, ni avec la grande

conscience, ni avec aucun Jalicourt connu. Plus rien. Un Jalicourt voûté, sans monocle, une vieille vareuse à pellicules, une pipe éteinte, la lèvre maussade. Il devait ronfloter, en digérant du chou, son grand nez sur la salamandre! A coup sûr, il ne m'aurait pas reçu, si la bonniche... Mais, pincé, pris de court, il me fait entrer dans son cabinet.

« Moi, d'emblée, très échauffé : " Je viens à vous, etc. " Lui, se redresse, ressuscite un peu : je vois poindre le vieil aigle. Il met son monocle, m'offre un siège : je vois poindre le vieux lord. Il me dit, d'un air surpris : " Un conseil ? " Sous-entendu : " Vous n'avez donc personne à consulter ? " C'était vrai. Je n'y avais jamais réfléchi. Que veux-tu, Antoine ? Nous n'y pouvons rien : je n'ai presque jamais pu suivre tes conseils... Ni ceux de personne... Je me suis dirigé seul, je suis ainsi fait. C'est ce que j'ai répondu à Jalicourt. Son attention m'encourageait. Je me suis lancé à fond : " Je veux être romancier ; un grand romancier... " Il fallait bien commencer par là. Il n'a pas sourcillé. J'ai continué mon déballage, je lui ai expliqué... tout, enfin! Que je sentais en moi une force, quelque chose d'intime, de central, qui est à moi, qui existe! Que, depuis des années, tout effort de culture s'était presque toujours exercé au détriment de cette valeur profonde! Que j'avais pris en aversion les études, les écoles, l'érudition, le commentaire, le bavardage, et que cette horreur avait la violence d'un instinct de défense, de conservation! J'étais débridé! Je lui ai dit : " Tout ça pèse sur moi, Monsieur, tout ça m'étouffe, tout ça dévie mon véritable élan! " »

Jacques fixait sur Antoine ses yeux sans cesse changeants et qui, dans le même instant, durs et passionnés, devenaient douloureux, tendres, presque câlins. Il s'écria :

— « C'est vrai, Antoine, tu sais! »
— « Mais je le sens bien, mon petit. »
— « Ah! ce n'est pas vraiment de l'orgueil », reprit Jacques. « Aucune envie de dominer, rien de ce qu'on appelle en général ambition. La preuve : mon existence ici! Et pourtant, je te jure, Antoine : ici, j'ai été pleinement heureux! »

Après quelques secondes de silence, Antoine intervint :
— « Raconte-moi la suite. Qu'est-ce qu'il t'a répondu? »
— « Attends. Il n'a rien répondu, si je me rappelle bien. Oui, voilà : je lui avais sorti, pour finir, le couplet de " la source "... La paraphrase d'une sorte de poème en prose que j'avais commencé, là-dessus. Une stupidité », fit-il en rougissant : « *Pouvoir enfin se pencher sur soi-même comme au bord d'une source,* etc. *Écarter les herbes, dégager cette coupe de pureté, où l'eau jaillit des profondeurs...* Alors, c'est là qu'il m'a interrompu : " Jolie, votre image... " C'est tout ce qu'il avait trouvé! Vieux crabe! Je cherchais son regard. Il évitait le mien. Il jouait avec sa bague... »

— « Je le vois », dit Antoine.

— « ... Il a commencé tout un laïus : " Ne pas trop mépriser les chemins battus... Le profit, l'assouplissement qu'on gagne à se soumettre aux disciplines, etc. " Ah! il était bien comme les autres : il n'avait rien, rien compris! Il ne trouvait à m'offrir que des idées remâchées! J'enrageais d'être venu, d'avoir parlé! Il a continué quelque temps sur le même ton. Il avait l'air de n'avoir qu'un unique souci : me définir. Il me disait : " Vous êtes de ceux qui... Les jeunes gens de votre âge sont... On pourrait vous classer parmi les natures que... " Alors je me suis hérissé : " Je hais les classifications, je hais les classificateurs!

Sous prétexte de vous classer, ils vous limitent, ils vous rognent, on sort de leurs pattes amoindri, mutilé, avec des moignons! " Il souriait, il devait être décidé à tout encaisser! C'est là que je lui ai crié : " Je hais les professeurs, Monsieur! C'est pour ça que j'étais venu vous voir, vous! " Il souriait toujours, il avait pris un air flatté. Pour être aimable, il m'a posé des questions. Exaspérantes! Ce que j'avais fait? — " Rien! " Ce que je voulais faire? — " Tout! " Il n'osait même pas ricaner, le cuistre, il avait bien trop peur d'être jugé par un jeune! Car c'était ça, son idée fixe : l'opinion des jeunes! Depuis que j'étais entré, il ne pensait qu'à une chose, au fond : à ce livre qu'il était en train d'écrire : *Mes expériences*. (Ça a dû paraître depuis, mais je ne le lirai jamais!) Il suait de peur à l'idée qu'il pouvait le rater, son bouquin, et, dès qu'il apercevait un jeune, hanté par l'obsession de la faillite, il se demandait : " Qu'est-ce qu'il pensera de mon livre, celui-là? " »

— « Pauvre type! » fit Antoine.

— « Mais oui, je sais bien, c'était peut-être pathétique! Seulement, ça n'était pas pour le regarder trembler que j'étais venu! J'espérais encore, j'attendais mon Jalicourt. Un de mes Jalicourt, n'importe, le poète, le philosophe, l'homme, n'importe lequel, pas celui-là! Enfin, je me suis levé. Ç'a été un moment comique. Il m'accompagnait de ses boniments : " Si difficile de conseiller les jeunes... Pas de vérité *omnibus*, chacun doit se chercher la sienne, etc. " Moi, je filais devant, muet, crispé, tu devines! Le salon, la salle à manger, l'antichambre, j'ouvrais moi-même les portes dans le noir, je butais dans ses antiquailles, il avait à peine le temps de trouver les boutons électriques! »

Antoine sourit : il se rappelait la disposition des lieux, les meubles marquetés, les sièges de tapisserie, les bibelots. Mais Jacques continuait, et son visage prit une expression effarée :

— « Alors... Attends... Je ne sais plus bien comment c'est arrivé. A-t-il brusquement compris pourquoi je le fuyais? J'ai entendu, derrière moi, sa voix éraillée : " Qu'est-ce que vous voulez de plus? Vous voyez bien que je suis vidé, fini! " Nous étions dans le vestibule. Je m'étais retourné, ahuri. Quelle figure pitoyable! Il répétait : " Vidé! Fini! Et sans avoir rien fait! " Alors, moi, j'ai protesté. Oui. J'étais sincère. Je ne lui en voulais plus. Mais il tenait bon : " Rien! Rien! Je suis seul à savoir ça! " Et, comme j'insistais gauchement, il a été pris d'une espèce de rage : " Qu'est-ce qui vous fait donc illusion, à tous? Mes livres? Zéro! Je n'y ai rien mis, rien de ce que j'aurais pu! Alors, quoi? Dites? Mes titres? Mes cours? L'Académie? Quoi donc? Ça? " Il avait saisi le revers où était sa rosette, et il le secouait, en s'acharnant : " Ça? Dites? Ça? " »

(Empoigné par son récit, Jacques s'était levé ; il mimait la scène avec une fougue croissante. Et Antoine se souvint du Jalicourt qu'il avait entrevu, à ce même endroit, redressé, rayonnant sous la lumière du plafonnier.)

— « Il s'est calmé d'un coup », poursuivit Jacques. « Je crois qu'il a eu peur d'être entendu. Il a ouvert une porte, et il m'a poussé dans une sorte d'office qui sentait l'orange et l'encaustique. Il avait le rictus d'un homme qui ricane, mais un regard cruel et l'œil congestionné derrière le monocle. Il s'était accoudé à une planche où il y avait des verres, un compotier ; je ne sais pas comment il n'a rien fichu par terre. Après trois ans, j'ai encore son accent, ses mots dans l'oreille. Il s'était mis à parler, à parler, d'une voix sourde : " Tenez. La vérité, la voilà. Moi aussi, à votre âge. Un peu plus âgé, peut-être : à ma sortie de l'École. Moi aussi, cette vocation de romancier. Moi aussi, cette force qui a besoin d'être libre pour s'épanouir! Et moi aussi, j'ai eu cette intuition que je faisais fausse route. Un instant. Et moi aussi, j'ai eu l'idée de demander conseil. Seulement, j'ai cherché un romancier, moi. Devinez qui? Non, vous ne comprendriez pas, vous ne pouvez plus vous imaginer ce qu'il représentait pour les jeunes, en 1880! J'ai été chez lui, il m'a laissé parler, il m'observait de ses yeux vifs, en fourrageant dans sa barbe; toujours pressé, il s'est levé sans attendre la fin. Ah! il n'a pas hésité, lui! Il m'a dit, de sa voix chuintante où les *s* devenaient des *f* : *N'y a qu'un feul apprentiffave pour nous : le vournalifme!* Oui, il m'a dit ça. J'avais vingt-trois ans. Eh bien, je suis parti comme j'étais venu, Monsieur : comme un imbécile! J'ai retrouvé mes bouquins, mes maîtres, mes camarades, la concurrence, les revues d'avant-garde, les parlotes — un bel avenir! Un bel avenir! " Pan! la main de Jalicourt s'abat sur mon épaule. Je verrai toujours cet œil, cet œil de cyclope qui flambait derrière son carreau. Il s'était redressé de toute sa taille, et il me postillonnait dans la figure : " Qu'est-ce que vous voulez de moi, Monsieur! Un conseil? Prenez garde, le voila! Lâchez les livres, suivez votre instinct! Apprenez quelque chose, Monsieur : si vous avez une bribe de génie, vous ne pourrez jamais croître que du dedans sous la poussée de vos propres forces!... Peut-être, pour vous, est-il encore temps? Faites vite! Allez vivre! N'importe comment, n'importe où! Vous avez vingt ans, des yeux, des jambes? Écoutez Jalicourt. Entrez dans un journal, courez après les faits divers. Vous m'entendez? Je ne suis pas fou. Les faits divers! Le plongeon dans la fosse commune! Rien d'autre ne vous décrassera. Démenez-vous du matin au soir, ne manquez pas un accident, pas un suicide, pas un procès, pas un drame mondain, pas un crime de lupanar ! Ouvrez les yeux, regardez tout ce qu'une civilisation charrie derrière elle, le bon, le mauvais, l'insoupçonné, l'inventable ! Et peut-être qu'après ça vous pourrez vous permettre de dire quelque chose sur les hommes, sur la société — sur vous ! "

« Mon vieux, je ne le regardais plus, je le buvais, j'étais totalement électrisé. Mais tout est retombé d'un coup. Sans un mot, il a ouvert la porte, et il m'a presque chassé, devant lui, à travers le vestibule, jusque sur le palier. Je ne me suis jamais expliqué ça. S'était-il repris ?... Regrettait-il cette flambée ?... A-t-il eu peur que je raconte ?... Je vois encore trembler sa longue mâchoire. Il bredouillait, en étouffant sa voix : " Allez... allez... allez !... Retournez à vos bibliothèques, Monsieur ! "

« La porte a claqué. Je m'en foutais. J'ai dégringolé les quatre étages, j'ai gagné la rue, je galopais dans la nuit comme un poulain qu'on vient de mettre au pré ! »

L'émotion l'étrangla. Il se versa un second verre d'eau et but d'un trait. Sa main tremblait ; en posant le verre, il le fit tinter contre la carafe. Dans le silence, ce son cristallin n'en finissait pas de mourir.

Antoine, encore frémissant, cherchait à enchaîner les événements qui avaient précédé la fuite. Bien des éléments lui manquaient. Il aurait voulu provoquer quelques confidences sur le double amour de Giuseppe. Mais ce sujet-là... « Trop de choses *inconciliables* », avait soupiré Jacques tout à l'heure ; c'était tout, mutisme farouche qui prouvait assez quelle part ces complications sentimentales avaient eue dans la détermination du fugitif. « Et maintenant », se demandait Antoine, « quelle place tiennent-elles dans son cœur ? »

Il s'efforçait de rassembler sommairement les faits.

En octobre, Jacques était donc revenu de Maisons. Quels avaient été, à ce moment-là, ses rapports avec Gise, ses rencontres avec Jenny ? Avait-il essayé de rompre ? Ou pris des engagements impossibles à tenir ? Antoine se représentait son frère à Paris : sans cadre précis d'études, seul et trop libre, tournant et retournant dans son cœur l'insoluble problème, il avait dû vivre dans une exaltation, dans une angoisse insoutenables. Pour unique perspective, cette rentrée scolaire, cet internat de Normale, qui lui donnaient la nausée. Là-dessus, visite à Jalicourt : et, brusquement, une issue, une vaste trouée à l'horizon : s'arracher, renoncer à tout l'impossible, partir à l'aventure, vivre ! « Oui », se disait Antoine, « c'est ça qui explique, non seulement que Jacques soit parti, mais qu'il ait pu se confiner trois ans dans ce silence de mort. Recommencer tout ! Et, pour pouvoir recommencer, oublier tout — être oublié de tous !

« Tout de même », songeait-il, « avoir justement profité de mon voyage au Havre, n'avoir même pas attendu vingt-quatre heures pour me revoir, pour me parler ! » Sa rancune était prête à se réveiller ; il fit un effort, chassa tout grief, et, cherchant à renouer l'entretien, à connaître la suite, il reprit :

— « Et... c'est le lendemain de cette soirée-là ?... »

Jacques était revenu s'asseoir près du poêle; les coudes sur les genoux, les épaules rondes, la tête baissée, il sifflotait.

Il leva les yeux :

— « Le lendemain, oui, » Puis, sur un ton réticent, il ajouta : « Aussitôt après la scène avec... »

La scène avec le père, la scène du palais Seregno ! Antoine l'avait oubliée.

— « Père ne m'en a jamais soufflé mot », dit-il vivement.

Jacques eut l'air surpris. Néanmoins il détourna les yeux, et le geste qu'il fit semblait dire : « Eh bien, tant pis... Je n'ai pas le cœur à revenir là-dessus. »

« Mais voilà pourquoi il n'a pas attendu mon retour du Havre ! » songea Antoine, presque joyeusement.

Jacques avait repris son attitude pensive et sifflotait de nouveau. Un pli nerveux tourmentait la ligne des sourcils. En quelques secondes, et malgré lui, il revivait ces minutes tragiques : le père et le fils, tête à tête dans la salle à manger ; le déjeuner venait de finir ; M. Thibault avait posé une question sur la rentrée de l'École, et Jacques, brutal, avait annoncé sa démission ; les répliques s'étaient enchaînées, de plus en plus blessantes ; le poing du père martelait la table... Poussé à bout, cédant à un coup de folie incompréhensible, Jacques avait, comme un défi, lancé le nom de Jenny ; puis, bravant toutes les menaces, menaçant lui-même, perdant la tête, il avait accumulé les paroles irréparables, jusqu'au moment où, ayant coupé derrière lui tous les ponts et rendu tout retour impossible, ivre de révolte et de désespoir, il avait disparu en criant : « Je vais me tuer ! »

L'évocation fut si précise, si poignante, qu'il se leva, comme s'il venait d'être piqué. Antoine eut le temps de surprendre dans les yeux de son frère une lueur d'égarement. Mais Jacques se ressaisit en un clin d'œil.

— « Quatre heures passées », fit-il ; « si je veux faire cette course... » Il endossait déjà son pardessus ; il semblait impatient de s'évader. « Tu restes là, n'est-ce pas ? Je serai revenu avant cinq heures. Ma valise sera vite faite. Nous dînerons au buffet, ce sera le mieux. » Il avait posé sur la table plusieurs dossiers de paperasses. « Tiens », ajouta-t-il, « si ça t'amuse... Des articles, de petites nouvelles... Les moins mauvaises des choses que j'ai écrites, ces dernières années... »

Il avait passé le seuil, lorsque, se retournant avec gaucherie, il jeta, d'un ton léger :

— « Au fait, tu ne me parles pas de... de Daniel? »

Antoine eut l'impression qu'il avait failli dire : «... des Fontanin ? »

— « Daniel ? Mais figure-toi que nous sommes devenus de grands amis! Après ton départ, il s'est montré si fidèle, si affectueux... »

Jacques, pour cacher son trouble, simulait une surprise extrême, à laquelle Antoine feignit de se laisser prendre.

— « Ça t'étonne ? » fit-il, en riant. « C'est vrai que nous sommes assez différents, lui et moi. Mais j'ai fini par accepter sa conception de la vie : elle peut être légitime, quand on est l'artiste qu'il est. Tu sais qu'il réussit au-delà de toute prévision! Son exposition de 1911 chez Ludwigson l'a tout à fait lancé. Il vendrait beaucoup s'il voulait ; mais il produit si peu... Nous sommes différents — nous l'*étions*, surtout », spécifiat-il, heureux d'avoir trouvé cette occasion de parler un peu de soi et de montrer à Jacques que le portrait de Humberto avait cessé d'être ressemblant. « Je ne suis plus aussi entier dans mes directions, tu sais! Je ne crois plus autant nécessaire... »

— « Il est à Paris ? » interrompit brutalement Jacques. « Sait-il que... ? »

Antoine eut à réprimer un mouvement d'humeur :

— « Mais non, il fait son service. Il est sergent à Lunéville. Pour une dizaine de mois encore : octobre 14. Je l'ai à peine vu depuis un an. »

Il se tut, glacé par le regard morne, absent, que son frère fixait sur lui.

Dès que Jacques sentit que sa voix ne trahirait plus son trouble, il dit :

« Ne laisse pas éteindre le poêle, Antoine. »

Puis il sortit.

XI

Resté seul, Antoine s'approcha de la table et ouvrit curieusement les dossiers.

Toutes sortes de documents y étaient entassés, pêle-mêle. D'abord un choix d'articles sur des sujets d'actualité, découpés dans des journaux et signés : *Jacques le Fataliste*. Puis une suite de poèmes, sur la montagne, semblait-il, parus dans une revue belge sous le pseudonyme de *J. Mühlenberg*. Enfin une série de courtes nouvelles, intitulées *Pages du Cahier noir*, sortes de croquis faits sans doute en marge du reportage, et signés : *Jack Baulthy*. Antoine en lut plusieurs : *Octogénaires. Suicide d'enfant. Jalousie d'aveugle. Une colère.* Les personnages, pris dans la vie quotidienne, dessinés au trait, s'imposaient tous par leur relief ; le style cursif, haché, de *la Sorellina*, dépouillé cette fois de tout lyrisme, conférait à ces notes un caractère de vérité, qui forçait l'intérêt.

Mais, malgré la saveur de ces pages, l'attention d'Antoine se montrait indocile. Trop d'inattendu s'offrait à lui, depuis le matin. Et surtout, dès qu'il était seul, sa pensée, invinciblement, se tournait vers cette chambre de malade, quittée la veille, et où, peut-être bien, les choses terribles étaient commencées. Avait-il eu tort de partir ? Non, puisqu'il allait ramener Jacques...

—

Un petit coup, discret et décidé, frappé à la porte, fit diversion.

— « Entrez », dit-il.

Il fut surpris de voir se détacher sur le fond sombre de l'escalier une silhouette féminine. Il crut reconnaître cette jeune femme qu'il avait entrevue, au petit déjeuner, le matin. Elle portait un panier de bûches. Il s'empressa de la délester.

— « Mon frère vient de sortir », dit-il.

Elle fit un signe de tête qui signifiait : « Je le sais bien » ; et peut-être même : « C'est pour cela que je suis montée. » Elle dévisageait Antoine sans masquer sa curiosité ; mais l'attitude n'avait rien d'équivoque, tant cette hardiesse semblait réfléchie et motivée par des raisons graves. Antoine eut l'impression que ces yeux-là venaient de pleurer. Tout à coup, les cils battirent : sans autre préambule, et, d'une voix vibrante de reproche, elle demanda :

— « Vous l'emmenez ? »

— « Oui... Mon père est très malade. »

Elle ne parut pas avoir écouté.

— « Pourquoi ? » fit-elle avec emportement. Son pied frappa le sol. « Je ne veux pas ! »

Antoine répéta :

— « Mon père est sur le point de mourir. »

Mais elle n'avait que faire d'explications. Ses yeux, lentement, s'emplirent de larmes. Elle tourna le buste vers la fenêtre, croisa les mains, les tordit, puis laissa retomber les bras.

— « Il ne reviendra pas ! » prononça-t-elle sourdement.

Elle était grande, large d'épaules, un peu grasse, à la fois fébrile dans ses mouvements et apathique dans ses poses. Deux tresses lisses et lourdes, couleur de cendre blonde, couronnaient son front bas et se nouaient en torsade sur la nuque. Sous ce diadème, ses traits réguliers, épais, prenaient un caractère souverain qu'accentuait encore le dessin d'une bouche à l'antique, ourlée et sinueuse mais volontaire, et qu'arrêtaient deux plis sensuels.

Elle se retourna vers Antoine :

« Jurez-moi, jurez-moi sur le Christ, que vous ne l'empêcherez pas de revenir ! »

— « Mais non, pourquoi ? » fit-il avec un sourire conciliant.

Elle ne répondit pas à ce sourire. Elle considérait le jeune homme, fixement, à travers ses larmes brillantes. Sous l'étoffe qui la moulait, sa poitrine respirait violemment. Elle se laissait examiner avec impudeur. Elle prit, au creux des seins, un petit mouchoir en tapon, qu'elle pressa sur ses yeux, puis sur ses narines, en reniflant. Ses prunelles oisives, coulant entre les paupières, avaient une expression veloutée et voluptueuse. L'eau qui dort : il s'y faisait, par instants, un remous de pensées indéchiffrables. Alors, aussitôt, elle penchait ou détournait la tête.

— « Il vous a parlé de moi ? Sophia ? »
— « Non. »

Un éclat bleu glissa entre les cils :

— « Vous ne lui direz pas que je vous ai dit tout ça... »

Antoine sourit de nouveau :

— « Mais vous ne m'avez rien dit, Madame. »
— « Oh ! si », fit-elle, rejetant la tête en arrière, les paupières à demi baissées.

Elle chercha des yeux une chaise volante, l'approcha d'Antoine, et s'assit précipitamment comme si elle n'avait qu'une minute à donner.

— « Vous », déclara-t-elle, « vous devez être quelqu'un dans les théâtres. » Il fit un signe négatif. « Si. Vous ressemblez à une carte postale que j'ai... Un grand tragédien de Paris. » Elle souriait maintenant : un sourire plein de langueur.

— « Vous aimez le théâtre ? » fit-il, sans perdre son temps à la détromper.

— « Le cinéma ! Le drame ! Oui ! »

Parfois, un désordre imprévu jetait le ravage parmi ces traits impassibles ; alors, la bouche, qui s'ouvrait toute grande pour le moindre bout de phrase, semblait s'élargir encore, exposant de grandes palettes blanches, des gencives couleur de corail.

Il se tenait sur la réserve :

— « Vous devez avoir de bonnes troupes, ici ? »

Elle se pencha :

— « Étiez-vous déjà venu à Lausanne ? » (Quand elle se tenait ainsi, inclinée, parlant vite et retenant sa voix, elle avait l'air de demander le plus intime, et de l'offrir.)

— « Jamais », dit-il.

— « Y reviendrez-vous ? »

— « Sans doute ! »

Un instant, elle lui planta dans les yeux son regard devenu dur ; elle secoua plusieurs fois la tête, et dit enfin :

— « Non. »

Puis elle alla vers le poêle et l'ouvrit pour le recharger.

— « Oh ! » protesta Antoine, « il fait si chaud... »

— « C'est vrai », fit-elle, en se touchant la joue du revers de la main. Cependant elle prit une bûche, la jeta dans les braises, puis une seconde, puis une troisième.

« Jack aime ça », déclara-t-elle, sur un ton de bravade.

Elle demeurait agenouillée, tournant le dos, les yeux dans la flambée, qui lui grillait le visage. Le jour baissait. Antoine caressait de l'œil ces épaules vivantes, cette nuque, cette chevelure, nimbées de feu. Qu'attendait-elle ? Visiblement, elle se sentait regardée. Il crut surprendre un sourire au contour de ce profil perdu. Mais, d'une seule ondulation du torse, elle se releva. Elle poussa du pied le portillon du poêle, fit quelques pas dans la chambre, avisa le sucrier qui était sur une table, et d'un geste vorace, prit un morceau qu'elle croqua, puis un autre qu'elle lui tendit de loin.

— « Non, merci », dit-il en riant.

— « Sans quoi ça porte malheur », cria-t-elle, en lui lançant le sucre, qu'il attrapa au vol.

Leurs regards se heurtèrent. Celui de Sophia semblait

interroger : « Qui êtes-vous ? » et même : « Qu'y aura-t-il
entre vous et moi ? » Ses pupilles, indolentes mais
avides, dorées par la transparence des cils, faisaient
songer à du sable, les jours d'été, avant la pluie ; pourtant elles étaient chargées d'ennui plus encore que de
désir. « Une de ces créatures », se dit Antoine, « qui,
dès qu'on les effleure... Mais qui vous mordent en même
temps. Et qui vous haïssent, après. Et qui vous poursuivent des plus infâmes vengeances... »

Comme si elle avait deviné sa pensée, elle se détourna
de lui et s'approcha de la fenêtre. La pluie accélérait
la chute du jour.

Après un assez long silence, Antoine, troublé,
demanda :

— « A quoi pensez-vous ? »
— « Oh ! je ne pense pas souvent », avoua-t-elle,
immobile.

Il insista :
— « Mais, quand vous pensez, à quoi est-ce ? »
— « A rien. »

L'entendant rire, elle quitta la croisée et sourit tendrement. Elle n'avait plus du tout l'air d'être pressée.
Après quelques pas, au hasard, les bras ballants, comme
elle se trouvait devant la porte, sa main, distraitement,
toucha la serrure.

Antoine crut qu'elle donnait un tour de clé, et le sang
lui vint au visage.

— « Adieu », murmura-t-elle, sans lever les yeux.

Elle avait ouvert la porte.

Antoine, surpris, vaguement déçu, se pencha, prêt à
saisir son regard. Comme un écho, un peu par jeu, et
d'un ton caressant qui ressemblait à un appel, il murmura :

— « Adieu... »

Mais la porte se referma. Elle avait disparu sans s'être
retournée.

Il entendit le frôlement de la jupe contre les barreaux de l'escalier, et la romance qu'elle se forçait à fredonner en descendant.

XII

Peu à peu la nuit s'emparait de la chambre.

Antoine rêvassait, sans avoir l'énergie de quitter son siège pour allumer. Il y avait plus d'une heure et demie que Jacques était parti. Un soupçon involontaire, qu'il s'efforça d'écarter, assiégeait la pensée d'Antoine. Un malaise, croissant de minute en minute, l'étreignait; qui se dissipa d'un coup lorsqu'il reconnut le pas de son frère sur le palier.

Jacques entra, ne dit rien, ne parut même pas remarquer que la pièce était dans l'obscurité, et se laissa choir sur une chaise, près de la porte. On distinguait à peine ses traits à la lueur du poêle. Il avait le front caché par son chapeau, et portait son paletot sur le bras.

Il gémit, tout à coup :

— « Laisse-moi ici, Antoine, va-t'en, laisse-moi! J'ai failli ne pas revenir... » Mais, avant qu'Antoine eût pu dire un mot, il cria : « Tais-toi, tais-toi, je sais, ne dis rien. Je partirai avec toi. »

Puis il se leva et donna la lumière.

Antoine évitait de le regarder. Par contenance, il fit mine de continuer sa lecture.

Jacques errait à travers la chambre, d'un pas fatigué. Il jeta quelques effets sur le lit, ouvrit une valise, mit du linge, divers objets. Par moments, il sifflotait : toujours le même air. Antoine le vit jeter un paquet de lettres au feu et ranger, dans un placard dont il prit la clé, tous les papiers qui traînaient. Puis il s'assit dans un coin, et, tassé sur lui-même, la tête dans les épaules, repoussant sa mèche avec nervosité, il griffonna plusieurs cartes-lettres, sur ses genoux.

Antoine avait le cœur chaviré. Si Jacques lui avait dit : « Je t'en supplie, pars sans moi », il l'aurait, sans mot dire, serré dans ses bras et serait aussitôt parti, seul.

Ce fut Jacques qui rompit le silence. Quand il eut changé de chaussures et bouclé son bagage, il s'approcha de son frère :

— « Sept heures, tu sais. Il va falloir descendre. »

Antoine, sans répondre, s'apprêta. Lorsque ce fut fait, il demanda :

— « Puis-je t'aider ? »

— « Merci. »

Ils parlaient à voix moins haute que dans la journée.

— « Donne-moi ta valise. »

— « Elle n'est pas lourde... Passe. »

Ils traversèrent la chambre, presque sans bruit. Antoine sortit le premier. Il entendit, derrière lui, Jacques tourner le commutateur et fermer doucement sa porte.

Le dîner, au buffet, fut rapide. Jacques ne disait rien, touchait à peine aux plats ; et Antoine, soucieux autant que son frère, respectait ce silence sans chercher à feindre.

Le train était à quai. Ils firent les cent pas, en attendant l'heure. Du passage souterrain jaillissait, sans trêve, un flot de voyageurs.

— « Le train va être bondé », dit Antoine.

Jacques ne répondit rien. Mais, tout à coup, il confia :

— « Voilà deux ans et demi que je suis dans ce pays. »

— « A Lausanne ? »

— « Non... Que j'habite la Suisse. » Quelques pas plus loin, il murmura : « Mon beau printemps de 1911... »

Ils parcoururent encore une fois, sans parler, toute la longueur du train. Jacques s'attardait aux mêmes pensées, car, spontanément, il expliqua :

— « J'avais de telles migraines, en Allemagne, que j'économisais sur tout pour filer, filer en Suisse, au grand air. C'est à la fin de mai que je suis arrivé, en plein printemps. Dans la montagne. A Mühlenberg, dans le canton de Lucerne. »

— « Tiens, Mühlenberg... »

— « Oui, j'ai écrit là presque tous ces poèmes que j'ai signés *Mühlenberg*. J'ai beaucoup travaillé à cette époque-là. »

— « Tu y es resté longtemps ? »

— « Six mois. Chez des fermiers. Deux vieux, sans enfants. Six mois merveilleux. Quel printemps, quel été ! De ma fenêtre, le jour de mon arrivée, cet enchantement ! Un paysage ample, onduleux, tout en lignes simples — une noblesse ! J'étais dehors du matin au soir. Les prairies, pleines de fleurs et d'abeilles sauvages, les grands pâturages en pente, avec leurs vaches, les ponts de bois sur les ruisseaux... Je marchais, je travaillais en marchant, je marchais toute la journée, et quelquefois le soir, par ces nuits... ces nuits... » Son bras se souleva lentement, décrivit une courbe, et retomba.

— « Mais, tes migraines ? »

— « Oh ! à peine installé, je me suis senti tellement mieux ! C'est Mühlenberg qui m'a guéri. Je peux même dire que jamais je n'ai eu la tête plus libre, plus légère ! » Il sourit à son souvenir. « Légère, et pourtant pleine de pensées, de projets, de folies... Je crois que tout ce que je pourrai écrire au cours de ma vie aura germé dans cet air pur, pendant cet été-là. Je me rappelle des jours où j'étais dans un tel transport... Ah ! ces jours-là, j'ai vrai-

ment connu l'ivresse d'être heureux !... Il m'arrivait —
j'ose à peine le dire — il m'arrivait de sauter, de courir
sans raison, et puis de me jeter à plat ventre dans
l'herbe... pour sangloter, sangloter, délicieusement. Tu
crois que j'exagère ? C'est si vrai, tiens, je me rappelle,
certains jours que j'avais trop pleuré, je faisais tout un
détour pour pouvoir me baigner les yeux à une petite
source que j'avais découverte dans la montagne... »
Il baissa la tête, marcha quelque temps en silence, et
répéta, sans se redresser :

— « Oui, il y a deux ans et demi, déjà. »

Puis il se tut jusqu'au départ.

Quand le train décolla, sans un sifflet, avec cette sûreté
inflexible, cette passive puissance de la machine déclenchée par l'horaire, Jacques, de ses yeux secs, regarda
s'évanouir le quai vide, et fuir, à un rythme accéléré, la
banlieue piquée de lueurs; puis tout devint noir, et il se
sentit emporté, sans défense, dans la nuit.

Parmi ces étrangers qui l'enserraient, ses yeux cherchèrent Antoine qui, debout dans le couloir, à quelques
mètres de là, tournant à demi le dos, semblait, lui aussi,
perdre son regard dans la campagne obscure. Un désir de
rapprochement le saisit; et, de nouveau, cet irrésistible
besoin d'aveu.

Il parvint à se faufiler jusqu'à son frère, et lui toucha
vivement l'épaule.

Antoine, pris entre les voyageurs et les bagages qui
encombraient le passage, crut que Jacques avait seulement un mot à lui dire, et, sans essayer de faire volteface, tourna seulement le cou et inclina la tête. Alors,
dans ce couloir où ils étaient parqués comme des bestiaux, dans le ballottement et le tintamarre du train, la
bouche tout près de l'oreille d'Antoine, Jacques murmura :

— « Antoine, écoute, il faut que tu saches... Au début,
j'ai mené... j'ai mené... »

Il voulait crier : « J'ai mené une vie inavouable... Je me suis avili... Interprète... Guide... J'ai vécu d'expédients... Achmet... Pire encore, les bas-fonds, la *Rue-aux-Juifs*... Pour amis, des misérables, le père Krüger, Celadonio... Carolina... Une nuit, sur le port, ils m'ont assommé d'un coup de matraque, et après, l'hôpital, mes maux de tête, c'était à cause de ça... Et à Naples... Et en Allemagne, Rupert et la petite Rosa, ce couple... A Munich, à cause de Wilfried, j'ai fait... J'ai fait de la prison préventive... » Mais plus les aveux se pressaient à ses lèvres, et se levaient, nombreux et troubles, les souvenirs, plus cet inavouable passé lui apparaissait effectivement *inavouable* — impossible à faire tenir dans des phrases.

Alors, découragé, il se contenta de balbutier :

— « J'ai mené une existence inavouable, Antoine... Inavouable... *In-a-vouable !* » (Et ce mot, chargé par lui de tout l'opprobre du monde, ce mot pesant et mou, qu'il répétait d'une voix désespérée, l'apaisait peu à peu autant qu'une confession.)

Antoine s'était entièrement retourné. Assez mal à l'aise, gêné par la présence des voisins, craignant que Jacques élevât le ton, tremblant de ce qu'il allait apprendre, il cherchait néanmoins à faire bonne figure.

Mais Jacques, l'épaule appuyée à la cloison, ne semblait plus vouloir s'expliquer davantage.

Les voyageurs évacuaient le couloir, s'entassaient dans les compartiments. Bientôt, Antoine et Jacques se trouvèrent assez isolés pour pouvoir causer sans être entendus.

Alors, Jacques qui, jusque-là taciturne, semblait peu pressé de reprendre la conversation, se pencha tout à coup vers son frère :

— « Vois-tu, Antoine, ce qui est effrayant, c'est de ne pas savoir ce qui est... normal... Non, pas *normal*, c'est idiot... Comment dire ?... Ne pas savoir si les sentiments qu'on a... ou plutôt les instincts... Mais toi, médecin, tu le sais, toi... » Les sourcils froncés, le regard perdu dans la nuit, il parlait d'une voix sourde et butait à chaque mot. « Écoute », reprit-il. « On éprouve quelquefois des choses... On a des espèces d'élans vers ceci... ou cela... Des élans qui jaillissent du plus profond... N'est-ce pas ?... Et on ne sait pas si les autres éprouvent la même chose, ou bien si on est... un monstre !... Comprends-tu ce que je veux dire, Antoine ? Toi, tu as vu tant d'individus, tant de cas, tu sais sans doute, toi, ce qui est... mettons... général, et ce qui est... exceptionnel. Mais, pour nous autres qui ne savons pas, c'est terriblement angoissant, vois-tu... Ainsi, tiens, un exemple : quand on a treize, quatorze ans, ces désirs inconnus qui montent comme des bouffées, ces pensées troubles qui vous envahissent sans qu'on puisse s'en défendre, et dont on a honte, et qu'on dissimule douloureusement comme des tares... Et puis, un jour, on découvre que rien n'est plus naturel, que rien n'est plus beau, même... Et que tous, tous, comme nous, pareillement... Comprends-tu ?... Eh bien, voilà, il y a, de même, des choses obscures... des instincts... qui se dressent... et pour lesquels, même à mon âge, Antoine, même à mon âge... on se demande... on ne sait pas... »

Brusquement ses traits se contractèrent. Une autre pensée le poignait à l'improviste : il venait d'apercevoir combien vite il se rattachait malgré lui à son frère, à cet ami de toujours ; et, par ce frère, à tout le passé ! Hier encore, un fossé infranchissable... Et la moitié d'un jour avait suffi... Il crispa les poings, baissa la tête, et se tut.

Quelques minutes plus tard, sans avoir desserré les dents ni relevé les yeux, il regagna sa place dans le compartiment.

Lorsque Antoine, surpris de cette brusque retraite, voulut le rejoindre, il l'aperçut, dans la pénombre, immobile : les paupières obstinément closes sur ses larmes, Jacques faisait semblant de dormir.

LA MORT DU PÈRE

I

Le soir où Antoine, avant de prendre le train de Suisse, était venu prévenir Mlle de Waize qu'il s'absentait pour vingt-quatre heures, la vieille demoiselle ne lui avait tout d'abord prêté qu'une attention distraite : installée devant son petit bureau, elle peinait depuis une heure à rédiger une réclamation pour un panier de légumes qui s'était égaré entre Maisons-Laffitte et Paris ; son irritation l'empêchait de songer à autre chose. Ce fut seulement assez tard, après qu'elle eut tant bien que mal achevé sa lettre, fait sa toilette de nuit et commencé ses prières, qu'une phrase d'Antoine lui revint tout à coup à la mémoire : « ... Vous direz à sœur Céline que le docteur Thérivier est averti et se tient prêt à venir au moindre appel. » Alors, sans s'inquiéter de l'heure, sans même achever ses oraisons, impatiente d'être dès ce soir déchargée de cette responsabilité, elle traversa l'appartement pour aller parler à la religieuse.

Il était près de dix heures.
Dans la chambre de M. Thibault, l'électricité était éteinte ; la pièce n'était plus éclairée que par les lueurs du feu de bois qu'on entretenait dans la cheminée pour assainir l'air — précaution qui devenait chaque jour

plus indispensable, et qui ne parvenait d'ailleurs à vaincre ni l'aigre vapeur des cataplasmes, ni les effluves d'éther, d'iode ou de phénol, ni l'odeur mentholée du baume analgésique, ni surtout les relents de ce corps déchu.

Pour l'instant, le malade ne souffrait guère ; ronflant et geignant, il somnolait. Depuis des mois, il ne connaissait plus le sommeil, l'apaisement de l'être dans le repos. Pour lui, dormir, c'était, non plus perdre conscience, mais seulement cesser, pendant de brefs intervalles, d'enregistrer minute par minute la course du temps ; c'était bien abandonner ses membres à un demi-engourdissement, mais sans que son cerveau renonçât, une seconde, à créer des images, à projeter un film incohérent où se succédaient, en désordre, des tronçons de sa vie passée : spectacle à la fois attachant comme un défilé de souvenirs et fatigant comme un cauchemar.

Ce soir, l'assoupissement ne parvenait pas à délivrer le dormeur d'un sentiment de malaise qui l'oppressait, qui se mêlait à ses hallucinations et qui, croissant d'instant en instant, le faisait brusquement fuir, poursuivi, dans les bâtiments du collège, à travers le dortoir, le préau, la chapelle, jusque dans la cour de récréation... C'est là, devant la statue de saint Joseph, à l'entrée du gymnase, qu'il vint s'écrouler, la tête entre les bras : alors cette chose effrayante et sans nom qui planait sur lui depuis plusieurs jours, fonça soudain du cœur des ténèbres, et, comme elle allait l'écraser, il s'éveilla en sursaut.

Derrière le paravent, un insolite lumignon éclairait un angle, généralement obscur de la pièce, où deux ombres s'étiraient jusqu'à la corniche. Il perçut un chuchotement. C'était la voix de Mademoiselle. Une fois déjà, par une nuit semblable, elle était venue l'appeler... Jacques, ses convulsions... L'un des enfants serait-il malade ?... Quelle heure était-il ?

La voix de sœur Céline replaça M. Thibault dans le temps. Les paroles ne lui parvenaient pas distinctement. Il retint son souffle, tendit sa meilleure oreille.

Quelques syllabes plus nettes vinrent jusqu'à lui : « ... Antoine a dit que le docteur est averti. Il arrivera tout de suite... »

Mais non, le malade, c'est lui ! Pourquoi le docteur ?

La chose effrayante recommence à planer. Est-il plus mal ? Que s'est-il passé ? A-t-il dormi ? Il ne s'est pas aperçu que son état empirait. Le docteur a été appelé. En pleine nuit. Il est perdu ! Il va mourir !

Alors, tout ce qu'il avait dit — sans y croire — pour annoncer solennellement l'imminence de sa mort, lui revient à l'esprit, et son corps se couvre de sueur.

Il veut appeler : « A moi ! Au secours ! Antoine ! » Mais c'est à peine si sa gorge laisse passer quelques sons ; si tragiques, pourtant, que sœur Céline, bousculant le paravent, accourt et donne la lumière.

Elle croit aussitôt à une attaque. La figure du vieillard, généralement cireuse, est empourprée ; l'œil reste ouvert et rond ; la bouche ne parvient pas à articuler un mot.

D'ailleurs, M. Thibault ne fait aucune attention à ce qui se passe autour de lui. Braqué sur l'idée fixe, son cerveau fonctionne avec une impitoyable clarté. En quelques secondes, il a passé en revue l'histoire de sa maladie : l'opération, les mois de répit, la rechute ; puis l'aggravation progressive, les douleurs se dérobant de jour en jour aux remèdes. Tous les détails s'enchaînent, prennent enfin leur sens. Cette fois, cette fois, il n'y a plus de doute ! Un vide, tout à coup, se creuse à la place où, quelques minutes plus tôt, régnait cette sécurité sans laquelle vivre devient impossible ; et ce vide est si soudain que tout l'équilibre est rompu. La lucidité même lui échappe : il ne parvient plus à réfléchir. L'intelligence humaine est si essentiellement nourrie de futur que, à l'instant où toute possibilité d'avenir se trouve abolie, lorsque chaque élan de l'esprit vient indistinctement buter contre la mort, il n'y a plus de pensée possible.

Les mains du malade se crispent sur les draps. La peur le galope. Il voudrait crier ; il ne peut pas. Il se sent emporté comme un fétu dans une avalanche : impossible de s'accrocher à rien : tout a chaviré, tout sombre avec lui... Enfin la gorge se desserre, la peur s'y fait un passage, jaillit en un cri d'horreur, qui s'étrangle aussitôt.

Mademoiselle ne peut redresser son dos busqué pour voir ce qui se passe ; elle glapit :

— « Dieu bon, qu'est-ce qu'il y a ? Qu'est-ce qu'il y a, ma sœur ? »

Et, comme la religieuse ne lui répond pas, elle s'enfuit. Que faire ? Qui appeler ? Antoine est absent. L'abbé ! L'abbé Vécard !

Les bonnes sont encore dans la cuisine. Elles n'ont rien entendu. Aux premiers mots de la vieille demoiselle, Adrienne se signe ; mais Clotilde épingle son châle, saisit son porte-monnaie, sa clé, et part en courant.

II

L'abbé Vécard habitait rue de Grenelle, à proximité des bureaux de l'archevêché où il dirigeait maintenant le service des Œuvres diocésaines. Il était encore à sa table de travail.

En quelques minutes, le taxi de Clotilde les amena rue de l'Université.

Mademoiselle les attendait, juchée sur une chaise du vestibule. Le prêtre, d'abord, ne la reconnut pas, avec son front sans bandeaux, ses cheveux tirés en arrière et tortillés sur sa camisole de nuit.

« Ah ! » gémit-elle, « allez vite, Monsieur l'abbé... Pour qu'il ait moins peur... »

Il la salua sans s'arrêter et pénétra dans la chambre.

M. Thibault, la couverture soulevée, voulait s'échapper de ce lit, de cette maison, fuir dans la nuit, fuir l'atroce menace. Il avait retrouvé sa voix et vociférait des grossièretés :

— « Scélérates ! Chiennes ! Catins !... Ah ! les vaches ! les salopes ! »

Tout à coup, ses regards tombèrent sur l'abbé, en pleine lumière dans la porte ouverte ; le malade ne marqua aucune surprise, mais s'interrompit une seconde pour crier :

— « Pas vous !... Antoine !... Où est Antoine ? »

L'abbé, jetant son chapeau sur une chaise, s'avança vivement. Ses traits, figés comme toujours, ne révélaient pas combien il était ému ; mais ses bras à demi soulevés, ses mains entrouvertes, exprimaient son désir de porter secours. Il vint jusqu'au lit, et, sans dire un mot, avec simplicité, il bénit M. Thibault qui le dévisageait.

Puis, à voix haute, dans le silence :

— « *Pater noster, qui es in caelis, sanctificetur nomen tuum... Fiat voluntas tua sicut in caelo et in terra...* »

M. Thibault avait cessé de s'agiter. Ses yeux erraient du prêtre à la sœur. Ses lèvres se détendirent, son visage prit une expression grimaçante, celle de l'enfant qui va éclater en larmes ; sa tête oscilla de droite et de gauche, et s'écroula enfin, dans l'oreiller. Peu à peu, ses sanglots pareils à un ricanement, s'espacèrent. Puis il se tut.

L'abbé s'était approché de la religieuse.

— « Souffre-t-il en ce moment ? » demanda-t-il, sans élever la voix.
— « Pas beaucoup. Je venais de lui faire sa piqûre. En général, les douleurs ne reprennent qu'après minuit. »
— « Bien. Laissez-nous tête à tête... Mais », ajouta-t-il, « téléphonez au docteur. » Et, son geste paraissait dire : « Je ne peux pas tout. »
Sœur Céline et Adrienne se retirèrent sans bruit.

M. Thibault semblait s'être assoupi. Avant l'arrivée de l'abbé Vécard, il avait fait, ainsi, plusieurs plongées dans l'inconscient. Mais ces subites absences étaient brèves ; il remontait à la surface, d'un seul coup, retrouvait son épouvante et recommençait, avec des forces neuves, à se démener.
L'abbé eut l'intuition que la trêve serait courte et qu'il fallait la mettre à profit. Une bouffée de chaleur lui vint au visage : de tous les devoirs de son ministère, l'assistance aux mourants était celui qu'il avait toujours le plus redouté.
Il s'approcha du lit :
— « Vous souffrez, mon ami... Vous traversez une heure cruelle... Ne restez pas seul avec vous-même : ouvrez votre cœur à Dieu... »
M. Thibault, se tournant, fixa sur son confesseur un regard si anxieux que le prêtre battit des cils. Mais déjà l'œil du malade se chargeait de colère, de haine, de mépris. Une seconde seulement : l'effroi y reparut aussitôt. Et, cette fois, l'expression d'angoisse était à ce point insoutenable que l'abbé dut baisser les paupières et se détourner à demi.
Le moribond claquait des dents. Il bégaya :
— « Oh ! là ! là !... Oh ! là ! là !... J'ai peur... »
Le prêtre se ressaisit.
— « Je suis venu pour vous aider », fit-il avec dou-

ceur... « Prions, d'abord... Appelons en nous la présence de Dieu... Prions ensemble, mon ami. »

M. Thibault lui coupa la parole :

— « Mais! Regardez! Je... Je suis... Je vais... » (Il n'avait pas le courage de braver la mort avec les mots précis.)

Il plongea dans les coins obscurs de la chambre un regard extravagant. Où trouver du secours? Les ténèbres s'épaississaient autour de lui. Il poussa un cri qui explosa dans le silence et fut presque un soulagement pour l'abbé. Puis, de toutes ses forces, il appela :

— « Antoine! Où est Antoine? » Et, comme l'abbé avait fait un mouvement des mains : « Laissez-moi, vous!... Antoine! »

Alors l'abbé changea de tactique. Il se redressa, regarda douloureusement son pénitent, puis, d'un grand geste du bras, comme s'il exorcisait un énergumène, il le bénit une seconde fois.

Ce calme acheva d'exaspérer M. Thibault. Il se souleva sur un coude, malgré la douleur qui lui déchirait les reins, et tendit le poing :

— « Les scélérats! Les salauds!... Et vous, vos histoires!... Assez! » Puis, avec désespoir : « Je vais... mourir, je vous dis! Au secours! »

L'abbé, debout, le considérait, sans le contredire ; et, si persuadé que fût, cette fois, le vieillard, d'être aux confins de sa vie, ce silence lui porta le dernier coup. Secoué de frissons, sentant ses forces faiblir, incapable même de retenir la salive qui mouillait son menton, il répétait, sur un ton suppliant, comme s'il était possible que le prêtre n'eût pas bien entendu, ou pas compris :

— « Je vais mou-rir... Je vais mou-rir... »

L'abbé soupira, mais il ne fit pas un geste de dénégation. Il pensait que la véritable charité n'est pas toujours de prodiguer aux mourants d'inconsistantes illusions, et que, lorsque vraiment approche la dernière heure, le seul remède à la terreur humaine, ce n'est pas de nier cette mort qui vient et devant laquelle l'organisme, secrètement averti, se cabre déjà : c'est, au contraire, de la regarder en face et de se résigner à l'accueillir.

Il laissa passer quelques secondes, puis, rassemblant son courage, il prononça distinctement :

— « Et quand ce serait, mon ami, est-ce une raison pour avoir si grand-peur ? »

Le vieillard, comme s'il eût été frappé au visage, retomba sur l'oreiller en gémissant :

— « Oh ! là ! là !... Oh ! là ! là !... »

C'était fini : arraché par le tourbillon, roulé sans merci, il se sentait sombrer définitivement, et sa dernière lueur de conscience ne lui servait qu'à mieux mesurer le néant ! Pour les autres, la mort, c'était une pensée courante, impersonnelle : un mot entre les mots. Pour lui, c'est tout le présent, c'est le réel ! C'est lui-même ! De ses yeux ouverts sur le gouffre et agrandis par le vertige, il aperçoit, très loin, séparé de lui par l'abîme, le visage du prêtre, ce visage vivant — étranger. Être seul, exclu de l'univers. Seul, avec son effroi. Toucher le fond de la solitude absolue !

Dans le silence, s'élevait la voix du prêtre :

— « Voyez : Dieu n'a pas voulu que la mort fondît sur vous à l'improviste, *sicut latro*, comme un voleur. Eh bien, il faut être digne de cette grâce, car c'en est une — et la plus grande que Dieu puisse nous faire, à nous pécheurs — que cet avertissement au seuil de la Vie éternelle... »

M. Thibault entendait, de très loin, ces phrases qui venaient en vain, comme des vagues contre un rocher, battre son cerveau pétrifié par la peur. Un instant, par routine, sa pensée chercha, pour y trouver refuge, à évoquer l'idée de Dieu ; mais cet élan se brisa au départ. La Vie éternelle, la Grâce, Dieu — langage devenu inintelligible : vocables vides, sans mesure avec la terrifiante réalité!

— « Remercions Dieu », continuait l'abbé. « Heureux ceux qu'Il arrache à leur propre volonté, pour les attacher à la Sienne. Prions. Prions ensemble, n on ami... Prions de toute notre âme, et Dieu vous viendra en aide. »

M. Thibault tourna la tête. Au fond de sa terreur bouillonnait un reste de violence. Il aurait volontiers assommé le prêtre, s'il avait pu. Le blasphème lui monta aux lèvres :

— « Dieu ? Quoi ? Quelle aide ? C'est idiot, à la fin ! Est-ce que ce n'est pas Lui, justement ? Est-ce que ce n'est pas Lui qui veut ?... » Il s'étranglait. « Alors, quoi, quelle aide ? » cria-t-il rageusement.

Le goût de la dispute l'avait repris, au point qu'il oubliait que, une minute plus tôt, son angoisse avait nié Dieu. Il poussa un gémissement :

— « Ah ! comment Dieu me fait-il ça ! »

L'abbé hocha la tête :

— « *Quand vous vous croyez bien loin de moi*, dit l'Imitation, *c'est souvent alors que je suis le plus proche de vous...* »

M. Thibault avait écouté. Il demeura quelques secondes silencieux. Puis, se tournant vers son confesseur, mais cette fois avec un geste de détresse :

— « L'abbé, l'abbé », supplia-t-il. « faites quelque chose, priez, vous !... Ce n'est pas possible, dites ?... Empêchez-moi de mourir ! »

L'abbé approcha une chaise, s'assit, et prit cette main gonflée sur laquelle la moindre pression laissait une traînée pâle.

— « Ah ! » s'écria le vieillard, « vous verrez ce que c'est, l'abbé, vous verrez, quand ce sera vous ! »

Le prêtre soupira.

— « Nul ne peut dire : " La tentation me sera épargnée "... Mais je supplie le bon Dieu de m'envoyer, à l'heure de ma mort, un ami qui m'aide à me ressaisir à temps. »

M. Thibault ferma les yeux. Les mouvements qu'il venait de faire avaient ravivé au creux du dos ces escarres qui le brûlaient comme un fer rouge. Il s'allongea et demeura immobile, répétant, par intervalles, entre ses mâchoires serrées : « Oh! là, là!... Oh! là, là!... »

— « Voyons, vous qui êtes un chrétien », reprit l'abbé, de sa voix prudente et contristée, « vous saviez bien que cette vie terrestre devait finir. *Pulvis es...* Aviez-vous oublié que cette existence ne nous appartient pas? Vous vous insurgez comme si vous alliez être dépouillé d'un bien qui vous était acquis! Mais vous saviez que notre vie nous est seulement prêtée par le bon Dieu. A l'heure où il va peut-être falloir que vous payiez votre dette, quelle ingratitude, mon ami, de marchander... »

M. Thibault entrouvrit les paupières et coula vers le prêtre un regard plein de rancune. Puis, lentement, ses yeux firent le tour de la chambre, se posèrent sur tous ces objets qu'il distinguait si bien malgré l'ombre, et qui étaient siens, et que, depuis tant d'années, il avait vus, chaque jour, et chaque jour possédés.

— « Quitter tout ça! » murmura-t-il. « Je ne veux pas! » Un brusque frisson le secoua. Il répéta : « J'ai peur! »

Le prêtre eut pitié, se pencha davantage :

— « Le divin Maître, Lui aussi, a connu les tortures de l'agonie et la sueur du sang. Et lui aussi, un instant, un court instant, Il a douté de la bonté de son Père. *Eli, Eli, lamma sabacthani! Mon Dieu, mon Dieu, vous m'avez donc abandonné?...* Réfléchissez, mon ami : n'y a-t-il pas entre vos tourments et ceux de Notre-Seigneur une conformité émouvante? Mais Jésus, Lui, s'est aussitôt retrempé dans la prière, et Il s'est écrié, avec un grand élan d'amour : Père, me voici! Père, je crois en Vous! Père, je m'abandonne! Que Votre Volonté soit faite, et non la mienne! »

L'abbé sentit sous ses doigts la grosse main frémir. Il fit une pause, puis reprit sans élever le ton :

— « Avez-vous songé que voici des siècles, des milliers de siècles, que notre pauvre humanité accomplit sa destinée sur la terre ?... » Il comprit que cet argument trop vague n'atteignait pas son but. « Songez seulement à votre famille », précisa-t-il, « à votre père, à votre grand-père, à vos aïeux, à tous ces hommes, pareils à vous, qui vous ont précédé, qui ont vécu, lutté, souffert, espéré, comme vous, et qui, tous irrévocablement, les uns après les autres, à l'heure fixée depuis le commencement, sont revenus à leur point d'origine... *Reverti unde veneris, quid grave est ?*... Est-ce que ce n'est pas une pensée apaisante, mon ami, que ce retour universel dans le sein de notre Père Tout-Puissant ? »

— « Oui... mais... pas encore! » soupira M. Thibault.

— « Vous vous plaignez! Et pourtant combien d'entre ces hommes n'ont pas eu votre part! Vous avez eu le privilège d'atteindre un âge qui est refusé à beaucoup. Dieu vous a comblé en vous accordant une vie longue pour faire votre salut. »

M. Thibault tressaillit.

— « L'abbé ! » balbutia-t-il, « c'est ça qui est terrible... »

— « Terrible, oui. Mais vous avez, moins qu'un autre, le droit d'avoir peur, vous... »

Le malade, brutalement, retira sa main.

— « Non », fit-il.

— « Mais si, mais si », insista le prêtre avec bonté. « Je vous ai vu à l'œuvre. Vous vous êtes toujours efforcé de placer votre but au-dessus des biens terrestres. Vous avez lutté contre la misère, contre l'abaissement moral, par amour du prochain. Une existence comme la vôtre, mon ami, est celle d'un homme de bien. Elle doit vous acheminer à une mort confiante. »

— « Non ! » répéta le malade, sourdement. Et, comme l'abbé cherchait à lui reprendre la main, il se dégagea avec emportement.

Ces paroles le criblaient de blessures. Non, il ne s'était pas élevé au-dessus des biens terrestres ! Il avait trompé là-dessus tout le monde. Et l'abbé. Et lui-même, presque toujours. En réalité, il avait tout sacrifié à la considération des hommes. Il n'avait eu que des sentiments bas, bas, bas — et qu'il avait cachés ! Égoïsme, vanité ! Soif d'être riche, de commander ! Étalage de bienfaisance, pour être honoré, pour jouer un rôle ! Impureté, faux-semblant, mensonge — mensonge !... Comme il aurait voulu pouvoir effacer tout, recommencer tout à neuf ! Ah ! ce qu'elle lui faisait honte, son existence d'homme de bien. Il l'apercevait, enfin, telle qu'elle avait été. Trop tard ! Le jour des comptes était venu.

— « Un chrétien comme vous... »

M. Thibault éclata :

— « Taisez-vous donc ! Un chrétien ? Non. Je ne suis pas un chrétien. Toute ma vie, je... j'ai voulu... L'amour du prochain ? Taisez-vous ! Je n'ai jamais su aimer ! Personne, non, jamais ! »

« Mon ami, mon ami », fit l'abbé.

Il s'attendait à ce que M. Thibault s'accusât encore une fois d'avoir poussé Jacques au suicide. Mais non : pas une fois, ces derniers jours, le père n'avait pensé au fils disparu. C'était seulement les plus anciennes périodes du passé que, maintenant, il parvenait à évoquer : sa jeunesse dévorée d'ambition, son entrée dans le monde, les premières luttes, les premières distinctions ; quelquefois, les honneurs de la maturité ; mais les dix dernières années avaient déjà disparu dans une ombre crépusculaire.

M. Thibault souleva le bras, malgré sa douleur.

— « C'est votre faute ! » lança-t-il tout à coup. « Pourquoi ne m'avez-vous rien dit, vous, quand il était temps ? »

Mais, aussitôt, la détresse l'emporta sur l'irritation et il fondit en larmes. Ses sanglots le secouaient comme un rire.

L'abbé se pencha :

— « Dans chaque existence humaine, il vient un jour, une heure, un bref instant, où Dieu, tout à coup, daigne apparaître dans toute Son évidence et nous tend brusquement la main. C'est quelquefois après une existence d'impiété ; c'est quelquefois au terme d'une longue vie que l'on a crue chrétienne... Qui sait, mon ami ? Peut-être est-ce vraiment ce soir la première fois que se tend pour vous la main de Dieu ? »

M. Thibault ouvrit les paupières. Dans son cerveau fatigué, une confusion s'ébaucha entre la main de Dieu et cette main de prêtre vivante, toute proche. Il souleva le bras pour la saisir et murmura d'une voix haletante :

— « Comment faire ? Comment faire ? »

L'accent n'était plus le même : ce n'était plus cette terreur panique devant la mort ; c'était une interrogation qui pouvait recevoir une réponse, c'était une crainte chargée déjà de repentir et que l'absolution pouvait dissiper.

L'heure de Dieu approchait.

Mais c'était, pour l'abbé, l'heure entre toutes difficile. Il se recueillit une minute, comme il faisait en chaire, au début d'un sermon. Sans qu'il l'eût laissé voir, le reproche de M. Thibault l'avait atteint au vif. Quelle avait été l'efficacité de son influence sur cette nature orgueilleuse qui s'était confiée à lui depuis tant d'années ? Comment avait-il rempli sa mission ? Il était encore temps de réparer les défaillances : celles du pénitent, celles du directeur. Il fallait la saisir, cette âme aujourd'hui tremblante, et la ramener aux pieds du Christ.

Alors son habitude de l'homme lui suggéra une pieuse habileté :

— « Ce qu'il faut déplorer », dit-il, « ce n'est pas que votre vie terrestre s'achève : c'est qu'elle n'ait pas été telle qu'elle aurait dû... Mais, si vous n'avez pas toujours été, durant votre vie, un sujet d'édification, eh bien, qu'une fin vraiment chrétienne laisse du moins derrière vous un bel exemple! Que votre attitude, au moment de la mort, soit un modèle, un enseignement, pour tous ceux qui vous ont connu! »

Le malade s'agita et dégagea sa main. Cette pensée le pénétrait. Oui! Que l'on puisse dire : « Oscar Thibault est mort comme un saint. » Il joignit tant bien que mal les doigts, et ferma les yeux. L'abbé vit qu'il remuait le menton : il priait Dieu de lui accorder la grâce d'une mort édifiante.

Déjà, ce qu'il éprouvait, ce n'était plus tant de la crainte qu'une sorte d'abattement : il se sentait une pauvre chose entre toutes les choses périssables ; et cette pitié pour lui-même, succédant à ces sursauts d'épouvante, n'était pas sans suavité.

L'abbé releva la tête :

« Saint Paul a dit : *Ne vous affligez pas, comme font ceux qui n'ont pas d'espérance.* Vous êtes de ceux-là, mon pauvre ami. Dans une heure aussi grave, voilà que je vous trouve tout démuni d'espérance! Vous avez oublié que Dieu est votre Père avant d'être votre Juge ; et vous faites à votre Père cette injure de méconnaître Sa miséricorde! »

Le malade jeta vers l'abbé, un regard trouble et soupira.

« Allons, ressaisissez-vous! » reprit l'abbé. « Persuadez-vous de l'indulgence divine. Songez que, devant un repentir sincère et total, le pardon de la dernière seconde suffit à effacer les péchés de toute une vie. Vous êtes une créature de Dieu : ne sait-Il pas mieux que nous de quel limon Il nous a faits ? Il nous aime tels que nous sommes, allez, et cette conviction doit être le principe fondamental de notre courage, de notre confiance. Oui, *confiance*, tout le secret d'une bonne mort, mon ami, tient en ce mot-là. *In te, Domine, speravi*... Confiance en Dieu, en Sa bonté, en Sa miséricorde infinie ! »

L'abbé avait bien une manière à lui, pesante et calme, d'appuyer sur certains mots ; et, à ces moments-là, sa main se levait à demi avec une insistance assez persuasive. Mais peu de chaleur émanait de ce débit monotone, de cet impassible visage au nez long. Et il fallait qu'elles fussent par elles-mêmes bien efficaces, ces paroles sacrées, il fallait qu'après des siècles d'expérience elles fussent strictement appropriées aux transes de l'agonie, pour agir si vite, si directement, sur tant d'effroi, sur une telle rébellion.

M. Thibault avait laissé tomber la tête ; sa barbe touchait sa poitrine. Furtivement, un sentiment nouveau s'infiltrait en lui, moins stérile que la pitié sur soi ou que le désespoir. Des larmes nouvelles roulèrent sur ses joues. Un élan le soulevait déjà vers cette Puissance Consolatrice ; il n'aspirait qu'à s'en remettre, à abdiquer...

Tout à coup, il serra les dents : une douleur qu'il connaissait bien lui assiégeait la jambe, depuis la hanche jusqu'au mollet. Il cessa d'écouter, se raidit : au bout d'un instant, la souffrance s'atténua.

Le prêtre poursuivait :

— « ... comme fait le voyageur arrivé au sommet, et qui se retourne pour examiner la route parcourue. Quel misérable spectacle qu'une vie humaine ! Toujours et toujours recommencer les mêmes efforts, dans un champ d'action ridiculement étroit! D'illusoires agitations, des joies médiocres, une soif de bonheur qui se renouvelle en vain et ne peut jamais être désaltérée! Est-ce que j'exagère? Voilà ce qu'a été votre existence, mon ami. Je peux dire : voilà ce qu'est toute existence sur cette terre. Est-ce que cette vie-là peut satisfaire une créature de Dieu? Y a-t-il dans tout cela rien qui mérite u. regret? Alors? A quoi donc pouvez-vous tant tenir? Dites! Est-ce à votre corps douloureux, sans cesse défaillant, à ce pauvre corps pitoyable, qui se dérobe constamment à sa tâche, et que rien ne peut défendre contre la souffrance, contre la flétrissure? Ah! reconnaissons-le : c'est un bienfait qu'il soit périssable! C'est un bienfait, après avoir été si longtemps son esclave, son prisonnier, que nous puissions enfin le rejeter, le dépouiller, nous évader de lui, l'abandonner au bord du chemin, comme une défroque! »

Ces paroles étaient, pour le moribond, chargées d'une si immédiate réalité que l'idée de cette évasion lui sourit tout à coup comme une promesse... Qu'était pourtant cette douceur qui déjà le pénétrait, sinon, de nouveau, sous un autre masque, l'espoir de vivre, l'unique et tenace espoir de vivre? Cette pensée effleura l'esprit du prêtre. Espoir de l'Au-delà, espoir de vivre l'éternité en Dieu, aussi nécessaire à l'heure de la mort, qu'est nécessaire pendant la vie l'espoir de vivre la minute qui vient...

Après une courte pause, l'abbé reprit :

« Tournez maintenant les yeux vers le Ciel, mon ami! Après avoir soupesé le peu que vous quittez, regardez ce qui vous attend. Finies, les petitesses, les inégalités, les injustices! Finies, les épreuves, les responsabilités! Finis, ces fautes de chaque jour et leur cortège de remords! Fini, cet écartèlement du pécheur entre le bien et le mal! Voilà que vous allez trouver le calme, la stabilité, l'ordre suprême, le Royaume de

Dieu! Vous allez délaisser ce qui est éphémère et fragile, pour aborder enfin le durable, l'éternel! Comprenez-vous, mon ami? *Dimite transitoria, et quære æterna...* Mourir vous faisait peur : votre imagination vous représentait je sais quoi d'affreux, des ténèbres ; et, bien au contraire, la mort d'un chrétien, c'est une perspective radieuse! C'est la paix, la paix du repos, la paix du repos éternel. Que dis-je? C'est bien plus encore! C'est l'épanouissement de la Vie, c'est la consommation de l'Union! *Ego sum resurrectio et vita...* Pas seulement une délivrance, un sommeil, un oubli : mais le réveil, mais l'éclosion! Mourir, c'est renaître! Mourir, c'est ressusciter à la Vie Nouvelle, dans la Connaissance totale, dans la Béatitude des élus. La mort, mon ami, ce n'est pas seulement la récompense du soir après la journée de labeur : c'est un essor dans la lumière, dans une aube éternelle! »

M. Thibault, les paupières baissées, fit, à plusieurs reprises, un signe d'acquiescement. Sur son visage errait un sourire. Certaines heures d'autrefois, particulièrement lumineuses, s'évoquaient dans la clarté. Il se voyait tout petit, agenouillé au pied du lit maternel — ce lit même où maintenant, moribond, il était étendu — joignant ses mains d'enfant dans celles de sa mère, et récitant par un glorieux matin d'été ces premières prières qui lui avaient ouvert le ciel : « Bon Jésus, qui êtes au paradis... » Il se voyait premier communiant, dans la chapelle, tremblant d'émoi devant l'hostie qui, pour la première fois, s'approchait de lui... Il se vit même, fiancé, un matin de Pentecôte, après la messe, dans l'allée aux pivoines du jardin de Darnetal... Il souriait à ces fraîcheurs. Il avait oublié sa carcasse.

Non seulement il n'avait plus peur de mourir, mais ce qui l'inquiétait, à cette minute, c'était d'avoir encore à vivre, si peu que ce fût. L'air du monde ne lui était plus respirable. Encore un peu de patience, et il en aurait fini de tout. Il lui semblait avoir trouvé son vrai centre de gravité, occuper maintenant le cœur de lui-même, être enfin au siège de son identité. Il en résultait un bien-être tel qu'il n'en avait jamais connu. Pourtant ses forces lui paraissaient dissociées, éparses et pour ainsi dire gisantes autour de lui. Qu'importait? Il ne leur appartenait déjà plus : elles étaient les débris d'un personnage planétaire, duquel il se sentait définitivement désaccouplé, et la perspective d'une désagrégation plus complète encore, et toute prochaine, lui causait le seul ravissement auquel il pouvait être encore accessible.

L'Esprit-Saint planait. L'abbé s'était levé. Il voulut remercier Dieu. A son action de grâces, se mêlait une fierté tout humaine, une satisfaction d'avocat qui a gagné le procès. Il en eut simultanément conscience et remords. Mais ce n'était guère l'instant de faire un retour sur soi : un pécheur allait comparaître devant Dieu.

Il inclina la tête, joignit les mains sous le menton, et, de toute son âme, se mit à prier à haute voix :

— « O mon Dieu, voici l'Heure! Prosterné devant Vous, Seigneur, Dieu de Bonté, Père de Miséricorde, je viens Vous demander la dernière de toutes les grâces. O mon Dieu, voici l'Heure! Accordez-moi de mourir dans Votre amour.

« *De profundis*... Du fond des ténèbres, du fond de l'abîme où je tremblais d'effroi, *clamavi ad te, Domine!* Seigneur, j'ai appelé, j'ai crié vers Vous!... Voici l'Heure! Je suis au bord de Votre éternité, je vais Vous contempler enfin face à face, Dieu Tout-Puissant! Voyez mon repentir, recevez ma prière, ne me rejetez pas dans mon indignité! Posez sur moi Votre regard, comme un pardon! *In te, Domine, commendo!* Je m'en remets à Vous, je me recommande à Vous... Voici l'Heure!... Mon Père, mon Père, ne m'abandonnez pas... »

Comme un écho, le mourant répéta :
— « Ne m'abandonnez pas! »
Il y eut un long silence. Puis l'abbé se pencha vers le lit :
— « Je vous apporterai demain matin les Saintes Huiles... Ce soir, mon ami, confessez-vous, pour que je puisse vous donner l'absolution. »

Et, dès que M. Thibault, remuant ses lèvres gonflées, eut, avec une ferveur jamais connue, balbutié quelques phrases où l'aveu de ses fautes tenait moins de place que l'expression éperdue de sa contrition, le prêtre, courbé vers lui, leva la main et murmura les paroles qui effacent :
— « *Ego te absolvo a peccatis tuis... In nomine Patris, et Filii, et Spiritus Sancti...* »

Le malade s'était tu. Ses yeux demeuraient ouverts — ouverts comme s'ils avaient dû le rester toujours — à peine encore nuancés d'interrogation ou plutôt de surprise, rayonnant d'une candeur qui faisait soudain ressembler ce vieil homme agonisant au pastel du petit Jacques, suspendu au mur, au-dessus de la lampe.

Il sentait bien se distendre les derniers liens qui retenaient son âme à ce monde, mais il savourait avec délices cet épuisement, cette fragilité. Il n'était plus qu'un souffle qui vacille avant de s'évanouir. La vie continuait sans lui, comme continue à couler la rivière pour le baigneur qui a gagné la berge. Et il se trouvait non seulement hors de la vie, mais déjà presque hors de la mort : il s'élevait, il s'élevait dans un ciel baigné de lumière surnaturelle comme certains firmaments d'été.

On frappa.
L'abbé, qui priait, fit un signe de croix et se dirigea vers la porte.

C'était sœur Céline ; le docteur, qui venait d'arriver, l'accompagnait.

— « Faites, faites, Monsieur l'abbé », fit Thérivier, lorsqu'il aperçut le prêtre.

L'abbé regarda sœur Céline et murmura, en s'effaçant :

— « Entrez, docteur. J'ai terminé. »

Thérivier s'avança vers son malade. Il crut devoir prendre, comme toujours, un air confiant, un ton cordial :

— « Eh bien ? Qu'est-ce qui ne va pas, ce soir ?... Un petit accès de fièvre ? L'effet du nouveau sérum, parbleu !... » Il se frottait les mains, fourrageait dans sa barbe, prenait la religieuse à témoin. « Antoine va revenir bientôt. Ne vous inquiétez de rien. Je vais vous soulager... Ce sérum-là, voyez-vous... »

M. Thibault, les pupilles fixes, regardait silencieusement cet homme mentir.

La puérilité de ces explications auxquelles, tant de fois et si volontiers, il s'était laissé prendre, cette désinvolture, ces simulacres, tout lui était transparent. Il touchait du doigt les masques ; il perçait à jour, enfin, la sinistre farce qu'on lui jouait depuis des mois. Était-ce vrai qu'Antoine allait venir ? Impossible de rien croire... Au reste, que lui importait ? Tout lui était égal : définitivement, totalement égal. Il n'éprouvait même pas d'étonnement à lire aussi clairement dans les êtres. L'univers formait un tout, étranger, hermétique, où lui, mourant, n'avait plus de place. Il était seul. Seul avec le mystère. Seul avec Dieu. Et tellement seul, que la présence de Dieu même n'avait pas raison de cette solitude !

Ses paupières, sans qu'il y prît garde, s'abaissèrent. Il n'avait plus souci de distinguer la réalité du rêve. Il baignait dans une paix musicale. Il se laissa examiner, palper, sans la moindre impatience, inerte, apaisé, absent — ailleurs.

III

Dans le wagon qui les ramenait à Paris, longtemps encore après avoir renoncé à dormir, les deux frères, enfoncés dans leurs coins, engourdis par l'atmosphère du compartiment ténébreux, s'obstinèrent à simuler le sommeil pour protéger, pour prolonger leur solitude.

Antoine n'avait pu fermer l'œil. L'inquiétude d'avoir laissé son père si souffrant s'était ravivée dès qu'il s'était senti sur le chemin du retour, et, pendant des heures, dans la nuit, dans le fracas du train, sa fatigue et son insomnie l'avaient livré sans défense aux pires imaginations. Ses alarmes se dissipaient, d'ailleurs, à mesure qu'il se rapprochait de son malade : bientôt, sur place, il pourrait de nouveau aviser, agir. Alors, d'autres difficultés se précisèrent. Comment annoncer à M. Thibault le retour du fugitif? Comment avertir Gise? La lettre qu'il se proposait d'expédier dès aujourd'hui à Londres n'était pas facile à écrire : il fallait apprendre à Gise que Jacques était vivant, retrouvé, revenu même à Paris, et, cependant, empêcher la jeune fille d'accourir.

L'agitation des autres voyageurs qui s'ébrouaient et dévoilèrent les lampes leur fit à tous deux ouvrir les yeux. Leurs regards se croisèrent. Le visage de Jacques était si frémissant, à la fois si résigné et si inquiet, qu'Antoine eut pitié.

— « Mal dormi, hein? » fit-il, en touchant le genou de son frère.

Jacques, sans se forcer à sourire, souleva les épaules avec indifférence : puis, tournant le front vers la vitre, il se réfugia dans un silence somnolent, dont il sembla bientôt ne plus vouloir, ne plus pouvoir sortir. Le petit déjeuner au wagon-restaurant, tandis que le train traversait la grande banlieue encore plongée dans les ténèbres ; l'arrêt, la descente sur le quai dans le froid de la nuit qui s'achevait : les quelques pas hors de la gare, à la remorque d'Antoine qui cherchait un taxi ; tous ces actes, à peine réels, noyés dans le brouillard nocturne, se succédèrent pour lui avec un caractère de nécessité qui le dispensait de toute adhésion.

Antoine parlait peu, juste assez pour éviter la gêne, mais à la cantonade, et de façon que Jacques n'eût jamais à répondre. Il dirigeait le mouvement avec tant de désinvolture, que ce retour finissait par sembler la chose la moins insolite du monde. Jacques se trouva sur le trottoir de la rue de l'Université, puis dans le vestibule du rez-de-chaussée, sans avoir eu nettement conscience de rien, pas même de son inertie. Et, quand Léon, accouru au bruit, ouvrit la porte de la cuisine, ce fut avec un imperturbable naturel qu'Antoine, évitant le regard du domestique, se pencha vers la table où s'empilait le courrier, et, jeta, d'une voix distraite :

— « Bonjour, Léon. C'est M. Jacques qui est revenu avec moi. Il faudra... »

Mais Léon lui coupa la parole :

— « Monsieur ne sait pas ? Monsieur n'est pas encore monté ?... »

Antoine se redressa et pâlit.

— « ... M. Thibault est très mal... Le docteur Thérivier a passé la nuit... Les bonnes disent... »

Antoine avait déjà franchi la porte. Jacques restait debout au milieu du vestibule : l'impression d'irréel, de cauchemar, s'accentuait. Il hésita une seconde, puis s'élança derrière son frère.

L'escalier était obscur.

« Vite », souffla Antoine, en poussant Jacques dans l'ascenseur.

Le claquement de la grille, le déclic des battants

vitrés, le vrombissement qui suivait la mise en marche, tous ces bruits si connus — qui, depuis toujours, s'enchaînaient dans le même ordre, et qui, de nouveau, après un siècle d'oubli, pénétraient en lui, un à un — plongèrent Jacques en plein passé. Et tout à coup un souvenir précis, cuisant : cet emprisonnement dans cette cage de verre auprès d'Antoine, cette happée silencieuse : le retour de Marseille après la fugue avec Daniel!

— « Attends-moi sur le palier », murmura Antoine.

Le hasard déjoua toute précaution. Mlle de Waize, qui trottinait sans trêve d'un bout à l'autre de l'appartement, entendit stopper l'ascenseur. Antoine, enfin! Elle accourut aussi vite que le lui permettait son dos voûté. Elle vit quatre jambes, s'arrêta interdite, et ne reconnut Jacques que lorsqu'il se fut penché pour l'embrasser.

— « Dieu bon! » fit-elle, sur un ton évasif. (Elle vivait depuis l'avant-veille dans un désarroi qu'aucun surcroît d'inattendu ne pouvait plus aggraver.)

L'appartement était éclairé ; les portes, ouvertes. Au seuil du bureau, surgit la face brouillée de M. Chasle ; il examina curieusement Jacques, battit des cils et lança son invariable :

— « Ah! c'est vous? »

« Pour une fois, c'est assez de circonstance », songea malgré lui Antoine, qui, sans s'occuper de son frère, se hâtait, seul, vers la chambre.

Là, tout était obscur, silencieux. Il poussa la porte entrebâillée, et d'abord il ne vit rien que la lumière de la petite lampe ; puis, sur l'oreiller, le visage de son père. Malgré les yeux clos et l'immobilité, aucun doute : vivant.

Il entra.

Et, dès qu'il eut fait un pas dans la pièce, il aperçut, autour du lit, debout comme si quelque chose venait d'avoir lieu, Thérivier, sœur Céline, Adrienne, et une nouvelle religieuse âgée qu'il ne connaissait pas.

Thérivier se détacha de l'ombre, s'approcha d'Antoine, et l'entraîna dans le cabinet de toilette.

— « J'ai eu peur que tu ne reviennes pas à temps », confia-t-il avec précipitation. « Le rein est bouché, mon vieux. Il ne filtre plus. Plus du tout... Malheureusement, l'urémie a pris la forme convulsive. J'ai passé la nuit, là, pour ne pas laisser les femmes seules ; mais je m'apprêtais, si tu n'étais pas arrivé, à envoyer chercher un infirmier. Il a déjà eu trois crises, cette nuit, et la dernière a été forte. »

— « Depuis quand le rein a-t-il cessé de... »

— « Depuis vingt-quatre heures. Du moins c'est hier matin que la sœur s'en est aperçue. Naturellement, elle a supprimé les piqûres. »

— « Oui-i... », fit Antoine en hochant la tête.

Ils se regardèrent. Thérivier lisait clairement ce que pensait Antoine : « Quand on a consenti, deux mois de suite, à bourrer de poison un malade qui n'a plus qu'un seul rein, c'est peut-être obéir à un scrupule bien tardif que de... » Il tendit le front, écarta les bras.

— « Tout de même, mon vieux, on n'est pas des assassins... En pleine urémie, il est impossible de continuer la morphine ! »

Évidemment. Antoine acquiesça sans répondre.

— « Je me sauve », dit alors Thérivier. « Je téléphonerai vers midi. » Puis, brusquement : « Au fait, et ton frère ? »

Une lueur s'alluma dans les prunelles dorées d'Antoine. Il abaissa les paupières et les releva :

— « Je l'ai », fit-il, avec un rapide sourire. « Je l'ai même ramené. Il est là. »

Thérivier enfouit sa main potelée dans sa barbe. Son regard vif et gai dévisageait Antoine, mais ce n'était ni le lieu ni le moment de poser des questions. D'ailleurs, sœur Céline venait d'entrer, apportant une blouse pour

Antoine. Thérivier regarda la religieuse, puis son ami, et déclara, sans ménagements :

— « Allons, je vous laisse. La journée va être dure. »

Antoine fronça les sourcils.

— « Il doit souffrir terriblement sans sa morphine ? » dit-il, s'adressant à la sœur.

— « Je lui mets des compresses très chaudes... Des sinapismes... » Et, comme Antoine semblait incrédule : « Ça le soulage un peu, malgré tout. »

— « Mettez-vous au moins du laudanum sur vos compresses ? Non ? » Il savait bien que, sans morphine... Mais jamais il ne s'avouait qu'il était désarmé. « J'ai tout ce qu'il faut en bas », dit-il à la sœur ; « je reviens. » Et, poussant Thérivier vers la porte : « Passe ! »

« Qu'est devenu Jacques ? » songea-t-il en traversant l'appartement ; mais il n'avait pas le temps de s'occuper de son frère.

Les deux médecins descendirent rapidement l'escalier, sans un mot. Aux dernières marches, Thérivier, se tournant, tendit la main. Antoine la prit et demanda soudain :

— « Dis-moi, Thérivier... Franchement... Qu'est-ce que tu prévois ?... Ça devrait pourtant aller vite, maintenant ? »

— « Bien sûr, si l'urémie persiste ! »

Jacques répondit par une énergique pression de main. Oui, il se sentait patient, intrépide. Ce n'était qu'une question d'heures... Et Jacques était retrouvé.

En haut, dans la chambre, Adrienne et la vieille religieuse, demeurées seules au chevet de M. Thibault, ne s'aperçurent pas qu'une crise se préparait. Quand l'essoufflement du malade attira leur attention, les poings déjà se crispaient, et la nuque, se raidissant, entraînait la tête en arrière.

Adrienne bondit dans le couloir :

— « Ma sœur ! »

Personne. Elle courut jusqu'au vestibule :

« Sœur Céline ! Monsieur Antoine ! Vite ! »

Jacques, du bureau où il était resté avec M. Chasle, entendit et, sans réfléchir, partit en courant vers la chambre.

La porte était ouverte. Il buta contre une chaise. Il ne voyait rien. Un groupe se mouvait devant la lumière. Enfin il distingua une masse échouée en travers du lit, des bras qui battaient l'air. Le malade avait glissé jusqu'au bord du matelas ; Adrienne et la garde cherchaient vainement à le relever. Jacques accourut, mit un genou sur les couvertures, et, saisissant son père à bras-le-corps, il parvint à soulever le buste, puis à le replacer sur les oreillers ; il sentait contre lui cette chair chaude, ce halètement ; il voyait, renversé sous lui, ce masque aux yeux blancs, sans prunelles, qu'il regardait de tout près, qu'il reconnaissait à peine ; et, il restait là, penché, immobilisant entre ses bras ce corps secoué de convulsions.

Déjà les mouvements nerveux s'atténuaient ; la circulation reprenait son cours. Les prunelles, flottant à la dérive, reparurent, se fixèrent ; et, peu à peu, le malade, de ses yeux redevenus vivants, sembla découvrir ce jeune visage incliné sur le sien. Reconnut-il le fils perdu ? Et, s'il eut cet éclair de lucidité, pouvait-il encore faire la distinction entre le réel et ces incohérentes visions qui peuplaient son délire ? Ses lèvres remuèrent. Les pupilles s'agrandirent. Et, soudain, dans cet œil morne, Jacques retrouva un souvenir précis : autrefois, lorsque son père cherchait une date oubliée, un nom, le regard prenait cette expression attentive et vague, cette apparence décentrée.

Jacques s'était redressé sur les poignets, et, la gorge serrée, il balbutia machinalement :

— « Alors, Père ?... Alors ?... Comment vas-tu, Père ? »

Lentement, les paupières de M. Thibault s'abaissèrent. Un tremblement à peine perceptible agita la lèvre inférieure, la barbiche ; puis un branle de plus en plus accentué secoua le visage, les épaules, le buste : il sanglotait. De la bouche amollie s'échappait le bruit d'une fiole vide qu'on plonge dans l'eau : Blou, blou, blou... La vieille religieuse avança la main pour essuyer le menton avec un peu d'ouate. Et Jacques, n'osant faire un mouvement, les yeux aveuglés de larmes, demeurait courbé sur cette houle, et répétait d'une voix stupide :

— « Alors, Père... Comment ça va-t-il?... Hein?.. Comment vas-tu, Père ? »

Antoine, qui entrait, suivi de sœur Céline, s'arrêta en apercevant son frère. Il ne comprit pas ce qui s'était passé. D'ailleurs, il ne chercha pas à comprendre. Il tenait à la main un verre gradué, à demi plein. La religieuse portait un récipient, des serviettes.

Jacques se releva. On l'écartait. On s'emparait du malade, on soulevait les couvertures.

Il recula jusqu'au fond de la chambre. Personne ne faisait attention à lui. Rester, regarder souffrir, entendre crier ? Non... Il gagna la porte ; et, dès qu'il en eut franchi le seuil, il se sentit délivré.

Le couloir était sombre. Où aller? Dans le cabinet de travail ? Il avait déjà goûté du tête-à-tête avec M. Chasle qui, piqué sur sa chaise, les épaules rondes, les mains aux genoux, souriait aux anges et semblait attendre le coup de grâce. Mademoiselle était plus exaspérante encore : pliée en deux, le nez à terre, épiant les bruits, elle errait de pièce en pièce comme un chien perdu, emboîtant le pas à tous ceux qui passaient à sa portée : elle parvenait à encombrer de sa personne menue tout cet appartement désert.

Une seule chambre restait close et offrait un abri : celle de Gise. Mais qu'importait ? Gise était en Angleterre !...

Sur la pointe des pieds, Jacques s'y réfugia, et poussa le verrou.

Aussitôt, ce fut un apaisement. Seul enfin, après un jour et une nuit d'incessante contrainte! La pièce était froide. L'électricité ne s'allumait pas. A peine si le jour tardif de décembre se pouvait deviner déjà entre les lames des volets. Il n'associa pas tout de suite le souvenir de Gise à cette retraite obscure... Il heurta un siège, s'assit, et, croisant les bras d'un geste frileux, il demeura là, tassé sur lui-même, ne pensant à rien.

Lorsqu'il reprit conscience, le jour transparaissait à travers les rideaux, dont il reconnut soudain les ramages bleus. Paris... Gise... Autour de lui, pendant son sommeil, un décor oublié avait surgi. Il regarda. Chacun de ces objets, il les avait touchés de ses mains, jadis — dans une vie antérieure... Sa photo, qu'était-elle devenue? Sur le mur, un rectangle plus clair faisait pendant au portrait d'Antoine. Gise l'avait donc enlevée? Par dépit? Non! Pour l'emporter avec elle! Pour l'emporter en Angleterre, naturellement! Ah! tout serait-il donc à recommencer?... Il secoua les épaules, comme un animal au filet que chaque soubresaut empêtre davantage. Gise était en Angleterre. Heureusement! Et, tout à coup, il l'exécra. Dès qu'il pensait à elle, il se sentait aussi diminué.

Il désira si fort refouler ses souvenirs, qu'il se leva d'un bond pour s'évader de cette chambre. Mais il avait oublié son père, cette agonie... Ici, au moins, il ne se heurtait qu'à une ombre : c'était presque la solitude. Il revint au milieu de la pièce et s'assit près de la table. L'écriture de Gise avait laissé des traces sur le buvard : son encre violette... Troublé, il essaya, une seconde, de déchiffrer ces signes inversés. Puis il repoussa le sous-main. Il avait de nouveau les yeux pleins de larmes. Ah! oublier, dormir! Il croisa les bras sur la

table et baissa la tête. Lausanne, ses amis, sa solitude...
Repartir au plus tôt! Repartir, repartir...

Il fut tiré de son assoupissement par quelqu'un qui essayait d'ouvrir la porte.

Antoine le cherchait. Midi avait sonné depuis longtemps, et il fallait profiter d'une accalmie pour prendre un peu de nourriture.

Deux couverts étaient mis dans la salle à manger. Mademoiselle avait envoyé M. Chasle déjeuner chez lui. Quant à elle, Dieu bon! elle avait « trop de choses à penser » pour pouvoir se mettre à table.

Jacques n'avait guère faim. Antoine dévorait, en silence. Ils évitaient de se regarder. Depuis combien de temps ne s'étaient-ils pas attablés là, l'un en face de l'autre? Les événements se précipitaient sans même leur laisser loisir de s'émouvoir.

— « Il t'a reconnu? » demanda Antoine.

— « Je ne sais pas. »

Après un nouveau silence, Jacques repoussa son assiette et leva la tête.

— « Explique-moi, Antoine... Qu'est-ce qu'on peut prévoir? Que va-t-il se passer? »

— « Eh bien... Voilà trente-six heures que le filtre rénal ne donne plus! Tu comprends! »

— « Oui. Alors? »

— « Alors, si rien n'interrompt l'intoxication... C'est difficile à préciser, mais je crois que demain... Peut-être même cette nuit... »

Jacques retint un soupir de soulagement :

— « Et les souffrances? »

— « Oh! ça! » fit Antoine, et son front s'assombrit.

Il se tut à cause de Mademoiselle qui apportait elle-même le café. Quand elle dut s'approcher de Jacques pour lui emplir sa tasse, la cafetière se mit à trembler

si fort que Jacques voulut la lui prendre des mains.
La vue de ces doigts décharnés, jaunis et auxquels
tant de souvenirs d'enfant restaient attachés, lui gonfla soudain le cœur. Il essaya de sourire à la petite vieille ;
il ne parvint pas, même en se penchant, à rencontrer
son regard. Elle avait accepté, sans une question, le
retour de son « Jacquot » ; mais pendant trois ans elle
avait pleuré sa mort, et, depuis qu'il était revenu, elle
ne s'était pas encore résolue à lever franchement les
yeux vers ce fantôme.

— « Les souffrances », reprit Antoine dès qu'ils
furent de nouveau seuls, « il faut s'attendre à ce qu'elles
deviennent de plus en plus aiguës. En général, l'urémie produit une anesthésie croissante, une mort assez
douce. Mais, quand elle prend cette forme convulsive... »

— « Alors, pourquoi a-t-on supprimé la morphine ? »
demanda Jacques.

— « Parce qu'il n'élimine plus rien. Ça le tuerait,
à coup sûr. »

La porte s'ouvrit en coup de vent. Le visage effaré de
la femme de chambre parut et disparut. Elle avait
fait un effort pour appeler, mais aucun son n'était sorti
de sa bouche.

Antoine s'élança derrière elle. Un involontaire espoir,
dont il eut conscience, le soulevait.

Jacques avait quitté sa place. Le même espoir l'effleura. Il hésita une seconde, puis suivit son frère.

Non : ce n'était pas la fin. C'était seulement une nouvelle crise, mais soudaine et très forte.

Les mâchoires étaient si serrées que, de la porte,
Jacques entendit crisser les dents. La face était pourpre ;
les yeux, à l'envers. La respiration avait des ratés, des
arrêts qui semblaient ne plus devoir finir, et pendant
lesquels Jacques, la vie suspendue, se tournait vers son

frère sans pouvoir lui-même reprendre souffle. La contraction des membres était telle que, déjà, le corps raidi ne touchait plus le matelas qu'aux talons et à l'occiput ; néanmoins, de minute en minute, il s'arquait davantage ; et, lorsque la tension musculaire parvint à son intensité suprême, il s'immobilisa dans une sorte d'équilibre vibrant qui, un instant, exprima vraiment le paroxysme de l'effort.

— « Un peu d'éther », dit Antoine. Sa voix parut à Jacques extraordinairement calme.

La crise évoluait. Un rugissement, de plus en plus accentué, s'échappait, par saccades, de la bouche tordue. La tête se mit à rouler de droite et de gauche : une agitation désordonnée s'emparait de tous les membres.

— « Prends le bras », souffla Antoine. Lui-même saisit l'autre poignet, pendant que les religieuses essayaient de tenir les jambes qui s'agitaient et arrachaient les couvertures.

La lutte se prolongea quelques minutes. Puis la violence des convulsions décrut : les mouvements épileptiformes s'espacèrent. La tête cessa d'osciller ; les jarrets se détendirent ; le corps s'allongea, terrassé.

Alors les gémissements recommencèrent :

—« Oh ! là ! là... Oh ! là ! là... »

Jacques reposa sur le lit le bras qu'il tenait et il s'aperçut que ses doigts y avaient imprimé des marques. Le poignet de sa chemise s'était déchiré. Un bouton du col manquait. Jacques ne pouvait détacher les yeux de ces lèvres molles et mouillées d'où s'échappait obstinément la même plainte : « Oh ! là ! là... Oh ! là ! là... » Et, tout à coup, l'émotion, le déjeuner interrompu, ces vapeurs d'éther... le cœur lui tourna. Il voulut se ressaisir, se redresser : il se sentait devenir livide. A peine s'il eut la force de regagner la porte en chancelant.

Sœur Céline, qui, aidée de la vieille religieuse, commen-

çait à refaire le lit, se tourna brusquement vers Antoine.
Elle tenait le drap soulevé : à l'endroit où le malade
s'était débattu, une large tache s'étalait, légèrement
teintée de sang.

Antoine ne fit pas un geste. Mais, peu après, il s'écarta
du lit et vint s'appuyer à la cheminée. Le rein, en repre-
nant ses fonctions, suspendait — pour combien de
temps? — les effets de l'empoisonnement. Évidemment,
l'échéance restait fatale. Mais elle se trouvait reculée.
De plusieurs jours peut-être… Il se redressa. Il n'acceptait pas de s'attarder aux constatations décourageantes.
Eh bien, la lutte serait plus longue qu'il ne l'avait prévu.
Qu'y pouvait-on? Et, plus elle serait longue, plus il
importait de s'organiser au mieux. Avant tout, ménager
les forces disponibles. Établir auprès du moribond un
roulement régulier de deux équipes qui se reposeraient
à tour de rôle. Comme renfort, faire monter Léon. Lui,
Antoine, il serait des deux équipes ; il ne voulait pas
s'éloigner de la chambre. Par bonheur, avant de partir
pour la Suisse, il s'était rendu libre quelques jours. Si
quelque cas urgent se présentait dans sa clientèle, il
enverrait Thérivier. — Quoi encore? — Prévenir Philip. Téléphoner aussi à l'hôpital. — Et puis? — Il
sentait qu'il oubliait quelque chose d'important. (Signe
de fatigue ; faire préparer du thé froid.) Ah! Gise, parbleu! Écrire à Gise avant ce soir. Une chance, que la
vieille Mademoiselle n'ait pas encore parlé de faire revenir sa nièce!

Il demeurait debout devant la cheminée, les mains
sur le rebord du marbre, offrant machinalement un pied,
puis l'autre, au feu. Organiser, c'était déjà agir. Il avait
retrouvé son aplomb.

Au fond de la chambre, M. Thibault, livré à sa souffrance, geignait de plus en plus fort. Les deux religieuses
s'étaient assises. Profiter de ce répit pour donner quelques coups de téléphone… Il allait sortir, lorsqu'il se

ravisa et vint de plus près examiner le malade. Cet essoufflement, cette rougeur progressive du visage... Une nouvelle crise, déjà ? Où était Jacques ?

Presque aussitôt, il y eut un murmure de voix dans le couloir. La porte s'ouvrit. L'abbé Vécard entra, accompagné par Jacques. Antoine remarqua l'air buté de son frère, tandis que dans le visage impassible du prêtre les yeux brillaient. Mais les gémissements de M. Thibault se précipitaient ; brusquement, il allongea les bras devant lui, et ses doigts se contractèrent avec un bruit de noix qu'on écrase.

— « Jacques », fit Antoine, en tendant la main vers le flacon d'éther.

L'abbé hésita, fit un signe de croix discret, et s'éclipsa sans bruit.

IV

Toute la soirée, toute la nuit, toute la matinée du lendemain, les deux équipes constituées par Antoine se relayèrent sans relâche, de trois heures en trois heures, au chevet de M. Thibault. La première se composait de Jacques, avec la femme de chambre et la vieille religieuse ; la seconde, de sœur Céline, avec Léon et Clotilde, la cuisinière. Antoine n'avait encore pris aucun repos.

Les crises étaient devenues de plus en plus fréquentes ; elles se déchaînaient avec tant de brutalité que, après chacune de ces attaques, ceux qui veillaient le malade s'asseyaient, à bout de souffle comme lui, et, passivement, le regardaient souffrir. Rien à faire. Dans l'intervalle des convulsions, les névralgies reprenaient de plus belle ; presque chaque point du corps devenait le siège d'une douleur, et ce n'était, d'une crise à l'autre, qu'un long hurlement. Le cerveau du malheureux était trop affaibli pour qu'il prît conscience de ce qui se passait ; par moments, même, il délirait franchement ; mais sa sensibilité restait vive, et il ne cessait, par des gestes, d'indiquer les endroits où se portait la souffrance. Antoine s'étonnait de la vigueur dont témoignait encore ce vieillard alité depuis des mois. Les religieuses elles-mêmes, si rompues qu'elles fussent à tous les spectacles de la maladie, en demeuraient confondues. Plusieurs fois par heure, persuadées que, seule, l'urémie aurait raison de cette résistance anormale, elles venaient s'assurer que le lit était sec, que le rein, depuis vingt-quatre heures, n'avait pas repris ses fonctions.

Dès le premier jour, la concierge était venue demander s'il n'était pas possible que l'on fermât non seulement les fenêtres mais encore les volets, afin d'étouffer le bruit des gémissements qui résonnaient dans la cour et remplissaient la maison d'effroi. La locataire du troisième, une jeune femme enceinte, dont la chambre était au-desssus de celle du moribond, bouleversée par ces cris, avait dû, en pleine nuit, aller chercher refuge chez ses parents. Aussi gardait-on toutes les ouvertures closes. La pièce n'était éclairée que par la lampe de chevet. Les relents qui traînaient dans la chambre étaient devenus pénibles à respirer, malgré le feu de bois qu'on activait sans cesse pour l'aération. Souvent, Jacques, engourdi par cet air vicié, par cette pénombre, et brisé par les émotions qui depuis trois jours le tenaient haletant, s'endormait un quart de minute, debout, la main levée, puis s'éveillait en sursaut et achevait le geste interrompu.

Aux heures où il pouvait s'échapper, il descendait dans l'appartement d'Antoine, dont il avait repris la clé, et où il était sûr d'être seul. Il courait se terrer dans son ancienne chambre, se jetait tout habillé sur son canapé-lit ; mais sans pouvoir y trouver le repos. A travers le tulle de la croisée, il voyait tourbillonner les flocons de neige qui lui cachaient les façades des maisons et feutraient les échos de la rue. Alors il revoyait Lausanne, la ruelle des Escaliers, la pension Cammerzinn, Sophia, les amis. Tout se confondait : présent et souvenirs, la neige de Paris et les hivers de là-bas, la chaleur de cette chambre et celle de son petit poêle suisse, les effluves d'éther qui demeuraient dans ses vêtements et le parfum résineux de son parquet de sapin blond... Il se levait pour changer de retraite ; il se traînait jusque dans le cabinet d'Antoine, et, saoulé de fatigue, il se laissait tomber au fond d'un fauteuil, écœuré comme s'il avait trop longtemps attendu en vain, avec une sensation de désir stérile et d'insatiabilité, avec le sentiment que tout, partout, lui était irrémédiablement étranger.

A partir de midi, les crises commencèrent à se succéder presque sans trêve, et l'aggravation fut manifeste. Lorsque Jacques vint, avec son équipe, prendre son tour de garde, il fut saisi par le changement survenu depuis le matin : la perpétuelle contorsion des muscles de la face, et surtout la bouffissure causée par l'empoisonnement, avaient déplacé tous les traits et rendaient à peine reconnaissable le visage du moribond.

Jacques aurait voulu questionner son frère, mais des soins continuels requéraient leur double attention. D'ailleurs, dans l'état de torpeur qu'entretenait sa lassitude, traduire ses pensées en phrases intelligibles constituait pour lui un véritable effort. Par moments, entre deux crises, éperdu de pitié devant cette douleur qui ne cessait pas, il levait vers son frère un regard plein d'interrogation ; mais Antoine serrait les dents et détournait les yeux.

Après une nuit de convulsions d'une violence croissante, Jacques, épuisé, le front en sueur, cédant à une impulsion rageuse, marcha droit sur son frère, et lui saisissant le bras, l'entraîna au fond de la chambre.

— « Antoine! Ça ne peut pas continuer, voyons! »

Son ton vibrait de reproche. Antoine tourna la tête, avec un mouvement d'épaules impuissant.

— « Mais cherche! » reprit Jacques en secouant le bras de son frère. « Il faut le soulager! On doit trouver quelque chose! Il le faut! »

Antoine dressait les sourcils d'un air méprisant, et il regardait le malade qui poussait de longs hurlements. Que tenter? Un bain? Évidemment, l'idée lui en était déjà venue, plusieurs fois. Était-elle réalisable? La salle de bains se trouvait à l'autre extrémité de l'appartement, près de la cuisine, tout au bout d'un couloir resserré qui tournait à angle droit. Redoutable entreprise... Pourtant...

En quelques secondes, il eut pesé le pour et le contre, sa décision était prise, et, dans sa tête, un plan s'échafaudait déjà. Il fallait profiter de ces périodes d'affaiblissement qui suivaient en général chaque crise et duraient trois ou quatre minutes. Pour cela, tout devait être combiné à l'avance.

Il releva la tête :

— « Ma sœur, laissez tout ça. Appelez-moi Léon. Et sœur Céline. Qu'elle m'apporte deux draps. Deux. Vous, Adrienne, allez faire couler un bain chaud. Trente-huit degrés. Compris? Vous resterez là-bas, pour maintenir l'eau à trente-huit jusqu'à ce que nous arrivions. Et puis, dites à Clotilde de mettre des serviettes dans le four. Et de remplir la bassinoire de braise. Allez vite. »

Sœur Céline et Léon, qui reposaient, arrivèrent juste à temps pour prendre auprès du lit la place d'Adrienne. Une nouvelle crise commençait. Elle fut très forte, mais assez brève.

Dès qu'elle fut terminée et qu'une respiration courte mais assagie eut succédé au râle qui accompagnait maintenant les périodes de gesticulation, Antoine enveloppa ses aides d'un rapide coup d'œil.

— « Voilà le moment », dit-il. Et il ajouta, pour Jacques : « Ne nous pressons pas : il n'y a pas une seconde à perdre. »

Les deux religieuses débordaient déjà le lit. Un nuage de poudre s'éleva des draps, et l'odeur des chairs mortifiées se répandit dans la chambre.

— « Déshabillons-le vite », dit Antoine. « Léon, deux bûches au feu, pour tout à l'heure. »

— « Oh! là! là!... » gémissait le malade. « Oh! là! là!... » Chaque jour, ses escarres s'étendaient et se creusaient davantage : les omoplates, le siège, les talons, n'étaient que plaies noirâtres qui collaient aux linges malgré le talc et les pansements.

— « Attendez », fit Antoine. Il prit son canif et fendit la chemise dans sa longueur. Au sifflement de la lame dans la toile, Jacques ne put retenir un frisson.

Le corps apparut, en entier.

Il était énorme, flasque, blanchâtre ; il donnait l'impression d'être à la fois boursouflé et très maigre. Les mains pendaient comme des gants de boxe au bout des bras squelettiques. Les jambes, démesurément longues, semblaient des os velus. Une plaque de crin gris s'étalait entre les mamelles ; une autre dissimulait à demi le sexe.

Jacques détourna les yeux. Bien des fois, dans la suite, il devait se souvenir de cet instant et de l'étrange pensée qui l'avait assailli, en regardant pour la première fois dans sa nudité cet homme dont il était issu. Puis, dans un éclair, il se revit à Tunis, son carnet de reportage à la main, devant un autre corps, pareillement nu, pareillement gonflé et grisonnant, celui d'un vieil Italien, un colosse obscène, qu'on venait de trouver pendu et qu'on avait allongé dehors, en plein soleil. Toute la marmaille bigarrée des rues avoisinantes gambadait autour en piaillant. Et Jacques avait vu la fille du suicidé, presque une enfant, traverser en pleurant la cour, chasser les marmots à coups de pied, et répandre sur le cadavre une brassée d'herbe sèche. Par pudeur, peut-être ; ou bien à cause des mouches.

— « A toi, Jacques », souffla Antoine.

Il s'agissait de passer la main sous le malade pour saisir un bout du drap qu'Antoine et la sœur avaient réussi à lui glisser par-dessous les reins.

Jacques obéit. Et, soudain, le contact de cette moiteur le bouleversa au point de provoquer en lui un mouvement inattendu — une émotion physique, un sentiment brut, qui dépassait de beaucoup la pitié ou l'affection : l'égoïste tendresse de l'homme pour l'homme.

— « Au milieu du drap », commanda Antoine. « Bien. Pas si fort. Léon, tirez par ici. Enlevez l'oreiller maintenant. Vous, ma sœur, soulevez les jambes. Encore un peu. Attention aux escarres. Jacques, empoigne un coin du drap, à la tête ; moi, je prendrai l'autre. Sœur Céline et Léon vont tenir les coins des jambes. Y sommes-nous ? Bien. Essayons d'abord, pour voir. Une, deux ! »

Le drap, vigoureusement tiré aux quatre angles, se tendit, soulevant, mais à grand-peine, le corps au-dessus du matelas.

— « Ça va », fit Antoine, presque joyeusement. Et tous éprouvaient cette même joie d'agir.

Antoine s'adressa à la vieille religieuse :

— « Ma sœur, mettez sur lui la couverture de laine. Et puis passez devant : vous ouvrirez les portes... Nous y sommes ? Allons-y. »

Pesamment le cortège s'ébranla, s'engagea dans l'étroit couloir. Le patient hurlait. La face de M. Chasle s'encadra un instant dans l'embrasure de l'office.

— « Baissez un peu, aux pieds », reprit Antoine d'une

voix oppressée. « Là... Faut-il faire halte ? Non ? Alors, en avant... Prends garde, tu vas accrocher la clef du placard... Courage. On y est presque. Gare au tournant. »
Il aperçut de loin Mademoiselle et les deux bonnes qui encombraient la salle de bains. « Allez, allez-vous-en », cria-t-il. « On est assez de cinq. Vous, Adrienne et Clotilde, profitez-en pour refaire le lit. Et bassinez-le... A nous, maintenant. En biais, pour passer la porte. Ça va... Ne le posez pas sur le carrelage, nom de Dieu ! Soulevez, soulevez ! Encore ! Il faut arriver au-dessus de la baignoire. Après, on le plongera progressivement. Dans son drap, bien sûr ! Tenez bon. Doucement. Lâchez un peu. Encore. Là... Zut, elle a mis trop d'eau, ça va déborder partout. Laissez descendre... »

La pesante masse, au creux du drap, s'immergea, lentement, expulsant hors de la baignoire l'équivalent de son volume d'eau, qui jaillit de tous les côtés, trempant les porteurs, inondant le sol jusqu'au couloir.

— « Voilà qui est fait », déclara Antoine, en s'ébrouant. « Dix minutes pour souffler. »

M. Thibault, saisi sans doute par la chaleur du bain, avait un instant cessé de crier, mais pour reprendre aussitôt de plus belle. Il essaya de se débattre ; par bonheur, ses bras et ses jambes s'empêtraient dans les plis du drap et tous ses mouvements se trouvaient paralysés.

Peu à peu, d'ailleurs, son agitation céda. Il ne criait plus, il geignait : — « Oh ! là ! là !... Oh ! là ! là !... » Bientôt même, il cessa de gémir. Il éprouvait, visiblement, un grand bien-être. Ses « Oh ! là ! là ! » ressemblaient à de petits soupirs satisfaits.

Ils demeuraient tous les cinq autour de la baignoire, debout, les pieds dans l'eau, songeant non sans anxiété à ce qui restait à faire.

Brusquement, M. Thibault éleva la voix et ouvrit les yeux :

— « Ah ! c'est toi ?... Pas aujourd'hui... » Il promenait

son regard autour de lui, mais il ne reconnaissait évidemment rien de ce qui l'entourait. — « Laissez-moi », ajouta-t-il. (C'était, depuis deux jours, les premières paroles intelligibles qu'il prononçait.) Il se tut, ses lèvres remuaient comme s'il eût marmonné une prière ; et l'on percevait un bredouillement. Antoine qui tendait l'oreille parvint à saisir plusieurs mots :

— « Saint Joseph... Patron des mourants... » Puis, un peu après : « ... pauvres pécheurs... »

Les paupières, de nouveau, s'étaient abaissées. Le visage était calme ; la respiration courte, mais bien rythmée. Ne plus entendre de cris était pour tous un incroyable repos.

Tout à coup, le vieillard émit un petit rire, étrangement net, enfantin. Antoine et Jacques se regardèrent. A quoi pensait-il ? Ses yeux restaient clos. Alors, assez distinctement mais d'une voix que ses hurlements avaient éraillée, il chantonna encore une fois ce refrain de son enfance, que Mademoiselle lui avait réappris :

> Hop ! Hop ! Trilby trottine !
> Hop ! Vite ! Au rendez-vous !

Il répéta : « Hop... hop... », puis la voix s'éteignit.

Antoine, gêné, évita de lever les yeux. « *Au rendez-vous...* », songeait-il. « C'est d'un goût déplorable... Qu'est-ce que Jacques doit penser ? »

Jacques éprouvait exactement les mêmes sentiments : son malaise ne venait pas de ce qu'il avait entendu, mais du fait qu'il n'avait pas été seul à l'entendre ; chacun d'eux n'était gêné que par rapport à l'autre.

Les dix minutes s'achevaient.

Antoine, tout en surveillant le bain, avait réfléchi à la manœuvre du retour :

— « Impossible de le transporter dans ce linge trempé », dit-il à voix basse. « Léon, allez me chercher le matelas du lit pliant. Et demandez à Clotilde les serviettes qui sont au four. »

On jeta le matelas sur le carrelage mouillé. Puis, au commandement d'Antoine, ils reprirent les quatre coins du drap, hissèrent péniblement le malade hors de la baignoire et le déposèrent tout dégouttant sur le matelas.

— « Épongez-le vite... », dit Antoine. « Bon. Maintenant enveloppez-le de laine et glissez sous lui le drap sec. Dépêchons, qu'il ne prenne pas froid. »

« Et qu'importe qu'il prenne froid ?... » songea-t-il aussitôt.

Il jeta un coup d'œil autour de lui. Tout ruisselait. Les matelas, les linges trempaient dans l'eau. Une chaise était renversée dans un coin. La cabine semblait avoir été le théâtre d'une scène violente, au cours d'une inondation.

— « Maintenant, à vos places, et en route », commanda-t-il.

Le drap sec se tendit, le corps se balança un instant comme au fond d'un hamac, puis le cortège, titubant, clapotant dans les flaques, se redressa et disparut au tournant du couloir, laissant derrière lui une traînée d'eau.

Quelques minutes plus tard, M. Thibault était couché dans son lit refait, la tête au centre de l'oreiller, les bras mollement allongés sur la couverture. Il était immobile et très pâle. Pour la première fois depuis bien des jours, il semblait ne plus souffrir.

Détente qui ne dura guère.

Quatre heures sonnaient, Jacques venait de quitter la chambre et s'apprêtait à descendre au rez-de-chaussée pour prendre quelque repos, lorsque, dans le vestibule, Antoine le rattrapa·

— « Vite! Il étouffe!... Téléphone à Cautrot. Fleurus 54-02. Cautrot, rue de Sèvres. Qu'on envoie immédiatement trois ou quatre ballons d'oxygène... Fleurus 54-02. »

— « Si j'y allais, en taxi? »

— « Non. Ils ont un triporteur. Fais vite, j'ai besoin de toi. »

Le téléphone était dans le cabinet de M. Thibault. Jacques s'y rua — avec tant de brusquerie que M. Chasle en sauta sur sa chaise.

— « Père étouffe », lui jeta Jacques, en décrochant l'appareil.

— « Allô... Les établissements Cautrot?... Non... Alors vous n'êtes pas Fleurus 54-02?

« Allô... Je vous en prie, Mademoiselle, c'est pour un malade!... *Fleurus, cin-quante-quatre... zéro... deux!*

« Allô... Les établissements Cautrot? Bon... Ici, le docteur Thibault... Oui... Pouvez-vous...? »

Plié en deux et accoudé à la console sur laquelle était placé le téléphone, il tournait le dos à la pièce. Tout en parlant, il leva distraitement les yeux vers la glace qui était devant lui : il y vit une porte ouverte et, dans cette porte, debout, pétrifiée, Gise qui le regardait.

v

Gise avait reçu, la veille, à Londres, la dépêche que Clotilde, avec l'approbation de Mademoiselle, avait pris l'initiative de lui adresser le jour où Antoine se trouvait à Lausanne. Elle s'était mise en route à la première heure, avait gagné Paris sans avoir prévenu personne, s'était fait conduire rue de l'Université, et là, n'osant pas questionner la concierge, le cœur battant, elle était montée droit à l'appartement.

Léon était venu lui ouvrir. Inquiète de le voir à cet étage, elle avait babutié :

— « Et Monsieur ? »

— « Pas encore, Mademoiselle. »

— « Alors... », criait quelqu'un dans la pièce voisine, « vous n'êtes pas Fleurus 54-02 ? »

Gise avait tressailli. Hallucination ?

— « Allô... Je vous en prie, Mademoiselle, c'est pour un malade... »

Elle avait laissé choir sa valise. Ses jambes tremblaient. Sans bien savoir ce qu'elle faisait, elle avait traversé l'antichambre et, de ses deux mains, poussé la porte entrebâillée du bureau.

Il était là, de dos, accoudé à la console. Son profil fuyant, aux paupières baissées, s'inscrivait, lointain, à peine réel, dans le tain verdâtre de la glace. Elle n'avait jamais cru que Jacques fût mort. Il était retrouvé, il était revenu au chevet de son père...

— « Allô... Ici, le docteur Thibault... Oui... Pouvez-vous... ? »

Lentement, leurs regards s'abordèrent. Jacques se retourna net, tenant toujours le récepteur où bourdonnaient des paroles.

— « Pouvez-vous... ? » répéta-t-il. Sa gorge était crispée. Il fit un violent effort pour avaler sa salive et n'émit qu'un son étranglé : « Allô... » Il ne savait plus où il était ni pour quoi il téléphonait. Il dut faire un prodigieux rétablissement : Antoine, le moribond, l'oxygène... « Père étouffe », se dit-il. Des vibrations assourdissantes lui ébranlaient la tête.

— « Eh bien, j'écoute ! » fit une voix impatiente. Une bouffée de colère s'éleva, en lui, contre l'intruse. Que venait-elle faire ? Que voulait-elle de lui ? Pourquoi existait-elle encore ? Tout n'était-il pas fini, fini ?

Gise n'avait pas bougé. Dans son visage bistre, ses grands yeux noirs et ronds, ses beaux yeux de chien fidèle, luisaient d'un tendre éclat qu'avivait la stupeur. Elle avait beaucoup maigri. Jacques n'eut pas positivement l'idée qu'elle était devenue bien jolie, mais il en eut un sentiment fugitif.

Dans le silence, M. Chasle éclata comme une bombe à retardement :

— « Ah! c'est vous? » fit-il, avec un sourire niais.

Jacques pressait nerveusement l'appareil contre sa joue et, sans pouvoir détacher de la gracieuse apparition son regard absent qui ne laissait rien voir de sa sourde rage, il balbutiait :

— « Pouvez-vous m'envoyer... immédiatement... de l'oxygène... par un... par un triporteur... Quoi?... En ballons, bien entendu... Pour un malade qui étouffe...

Gise, clouée sur place, le contemplait toujours, sans même battre des cils. Cent fois, elle avait imaginé la seconde où il lui réapparaîtrait, l'instant où, après des années d'attente, elle se laisserait tomber sur sa poitrine. Et, cette seconde, elle la vivait en ce moment. Il était là, à trois pas d'elle, mais indisponible, possédé par d'autres — étranger. Dans les yeux de Jacques, son regard venait de heurter quelque chose de dur, comme un refus. Et, avant même d'en avoir bien pris conscience, elle eut, devant cette réalité si différente de son rêve, l'intuition qu'elle allait encore souffrir.

Lui aussi, en parlant, n'avait pas cessé de la dévisager. Ils adhéraient l'un à l'autre par ce regard. Cependant, Jacques s'était redressé, et sa voix était redevenue ferme, trop ferme :

— « Oui... Trois ou quatre ballons d'oxygène... Immédiatement. »

Il articulait maintenant sur un diapason bien plus élevé que de coutume, sur un ton frémissant, nasillard, avec une désinvolture forcée : « Ah! pardon, l'adresse... Docteur Thibault, 4 *bis*, rue de l'Université... Non : je dis 4 *bis*... Montez directement au deuxième étage... Et vite, Monsieur, je vous en prie, c'est terriblement pressé ! »

Sans hâte, mais d'une main peu sûre, il raccrocha l'appareil.

Ni l'un ni l'autre ne se décidaient à bouger.

— « Bonjour », fit-il enfin.

Un frisson la traversa. Elle entrouvrit les lèvres pour sourire, pour répondre. Mais, comme s'il reprenait brusquement conscience de la réalité, Jacques se détacha d'où il était :

— « Antoine m'attend », expliqua-t-il, en traversant avec précipitation la pièce. « M. Chasle te mettra au courant... *Il* étouffe... Tu arrives au pire moment... »

— « Oui », dit-elle, en se raidissant, tandis qu'il passait tout près, « va, va vite ! »

Ses yeux se gonflèrent de larmes. Elle n'avait aucune pensée précise, aucune regret motivé : une sensation pénible d'hébétude et de faiblesse. Son regard suivit Jacques dans l'antichambre. Depuis qu'elle le voyait marcher, il lui semblait plus vivant, plus sûrement retrouvé. Quand il eut disparu, elle joignit nerveusement les mains et murmura :

— « Jacquot... »

M. Chasle avait assisté à cette scène, comme un meuble, sans remarquer rien. Et, dès qu'il se vit seul avec Gise, il crut courtois d'entamer la conversation :

— « Moi, tel que vous me voyez, Mademoiselle Gise, je suis là », confia-t-il, en touchant la chaise sur laquelle il s'était juché. Gise se détournait pour cacher ses larmes. Après une pause, il ajouta :

— « Nous attendons qu'on puisse commencer. »

Le ton était si confidentiel que Gise, interloquée, demanda :

— « Commencer quoi ? »

Le petit vieux eut un clignement de l'œil derrière ses lunettes et pinça les lèvres avec circonspection :

— « La prière, Mademoiselle Gise. »

Jacques, cette fois, s'était élancé vers la chambre de son père comme vers un refuge.

Le plafonnier était allumé. M. Thibault, qu'on tenait assis, tout droit, était effrayant à voir : la tête était renversée ; la bouche bâillait ; il semblait avoir tout à fait perdu connaissance ; les yeux, saillants, globuleux, restaient ouverts et sans vie. Antoine, penché sur le lit, soutenait son père de ses deux bras, tandis que sœur Céline calait le buste avec des coussins que lui passait la vieille religieuse.

— « Ouvre la fenêtre », cria Antoine en apercevant son frère.

Un vent coulis parcourut la pièce et vint baigner le visage pâmé. Les ailes du nez se mirent à battre : un peu d'air entrait dans les poumons. Les inspirations étaient faibles, saccadées, courtes ; les expirations, interminables : on eût dit, chaque fois, que ce lent soupir était le dernier.

Jacques s'était approché d'Antoine. Il lui glissa, à mi-voix :

— « Gise vient d'arriver. »

Antoine, sans bouger, haussa brièvement les sourcils. Mais il ne voulait pas se laisser distraire une seconde de cette lutte pressante qu'il menait contre la mort. La moindre inadvertance, et ce souffle vacillant pouvait s'évanouir. Comme un boxeur au combat, le regard rivé à l'adversaire, le cerveau tendu, tous les muscles prêts à la parade, il ne quittait pas son malade de l'œil. Pas un instant il ne prit le temps de penser qu'il appelait, depuis deux jours, comme une délivrance, cette mort que, en ce moment, il s'acharnait à combattre. Il avait même à peu près oublié que cette vie en suspens était celle de son père.

« L'oxygène va arriver », se disait-il. « On peut tenir cinq minutes encore, peut-être dix. Dès que j'aurai le ballon... Mais il faudrait que je sois libre de mes mouvements. Et la sœur aussi... »

— « Jacques, va me chercher quelqu'un de plus... Adrienne, Clotilde, n'importe. A deux, vous le soutiendrez. »

Dans l'office, personne. Jacques courut à la lingerie : Gise y était seule avec sa tante. Il hésita une seconde. Le temps passait...

— « Eh bien, oui, toi », fit-il. « Viens. » Et, poussant la vieille demoiselle vers l'antichambre : « Restez sur le palier. On va venir livrer des ballons d'oxygène. Vous nous les apporterez immédiatement. »

Lorsqu'ils arrivèrent auprès du lit, M. Thibault tombait en syncope. La figure était violacée, la bouche démesurément ouverte. Une coulée brunâtre s'échappait du coin des lèvres.

— « Vite », murmura Antoine. « Mettez-vous là... »

Jacques prit la place de son frère, et Gise, celle de sœur Céline.

— « Tractions de la langue », fit Antoine, en s'adressant à sœur Céline. « Avec un linge... Avec un linge... »

Gise avait toujours montré des aptitudes d'infirmière : à Londres, elle suivait des cours. Tout en empêchant le malade de verser sur le côté, elle lui saisit le poignet, et, après avoir quêté du regard l'assentiment d'Antoine, elle commença des mouvements du bras, en accordant ses gestes avec les tractions faites par la sœur. Jacques prit l'autre poignet et fit de même. Mais le visage de M. Thibault se gonflait de sang comme si on l'eût étranglé.

— « Un, deux... Un, deux... », scandait Antoine.

La porte s'ouvrit.

Adrienne accourait, tenant un des ballons.

Antoine le lui enleva des bras, et, sans perdre un instant, ouvrit le robinet qu'il glissa dans la bouche du malade.

La minute qui suivit parut longue. Elle ne s'était pas écoulée, cependant, que déjà l'amélioration était sensible. Peu à peu, à petits coups, la respiration reprit. Bientôt, il fut manifeste que la face se décongestionnait. La circulation retrouvait son cours.

Sur un signe d'Antoine, qui, doucement, avec le coude, sans quitter des yeux son malade, pressait le ballon contre lui, Jacques et Gise cessèrent de lever et d'abaisser les bras.

Pour Gise, il était temps : elle s'épuisait. Tout, autour d'elle, chancela. L'odeur de ce lit lui était intolérable. Elle recula d'un pas, se cramponnant au dossier d'un siège pour ne pas se trouver mal.

Les deux frères restaient penchés sur le lit.

M. Thibault, dressé au milieu des coussins, la bouche entrouverte par le robinet, reposait, les traits calmes. Il fallait continuer à tenir le buste droit et surveiller de près la respiration ; mais le péril immédiat était conjuré.

Pour prendre le pouls, Antoine passa le ballon à la sœur et s'assit sur le bord du matelas. Lui aussi, tout à coup, sentait le poids de sa fatigue. Les pulsations étaient irrégulières, très lentes. « S'il pouvait passer comme ça, en douceur... », se dit-il. La contradiction entre ce souhait et l'acharnement qu'il avait mis à lutter contre l'asphyxie ne le frappait pas encore. Levant la tête, il rencontra le regard de Gise et lui sourit. Il l'avait employée comme un instrument, sans réfléchir que c'était elle ; et, de l'apercevoir là, soudain, lui apporta une bouffée de joie. Ses yeux se tournèrent de nouveau vers le moribond. Et, cette fois, il ne put s'empêcher de songer :

— « Si seulement l'oxygène était arrivé cinq minutes plus tard, tout serait fini maintenant. »

VI

La crise d'étouffements avait privé M. Thibault du répit que sans doute lui eût accordé le bain. La reprise des convulsions ne se fit pas attendre ; dans son court assoupissement, le malade semblait n'avoir puisé de nouvelles forces que pour mieux souffrir.

Entre le premier accès et le second, il s'écoula plus d'une demi-heure. Mais les douleurs viscérales et les névralgies avaient dû retrouver toute leur acuité, car, pendant cet entracte, le patient ne cessa de s'étirer en tous sens, et de gémir. Le troisième accès débuta un quart d'heure après le second. Puis les crises se précipitèrent, inégalement violentes, à quelques minutes d'intervalle.

Le docteur Thérivier, qui était venu le matin et qui avait téléphoné plusieurs fois dans l'après-midi, revint, un peu avant neuf heures du soir. Lorsqu'il pénétra dans la chambre, M. Thibault se débattait avec une telle fureur que le médecin, voyant faiblir ceux qui le tenaient, se hâta de leur porter secours. La jambe qu'il voulait prendre lui échappa, et il reçut une ruade qui le jeta presque à terre. On ne pouvait s'expliquer que le vieillard eût encore pareilles réserves de vigueur.

Dès que cette agitation eut cessé, Antoine entraîna son ami à l'extrémité de la pièce. Il voulut parler ; il prononça même quelques mots (que Thérivier n'entendit pas à cause des hurlements qui emplissaient la chambre et s'arrêta tout à coup, les lèvres tremblantes. Thérivier fut frappé de l'altération de ses traits. Antoine fit un effort pour se ressaisir, et, se penchant à l'oreille de Thérivier, balbutia :

— « Mon vieux... Tu vois... tu vois... Ça n'est plus possible, je t'assure... »

Il considérait le jeune homme avec une insistance affectueuse ; il avait l'air d'attendre de lui le salut.

Thérivier baissa les yeux.

— « Du calme », fit-il, « du calme... » Puis, après un silence : « Réfléchis... Le pouls est faible. Pas de miction depuis trente heures : l'urémie progresse, les crises sont nettement subintrantes... Je comprends bien que tu sois à bout. Mais, patience, la fin est proche. »

Antoine, les épaules rondes, le regard perdu dans la direction du lit, ne répondit pas. Son visage avait complètement changé d'expression. Il paraissait engourdi. « La fin est proche... » Peut-être était-ce vrai ?

Jacques entra, suivi d'Adrienne et de la vieille religieuse. C'était l'heure de la relève.

— « Je vais passer la nuit avec vous pour que votre frère puisse se reposer un peu. »

Antoine avait entendu. La tentation de se trouver enfin hors de cette chambre, dans le silence — de pouvoir s'allonger, dormir peut-être, oublier — fut si vive que, pendant quelques secondes, il pensa accepter l'offre de Thérivier. Mais, presque aussitôt, il se reprit :

— « Non, mon vieux », fit-il très fermement. « Merci. Non. » Il n'aurait pas bien su expliquer pourquoi, mais il sentait profondément qu'il ne fallait pas consentir. Rester seul avec sa responsabilité ; être seul en face du destin. Et, comme l'autre levait la main : « N'insiste pas », reprit-il, « je suis décidé. Ce soir, nous sommes encore en nombre et à peu près solides. Réserve-toi. »

Thérivier haussa les épaules. Mais, comme il pensait que la situation pouvait se prolonger plusieurs jours, et qu'il avait l'habitude de plier devant la volonté d'Antoine, il se contenta de déclarer :

— « Soit. Mais, demain soir, que tu le veuilles ou non... »

Antoine ne broncha pas. Demain soir? Demain, ces mêmes convulsions, ces hurlements? Évidemment, c'était possible. Probable même... Après-demain aussi. Pourquoi pas?... Son regard croisa celui de son frère. Jacques fut seul à deviner cette détresse, à la partager.

Mais déjà les rugissements annonçaient un nouvel accès. Il fallait aller reprendre son poste. Antoine tendit la main à Thérivier, qui la garda un instant entre les siennes, qui fut même sur le point de murmurer : « Courage... » mais qui n'osa pas, et qui partit sans un mot. Antoine le regarda s'éloigner. Combien de fois, lui aussi, en quittant le chevet d'un grand malade — après avoir serré la main d'un mari, grimacé un sourire, évité le regard d'une mère — combien de fois, aussitôt le dos tourné, avait-il ressenti cette impression de délivrance qui rendait en ce moment si légère la fuite de Thérivier?

A dix heures du soir, les crises, qui se succédaient maintenant sans arrêt, semblaient avoir atteint leur paroxysme.

Antoine sentait autour de lui les courages faiblir, l'endurance fondre, les soins devenir plus lents, moins précautionneux. En général rien n'était mieux fait pour galvaniser son ardeur que la délivrance des autres. Mais il était parvenu au point où sa résistance morale ne pouvait plus se défendre contre l'épuisement physique. Depuis son départ pour Lausanne, c'était le quatrième soir qu'il ne se couchait pas. Il ne se nourrissait plus : à peine si, en se forçant, il avait pu avaler aujourd'hui un peu de lait ; il ne se soutenait qu'à l'aide de thé froid, dont il se versait, de temps à autre, une rasade

Sa nervosité, qui allait s'aggravant, lui prêtait une apparence d'énergie, mais factice. En réalité, ce qu'une telle situation demandait de lui, cette patience, cette attente, cette fausse activité que paralysait le sentiment d'une impuissance totale, c'était bien ce qui répugnait le plus foncièrement à son tempérament, ce qui exigeait de lui le plus insoutenable effort. Et, cependant, il fallait persévérer, coûte que coûte, et s'épuiser aux mêmes luttes, puisqu'elles se renouvelaient sans trêve !

Vers onze heures, à la fin d'une crise, comme ils étaient encore tous quatre courbés, surveillant les dernières convulsions, Antoine se redressa vivement, et laissa échapper un geste de dépit : une nouvelle tache humide s'étalait sur le drap : le rein, encore une fois, s'était remis à fonctionner, abondamment.

Jacques ne put retenir un mouvement de rage, et lâcha le bras de son père. C'en était trop. Seule, la pensée d'une fin imminente, due aux progrès de l'empoisonnement, l'aidait à tenir debout. Maintenant, quoi ? On ne savait plus. C'était comme si, depuis deux jours, sous ses yeux, la mort se fût patiemment acharnée à tendre son piège : et, chaque fois que le ressort commençait à être bien bandé, crac, il échappait au cran d'arrêt : tout était à recommencer !

De ce moment-là, il n'essaya même plus de dissimuler son accablement. Entre les convulsions, il s'abattait sur le siège le plus proche, harassé, hargneux, et il s'assoupissait trois minutes, les coudes sur les genoux, les poings dans les yeux. A chaque nouvel accès, il fallait l'appeler, lui toucher l'épaule, l'éveiller en sursaut.

Dès avant minuit, la situation parut tout à fait critique. La lutte allait devenir impossible.

Trois crises, d'une extrême violence, venaient d'avoir lieu, coup sur coup, lorsqu'une quatrième se déclara.

Elle s'annonçait terrible : tous les phénomènes habituels, avec une intensité décuplée. La respiration suspendue ; le visage injecté de sang ; les yeux, à demi sortis de leur orbite ; les avant-bras contractés, pliés, au point qu'on ne voyait plus les mains et que, sous la barbiche, les poignets, recroquevillés, avaient l'air de deux moignons. Tous les membres tremblaient à force d'être crispés ; les muscles, raidis, semblaient prêts à se déchirer sous l'effort. Jamais la période de raidissement ne s'était aussi longuement prolongée : les secondes se succédaient, l'intensité ne décroissait pas ; la face devenait noire ; Antoine crut vraiment que la mort était là.

Puis, un râle parvint à s'échapper d'entre les lèvres, où moussa un peu de bave. Les bras se détendirent brusquement. La période de gesticulation commençait.

Elle atteignit aussitôt une telle impétuosité qu'il eût fallu la camisole de force pour entraver cette frénésie. Antoine et Jacques, aidés de la vieille sœur et d'Adrienne, s'étaient cramponnés aux quatre membres du forcené : ballottés, entraînés, ils titubaient et s'entrechoquaient comme dans une mêlée de football. Adrienne, la première, dut lâcher la jambe qu'elle tenait et ne put la ressaisir. La vieille religieuse, à demi renversée par les secousses, perdit l'équilibre : l'autre mollet lui glissa des mains. Libres alors, les deux jambes battirent l'air ; les talons écorchés s'ensanglantaient contre le bois du lit. Antoine et Jacques, à bout de souffle, trempés de sueur, s'arc-boutaient pour empêcher cette énorme masse vivante, soulevée par ses soubresauts, d'être jetée hors du matelas.

Quand cette fureur de dément se fut éteinte (elle cessait inopinément comme elle avait commencé), quand enfin le malade fut recouché au milieu du lit, Antoine recula de quelques pas. Il était parvenu à une telle tension nerveuse qu'il claquait des dents. Il s'approchait frileusement de la cheminée, lorsque, levant les yeux, il aperçut dans la glace, éclairée par la flamme, son visage défait, ses cheveux ébouriffés, son regard mauvais. Il pivota sur lui-même, s'écroula dans un fauteuil, et, pressant son front entre ses mains, éclata en sanglots. Il en avait assez, assez... Le peu de force réagissante qui survivait en lui se concentrait en un désir éperdu : « Que ça finisse! » Tout, plutôt que d'assister, impuissant, pendant une nuit encore, puis une nouvelle journée et peut-être une nouvelle nuit, à ce spectacle de l'enfer!

Jacques s'était approché. A tout autre moment, il se serait jeté dans les bras de son frère ; mais sa sensibilité était émoussée autant que son énergie, et le spectacle de cette détresse, au lieu d'exalter la sienne, la paralysait. Figé sur place, il considérait avec étonnement ce visage battu, mouillé, grimaçant, et il y découvrait soudain un aspect du passé, la figure en larmes d'un gamin qu'il n'avait pas connu.

Puis une pensée lui vint, qui, plusieurs fois déjà, l'avait hanté :

— « Tout de même, Antoine... Si tu demandais quelqu'un en consultation? »

Antoine haussa les épaules. N'aurait-il pas été le premier à convoquer tous ses confrères s'il y avait eu la moindre difficulté à résoudre? Il répondit quelques mots rudes que son frère ne put saisir : les cris de douleur avaient recommencé - ce qui était l'indice d'un bref répit avant la prochaine crise.

Jacques s'irrita :

— « Mais enfin, Antoine, cherche! » cria-t-il. « Il est impossible qu'il n'y ait pas quelque chose à faire! »

Antoine serrait les dents. Ses yeux étaient secs. Il

releva le front, dévisagea brutalement son frère et murmura :

— « Si. Il y a *une chose* qu'on peut toujours faire. »

Jacques comprit. Il ne baissa pas les yeux, ne fit aucun mouvement.

Antoine l'interrogeait du regard ; il balbutia :

— « Tu n'y as jamais pensé, toi ? »

Jacques fit un signe affirmatif, très bref. Il regardait son frère jusqu'au fond des prunelles, et il eut le sentiment fugitif que, à cette minute-là, ils se ressemblaient : même pli entre les sourcils, même expression de désespoir et d'audace, même masque « capable de tout ».

Ils étaient dans l'ombre, près du feu, Antoine assis, Jacques debout. Les hurlements étaient tels que les deux femmes, agenouillées près du lit et comme assommées de fatigue, ne pouvaient rien entendre.

Après une pause, ce fut encore Antoine qui parla :

— « Tu le ferais, toi ? »

La question était rude, directe, mais il y avait, dans la voix, une imperceptible fêlure. Jacques, cette fois, évita le regard de son frère. Il finit par répondre, entre ses dents :

— « Je ne sais plus... Peut-être que non. »

— « Eh bien, moi, si ! » fit Antoine aussitôt.

Il s'était levé avec brusquerie. Cependant il restait debout, immobile. Il eut vers Jacques un geste hésitant de la main, et se pencha :

— « Tu me désapprouves ? »

Jacques, doucement, sans hésiter, répondit :

— « Non, Antoine. »

Ils se regardèrent de nouveau ; et, pour la première fois depuis leur retour, ils éprouvaient un sentiment qui ressemblait à de la joie.

Antoine s'était approché de la cheminée. Les bras écartés, il avait empoigné le marbre, et, courbant le dos, il contemplait le feu.

La décision était prise. Restait à réaliser. Quand? Et comment? Agir sans autre témoin que Jacques. Bientôt minuit. A une heure, l'équipe de sœur Céline et de Léon allait revenir : avant une heure, il fallait donc que ce fût fait. Rien de plus simple. D'abord une saignée, pour provoquer une faiblesse, un assoupissement qui permît d'envoyer la vieille sœur et Adrienne se reposer, bien avant la relève. Une fois seul avec Jacques... Tâtant sa poitrine, il sentit sous ses doigts le petit flacon de morphine qu'il avait dans sa poche depuis... Depuis quand? Depuis le matin de son arrivée. Lorsqu'il était descendu avec Thérivier pour chercher le laudanum, il se souvenait, en effet, qu'il avait, à tout hasard, glissé dans sa blouse cette solution concentrée... et cette seringue... A tout hasard?... Pourquoi?... On eût dit que tout était arrêté dans sa tête et qu'il n'avait plus qu'à exécuter les détails d'un plan élaboré depuis longtemps.

Mais un nouvel accès se préparait. Il fallait attendre qu'il fût passé. Jacques, repris de zèle, était déjà à son poste. « La dernière crise », se dit Antoine, tandis qu'il s'approchait du lit, et, dans les yeux que Jacques fixait sur lui, il crut lire la même pensée.

Par chance, la période de raidissement fut moins longue que la précédente, mais les convulsions furent aussi violentes.

Pendant que le malheureux se démenait en écumant, Antoine s'adressa à la sœur :

— « Peut-être qu'une saignée lui procurerait quelque répit. Dès qu'il se tiendra tranquille, vous m'apporterez ma trousse. »

L'effet fut presque immédiat. Affaibli par la perte du sang, M. Thibault parut s'endormir.

Les deux femmes étaient si lasses qu'elles n'insistèrent pas pour attendre la relève : dès la première invitation d'Antoine, elles saisirent cette occasion de prendre un peu de repos.

Antoine et Jacques restent seuls.

Ils se trouvent tous deux loin du lit : Antoine vient d'aller fermer la porte qu'Adrienne a laissée entrouverte, et Jacques, sans savoir pourquoi, s'est reculé jusqu'à la cheminée.

Antoine évite le regard de son frère : il n'éprouve plus du tout, en ce moment, le besoin de sentir une affection près de lui ; et il n'a que faire d'un complice.

Il tripote, au fond de sa poche, la petite boîte nickelée. Il s'octroie encore deux secondes. Non qu'il veuille, une fois de plus, peser le pour et le contre : il s'est fait une règle de ne jamais reprendre, au moment d'agir, le débat qui a décidé l'action. Mais, contemplant au loin, dans les blancheurs du lit, ce visage que la maladie lui a rendu chaque jour plus familier, il s'abandonne un instant à la mélancolie d'un suprême élan de pitié.

Les deux secondes sont écoulées.

« Ç'aurait été moins pénible au cours d'une crise », songe-t-il, en s'avançant à pas rapides.

Il tire le flacon de sa poche, l'agite, ajuste l'aiguille à la seringue et s'arrête, quêtant quelque chose des yeux. Un bref haussement d'épaules : il cherchait machinalement la lampe à alcool pour flamber la pointe de platine...

Jacques ne voit rien : le dos penché de son frère lui cache le lit. Tant mieux. Pourtant il se décide à faire un pas de côté. Le père semble dormir. Antoine déboutonne la manche et la retrousse.

« J'ai saigné le bras gauche », se dit Antoine, « piquons le droit. »

Il pince un pli de chair et lève la seringue.

Jacques crispe sa main sur sa bouche.

L'aiguille s'enfonce d'un coup sec.

Une plainte échappe au dormeur ; l'épaule a frémi. Dans le silence, la voix d'Antoine :

— « Bouge pas... C'est pour te soulager, Père... »
« La dernière fois qu'on lui parle », pense Jacques.

Le niveau du liquide ne baisse pas vite dans la seringue de verre... Si on entrait... Est-ce fini? Non. Antoine a laissé l'aiguille piquée dans la peau ; il détache délicatement la seringue et l'emplit une seconde fois. Le liquide descend de moins en moins vite... Si on entrait... Encore un centimètre cube... Que c'est lent!... Encore quelques gouttes...

Antoine retire l'aiguille d'un geste prompt, essuie la place gonflée où suinte une perle rose, puis il reboutonne la chemise et relève la couverture. Sûrement, s'il était seul, il s'inclinerait vers ce front blême : c'est la première fois, depuis vingt ans, qu'il a envie d'embrasser son père... Il se redresse, recule d'un pas, glisse les ustensiles dans sa blouse, et regarde autour de lui si tout est en ordre. Enfin il tourne la tête vers son frère, et son regard, indifférent et sévère, semble dire simplement :

— « Voilà. »

Jacques voudrait s'approcher, lui saisir la main, exprimer par une étreinte... Mais Antoine s'est déjà détourné ; et, tirant à lui la chaise basse de sœur Céline, il s'assied au chevet du lit.

Le bras du mourant s'allonge sur la couverture. La main est presque aussi blanche que le drap ; elle tremble d'une façon à peine perceptible : le tremblement d'une aiguille aimantée. Cependant la drogue agit, et, malgré le long martyre, les traits déjà se détendent : ce mortel engourdissement semble avoir la douceur réparatrice du sommeil.

Antoine ne peut réfléchir à rien de précis. Il a pris entre ses doigts le pouls, qui est rapide et faible. Son attention est tout occupée à compter machinalement : 46, 47, 48...

La conscience de ce qui vient d'être accompli devient de plus en plus confuse, la notion du monde se brouille...

59 60, 61... Les doigts qui tiennent le poignet se desserrent. Nonchalant, délicieux glissement dans l'indifférence. Une vague d'oubli submerge tout.

Jacques n'ose pas s'asseoir, de crainte d'éveiller son frère. Debout, paralysé par la fatigue, il ne quitte plus des yeux les lèvres du mourant. Elles pâlissent, pâlissent ; la respiration, maintenant, les effleure à peine.

Pris de peur, Jacques se décide à faire un mouvement.

Antoine sursaute, aperçoit le lit, son père, et, doucement, ressaisit le poignet.

— « Va chercher sœur Céline », dit-il, après un silence.

Quand Jacques revint, suivi de la sœur et de la cuisinière, le souffle avait retrouvé un peu de force et de cadence, mais avec un bruit de gorge insolite.

Antoine était debout, les bras croisés. Il avait allumé le lustre du plafond.

— « Le pouls est insensible », dit-il, dès que sœur Céline fut arrivée près de lui.

Mais la religieuse professait que les médecins n'entendent rien aux derniers moments et qu'il faut avoir l'expérience. Elle ne répondit pas, s'assit à son tour sur la chaise basse, prit le pouls en main, et observa le masque pendant une grande minute ; alors, se tournant vers le fond de la chambre, elle fit un signe affirmatif, et Clotilde sortit aussitôt.

Le halètement s'accentuait et devenait pénible à entendre. Antoine s'aperçut que le visage de Jacques grimaçait d'angoisse. Il allait vers lui pour lui dire : « N'aie pas peur, il ne sent plus rien », lorsque la porte s'ouvrit : il y eut des chuchotements : Mlle de Waize, toute bossue dans sa camisole, apparut au bras de Clotilde ; Adrienne suivait ; M. Chasle, sur la pointe des pieds, fermait la marche.

Agacé, Antoine leur fit signe de rester sur le seuil. Mais ils s'étaient déjà tous quatre agenouillés près de la porte. Et, brusquement, la voix perçante de Mademoiselle, s'élevant dans le silence, couvrit le râle du moribond :

— « *O bon Jé-sus... je me pré-sente devant vous... avec un cœur brisé...* »

Jacques, frissonnant, avait bondi vers son frère :

— « Empêche-la! Voyons! »

Mais le morne regard d'Antoine l'apaisa net.

— « Laisse », murmura-t-il ; et, se penchant vers Jacques : « C'est presque fini. Il ne peut rien entendre. » Le souvenir du soir où M. Thibault avait solennellement confié à Mademoiselle la mission de réciter, à son chevet d'agonisant, ces *Litanies de la bonne mort*, lui revint à la mémoire, et l'attendrit.

Les deux religieuses, elles aussi, s'étaient mises à genoux de chaque côté du lit. Sœur Céline avait laissé sa main sur le poignet du mourant.

— « *... Quand mes lè-vres froi-des, li-vi-des et trem-blantes... pro-non-ceront pour la der-nière fois votre a-do-rable nom, mi-sé-ri-cor-dieux Jé-sus, ayez pi-tié de moi!* »

(Le peu de volonté que conservait la pauvre vieille fille, après vingt ans d'esclavage et d'abnégation, se raidissait, ce soir, pour lui permettre de tenir enfin sa promesse.

— « *Quand mes joues pâles et en-fon-cées ins-pi-re-ront aux as-sis-tants la com-pas-sion et la ter-reur, mi-sé-cor-dieux Jé-sus, ayez pi-tié de moi!...*

« *Quand mes che-veux trem-pés des su-eurs de l'ago-nie...* »

Antoine et Jacques ne quittaient pas leur père des yeux. Les mâchoires s'écartèrent. Les paupières s'entr'ouvrirent mollement sur un regard fixe. Était-ce la fin? Sœur Céline, tenant toujours le poignet, regardait le mourant au visage et ne faisait pas un geste. La voix de Mademoiselle, mécanique, poussive comme un accordéon percé, glapissait impitoyablement :

— « *Quand mon i-ma-gi-na-tion a-gi-tée de fan-tômes me plongera dans des an-goisses mor-telles, mi-sé-ricor-dieux Jé-sus, ayez pi-tié de moi !*

« *Quand mon fai-ble cœur...* »

La bouche s'ouvrait toujours. On vit briller l'or d'une dent. Une demi-minute s'écoula. Sœur Céline ne bougeait pas. Enfin, elle lâcha le poignet et leva la tête vers Antoine. La bouche demeurait béante. Il se pencha aussitôt : le cœur ne battait plus. Alors il posa la paume de sa main sur le front immobile, et doucement, l'une après l'autre, avec le gras du pouce, il abaissa les paupières obéissantes. Puis, sans retirer la main, comme si cette pression affectueuse pouvait accompagner le mort jusqu'au seuil du repos, il se tourna vers la religieuse et dit à voix presque haute :

— « Le mouchoir, ma sœur... »

Les deux bonnes éclatèrent en larmes.

Près de M. Chasle agenouillé, Mademoiselle, à quatre pattes, avec sa queue de rat sur sa camisole blanche indifférente à tout ce qui venait de s'accomplir, continuait sa lamentation :

— « *Quand mon âme, sur les bords de mes lè-vres, sor-ti-ra pour ja-mais de ce monde...* »

Il fallut la relever, la soutenir, l'emmener : ce fut seulement lorsqu'elle eut tourné le dos à la chambre qu'elle parut avoir compris et qu'elle se mit à sangloter puérilement.

M. Chasle aussi pleurait ; il s'était accroché au bras de Jacques et répétait, en secouant la tête comme un magot :

— « Ces choses-là, monsieur Jacques, ça ne devrait pas exister... »

« Où donc est Gise ? » se demanda Antoine, tandis qu'il les poussait tous dehors.

Avant de quitter à son tour la pièce, il se retourna pour y jeter un dernier regard. Le silence, après tant de semaines, reprenait enfin possession de cette chambre.

Dressé sur l'oreiller, grandi soudain, en pleine lumière, M. Thibault, avec sa mentonnière dont les deux coques ridicules s'érigeaient en cornes sur sa tête, avait pris l'aspect théâtral et mystérieux d'un personnage légendaire.

VII

Sans s'être concertés, Antoine et Jacques se retrouvèrent sur le palier. La maison dormait ; le tapis de l'escalier étouffait le bruit des pas ; ils descendirent l'un derrière l'autre, en silence, la tête vide et le cœur léger, sans résistance contre le bien-être animal qui les envahissait.

En bas, Léon, qui les avait précédés, avait allumé les lampes et préparé, de son chef, un souper froid dans le bureau d'Antoine ; puis, discrètement, il s'était esquivé.

Sous le lustre, cette petite table, cette nappe blanche, ces deux couverts, prenaient un air de fête improvisée. Ils ne consentirent pas à s'en apercevoir : ils s'attablèrent sans rien dire, confus de leur fringale, affectant des mines soucieuses. Le vin blanc était frais ; le pain, la viande froide, le beurre, diminuaient à vue d'œil. Ensemble, à un moment, leurs mains se tendirent vers l'assiette de fromage.

— « Sers-toi. »

— « Non, après toi. »

Antoine partagea en deux ce qui restait du gruyère et servit Jacques.

— « Il est gras, il est délicieux », murmura-t-il, comme pour s'excuser.

C'étaient les premières paroles qu'ils échangeaient. Leurs yeux se rencontrèrent.

— « Et maintenant ? » interrogea Jacques en levant le doigt vers l'appartement de M. Thibault.

— « Non », dit Antoine. « Maintenant, on se couche. Rien à faire là-haut avant demain. »

Lorsqu'ils se séparèrent au seuil de la chambre de Jacques, celui-ci, songeur tout à coup, dit à mi-voix :

— « Tu as vu, Antoine, à la fin, quand la bouche s'ouvre, s'ouvre... »

Ils se regardèrent en silence : ils avaient tous deux les yeux pleins de larmes.

A six heures, Antoine, presque reposé déjà, et la barbe faite, remontait au second étage.

« M. Chasle est tout indiqué pour les adresses des faire-part », songeait-il, en grimpant à pied pour se dégourdir les jambes. « La déclaration à la mairie, pas avant neuf heures... Les gens à prévenir... Peu de famille, heureusement : les Jeannereau se chargeront du côté maternel, la tante Casimir fera le reste. Une dépêche aux cousins de Rouen. Quant aux amis, une insertion dans les journaux de demain. Un mot au père Dupré, un autre à Jean. Daniel de Fontanin, il est à Lunéville, je lui écrirai ce soir ; sa mère et sa sœur sont dans le Midi, voilà qui simplifie bien des choses... D'ailleurs, Jacques voudra-t-il assister au service ?... Pour les Œuvres, Léon pourra téléphoner : je lui ferai une liste. Moi, je passerai à l'hôpital... Philip... Ah ! fichtre, ne pas oublier l'Institut ! »

— « Il est déjà venu deux messieurs des Pompes », lui dit Adrienne. « Ils reviendront à sept heures... Et puis », ajouta-t-elle avec un léger embarras, « M. Antoine sait-il que Mlle Gisèle est souffrante ? »

Ils allèrent frapper à la porte de Gise.

La jeune fille était couchée. Elle avait un regard fiévreux et les pommettes rouges. Mais ce n'était pas grave. La dépêche de Clotilde, reçue à un moment où elle n'était pas vaillante, lui avait causé un premier choc ; puis le voyage précipité, et surtout la rencontre de Jacques, avaient achevé de la bouleverser, provoquant dans cet organisme juvénile une si brutale révolution, que, après avoir quitté, la veille au soir, le chevet du moribond, elle avait été prise de spasmes très douloureux, et qu'elle avait dû se jeter sur son lit : elle avait passé la nuit à souffrir, guettant les bruits, devinant ce qui se passait, mais incapable de se lever.

Elle répondit avec tant de réticences aux questions d'Antoine qu'il n'insista pas :

— « Thérivier vient ce matin, je te l'enverrai. »

Gise eut un mouvement de tête vers la chambre de M. Thibault ; elle n'avait pas grand chagrin et ne savait quels mots dire.

— « Alors, c'est... fini ? » fit-elle timidement.

Il inclina la tête en guise de réponse, et soudain pensa avec précision : « C'est moi qui l'ai achevé. »

— « En attendant, boules chaudes et cataplasmes », fit-il, s'adressant à Adrienne. Il sourit à Gise et quitta la pièce.

« Je l'ai achevé », se répéta-t-il. Son acte, pour la première fois, lui apparut avec du recul. « J'ai bien fait », se dit-il aussitôt. Il réfléchissait vite et avec lucidité : « Ne soyons pas dupe : il y a eu aussi lâcheté : besoin physique d'échapper à ce cauchemar. Mais, parce que j'avais un intérêt personnel à cette fin, fallait-il s'abstenir ? Allons ! » Il n'éludait rien de la terrible responsabilité. « Évidemment, il y aurait péril à autoriser les médecins .. L'observance aveugle d'une règle, fût-elle

absurde, inhumaine, est nécessaire, en principe... »
Plus il reconnaissait de force et de légitimité à la règle,
plus il s'approuvait de l'avoir enfreinte, sciemment.
« Question de conscience, d'appréciation », reprit-il.
« Je ne généralise pas. Je dis simplement : Dans le cas
présent, j'ai agi comme il fallait. »

Il était arrivé à la chambre mortuaire. Il ouvrit la
porte avec précaution, comme il avait accoutumé de
faire pour ne pas éveiller le malade. Et, tout à coup, la
vue du mort le saisit. Associer à l'image paternelle l'idée
pourtant si quotidienne de cadavre, c'était quelque
chose de nouveau, de déroutant. Il restait debout, sur
le seuil, retenant sa respiration. Son père, cette chose
inanimée... Les bras à demi allongés, les mains doucement jointes. Ennobli. Si calme!... On avait fait le vide
autour de cette parade : les sièges avaient été poussés
le long des murs. Les religieuses, assoupies, semblables
à deux allégories drapées de noir, encadraient le gisant,
dont l'immobilité conférait à cette mise en scène une
majesté authentique. Oscar Thibault... Tant d'autorité,
tant d'orgueil, réduits à cette impuissance silencieuse!...
Antoine hésitait à faire un geste, à troubler cette sérénité. Alors il se répéta qu'elle était son œuvre ; et,
caressant du regard ce visage familier qu'il avait si bien
reconcilié avec le silence et la paix, il souriait presque

Il fut surpris, en entrant, de trouver Jacques, qu'il
croyait encore couché, assis en retrait près de M. Chasle.
Celui-ci, dès qu'il aperçut Antoine, sauta de sa chaise
pour venir à lui. Ses yeux papillotaient derrière les
lunettes moirées de larmes. Il saisit Antoine par les
deux mains, et, faute de trouver mieux pour exprimer
son attachement au mort, il soupirait, en reniflant : « Un
charmant... Un charmant... Un charmant garçon... »,
désignant, à chaque fois, le lit, avec son menton.

— « Fallait le connaître », continua-t-il à voix basse, avec une conviction qui semblait irritée par un contradicteur imaginaire. « Un peu mortifiant, oui, à temps perdu... Mais si juste! » Il tendit le bras comme pour prêter serment. « Un vrai justicier! » conclut-il, en retournant à sa place.

Antoine s'assit.

L'odeur de cette chambre remuait en lui des couches stratifiées de souvenirs. Sous les relents de la veille, fades et pharmaceutiques, sous le parfum tout neuf des cierges, il distinguait l'odeur ancienne du vieux reps bleu, brûlé de poussière, qui venait des grands-parents Thibault : odeur laineuse et sèche, à laquelle cinquante années d'encaustique sur l'acajou des meubles avaient mêlé une vague senteur de résine. Il savait quelle fraîcheur de linge propre s'échapperait de l'armoire à glace, si on l'ouvrait, et quelles exhalaisons de bois verni, de vieux journal, avec un tenace arôme de camphre, s'élèveraient des tiroirs de la commode. Et il connaissait aussi, pour l'avoir respiré de près quand il était enfant — c'était alors le seul siège à sa taille — le goût poussiéreux du prie-Dieu en tapisserie que deux générations de genoux avaient usé jusqu'au canevas.

Aucun bruit. Aucun souffle n'agitait la flamme des cierges.

Semblable à tous ceux qui venaient là, Antoine s'était mis à examiner le cadavre, fixement, avec une sorte de stupeur. Dans son cerveau fatigué, des embryons de pensées tentaient de prendre consistance :

« Ce qui faisait de Père un être comme moi, cette vie qui était en lui, hier encore, quoi?... Qu'est-elle devenue?... Disparue? Subsiste-t-elle ailleurs? Sous quelle forme? » Il s'interrompit avec confusion : « On en viendrait à penser des sottises! Ce n'est pourtant pas la première fois que je regarde un mort... Je sais bien qu'il n'y a pas de terme plus impropre que le *néant*, puisque c'est *agglomération de vies* qu'il faut dire : *germinations à l'infini !* »

« Oui... J'ai répété ça souvent. Et, devant ce cadavre-ci, je ne sais plus... La conception du néant s'impose à moi, elle me semble presque légitime... Au fond, la mort seule existe : elle réfute tout, elle dépasse tout... absurdement ! »

« Non », reprit-il en secouant les épaules. « Mauvais, ça... Des suggestions, auxquelles on se laisse aller quand on est là, le nez dessus... Ça ne doit pas compter ! Ça ne compte pas ! »

Il fit un effort pour se ressaisir et se mit debout, d'un coup de reins décidé ; et aussitôt une émotion intime, pressante, chaleureuse, s'empara de lui.

Faisant signe à son frère de le suivre, il sortit dans le couloir.

« Avant de rien décider, il faut connaître les volontés de Père. Viens avec moi. »

Ils pénétrèrent ensemble dans le cabinet de M. Thibault. Antoine alluma le plafonnier, puis les appliques ; une lumière sacrilège inonda cette pièce où ne brûlait jamais que la lampe de travail, sous son abat-jour vert. Antoine s'approcha du bureau. Dans le silence, le trousseau de clés qu'il avait tiré de sa poche tinta gaiement.

Jacques restait à l'écart. Il s'aperçut qu'il était revenu près de la console du téléphone, à la place même où la veille... La veille ? Une quinzaine d'heures, seulement, depuis l'apparition de Gise, dans cette porte...

Il promenait un regard hostile sur ce lieu qu'il avait si longtemps considéré comme le plus inviolable des sanctuaires, et que soudain rien ne défendait plus contre l'intrusion. La vue de son frère, agenouillé, comme un cambrioleur, devant les tiroirs ouverts, lui causa un sentiment de gêne. Que lui importaient, à lui, les volontés de son père, et toutes ces paperasses ?

Sans rien dire, il s'en alla.

Il retournait vers cette chambre de mort, qui exerçait sur lui une attraction nostalgique, et où il avait passé si paisiblement, entre la vie et le songe, la plus grande partie de sa nuit. Il prévoyait que bientôt il en serait chassé par les allées et venues d'importuns ; il ne voulait pas perdre une seconde de cette émouvante confrontation avec sa jeunesse ; car, pour lui, jamais rien ne représenterait plus tragiquement le passé que la dépouille de cet être omnipotent qu'il avait toujours trouvé en travers de sa route, et qui tout entier, brusquement, venait de naufrager dans l'irréel.

Doucement, sur la pointe des pieds, il ouvrit la porte de la chambre, entra et s'assit. Le silence, un instant effleuré, redevint étale ; et Jacques, avec un sentiment de délices, put s'abîmer de nouveau dans la contemplation du mort.

Immobilité.

Ce cerveau qui, jour et nuit, pendant presque trois quarts de siècle, n'avait pas cessé une seconde d'associer les unes aux autres des pensées, des images, voilà qu'il s'était bloqué, à jamais. Le cœur aussi. Mais l'arrêt de la pensée paraissait autrement saisissant à Jacques, qui, tant de fois, s'était plaint, comme d'une souffrance, de l'activité ininterrompue de son propre cerveau ! (Même la nuit, débrayé par le sommeil, il le sentait, ce cerveau, pareil à un moteur fou, tourner, tourner dans sa tête, et assembler sans répit ces incohérentes visions de kaléidoscope, qu'il nommait « rêves » lorsque sa mémoire, au passage, en avait retenu quelques bribes.) Un jour, par bonheur, ce zèle épuisant cesserait net. Un jour, lui aussi, il serait délivré du tourment de penser. Viendrait le silence, enfin ; le repos dans le silence !... Il se souvint de ce quai de Munich où il avait promené, tout un soir, une fascinante tentation de suicide... Une phrase, comme une réminiscence musicale, chanta tout à coup dans son souvenir : « *Nous nous reposerons...* »

C'était la fin d'une pièce russe qu'il avait vu jouer à Genève ; il avait encore dans l'oreille la voix de l'actrice, une Slave aux traits d'enfant, avec des yeux candides et fébriles, qui répétait en balançant sa petite tête : « *Nous nous reposerons...* » Une intonation rêveuse, un son filé comme une harmonique, accompagné d'un regard las, où il y avait, certes, plus de résignation que d'espoir : « *Tu n'as pas eu de joie dans la vie... Mais patience, oncle Vania, patience... Nous nous reposerons... Nous nous reposerons...* »

VIII

Dès la fin de la matinée, les visites commencèrent : les habitants de la maison, les gens du quartier auxquels M. Thibault avait rendu des services. Jacques s'esquiva avant l'arrivée des premiers parents. Antoine aussi, requis par des courses urgentes. Chacune des œuvres dont M. Thibault faisait partie comptait dans son comité des amis personnels. Le défilé dura jusqu'au soir.

M. Chasles avait apporté dans la chambre mortuaire la chaise qu'il appelait son « strapontin », sur laquelle il travaillait depuis des années ; et, de tout le jour, il ne voulut pas quitter le « défunt ». Il finissait par faire partie de l'apparat funéraire, au même titre que les candélabres, le rameau de buis, et les religieuses en prière. Chaque fois qu'un visiteur entrait, M. Chasle glissait de son siège, saluait tristement le nouveau venu, et remontait s'asseoir.

A plusieurs reprises, Mademoiselle avait essayé de le faire partir. Par jalousie, sans doute ; exaspérée de le voir si fidèle et si édifiant. Elle, au contraire, ne tenait pas en place. Elle souffrait. Sans doute était-elle, dans la maison, la seule à souffrir. La pauvre fille, qui, de toute son existence passée chez les autres, n'avait jamais rien eu à elle, pour la première fois peut-être connaissait un sentiment sauvage de possession : M. Thibault était son mort. A tout instant, elle s'approchait de ce lit que la déformation de son échine ne lui permettait même pas de voir en entier ; elle tirait le drap, effaçait un pli, marmonnait un bout de prière ; et, branlant la tête, joignant ses doigts osseux, elle répétait, comme une chose incroyable :

— « Il est entré, avant moi, dans son repos... »

Ni le retour de Jacques ni la présence de Gise ne semblaient avoir touché les points sensibles de cette conscience ratatinée, devenue économe de toute réaction ; les deux enfants avaient, l'un et l'autre, disparu pendant des mois de la vie familiale : elle s'était désaccoutumée de songer à eux. Antoine seul comptait, et les bonnes. Encore nourrissait-elle aujourd'hui à l'égard d'Antoine une surprenante irritation. Au moment de fixer le jour et l'heure de la mise en bière, elle eut avec lui une véritable discussion. Comme il était d'avis de hâter cette minute pour tous apaisante, où le mort cesse d'être un cadavre et n'est plus qu'un cercueil, elle regimba. On eût dit qu'il voulait la frustrer du seul bien qui lui restât : la contemplation des derniers vestiges du maître, les dernières heures de l'apparence corporelle. Elle semblait avoir notion que la disparition de M. Thibault n'était vraiment un dénouement que pour le mort, et pour elle. Pour les autres, pour Antoine surtout, cette fin était aussi le commencement d'autre chose, le seuil d'un temps nouveau. Pour elle, plus d'avenir : l'écroulement du passé équivalait à l'effondrement total.

Vers la fin de l'après-midi, comme Antoine rentrait, à pied, allègre, savourant cet air glacé qui piquait les yeux et stimulait l'énergie, il rencontra, devant la porte de la loge, Félix Héquet, en grand deuil.

— « Je n'entre pas », dit le chirurgien. « Je voulais seulement vous avoir serré la main aujourd'hui. »

Tournier, Nolant, Buccard, avaient déjà déposé leurs cartes. Loisille avait téléphoné. Les témoignages de sympathie du corps médical touchaient Antoine d'une façon si particulière que, le matin, quand Philip en personne était venu rue de l'Université, c'était pour ainsi dire devant les condoléances du Patron qu'Antoine avait pris conscience, non pas que M. Thibault était mort, mais que lui, le docteur Antoine Thibault, venait de perdre son père.

— « Je vous plains, mon ami », soupira Héquet, d'une voix discrète. « On a beau dire que, pour nous, la mort est une vieille camarade, quand elle est là, tout près, chez nous, hein? c'est comme si nous ne l'avions jamais rencontrée. » Il ajouta : « Je sais ce que c'est. » Puis, se redressant, il tendit sa main gantée de noir.

Antoine l'accompagna jusqu'à la voiture.

C'était la première fois que le rapprochement se faisait dans son esprit... Il n'avait pas, en ce moment, le temps de réfléchir de nouveau à « tout ça »; mais il entrevit que « tout ça » était, malgré tout, plus grave qu'il ne l'avait d'abord jugé. Il comprit que l'acte décisif, froidement accompli par lui la veille (et auquel il ne cessait pas d'accorder une entière approbation), il fallait maintenant en quelque sorte se l'annexer, l'incorporer à soi, comme l'apport d'une de ces expériences essentielles qui ont sur l'évolution d'un homme un retentissement profond ; et il sentait bien que ce poids en surcharge l'obligerait fatalement à modifier son centre de gravité.

Il rentra chez lui, rêveur.

Dans l'antichambre, un gamin, tête nue, en cache-nez, les oreilles rouges, attendait. A l'arrivée d'Antoine, il se leva, et tout son visage s'empourpra. Antoine reconnut le petit clerc de l'étude ; il s'en voulut de n'être jamais retourné voir les deux enfants.

— « Bonjour, Robert. Entre ici. Alors, qu'est-ce qui ne va pas ? »

L'autre fit un effort, remua les lèvres, mais il était bien trop intimidé pour trouver une « phrase ». Alors, bravement, de sous sa pèlerine il sortit son bouquet de violettes ; et Antoine aussitôt comprit. Il s'approcha, prit les fleurs :

— « Merci, mon petit. Je vais monter ton bouquet là-haut. Tu es bien gentil d'avoir pensé à ça. »

— « Oh ! c'est Loulou qui a eu l'idée », se hâta de rectifier l'enfant.

Antoine sourit :

— « Comment va-t-il, Loulou ? Et toi, toujours débrouillard ? »

— « Pour ça !... » fit Robert d'une voix fraîche.

Il ne s'attendait pas à ce qu'Antoine, un jour pareil, pût sourire ; son malaise avait aussitôt disparu ; il ne demandait qu'à bavarder. Mais Antoine, ce soir, avait autre chose à faire que de l'écouter.

— « Tu viendras un de ces jours, avec Loulou. Vous me raconterez ce que vous faites. Un dimanche, veux-tu ? » Il se sentait pour ces gamins, qu'il connaissait à peine, une véritable affection. « Est-ce promis ? » ajouta-t-il.

Le visage de Robert devint subitement sérieux :

— « C'est promis, M'sieur. »

Tandis qu'Antoine reconduisait l'enfant jusqu'au vestibule, il reconnut la voix de M. Chasle qui s'entretenait avec Léon, dans la cuisine.

« Encore un qui veut me parler », songea-t-il, agacé.

« Bah! mieux vaut en finir. » Et il fit entrer le bonhomme dans son cabinet.

M. Chasle traversa la pièce en sautillant, alla se jucher sur le siège le plus éloigné et sourit avec astuce, bien que l'expression de ses yeux fût d'une infinie tristesse.

— « Que vouliez-vous me dire, monsieur Chasle? » demanda Antoine. Sa voix était amicale, mais il restait debout et dépouillait son courrier.

— « Moi? » fit l'autre, levant les sourcils.

« Bien », se dit Antoine, en repliant la lettre qu'il venait de lire. « Je tâcherai d'aller jusque-là demain matin, après l'hôpital. »

M. Chasle examinait ses pieds ballants; il déclara, solennel :

— « Ces choses-là, Monsieur Antoine, ça ne devrait pas exister. »

— « Quoi? » fit Antoine, qui décachetait une autre enveloppe.

— « Quoi? » répéta l'autre, en écho.

— « Qu'est-ce qui ne devrait pas exister? » fit Antoine qui s'énervait.

— « La mort. »

Antoine ne s'y attendait pas, et, troublé, leva la tête. Chasle avait le regard voilé de larmes. Il retira ses lunettes, déplia son mouchoir et s'essuya les yeux.

« J'ai vu ces messieurs de Saint-Roch », reprit-il, coupant ses phrases de pauses et de soupirs. « Je leur ai commandé des messes. Par acquit de conscience, Monsieur Antoine, pas plus. Parce que, pour moi, jusqu'à plus ample informé... » Ses larmes continuaient à couler, en parcimonieuses averses : et, chaque fois qu'il s'était bien tamponné les yeux, il étalait son mouchoir sur ses genoux, le repliait dans les plis et l'introduisait dans sa poche, à plat, comme un portefeuille.

— « J'avais dix mille francs d'économie », lança-t-il sans transition.

« Ah ! » pensa Antoine. Et aussitôt il l'interrompit :

— « Je ne sais pas si mon père a eu le temps de prendre des dispositions à votre égard, monsieur Chasle, mais soyez tranquille : mon frère et moi, nous vous assurerons, votre vie durant, les mensualités que vous touchiez ici. »

C'était, depuis la mort de M. Thibault, la première occasion qui se présentait de régler une question d'argent, de faire acte d'héritier. Antoine songea que s'engager ainsi jusqu'à la mort de M. Chasle était, somme toute, assez généreux, et qu'il était agréable d'être en situation d'agir avec élégance. Puis, sa pensée déviant malgré lui, il essaya d'évaluer la fortune paternelle et quelle en serait sa part ; mais il n'avait là-dessus aucune donnée précise.

M. Chasle était devenu cramoisi. Par contenance, sans doute, il avait tiré de sa poche un canif et semblait se curer les ongles.

— « Pas un viager ! » articula-t-il enfin, avec force, mais sans lever le nez. Il reprit, sur le même ton : « Un capital, oui, mais pas un viager ! » Puis, s'attendrissant : « A cause de Dédette, Monsieur Antoine : votre petite opérée, vous vous souvenez bien ?... Par le fait, c'est comme une descendance, pour moi. Alors, un viager, bernique, qu'est-ce que je lui laisserais, à cette mauviette ? »

Dédette, l'opération, Rachel, la chambre ensoleillée, un corps dans l'ombre de l'alcôve, l'odeur du collier d'ambre gris... Antoine, un vague sourire aux lèvres, laissant là son courrier, écoutait d'une oreille distraite et suivait machinalement des yeux les gestes du bonhomme. Tout à coup, il pivota sur les talons : le petit vieux, qui se coupait les ongles au canif, venait d'entamer à pleine lame l'ongle du pouce, et, posément, sans se reprendre, comme on taille un bouchon, il détachait d'un geste courbe un copeau de corne crissante.

— « Oh! assez, monsieur Chasle! » fit Antoine, en grinçant des dents.

M. Chasle sauta de sa chaise.

— « Oui, oui, j'abuse... », bégaya-t-il.

Mais, pour lui, la partie était de telle importance qu'il risqua une dernière offensive :

— « Un petit capital, Monsieur Antoine, voilà le mieux. C'est un capital qu'il me faut. J'ai ma petite idée, moi, depuis longtemps. Je vous expliquerai... » Il murmura, comme en rêve : « Plus tard... » Puis, changeant de ton, et, fixant vers la porte un regard inexpressif :

— « Faire dire des messes, oui, si on veut. Mais, pour moi, le défunt n'a besoin de rien. Un homme comme ça n'est pas parti à vau-l'eau. Pour moi, la chose est faite, Monsieur Antoine : à l'heure actuelle... » Il gagnait le vestibule, à petits bonds, secouant sa tête grise et répétant d'un air rassuré : « ... à l'heure actuelle... à l'heure actuelle, il l'a déjà, son paradis! »

Chasle était à peine parti qu'Antoine dut recevoir le tailleur pour l'essayage d'un vêtement noir. La fatigue avait repris le dessus ; cette fastidieuse station devant la glace l'acheva.

Il avait décidé de dormir une heure avant de remonter à l'appartement, lorsque, en reconduisant le tailleur, il se trouva face à face avec Mme de Battaincourt, qui s'apprêtait à sonner. Elle avait téléphoné tout à l'heure pour prendre un rendez-vous et on lui avait appris « l'affreuse nouvelle ». Alors elle avait interrompu sa journée pour venir.

Antoine la reçut poliment, mais sur le seuil. Elle lui étreignait la main, parlant haut, s'attendrissant sur ce deuil avec une évidente complaisance.

Il devenait difficile, dès lors qu'elle ne s'en allait pas.

de la tenir ainsi, debout, à l'entrée ; d'autant qu'elle
était parvenue à faire reculer le jeune homme d'un pas,
et qu'elle se trouvait maintenant dans la place. Jacques,
de tout l'après-midi, n'était pas sorti de sa chambre,
dont la porte était très proche : Antoine eut l'idée que
son frère allait entendre cette voix de femme, la reconnaître sans doute ; et cette supposition, il ne savait pourquoi, lui fut désagréable. Faisant bonne contenance, il
se dégagea, ouvrit la porte de son cabinet, et remit
vivement sa veste. (Il était jusqu'alors en manches de
chemise, ce qui ajoutait à son dépit de s'être laissé surprendre.)

Durant ces dernières semaines, les circonstances
avaient un peu modifié ses relations avec sa belle cliente.
Elle avait multiplié les visites, sous prétexte de lui
apporter des nouvelles de la petite malade, qui passait
l'hiver dans le Pas-de-Calais avec l'institutrice anglaise
et le mari. (Car Simon de Battaincourt avait, sans hésiter, quitté sa propriété et ses chasses pour s'installer à
Berck près de l'enfant de sa femme — tandis que celle-
ci faisait la navette, trouvant toujours quelque raison
pour passer chaque semaine plusieurs jours à Paris.)

Elle avait refusé de s'asseoir ; elle n'attendait qu'une
occasion de ressaisir la main d'Antoine, et restait inclinée vers lui, les paupières plissées, la poitrine soulevée
de soupirs. C'était toujours aux lèvres qu'elle regardait
les hommes. Au travers de ses cils, elle vit que lui aussi,
à tout moment, posait le regard sur sa bouche ; et elle
en fut troublée, très fort. Antoine lui semblait beau,
ce soir ; elle lui trouvait un visage plus viril encore
que de coutume, comme si les décisions qu'il avait eues
à prendre eussent laissé sur son masque de visibles
traces d'énergie.

Elle leva sur lui un œil apitoyé :

— « Vous devez terriblement souffrir ? »

Antoine ne trouva rien à répondre. Depuis qu'elle

était là, il avait pris un air légèrement solennel, qui lui donnait une contenance, mais qui le gênait. Il continuait un peu sournoisement à la regarder d'en bas. Il vit la gorge battre lourdement sous l'étoffe ; une bouffée de chaleur lui vint au visage. Dressant la tête, il surprit comme de petites lueurs rieuses dans les yeux de la belle Anne : il y avait, ce soir, en elle, comme un désir, un projet, une idée un peu folle, qu'elle s'appliquait à ne pas trahir.

— « Le plus dur », reprit-elle languissamment, « c'est après, quand la vie reprend et que partout on se heurte au vide... Vous me permettrez de venir un peu vous voir, n'est-ce pas ? »

Il la dévisagea. Soulevé d'une haine subite, il eut un sourire grinçant et jeta, tout cru :

— « Rassurez-vous, Madame : je n'aimais pas mon père. »

Aussitôt il se mordit les lèvres. D'avoir pensé cela le bouleversait plus encore que de l'avoir dit. « Et c'est peut-être un cri sincère qu'elle m'a arraché là, cette garce ! » songea-t-il.

Elle était demeurée interdite. Moins frappée d'ailleurs par le sens, que blessée au vif par le ton. Elle recula d'un pas, le temps de se ressaisir.

— « Alors ! » fit-elle. Et, après tout ce factice, son rire strident, enfin, sonna franc.

Pendant la minute qu'elle mit à enfiler ses gants, un plissement indécis, ébauche de grimace ou de sourire, ne cessa de taquiner ses lèvres ; et Antoine, agressif, surveillait d'un œil intrigué l'énigmatique frisson de cette bouche, qu'allongeait une pointe de fard aiguë comme une égratignure. A ce moment-là, si elle s'était permis certain sourire effronté, peut-être bien qu'il ne se fût pas retenu de la jeter dehors.

Il respirait malgré lui le parfum dont elle saturait ses vêtements. De nouveau, il remarqua la gorge lourde qui battait sous le corsage. Il se représenta brutalement cette poitrine nue, et se sentit remué aux entrailles.

Lorsqu'elle eut agrafé sa fourrure, elle s'écarta davantage, leva le front, et le regarda avec désinvolture. Elle avait l'air de demander : « Vous avez peur ? »

Ils se toisèrent. Même rage froide, même rancune. Mais plus encore : même déception, peut-être : même impression confuse d'une occasion manquée. Puis, comme il ne disait rien, elle lui tourna le dos, ouvrit elle-même les portes et sortit sans s'occuper de lui.

Le battant claqua derrière elle.

Il pivota sur place. Mais, au lieu de regagner son cabinet, il resta une seconde figé, les mains moites, le cerveau tout en désordre, assourdi par le sang qui lui battait les tempes, reniflant avec emportement ce parfum persuasif qui demeurait comme une présence. Et, follement, il fit demi-tour. A peine si, comme un coup de fouet, cette pensée lui cingla l'esprit, qu'il allait être dangereux, après avoir à ce point ulcéré cette nature violente, de vouloir la reconquérir. Ses yeux tombèrent sur son chapeau et son pardessus, pendus au mur ; il les décrocha d'un coup de main, et, jetant un coup d'œil égaré vers la porte de Jacques, il s'élança dehors.

IX

Gise n'avait pas quitté son lit. A demi somnolente, courbatue, souffrant dès qu'elle remuait, elle entendait vaguement dans le couloir le va-et-vient des visiteurs qui longeaient le mur, derrière sa tête. Une seule pensée émergeait du brouillard : « Il est retrouvé... Il est là, dans la maison... Il peut apparaître, d'un instant à l'autre... Il va venir... » Elle guettait son pas. Mais la journée du vendredi s'écoula tout entière, puis celle du samedi, sans qu'il parût.

À vrai dire, il pensait à elle, et même avec une irritante obsession. Mais, redoutant trop ce tête-à-tête pour se résoudre à le provoquer, il attendait sans hâte qu'une occasion se présentât. D'ailleurs, depuis la veille, il craignait tant d'être rencontré et reconnu, qu'il n'avait guère quitté son rez-de-chaussée : à la nuit, seulement, il était monté, avait traversé l'appartement à pas de loup, et s'était réinstallé dans un coin de la chambre mortuaire, d'où il n'était sorti qu'au petit matin.

Le samedi soir, cependant, après qu'Antoine lui eut incidemment demandé s'il avait revu Gise, il prit, au sortir de table, le parti d'aller frapper à sa chambre.

Gise allait mieux. La fièvre était presque tombée, et Thérivier lui avait permis de se lever le lendemain. Assoupie, elle attendait, dans une demi-obscurité, l'heure de s'endormir.

— « Comment va ? » fit-il d'un ton enjoué. « Eh bien, mais tu as bonne mine ! » Dans l'ombre blonde de l'abat-jour où brillaient ses yeux agrandis, elle offrait, à vrai dire, un aspect de santé.

Il n'était pas venu jusqu'auprès du lit. Ce fut elle qui, après une seconde d'embarras, tendit la main. De la manche un peu large, il vit le bras qui sortait jusqu'au-dessus du coude, et nu. Il prit la main, et, jouant au médecin, au lieu de la serrer, il la tâta : la peau était brûlante.

« Encore un peu de fièvre ? »

— « Mais non ! »

Elle jeta les yeux vers la porte : il l'avait laissée ouverte, comme pour marquer qu'il avait seulement l'intention d'entrer et de sortir.

— « Tu as froid ? Veux-tu que je ferme ? » proposa-t-il.

— « Non... Comme tu voudras. »

Il s'exécuta de bonne grâce et ferma la porte afin qu'ils fussent seuls.

Elle le remercia d'un sourire et posa la tête au creux de l'oreiller ; ses cheveux y firent une tache d'un noir mat. Puis, comme la chemise, légèrement échancrée, dégageait la naissance du cou, elle y mit la main pour empêcher le col de s'entrouvrir. Jacques remarqua la courbe gracieuse du poignet et la couleur de cette chair sombre, qui, dans tout ce linge, prenait une nuance de sable humide.

— « Qu'est-ce que tu fais donc, toute la journée ? » demanda-t-elle.

— « Moi ? Rien. Je me terre, pour ne pas voir ces gens qui viennent. »

Alors elle se souvint que M. Thibault était mort, et pensa au deuil de Jacques. Elle se reprochait de ne pas éprouver plus de chagrin. Et Jacques, en avait-il ? Elle ne trouvait pas les mots affectueux qu'elle aurait peut-être dû lui dire. Elle songea seulement que la disparition du père rendait le fils entièrement libre, et cette idée lui vint : « Alors, il n'aura plus besoin de repartir ? »

Elle reprit :

— « Tu devrais sortir un peu... »

— « Oui. Aujourd'hui, justement, je me sentais la tête lourde, j'ai été faire quelques pas... » Il hésita : « acheter des journaux... »

La vérité était plus complexe : à quatre heures, énervé par cette sorte d'attente sans objet, poussé aussi par des intentions obscures qu'il ne discerna que plus tard, il était sorti, en effet, pour chercher quelques journaux suisses, et, sans bien savoir où il allait...

— « Tu vivais beaucoup au grand air, là-bas ? » demanda-t-elle, après un nouveau silence.

— « Oui. »

Il avait été pris à l'improviste par ce « là-bas », et

il avait involontairement répondu d'un ton gauche, presque cassant ; il le regretta aussitôt. « D'ailleurs », songeait-il, « depuis que j'ai remis les pieds dans cette maison, tout ce que je fais, tout ce que je dis, tout ce que je pense sonne faux! »

A tout instant, malgré lui, ses yeux allaient à ce lit où se concentrait perfidement la lumière de la lampe, et son regard se posait sur cette couverture de laine blanche, si légère qu'elle dessinait les moindres reliefs de ce jeune corps, le contour des hanches, l'allongement des jambes, la saillie des deux genoux un peu écartés. Il avait beau prendre un air naturel, une voix dégagée, il se sentait de plus en plus mal à l'aise.

Elle voulait dire : « Assieds-toi donc! » Mais, comme à ce moment elle ne put rencontrer son regard, elle n'osa pas.

Par contenance, il examinait les meubles, les bibelots, le petit autel où brillaient des dorures. Il se rappelait le matin de son arrivée, lorsqu'il était venu se réfugier là.

— « Elle est jolie, ta chambre », dit-il gentiment. « Tu n'avais pas cette bergère, autrefois ? »

— « C'est ton père qui me l'a donnée pour mes dix-huit ans. Tu ne la reconnais pas ? Elle était sur le palier d'en haut, à Maisons-Laffitte. Sous le coucou! »

Maisons... Il revit tout à coup ce palier du second étage inondé de jour par la verrière et rempli, tout l'été, de mouches qui faisaient au soleil couchant un bruit de ruche troublée. Il revoyait aussi le coucou à chaînes ; il entendait, dans le silence de l'escalier, quatre fois par heure, l'appel ridicule du petit oiseau de bois... Ainsi, pendant tout ce temps qu'il avait été au loin, tout était resté pareil, pour *eux*. Et lui-même, après tout, ne se retrouvait-il pas pareil, ou presque ? Depuis qu'il était revenu, ne surprenait-il pas, à tout moment, dans ses réflexes, un geste autrefois familier ? Sa façon, en bas, de frotter ses pieds au paillasson, puis de faire claquer la porte d'entrée, d'accrocher son manteau aux deux mêmes patères que jadis avant d'allumer l'électricité... Et, lorsqu'il allait et venait dans sa chambre, chacun de ses mouvements était-il autre chose qu'un souvenir inconscient redevenu acte ?

Gise examinait à la dérobée, dans l'ombre, cette figure inquiète, cette mâchoire, cette encolure, ces mains.

— « Comme tu es devenu fort », dit-elle à mi-voix.

Il se retourna et sourit. Secrètement, il tirait vanité de sa force, pour avoir, toute son enfance, souffert d'être plutôt chétif. Et tout à coup, sans réfléchir — encore un réflexe — il s'écria, surpris lui-même de cette réminiscence :

— « *Le major Van de Cuyp était d'une force peu commune.* »

Un joyeux élan anima le visage de Gise. C'était la légende qu'ils avaient vingt fois relue ensemble au bas d'une gravure de leur livre préféré : l'aventure se déroulait dans les forêts de Sumatra, et l'on voyait un major hollandais terrasser en se jouant un redoutable gorille.

— « *Le major Van de Cuyp s'était imprudemment endormi à l'ombre d'un baobab* », ajouta-t-elle gaiement ; et, rejetant la tête en arrière, les yeux clos, elle ouvrit la bouche, car le major ronflait.

Ils riaient et se regardaient rire, oubliant le reste, puisant avec délices dans ce trésor facétieux de leur enfance, qui n'appartenait qu'à eux seuls.

— « Et l'image du tigre », reprit-elle, « que tu m'as déchirée un jour de colère ! »

— « Oui. Pourquoi donc ? »

— « Mais à cause du fou rire devant l'abbé Vécard ! »

— « Quelle mémoire tu as, Gise ! »

— « Moi aussi », dit-elle, « je voulais, plus tard, apprivioiser un *enfant de tigre*, et je m'endormais le soir en croyant bercer le tigre dans mes bras... »

Il y eut un silence. Ils continuaient à se sourire, amusés. Gise, la première, redevint pensive.

— « N'empêche... », fit-elle. « Quand je me rappelle ce temps-là, je ne retrouve presque rien d'autre que de longues, d'interminables journées d'ennui... Et toi?... »

La fièvre, la fatigue, ce rappel d'autrefois, lui donnaient un air un peu dolent, et cette langueur s'alliait bien avec sa position étendue, son regard caressant, son teint des pays chauds.

— « Vraiment », continua-t-elle, voyant que Jacques se contentait de froncer les sourcils sans répondre, « c'est terrible, tant d'ennui, pour une enfant! Et puis, vers quatorze ou quinze ans, l'ennui a disparu. Je ne sais pas pourquoi. Intérieurement. Maintenant je ne connais plus l'ennui. Même quand... » (Elle pensait : « Même quand je suis malheureuse à cause de toi. » Elle dit seulement :) « Même quand les choses ne vont pas bien... »

Jacques, le nez baissé, les mains au fond des poches, se taisait. L'évocation du passé soulevait en lui des sursauts de rancune. Rien, dans l'existence qu'il avait vécue, ne trouvait grâce. A aucune époque de sa vie, nulle part, il ne s'était senti d'aplomb, à sa place, sur son vrai sol enfin — comme Antoine. Dépaysé partout. En Afrique, en Italie, en Allemagne. A Lausanne même, presque autant qu'ailleurs... Et non seulement dépaysé, mais traqué. Traqué par les siens ; traqué par la société, par les conditions de la vie... Traqué par il ne savait quoi, qui semblait venir aussi de lui-même.

— « *Le major Van de Cuyp...* », commença Gise. Elle s'attardait aux souvenirs d'enfance parce qu'elle ne pouvait souffler mot de souvenirs moins lointains qui l'obsédaient. Mais elle se tut : elle sentait qu'elle ne ferait plus jaillir aucune flambée de ces cendres.

Elle continuait à examiner Jacques en silence, sans pouvoir déchiffrer le mot de l'énigme. Pourquoi était-il parti, malgré ce qui s'était passé entre eux? Quelques phrases vagues, glissées par Antoine, l'avaient bouleversée sans lui expliquer rien. Qu'était devenu Jacques pendant ces trois ans? Quel message apportaient donc les roses rouges du fleuriste de Londres?

Elle songea soudain : « Comme on me l'a changé! »

Avec une émotion que, cette fois, elle ne put cacher, elle murmura :

— « Comme tu es changé, Jacquot! »

Au bref regard de Jacques, à son sourire réticent, elle comprit que cette émotion lui avait déplu. Aussitôt, modifiant visage et voix, elle se jeta gaiement dans un récit de son existence au couvent anglais :

— « C'est si bon, cette vie réglée... Le matin, si tu savais comme on a de l'entrain au travail, après la gymnastique au grand air et le breakfast! »

(Elle ne disait pas que, pendant ce séjour à Londres, elle avait eu pour unique soutien l'idée de le retrouver. Elle n'avouait pas non plus combien son courage du matin s'évanouissait d'heure en heure ni quelles vagues de détresse l'assaillaient, le soir venu, dans sa couchette du dortoir.)

— « La vie anglaise est si différente de la nôtre, si attrayante! » Soulagée d'avoir trouvé ce lieu commun, elle s'y cramponnait pour refouler la menace d'un nouveau silence. « En Angleterre, tout le monde rit, exprès, pour un rien. Ils ne veulent absolument pas que la vie soit une chose triste : alors, tu comprends, ils pensent le moins possible ; ils jouent. Tout, pour eux, devient un jeu : à commencer par l'existence! »

Jacques écoutait ce bavardage, sans l'interrompre. Lui aussi, il irait en Angleterre. Il irait en Russie, il irait en Amérique. Il avait tout l'avenir devant lui pour aller ailleurs, pour chercher... Il souriait complaisamment, il approuvait de la tête. Elle n'était pas sotte. Ces trois années semblaient même l'avoir beaucoup mûrie. Embellie aussi, affinée... Une fois encore, il posa les yeux sur ce corps délicat que l'on sentait, sous la couverture, comme amolli par sa propre chaleur. Et, brutalement, il fut ressaisi par le passé : il revécut tout : son désir subit, leur étreinte sous les grands arbres de Maisons. Chaste étreinte ; et pourtant, après tant d'années, après tant d'aventures, il sentait encore sur son bras ce torse qui ployait, et sous sa bouche ces lèvres sans expérience! En une seconde, raison, volonté, tout fut en déroute. Pourquoi pas?... Il alla même jusqu'à songer comme aux pires jours : « La faire mienne, l'épouser. » Mais aussitôt sa pensée heurta quelque chose d'opaque, d'intérieur, qu'il ne distinguait pas nettement : un infranchissable obstacle, dressé au centre de lui-même.

Puis, tandis que ses regards parcouraient une fois de plus ces membres vivants et souples allongés dans ce lit, son imagination, peuplée de tant de souvenirs déjà, évoqua soudain, dans un autre lit, un autre contour de hanches pareilles étroites et rondes, pareillement moulées par le drap ; et le désir qui venait de l'effleurer se fondit en un sentiment de pitié. Il revoyait, sur sa couchette de fer, la petite prostituée de Reichenhall, une gamine de dix-sept ans, si secrètement obstinée à mourir qu'on l'avait trouvée, assise à terre, étranglée par un nœud coulant fixé au loquet d'un placard. Jacques était arrivé l'un des premiers dans cette chambre ; il se rappelait l'infecte odeur de suif brûlé qui y était répandue ; et surtout il revoyait le visage plat, énigmatique de la femme encore jeune, qui, au fond de la pièce, cassait des œufs dans une poêle grésillante : elle avait consenti, pour un peu d'argent, à parler ; elle donnait même d'étranges précisions ; et, lorsque Jacques lui avait demandé si elle avait bien connu la petite morte, elle s'était écriée, avec une inoubliable expression d'évidence : « *Ach nein! Ich bin die Mutter*[1] ! »

Il fut sur le point de conter ce souvenir à Gise. Mais c'était parler de « là-bas », amorcer imprudemment des questions...

Enfoncée dans son lit, elle le dévorait des yeux à travers ses cils mi-clos. Elle n'en pouvait plus ; à tout instant, elle se retenait de crier : « Mais parle! Qui es-tu, maintenant?... Et moi? Tu as donc tout oublié? »

Lui, il allait et venait, se balançait d'un pied sur l'autre, avec un air soucieux, absent. Quand ses yeux rencontraient le regard fiévreux de Gise, il sentait entre elle et lui un désaccord si intolérable qu'il simulait aussitôt une excessive froideur ; et rien ne laissait soupçonner combien le ravissait cette attitude enfantine, cette innocence qu'elle montrait ainsi, parmi ces linges blancs, avec son cou nu! Pour cette fillette souffrante, il éprouvait toutes les tendresses d'un frère aîné. Mais que d'impurs souvenirs venaient se glisser sans cesse entre lui et elle! Quelle amertume de se sentir si vieux — usé, sali!

— « Tu dois être devenue de première force au tennis ? » demanda-t-il évasivement, parce qu'il venait d'apercevoir une raquette sur le haut de l'armoire.

Elle passait vite d'un sentiment à un autre. Elle ne put réprimer un sourire ingénu de fierté :

— « Tu verras! »

Elle se troubla aussitôt. Ces deux mots lui avaient échappé. « Tu verras... » Où? Quand?... Quelle maladresse!...

Mais Jacques semblait n'avoir rien remarqué. Il était loin de penser à Gise. Le tennis, Maisons-Laffitte,

1. « Mais non ! Je suis la mère ! »

une robe blanche... Cette façon sèche qu'*elle* avait de sauter de bicyclette à la porte du club... Pourquoi tous ces volets clos, avenue de l'Observatoire ? (Car, cet après-midi, lorsqu'il était sorti sans bien savoir où il allait, il avait poussé jusqu'au Luxembourg, puis jusqu'à l'avenue de l'Observatoire. Le jour commençait à tomber. Il marchait vite, le col levé. Il se hâtait toujours de céder à ses tentations afin d'en être délivré plus tôt. Enfin, il s'était arrêté, et il avait regardé, brusquement. Toutes les fenêtres étaient fermées. Antoine avait bien dit que Daniel faisait son service à Lunéville, mais *les autres ?* L'heure n'était pas assez tardive pour expliquer que les volets... Peu importait, d'ailleurs. Peu importait !... Alors il avait tourné le dos, et il était rentré, par le plus court.)

Comprit-elle combien la pensée de Jacques s'était écartée d'elle ? Spontanément, elle allongea le bras, comme pour l'atteindre, et le reprendre, et l'attirer.

— « Ce vent ! » fit-il gaiement, sans paraître remarquer son geste. « Ça ne t'agace pas, cette trappe de cheminée qui branle ? Attends. »

Il s'agenouilla et glissa un vieux journal entre les deux lames de tôle, pour les caler. Elle le regardait faire, épuisée par tout ce qu'elle éprouvait et n'exprimait pas.

— « Voilà » dit-il en se relevant. Il soupira, et, sans trop peser cette fois ce qu'il disait : « Oui, ce vent... On a envie que l'hiver soit fini, que le printemps revienne... »

Il se souvenait évidemment des printemps qu'il avait passés au loin. Elle sentit aussi qu'il se disait : « Au mois de mai, je ferai ceci, j'irai là. »

« Et dans ce printemps », songea-t-elle, « quelle place me fait-il, à moi ? »

La pendule venait de sonner.

— « Neuf heures », dit Jacques, comme s'il s'apprêtait à partir.

Gise aussi avait entendu tinter les neuf coups. « Que de soirs », pensait-elle, « que de soirs, j'ai passés là, près de cette lampe, à attendre, à espérer ; et la pendule sonnait comme aujourd'hui ; et Jacques avait disparu. Maintenant il est là, dans cette chambre, près de moi. Il est là. Il écoute, en même temps que moi, sonner la pendule... »

Jacques était revenu près du lit.

— « Allons », dit-il, « il faut que je te laisse dormir. »

« Il est là », se répétait-elle, fermant à demi les yeux pour mieux le regarder. « Il est là! Et pourtant la vie, le monde, toutes les choses autour de nous restent indifférentes, pareilles! Rien n'est autre... » Elle eut même l'impression — pénible comme un remords — qu'elle non plus, malgré tout, n'était pas « autre », qu'elle n'était pas suffisamment « autre ».

Il ne voulait pas avoir l'air trop pressé de partir, et il restait debout, contre le lit. Sans le moindre trouble, il toucha la petite main brune abandonnée sur le drap. Il distinguait l'odeur des rideaux de cretonne, à laquelle se mêlait ce soir une pointe acide, qui lui parut peu agréable tant qu'il l'attribua à la fièvre, mais qu'il respira joyeusement dès qu'il eut aperçu le citron coupé dans une soucoupe sur la table de nuit.

Gise ne bougeait pas. Ses yeux s'étaient emplis de larmes transparentes qu'elle retenait entre ses paupières écartées.

Il fit semblant de ne rien voir :

— « Allons, bonne nuit! Demain, tu seras guérie... »

— « Oh! je n'y tiens pas tant », soupira-t-elle, avec un sourire forcé.

Que voulait-elle dire par là ? Elle ne le savait pas elle-même. Dans cette indifférence à la guérison, c'était sa lassitude qui s'exprimait ; son manque de courage devant la vie de demain ; sa mélancolie, surtout, de voir s'achever cet instant d'intimité, tant attendu, qui avait été à la fois si incomplet et si doux. Elle fit un effort pour décoller ses lèvres que raidissait l'émotion et lança d'une voix gaie :

— « Merci pour ta visite, Jacquot ! »

Elle eut encore une fois la velléité de tendre la main vers lui. Mais il avait gagné la porte. Il se retourna, fit un signe de tête, et sortit.

Elle éteignit tout et s'enfonça sous les couvertures. Son cœur battait sourdement. Elle croisait les bras sur son buste, serrant contre elle un regret qu'elle ne précisait pas, comme elle étreignait autrefois son tigre apprivoisé. « *Vierge Sainte* », murmura-t-elle machinalement, « *Marie, mon Guide et ma Souveraine... Je remets entre Vos mains toutes mes espérances et mes consolations... toutes mes peines et mes misères...* » Elle priait la Vierge avec une ferveur hâtive, cherchant à endormir sa pensée dans la chanson de la prière : jamais elle ne se sentait aussi heureuse que dans ces heures où elle priait, priait, sans penser à rien. Ses bras restaient étroitement croisés sur sa poitrine. Tout vacillait et se confondait déjà dans un demi-rêve. Il lui sembla que ce qu'elle pressait contre son sein, dans la chaleur du lit, c'était aussi un petit enfant, à elle, à elle seule ; et elle se creusait pour lui faire un nid, elle se courbait pour mieux envelopper de ses bras cette fiction de son amour, qu'elle baignait de larmes, en s'endormant.

x

Antoine attendait que son frère fût sorti de la chambre de Gise et qu'il fût descendu se coucher : il voulait faire, ce soir, un rapide inventaire des papiers intimes qu'avait pu laisser M. Thibault, et désirait être seul pour ce contrôle préliminaire. Non qu'il eût l'intention de tenir Jacques à l'écart de quoi que ce fût qui eût appartenu à leur père ; mais, au lendemain de la mort, lorsqu'il était venu prendre connaissance des dernières volontés de M. Thibault, ses yeux étaient tombés sur un feuillet intitulé *Jacques*, qu'il avait à peine eu le temps de parcourir — assez néanmoins pour comprendre que cette lecture serait pénible à l'intéressé. Il pouvait y avoir d'autres notes du même genre, et il était inutile que Jacques les trouvât ; pour le moment, du moins.

Avant de gagner le cabinet de travail, Antoine traversa la salle à manger pour voir si M. Chasle avançait dans sa besogne.

Sur la grande table à rallonges s'empilaient les derniers mille de faire-part, d'enveloppes, que l'on venait de livrer. Mais M. Chasle, au lieu de continuer à inscrire des adresses, semblait perdu dans un recensement des paquets, qu'il éventrait l'un après l'autre.

Surpris, Antoine s'approcha.

— « Le monde n'est pas toujours honnête », déclara le bonhomme en levant le nez. « Les paquets devraient être de 500. Eh bien, en voilà un de 503, un autre de 501. » Tout en parlant, il déchirait les billets qui se trouvaient en surnombre. « Ça n'est pas grand-chose », concéda-t-il avec indulgence. « Tout de même, si on les gardait, on serait vite débordé par tous ces billets en marge. »

— « En marge... de quoi ? » dit Antoine, ahuri.

L'autre dressa le doigt, avec un petit rire entendu.

— « Hé, précisément ! »

Antoine tourna les talons, sans insister. « Et le plus fort », songeait-il en souriant tout seul, « c'est que, avec cet animal-là, on a toujours, ne fût-ce qu'un instant, l'impression qu'on est plus bête que lui ! »

Dans le bureau, il fit toute la lumière, tira les rideaux et ferma la porte.

Les papiers de M. Thibault étaient classés avec méthode. Les « Œuvres » occupaient un meuble à part. Le coffre-fort contenait quelques titres, mais surtout d'anciens registres de comptes et tout ce qui concernait la gestion de la fortune. Quant aux tiroirs du bureau, ceux de gauche étaient consacrés à des actes publics, à des contrats, aux affaires en cours tandis que ceux de droite qui seuls ce soir intéressaient Antoine, semblaient plutôt réservés à des questions d'ordre personnel. C'était là qu'il avait trouvé le testament, et, dans le même dossier, la note relative à Jacques.

Il savait où il l'avait replacée. Ce n'était d'ailleurs qu'une citation de la Bible :

(*Deutéronome*, xxi, 18-21.)
Quand un homme aura un enfant pervers et rebelle qui n'obéira point à la voix de son père ni à la voix de sa mère,

alors le père et la mère le prendront et le mèneront aux anciens de la ville et à la porte de sa maison,

et ils diront aux anciens de la ville: C'est ici notre fils qui n'obéit point à notre voix, car il est pervers et rebelle.

Alors tous les gens de la ville le lapideront. Et ainsi tu ôteras de toi le méchant, pour que tout Israël soit saisi de crainte.

Le feuillet était intitulé *Jacques*. Au-dessous : *Pervers et rebelle*.

Antoine l'examina avec émotion. L'écriture devait dater des dernières années. Le texte était recopié avec soin ; les lettres finales, fermement bouclées. Il émanait de ce document une impression de sécurité morale, de réflexion, de volonté. Pourtant, la seule existence de ce papier que le vieillard avait, non sans intention, inséré dans l'enveloppe même de son testament, ne trahissait-elle pas certains débats de conscience, un besoin de justification ?

Antoine reprit en main le testament de son père.

Un monument : paginé, divisé en chapitres, subdivisé en paragraphes comme un rapport, terminé par une table; le tout engainé dans un cartonnage. La date : *Juillet 1912*. M. Thibault l'avait donc rédigé lors de la première atteinte de son mal, peu de mois avant l'opération. Pas un mot sur Jacques : il n'était question que de « mon fils », « mon héritier ».

Antoine lut tout au long le chapitre qu'il avait seulement parcouru la veille et qui portait en rubrique : *Cérémonial mortuaire.*

« Je désire que, après une messe basse dite à Saint-Thomas d'Aquin, ma paroisse, mon corps soit porté à Crouy. Je désire que mes obsèques y soient célébrées dans la chapelle de la Fondation, en présence de tous les pupilles. Je désire que, contrairement au service de Saint-Thomas d'Aquin, la cérémonie mortuaire de Crouy se déroule avec toute la solennité dont il plaira au Conseil d'honorer ma dépouille. Je souhaite d'être conduit à ma dernière demeure par les représentants des Œuvres qui ont accepté pendant de nombreuses années les offices de mon dévouement, ainsi que par une délégation de cet Institut de France, où j'ai été si fier de me voir accueilli. Je souhaite également, si les règlements le permettent, que mon grade dans l'ordre de la Légion d'honneur m'assure le salut militaire de cette Armée que j'ai toujours défendue par mes paroles, mes écrits et mes votes de citoyen. Je désire enfin que ceux qui auront formulé le vœu de prononcer quelques mots d'adieu sur ma tombe y soient autorisés sans restriction.

« Ce n'est pas que, en écrivant ceci, je m'illusionne sur la vanité de ces glorifications posthumes. Je suis d'avance pénétré de confusion à la pensée d'avoir un jour à comparaître devant le Tribunal suprême. Mais, après m'être entouré des lumières, de la méditation et de la prière, il me semble que, en cette circonstance, le véritable devoir consiste à imposer silence aux sentiments d'une stérile humilité, et à faire en sorte que, au jour de ma mort, mon existence puisse, s'il plaît à Dieu, être une dernière fois érigée en exemple, afin d'inciter d'autres chrétiens de notre grande bourgeoisie française à se consacrer au service de la Foi et de la Charité catholiques. »

Suivait un paragraphe : *Instructions de détail*. Antoine n'avait donc aucune initiative à prendre. M. Thibault s'était donné la peine de régler toute la cérémonie. Jusqu'au dernier moment, le chef de famille exerçait son commandement ; et cette volonté d'être jusqu'au bout conséquent avec son personnage n'était pas sans grandeur aux yeux d'Antoine.

M. Thibault avait même rédigé d'avance son billet de faire-part, qu'Antoine avait communiqué tel quel aux Pompes funèbres. Les titres de M. Thibault s'y alignaient dans un ordre qui devait avoir été minutieusement choisi ; leur énumération occupait une douzaine de lignes. Membre de l'institut y était inscrit en majuscules. On y lisait, non seulement des mentions telles que : *Docteur en droit, ancien député de l'Eure* ; ou telles que : *Président honoraire du Comité des Œuvres catholiques du Diocèse de Paris, Fondateur et Directeur de l'Œuvre de préservation sociale, Président du Conseil d'administration de la Société protectrice de l'Enfance, ancien Trésorier de la Section française du Comité central de solidarité catholique ;* mais aussi des renseignements de ce genre, qui laissaient Antoine rêveur : *Membre correspondant de la Confrérie de Saint-Jean de Latran ;* ou bien : *Président du Conseil curial et membre actif des Associations pieuses de la paroisse de Saint-Thomas d'Aquin.* Et cette nomenclature glorieuse se terminait par une liste de décorations, dans laquelle la *Légion d'honneur* venait après les ordres de *Saint-Grégoire*, de *Sainte-Isabelle* ou même de la *Croix du Sud*. Les insignes de ces ordres devaient être épinglés sur le cercueil.

La majeure partie du testament était constituée par une longue liste de legs à des gens et à des œuvres dont beaucoup étaient inconnus à Antoine.

Le nom de Gise arrêta son regard. M. Thibault avait, en guise de dot, constitué « à Mlle Gisèle de Waize », qu'il avait « élevée », écrivait-il, et qu'il considérait « presque comme sa fille », un capital important, « à charge pour elle de veiller aux dernières années de sa tante ». L'avenir de Gise se trouvait donc, de ce fait, confortablement assuré.

Antoine interrompit sa lecture. Il avait rougi de plaisir. Jamais il n'eût cru l'égoïste vieillard capable de cette attention et de cette largesse. Il eut pour son père un subit élan de gratitude et de respect, que les pages suivantes achevèrent de justifier. M. Thibault semblait, en effet, s'être préoccupé de faire des heureux : les bonnes, la concierge, le jardinier de Maisons-Laffitte, personne n'était oublié.

La fin de l'opuscule était consacrée à divers projets de fondations qui, toutes, devaient porter le nom d'Oscar Thibault. La curiosité d'Antoine piqua au hasard. *Legs Oscar Thibault* à l'Académie française, pour un prix de vertu. — Naturellement. — *Prix Oscar Thibault*, décerné tous les cinq ans par les Sciences morales au meilleur ouvrage « capable d'aider la lutte contre la prostitution et de faire cesser à cet égard la tolérance... » — évidemment — « ... de la République française ». Antoine souriait. Le legs à Gise l'inclinait à l'indulgence. Et puis, sous ce désir sans cesse formulé par le testateur de servir la cause du spirituel, il était assez troublé de reconnaître partout une secrète hantise — à laquelle, malgré son âge, lui-même, Antoine, n'échappait pas tout à fait : — le souci de se survivre dans le temporel.

La plus naïve, la plus inattendue de ces fondations, était l'attribution d'une somme assez importante à Mgr l'évêque de Beauvais, pour la publication annuelle d'un *Almanach Oscar Thibault*, tiré « au plus grand nombre d'exemplaires possible », qui devait être « vendu à bas prix dans toutes les papeteries et les bazars du diocèse », et qui, sous le couvert d'un « calendrier agricole pratique », devait « faire pénétrer dans chaque foyer catholique, pour la récréation du dimanche et les veillées d'hiver, un amusant recueil d'anecdotes édifiantes ».

Antoine referma le testament. Il avait hâte de poursuivre son inventaire. En remettant le volumineux mémoire dans son carton, il se surprit à penser, sans déplaisir : « Pour s'être montré si généreux, il faut qu'il nous laisse une assez belle fortune... »

Le premier tiroir contenait encore une vaste serviette de cuir, sanglée, et qui portait comme indication : *Lucie*. (C'était le prénom de Mme Thibault).

Antoine défit la boucle, avec un léger sentiment de gêne. Pourtant !

D'abord, des objets disparates. Un mouchoir brodé ; un écrin, deux boucles d'oreilles de fillette ; dans un porte-monnaie d'ivoire à soufflets de satin blanc, un billet de

confession, plié en quatre, et dont l'encre n'était plus
lisible. Quelques photographies décolorées, qu'Antoine
n'avait jamais vues : sa mère enfant ; sa mère à dix-huit
ou dix-neuf ans. Il s'étonnait que son père, si peu sentimental, eût conservé ces reliques, et justement dans le
tiroir qui était le plus à sa portée. Antoine éprouvait
pour cette jeune fille fraîche et gaie, qui avait été sa
mère, un sentiment de tendre chaleur. Mais, en examinant
ces traits oubliés, c'est à lui surtout qu'il songeait. Quand
Mme Thibault était morte — à la naissance de Jacques —
il avait neuf ans. A cette époque, il était un petit garçon
têtu, appliqué, personnel ; il dut même convenir : « assez
peu sensible ». Et, sans s'attarder à ces constatations désobligeantes, il fouilla l'autre poche de la serviette.

Il en sortit deux liasses, d'égal volume :

Lettres de Lucie.
Lettres d'Oscar.

Ce dernier paquet était ficelé à l'aide d'une faveur, et
la suscription était d'une écriture penchée de pension-
naire : sans doute M. Thibault l'avait-il trouvé tel quel
dans le secrétaire de la morte, et pieusement gardé.

Antoine hésitait à l'ouvrir ; il aurait loisir d'y revenir
plus tard. Mais, en écartant la liasse, dont le lien était
lâche, ses yeux tombèrent sur des fragments qui, ainsi
détachés, tout chargés de vie réelle, faisaient surgir de
l'ombre un passé qu'il n'avait jamais entrevu, pas même
pressenti :

« ... Je t'écrirai d'Orléans, avant le Congrès. Mais je
voulais, ma chérie, t'envoyer dès ce soir tous les battements de mon cœur, pour t'exhorter à la patience et
t'aider à supporter le premier jour de cette semaine de
séparation. Samedi n'est pas loin. Bonsoir, mon amour.

La mort du père

Tu devrais prendre le petit dans ta chambre pour te sentir un peu moins seule. »

Avant de continuer sa lecture, Antoine alla jusqu'à la porte et donna un tour de clé.

« ... Je t'aime de toute mon âme, ma bien-aimée. L'absence me glace le cœur, plus encore que la neige et l'hiver de ce pays étranger. Je n'attendrai pas W. P. à Bruxelles. Avant dimanche je te serrerai de nouveau contre moi, mon Lulu chéri. Les autres ne peuvent pas deviner notre secret : personne jamais ne s'est aimé comme nous. . . . . »

Antoine était si surpris de trouver ces mots-là sous la plume de son père, qu'il ne se décidait pas à renouer la liasse.
Tout, cependant, n'était pas de la même chaleur :

« ... Un mot de ta lettre m'a, je l'avoue, mécontenté. Je t'en conjure, Lucie, ne profite pas de mon absence pour perdre ton temps à étudier ton piano. Crois-moi. Cette sorte d'exaltation que procure la musique exerce sur la sensibilité d'un être encore jeune une action néfaste ; elle accoutume à l'oisiveté, aux écarts d'imagination, et risque de détourner une femme des vrais devoirs de son état. »

Parfois même le ton s'envenimait :

« ... Tu ne me comprends pas, et je m'aperçois que tu ne m'as jamais compris. Tu m'accuses d'égoïsme, moi dont l'existence est tout entière consacrée aux autres! Si tu l'oses, demande à l'abbé Noyel ce qu'il faut penser là-dessus! Tu devrais remercier le bon Dieu et être fière de cette vie de dévouement que je mène, si tu pouvais er pénétrer le sens, la grandeur morale, le but spirituel! Au lieu de cela, tu en es jalouse, bassement, et tu ne songes qu'à frustrer à ton profit ces œuvres qui ont si grand besoin de ma direction! . . . . »

Mais la plupart de ces lettres reflétaient une profonde tendresse :

« ... Pas de nouvelles hier, pas de nouvelles aujourd'hui. Le besoin que j'ai de toi fait que je compte trop sur cette lettre de chaque matin, et, quand ce viatique me fait défaut au réveil, ma journée de travail est sans courage. Faute de mieux, j'ai relu ta si douce lettre de jeudi, pleine de droiture, de pureté, de tendresse. O bon ange que Dieu a mis à mon côté! Je me reproche de ne pas t'aimer comme tu le mérites. Je sens bien, mon amour, que tu t'es interdit toute plainte. Mais quelle bassesse n'y aurait-il pas, de ma part, à paraître oublier mes torts et à te dissimuler mon repentir!

« La délégation est très fêtée. On m'y fait une place extrêmement flatteuse. Hier, dîner de trente couverts, toasts, etc. Je crois que ma réponse a beaucoup porté. Mais les honneurs ne me font rien oublier : entre les sessions, je ne pense qu'à toi, ma chérie, et au petit... . . . . »

Antoine était extrêmement ému. Ses mains tremblaient un peu lorsqu'il remit le paquet en place. « Votre sainte mère », disait toujours M. Thibault, avec un soupir particulier et un coup d'œil oblique vers la suspension, chaque fois que, à table, il lui arrivait de rappeler un souvenir auquel sa femme était mêlée. Par cette brève incursion dans ce domaine insoupçonné, Antoine venait d'en apprendre plus long sur la jeunesse de ses parents que par toutes les allusions faites, en vingt ans, par son père.

Le second tiroir était tout rempli d'autres liasses :

Lettres des enfants. Pupilles et Détenus.

« Le reste de sa famille », songea Antoine.

Il se sentait plus à l'aise avec ce passé-là, mais non moins surpris. Qui donc aurait pu croire que M. Thibault avait ainsi conservé toutes les lettres d'Antoine, toutes celles de Jacques, même les rares lettres de Gise, et qu'il les rangeait sous une rubrique commune : *Lettres des enfants* ?

Sur le dessus de la liasse s'étalait un premier billet, sans date, gauchement tracé au crayon par un bambin dont une maman avait dû diriger la main :

« Mon cher Papa, je t'embrasse et je te souhaite une bonne fête. »

« Antoine. »

Il s'attendrit un instant sur ce vestige préhistorique, et passa.

Les lettres des *Pupilles et Détenus* ne semblaient présenter aucun intérêt :

« Monsieur le Président,

« Ils nous embarquent ce soir pour l'île de Ré. J'aurais regret de quitter la prison sans vous dire que je suis reconnaissant de toutes vos bienveillances. . . . . . . »

« Monsieur et cher Bienfaiteur,

« Celui qui vous écrit et signe, c'est une homme qui est redevenu honnête homme, et c'est pourquoi je viens vous demander votre recommandation, avec ci-joint une lettre de mon père, dont il ne faudra pas faire attention pour le français ou pour le style... Mes deux fillettes prient tous les soirs pour celui qu'elles appellent « le Parrain de Papa ». . . . . »

« Monsieur le Président,

« Il y a 26 jours que je suis incarcéré en prison et au désespoir de ce que, en 26 jours, je n'ai vu le juge qu'une fois malgré mon mémoire dûment justificatif. »

Un feuillet maculé, daté du « Camp de Montravel, Nouvelle-Calédonie », se terminait par ces mots, calligraphiés d'une encre jaunie :

« ... en attendant des jours meilleurs, je vous prie d'agréer les sentiments dont je vous honore avec reconnaissance.
« Transporté n° 4843. »

Tous ces témoignages de confiance et de gratitude, tous ces bras misérables qu'il voyait ainsi se tendre vers son père, ne laissaient pas d'émouvoir Antoine.
« Il faudra que Jacques feuillette ça », se dit-il.
Au fond du tiroir, un petit carton sans étiquette : trois photographies d'amateur, aux angles roulés. La plus grande représentait une femme d'une trentaine d'années, dans un paysage de montagne, à la lisière d'un bouquet de sapins. Antoine eut beau se pencher vers la lampe, les traits de ce visage lui étaient totalement inconnus. D'ailleurs, la capote à rubans, la robe à collerette, les manches ballon, accusaient une mode très ancienne. La seconde épreuve, plus petite, représentait la même personne, assise cette fois, la tête nue, dans un square, peut-être dans le jardin d'un hôtel : et, sous le banc, aux pieds de la dame, un caniche blanc, accroupi en sphinx. Sur la troisième image, le chien était seul,

debout sur une table de jardin, le museau dressé, un ruban sur la tête. Dans le carton, une enveloppe contenait le cliché de la grande photographie, le paysage de montagne. Aucun nom, aucune date. A y regarder de plus près et bien que la silhouette fût encore svelte, cette femme pouvait avoir atteint ou même dépassé la quarantaine. Un regard chaud, sérieux malgré le sourire des lèvres : une physionomie attachante, qu'Antoine, intrigué, examinait, sans se décider à refermer le carton. Était-ce une suggestion ? Il n'était plus aussi certain de n'avoir jamais rencontré cette femme.

Le troisième tiroir, presque vide, ne contenait qu'un ancien registre de comptes, qu'Antoine faillit ne pas ouvrir. C'était un vieux cahier de maroquin, chiffré aux initiales de M. Thibault, et qui, en réalité, n'avait jamais servi de livre de comptes.

Sur la page de garde, Antoine lut :

« Donné par Lucie à l'occasion du premier anniversaire de notre mariage : 12 février 1880. »

Au centre de la page suivante, M. Thibault avait inscrit, de la même encre rouge :

NOTES
pour servir à une
HISTOIRE DE L'AUTORITE PATERNELLE
à travers les âges.

Mais ce titre était raturé. Le projet avait dû être abandonné. « Étrange souci », se dit Antoine, « pour un homme marié depuis un an et dont le premier enfant était encore à naître ! »

Dès qu'il eut feuilleté le registre, sa curiosité s'aviva. Très peu de pages étaient restées blanches. Les modifi-

cations de l'écriture témoignaient que le cahier avait
servi pendant de nombreuses années. Mais ce n'était
pas un journal, comme Antoine l'avait d'abord cru — et
espéré : un simple recueil de citations, semblait-il,
prises au cours de lectures.

Le choix des textes pouvait être assez significatif, et
Antoine explora les premières pages d'un œil inquisi-
teur :

*Il y a peu de choses qu'il faille craindre davantage que
d'apporter la moindre innovation dans l'ordre établi.*
(Platon.)

Le sage. (Buffon.)

*Content de son état, il ne veut être que comme il a
toujours été, ne vivre que comme il a vécu : se suffisant
à lui-même, il n'a qu'un faible besoin des autres, etc.*

Certaines de ces citations étaient assez inattendues :

*Il y a des cœurs aigres, amers et âpres de leur nature,
qui rendent pareillement aigre et amer tout ce qu'ils
reçoivent.* (Saint Fr. de S.)
*Il n'y a point d'âmes au monde qui chérissent plus cor-
dialement, plus tendrement, plus amoureusement que moi;
et même j'abonde un peu en dilection.* (Saint Fr. de S.)

« La prière a peut-être été donnée à l'homme pour lui
permettre quotidiennement un cri d'amour dont il
n'ait pas à rougir. »

Cette dernière remarque était sans référence et d'une
écriture cursive. Antoine eut l'idée que son père en était
l'auteur.

D'ailleurs, M. Thibault semblait, à partir de ce moment-là, avoir pris l'habitude d'intercaler, au milieu des

textes, le fruit de ses propres méditations. Et Antoine, tournant les pages, s'aperçut avec un vif intérêt que le cahier paraissait avoir assez vite perdu sa destination première, pour devenir presque exclusivement un recueil de pensées personnelles.

Au début, la plupart de ces maximes avaient une portée politique ou sociale. Sans doute M. Thibault notait-il là des idées générales qu'il était heureux de pouvoir retrouver lorsqu'il préparait un discours. Antoine y rencontrait à tout instant ces formes de négations interrogatives — « N'y a-t-il pas ?... » « Ne faut-il pas ?... » - qui étaient si caractéristiques de la pensée et de la parole paternelles :

« L'autorité du Patron est un pouvoir que suffit à légitimer la compétence. Mais n'est-ce pas davantage encore ? Ne faut-il pas, pour une production prospère, que s'établisse une cohésion morale entre ceux qui coopèrent à cette production ? Et le Patronat n'est-il pas aujourd'hui l'organe indispensable à la cohésion morale des ouvriers ? »

« Le prolétariat s'insurge devant l'inégalité des conditions, et nomme injustice l'admirable *variété* voulue par Dieu.

« N'a-t-on pas, de nos jours, tendance à oublier qu'un homme *de bien* est fatalement aussi, ou presque fatalement, un homme *qui a du bien ?* »

Antoine sauta d'un coup deux ou trois ans. Les préoccupations d'ordre général semblaient de plus en plus céder la place à des réflexions d'un accent intime :

« Ce qui donne tant de sécurité à se sentir chrétien, n'est-ce pas que l'Église du Christ est *aussi* une Puissance temporelle ? »

Antoine sourit. « Ces honnêtes gens-là », se dit-il, « pour peu qu'ils soient ardents et courageux, sont souvent plus dangereux que les canailles !… Ils en imposent à tous — particulièrement aux meilleurs ; et ils sont si certains d'avoir la vérité en poche, que, pour faire triompher leurs convictions, ils ne reculent devant rien… Devant rien… J'ai vu mon père, pour le bien de son parti, pour le succès d'une de ses œuvres, se permettre certaines petites choses… Enfin, des choses qu'il ne se serait jamais permises, si ç'avait été pour lui, pour obtenir une distinction, pour gagner de l'argent ! »

Ses yeux couraient de page en page, piquant au hasard :

« N'y a-t-il pas une forme légitime, salutaire, de l'égoïsme, ou, pour mieux dire, une manière d'utiliser l'égoïsme à de pieuses fins : par exemple, en nourrir notre activité de chrétiens, et jusqu'à notre foi ? »

Certaines affirmations auraient pu paraître cyniques à qui n'aurait pas connu la personne et la vie de M. Thibault :

« Œuvres. Ce qui fait la grandeur et surtout l'incomparable *efficacité sociale* de notre Philanthropie catholique (Œuvres de Bienfaisance, Sœurs de Saint-Vincent-de-P., etc.), c'est que, en fait, la distribution des secours matériels n'atteint guère que les résignés, les bons esprits, et ne risque pas d'encourager les insatisfaits, les rebelles, ceux qui n'acceptent pas leur condition inférieure et n'ont d'autres mots à la bouche qu'inégalité et revendication. »

« La vraie charité n'est pas de vouloir le bonheur d'autrui. »

« Mon Dieu, donnez-nous la force de faire violence à ceux que nous devons sauver. »

Idée qui, plusieurs mois après, semblait encore le hanter :

« Être féroce envers soi-même, pour se donner le droit d'être dur envers tous. »
« Parmi les mérites méconnus, ne conviendrait-il pas de placer au premier rang, pour le dur apprentissage qu'il exige, ce que, dans mes prières, j'appelle depuis si longtemps : l'enroidissement ? »

Et ceci qui, isolé sur une page blanche, rendait un son terrible :

« Forcer l'estime, à force de vertu. »

« *Enroidissement !* » songeait Antoine. Il découvrait que son père n'était pas seulement raide, mais enroidi — exprès. Il ne refusait pas, d'ailleurs, de voir quelque sombre beauté dans cette contrainte, même si elle n'aboutissait qu'à l'inhumain. « Sensibilité volontairement mutilée ? » se demandait-il. Parfois, il semblait bien que M. Thibault eût souffert de lui-même et des mérites qu'il acquérait si durement :

« L'estime n'exclut pas nécessairement l'amitié, mais il semble rare qu'elle contribue à la faire naître. Admirer n'est pas aimer ; et, si la vertu obtient la considération, elle n'ouvre pas souvent les cœurs. »

Amertume secrète, qui l'amenait même à écrire, quelques pages plus loin :

« L'homme de bien n'a pas d'amis. Dieu le console en lui procurant des obligés. »

Par-ci, par-là — rarement, il est vrai — un cri humain qui détonnait et plongeait Antoine dans la stupeur :

« Si l'on ne fait pas le bien par goût naturel, que ce soit par désespoir ; ou, du moins, pour ne pas faire le mal. »

« Il y a quelque chose de Jacques, dans tout ça », se disait Antoine. C'était difficile à préciser. Mêmes sensibilités contractées, même violence secrète des instincts, mêmes rudesses. Il en vint à se demander si l'aversion de son père pour le caractère aventureux de Jacques ne se trouvait pas parfois renforcée par une obscure similitude de tempérament ?

Un grand nombre de pensées commençaient par cette formule : « Piège du démon. »

« Piège du démon : le penchant à la vérité. N'est-il pas souvent plus difficile, plus courageux, de persévérer, par fidélité à soi-même, dans une conviction, même ébranlée, que de secouer présomptueusement les colonnes au risque de faire écrouler l'édifice ?
« *L'esprit de suite* n'est-il pas plus que l'esprit de vérité ? »

« Piège du démon. Déguiser son orgueil, ce n'est pas être modeste. Mieux vaut laisser éclater les défauts qu'on n'a pas su vaincre, et en faire une force, plutôt que de mentir et de s'affaiblir en les dissimulant. »
(Orgueil, vanité, modestie, ces mots se retrouvaient à chaque page.)

« Piège du démon. Se rabaisser en parlant humblement de soi, n'est-ce pas une feinte de l'Orgueil ? Ce qu'il faut, c'est faire le silence sur soi. Mais cela n'est possible à l'homme que s'il est assuré que d'autres, du moins, sauront bien parler de lui. »

Antoine sourit de nouveau. Mais l'ironie se figeait vite sur ses lèvres.
Quelle mélancolie, dans un lieu commun comme celui-ci, lorsqu'on le trouvait sous la plume de M. Thibault :

« Y a-t-il des vies — même des vies de saints — qui ne soient pas quotidiennement soumises au mensonge ? »

D'ailleurs — et contrairement à ce qu'Antoine aurait supposé d'après le souvenir qu'il avait de son père vieillissant — la sérénité semblait, d'années en années, se dérober davantage à cette âme empesée de certitude :

« Le rendement d'une existence, la portée des entreprises d'un homme, leur valeur, sont, plus qu'on ne pense, commandés par la vie du cœur. Il en est auxquels il n'aura manqué, pour laisser une œuvre à leur taille, que la chaleur d'une présence aimée. »

On devinait même, par instants, comme un mal secret :

« Une faute non commise ne peut-elle pas provoquer dans le caractère d'un homme autant de déformations et faire dans sa vie intérieure autant de ravages, qu'un crime réel ? Rien n'y manque : pas même les morsures du remords. »

« Piège du démon. Ne pas confondre avec l'amour du prochain l'émoi qui nous saisit à l'approche, au toucher de certains êtres... »

Ce paragraphe s'achevait par une demi-ligne, raturée. Pas assez cependant pour qu'Antoine ne pût lire, par transparence :

« ... jeunes, fût-ce des enfants. »

En marge au crayon :

« 2 juillet. 25 juillet. 6 août. 8 août. 9 août. »

Puis, après quelques pages d'un autre ton :

« O mon Dieu, vous connaissez ma misère, mon indignité. Je n'ai pas droit à votre pardon, car je ne suis pas détaché, je ne puis me détacher de *mon* péché. Fortifiez ma volonté pour que j'évite le piège du démon. »

Et Antoine se rappela soudain les quelques paroles indécentes qui, à deux reprises différentes, avaient jailli des lèvres de son père, pendant son délire.

De fréquents appels vers Dieu coupaient ces examens de conscience :

Seigneur, celui que Vous aimez est malade !

Gardez-vous de moi, Seigneur, car je Vous trahirais si vous m'abandonniez à moi-même !

Antoine tourna quelques feuillets.
Une date, ajoutée en marge, au crayon — « août 95 » — retint son regard :

« Attention d'amoureuse. Sur la table traînait le livre de l'ami ; la page était marquée par une bande de journal. Qui donc a pu venir, si tôt, ce matin ? Un bleuet, pareil à ceux qui paraient hier soir son corsage, remplace maintenant le signet de papier. »

Août 1893? Antoine, stupéfait, plongea dans ses souvenirs. En 95, il avait quatorze ans. L'année où M. Thibault les avait tous emmenés près de Chamonix. Une rencontre d'hôtel? Aussitôt, il pensa à la photographie de la dame au caniche. Sans doute trouverait-il quelque éclaircissement dans la suite? Non. Plus un mot sur l'« amoureuse ».

Pourtant, à quelques pages de là, une fleur — le bleuet peut-être? — aplatie et sèche, voisinait avec cette citation classique :

Il y a en elle de quoi faire une parfaite amie : il y a aussi de quoi vous mener plus loin que l'amitié. (La Br.)

Puis, la même année, à la date du 31 décembre, comme une conclusion, ceci, qui rappelait l'ancien élève des Jésuites :

Sæpe venit magno fœnore tardus amor [1].

Mais Antoine eut beau se remémorer les vacances de 95, il ne retrouvait aucun souvenir des manches ballon ni du caniche blanc.

Il n'était pas possible de tout lire ce soir-là.

D'ailleurs, M. Thibault, devenu un personnage dans le monde des Œuvres et accaparé par ses multiples fonctions, semblait bien, au cours des dix ou douze dernières années, avoir peu à peu abandonné son registre. Il n'y écrivait guère que pendant les vacances, et les citations pieuses redevenaient très abondantes. La

[1]. « C'est souvent avec une grande violence que vous saisit un tardif amour. »

date extrême était « Septembre 1909 ». Pas une ligne
depuis le départ de Jacques ; ni pendant la maladie.

Sur l'un des derniers feuillets, d'une écriture moins
ferme, cette réflexion désabusée :

« Lorsque l'homme parvient aux honneurs, c'est
déjà qu'il ne les mérite plus. Mais, dans Sa Bonté, Dieu
ne les lui prodigue-t-il pas pour seulement l'aider à supporter cette mésestime de soi qui empoisonne et finit
par tarir la source de toute joie, *de toute charité ?* »

Le cahier se terminait par quelques pages blanches.

A la fin, dans la moire de la doublure, le relieur avait
ménagé une pochette où traînaient encore de vieux
papiers. Antoine en tira deux amusantes photos de Gise
enfant, un calendrier de 1902 dont les dimanches étaient
cochés, et cette lettre, sur papier mauve :

« 7 avril 1906.

« Cher W. X. 99,

« Tout ce que vous me dites sur vous, je pourrais vous
le dire également. Non, je ne m'explique pas ce qui
m'a fait faire cela, mettre cette Annonce, moi, élevée
comme je l'ai été, et cela m'étonne aujourd'hui pareillement comme cela vous étonne, vous, d'avoir regardé
ces Offres de Mariage dans le journal et d'avoir cédé
à la tentation d'écrire à ces Initiales inconnues, pleines
de mystère pour vous. Car moi aussi je suis une Catholique pratiquante et très attachée à des Principes de
Religion auxquels je n'ai jamais failli un seul jour, et
toute cette occasion est si romanesque, vous ne trouvez
pas, qu'on dirait bien, du moins pour moi, que c'est
comme un Signe de la Providence et que c'est Dieu qui
a voulu pour nous ce moment de faiblesse où j'ai inséré
l'Annonce et celui où vous l'avez lue et découpée. Depuis
sept années que je suis veuve, il faut vous dire que je

souffre de plus en plus de ce manque de tendresse dans
ma vie, surtout que, n'ayant pas eu d'enfant, je suis
sans cette compensation. Mais ce n'est pas une compensation, puisque vous, qui avez deux grands fils, un
Foyer enfin et, d'après ce que je devine, une situation
d'homme d'affaires très occupé, vous aussi vous vous
plaignez de souffrir de sécheresse et de solitude. Oui, je
pense comme vous que c'est Dieu qui nous a donné ce
besoin d'aimer, et je Lui demande soir et matin en faisant ma prière de retrouver, dans un Mariage béni par
Lui, la chère présence d'un homme qui me prodigue la
chaleur d'un contact ardent et fidèle. A cet homme,
Envoyé de Dieu, j'apporterai une âme ardente aussi et
une jeunesse d'amour qui est un gage sacré de Bonheur.
Mais malgré le chagrin que j'ai de vous causer de la
peine, je ne puis vous envoyer ce que vous me demandez,
bien que je comprenne votre demande. Vous ne savez
pas la femme que je suis, mes parents, morts aujour-
d'hui, mais vivants pour moi dans mes prières, et le
milieu où j'ai vécu jusqu'ici. Encore une fois ne jugez
pas sur cette faiblesse que j'ai eue dans ma détresse
d'amour, quand j'ai fait insérer cette Offre, et comprenez
qu'une nature comme je suis se refuse à envoyer ainsi
une photographie, même flattée. Ce que je peux faire
très volontiers, c'est prier mon directeur de conscience,
qui est depuis Noël premier vicaire dans une paroisse
de Paris, d'aller voir cet abbé V. dont vous m'avez
parlé dans votre deuxième lettre, et il donnera tous les
renseignements. Et même, pour le physique, ce que je
peux faire, c'est d'aller moi-même faire visite à M. l'abbé
V. qui a votre confiance et qui pourra ensuite vous... »

C'étaient les derniers mots de la quatrième page.
Antoine fouilla la pochette. La feuille suivante n'y était
pas.

S'agissait-il seulement de son père ? Aucun doute :

les deux fils, l'abbé V... Questionner Vécard ? Même s'il avait été mêlé à cette tentative matrimoniale, il ne divulguerait rien.

La dame au caniche ? Non ; la date de cette lettre — 1906, c'était hier : l'année de l'internat d'Antoine dans le service de Philip, l'année que Jacques avait passée au pénitencier de Crouy — cette date relativement récente ne concordait pas avec la capote, la taille pincée, les manches ballon. Il fallait se contenter d'hypothèses.

Antoine remit le registre à sa place, ferma le tiroir et regarda l'heure : minuit et demi.

« Se contenter d'hypothèses », répéta-t-il à mi-voix, en se levant.

« Le résidu d'une existence... », songeait-il. « Et, malgré tout, l'ampleur d'une telle vie! Une vie humaine a toujours infiniment plus d'ampleur qu'on ne sait! »

Il considéra un instant, comme pour en arracher un secret, ce fauteuil d'acajou et de cuir qu'il venait de quitter, et où, tant d'années, M. Thibault, incrusté par la base, le buste penché, ironique, tranchant, ou solennel tour à tour, avait prononcé ses sentences.

« Qu'ai-je connu de lui ? » songeait-il. « Une fonction, la fonction paternelle : un gouvernement de droit divin qu'il a exercé sur moi, sur nous, trente ans de suite — avec conscience d'ailleurs : bourru et dur, mais pour le bon motif ; attaché à nous comme à des devoirs... Qu'ai-je connu encore ? Un pontife social, considéré et craint. Mais lui, lui, l'être qu'il était quand il se retrouvait seul en présence de lui-même, qui était-il? Je n'en sais rien. Jamais il n'a exprimé devant moi une pensée, un sentiment, où j'aie pu voir quelque chose d'intime, quelque chose qui ait été réellement, profondément de lui, tout masque enlevé! »

Depuis qu'Antoine avait touché ces papiers, soulevé ce petit coin de voile, soupçonné des choses, il s'avisait

avec une sorte d'angoisse que, sous ces majestueuses
apparences, un homme — un pauvre homme, peut-
être — venait de mourir ; que cet homme était son père,
et qu'il l'avait entièrement ignoré.

Il se demanda soudain :

« Et de moi, que savait-il ? Moins encore ! Rien !
N'importe quel camarade de classe perdu de vue depuis
quinze ans, en sait sur moi davantage ! Est-ce sa faute ?
N'est-ce pas la mienne ? Ce vieillard instruit, qui a passé
aux yeux de tant de gens remarquables pour prudent,
averti, d'excellent conseil, moi, son fils, je ne l'ai jamais
consulté que pour la forme, après m'être renseigné
ailleurs et décidé en dehors de lui. Quand nous nous trou-
vions en face l'un de l'autre, il y avait là tête à tête
deux hommes de même sang, de même nature, et entre
ces deux hommes, entre ce père et ce fils, aucun langage pour communiquer, aucune possibilité d'échange :
deux étrangers !

« Et pourtant, non ! » reprit-il, après avoir fait quelques
pas de long en large. « Ça n'est pas la vérité. Nous
n'étions pas des étrangers l'un pour l'autre. Voilà le
plus terrible. Entre nous, des liens, — indiscutables.
Mais oui, ces liens de père à fils, de fils à père — si
dérisoire qu'il soit d'y seulement penser quand on songe
à ce qu'ont été nos rapports — ces liens uniques, à nuls
autres comparables, ils existaient bel et bien au fond de
chacun de nous ! C'est même à cause d'eux que je suis
bouleversé en ce moment : j'ai, pour la première fois
depuis que je suis né, l'impression évidente que, sous cette
incompréhension totale, il y avait quelque chose de
secret, d'enseveli : une possibilité, même une exceptionnelle possibilité, de compréhension ! Et j'ai maintenant avec certitude le sentiment que, malgré tout —
bien que jamais je n'aie constaté entre nous le moindre
commencement d'échange — malgré tout, jamais il n'y
a eu et jamais plus il n'y aura dans le monde un autre

être — même pas Jacques — si bien fait pour être compris de moi dans les profondeurs de son essence ni mieux fait pour pénétrer d'emblée dans les profondeurs de la mienne... Parce qu'il était mon père, parce que je suis son fils ! »

Il était près de la porte du vestibule. « Allons nous coucher », se dit-il, en tournant la clé dans la serrure. Mais, avant d'éteindre, il se tourna pour embrasser du regard ce cabinet de travail qui était maintenant comme un alvéole vide.

« Et il est trop tard », conclut-il, « c'est fini, à tout jamais. »

Un rai de lumière passait sous la porte de la salle à manger.

— « Mais il faut vous dépêcher de partir, monsieur Chasle ! » s'écria Antoine, en poussant le battant.

Courbé entre deux piles de faire-part, Chasle préparait des enveloppes.

— « Ah ! c'est vous ? Justement... Avez-vous une minute ? » fit-il, sans lever le nez.

Antoine, pensant qu'il s'agissait de préciser une adresse, s'approcha sans méfiance.

— « Une minute ? » répéta le bonhomme, continuant à écrire. « Quoi ?... Que je vous explique ce que je vous disais — pour ce petit capital. »

Sans attendre la réponse, il avait posé sa plume, escamoté son râtelier, et regardait son interlocuteur avec un air émoustillé. Il était désarmant.

— « Vous n'avez donc pas sommeil, monsieur Chasle ? »

« Oh ! non ! Ce qui me tient éveillé, moi, ce sont les idées... » Son petit buste se tendait vers Antoine, qui était resté debout. « J'écris des adresses, j'écris... Mais, pendant ce temps-là, Monsieur Antoine... » (Il eut le sourire malicieux d'un prestidigitateur bon enfant qui va dévoiler un de ses tours : « Mais, pendant ce temps-là, ça tourne, ça tourne, *ad libitum !* »

Et, avant qu'Antoine eût pu trouver une échappatoire :

— « Eh bien, avec ce petit capital dont vous m'avez parlé, Monsieur Antoine, je vais pouvoir réaliser une de mes idées. Oui, une idée à moi : le *Comptoir*. C'est un nom abréviatif, en quelque sorte. Un comptoir. On peut dire aussi un office. Une boutique, enfin. Oui. D'abord, une boutique. Un magasin, dans une rue passagère de la localité. Mais la boutique, c'est l'extérieur. L'idée, elle est dedans. »

Lorsque son sujet lui tenait fort à cœur, comme en ce moment, il parlait par petites phrases essoufflées, les mains allongées et jointes, en se penchant tantôt à droite, tantôt à gauche. Entre chaque phrase, une courte pause lui permettait d'ordonner dans sa tête la phrase suivante ; un même déclic semblait alors faire basculer le buste et projeter en avant les mots préparés ; puis il s'arrêtait de nouveau, comme s'il ne pouvait sécréter qu'une parcelle de pensée à la fois.

Antoine se demanda si M. Chasle n'avait pas le cerveau plus déséquilibré que de coutume : les événements, plusieurs nuits blanches...

— « Latoche parlerait de tout ça mieux que moi », reprit le petit homme. « Voilà beau temps que je le connais, Latoche ; et, pour le passé, je n'ai jamais eu sur lui que de parfaits antécédents. Une élite. Toujours des idées. Comme moi. Même, à nous deux, une grande idée : ce fameux *Comptoir*. Le *Comptoir de l'Ingéniosité moderne*... Vous y êtes ? »

— « Pas tout à fait. »

— « Eh bien, en définitive, les petites inventions. Les petites inventions pratiques !... Tous les petits ingénieurs qui trouvent un petit truc et qui ne savent qu'en faire. On centralise tout ça, Latoche et moi. On lance des réclames dans les journaux de la localité... »

— « Quelle localité ? »

M. Chasle considéra Antoine comme s'il ne comprenait pas la question.

— « Du temps du défunt », continua-t-il après une pause, « j'aurais eu honte bue de raconter ces choses-là. Mais maintenant... Il y a treize ans que je rumine ça, Monsieur Antoine. Depuis l'Exposition. J'ai même, rien qu'à moi seul, inventé un tas de petites célébrités. Oui. Un talon enregistreur, pour compter les pas. Un mouilleur de timbres, automatique et perpétuel. » Il sauta de sa chaise et s'approcha d'Antoine. « Mais le plus conséquent, c'est l'œuf. L'œuf carré. Reste à trouver mon liquide. Pour ça, je suis en correspondance avec des chercheurs. Les curés de campagne, ce sont tous des candidats adeptes : en hiver, après l'*Angelus*, on a le temps de bricoler, n'est-ce pas ? Je les ai tous lancés sur mon liquide. Dès que j'aurai mon liquide... Mais le liquide, ça n'est plus rien. Le difficile, c'était l'idée. »

Antoine écarquillait les yeux :

— « Dès que vous aurez le liquide ?... »

— « Eh bien, j'y trempe mes œufs... juste assez pour ramollir la coquille sans gâter l'œuf !... Vous y êtes ? »

— « Non. »

— « Je les fais sécher dans des moules... »

— « Carrés ? »

— « Naturellement ! »

M. Chasle se tortillait comme un ver coupé. Antoine ne l'avait jamais vu dans cet état.

— « Par centaines ! Par milliers ! Une usine ! L'œuf carré ! Plus de coquetiers ! L'œuf carré se tient debout ! Sa coquille reste dans le ménage ! On en fait un porte-allumettes, on en fait un pot à moutarde ! L'œuf carré se range en boîtes, comme des pains de savon ! Alors, pour les expéditions, vous vous rendez compte ? »

Il voulut regrimper sur son « strapontin » ; mais aussitôt, comme s'il s'était piqué, il sauta à terre. Il était devenu pourpre.

— « Excusez-moi, je reviens », murmura-t-il en gagnant la porte. « La vessie... C'est nerveux... Dès que je parle de l'œuf... »

XI

Le lendemain, qui était un dimanche, Gise se réveilla, non pas brisée — la fièvre semblait l'avoir définitivement quittée — mais, au contraire, impatiente et résolue. Trop affaiblie encore pour aller jusqu'à l'église, elle passa la matinée chez elle, à prier, à se recueillir. Elle s'irritait de ne pouvoir réfléchir avec efficacité à la situation qui lui était faite par le retour de Jacques : il n'y avait devant elle rien de net ; et, ce matin-là, au grand jour, elle ne parvenait même pas à bien s'expliquer ce qui, la veille, dans la visite nocturne de Jacques, lui avait laissé cet arrière-goût de déception, presque de désespoir. Il fallait une explication. Dissiper les malentendus. Ensuite, tout s'éclairerait.

Mais, de toute la matinée, Jacques ne parut pas. Antoine lui-même ne se montrait presque plus depuis la mise en bière. La tante et la nièce déjeunèrent tête à tête. Puis la jeune fille entra chez elle.

L'après-midi se traîna, brumeux et froid, sinistre.

Seule et désœuvrée, en proie aux idées fixes qui la ravageaient, Gise en vint à un tel énervement que, vers quatre heures, tandis que sa tante était encore au salut, elle s'enveloppa d'un manteau, descendit d'un trait au rez-de-chaussée, et se fit conduire par Léon à la chambre de Jacques.

Il lisait des journaux, sur une chaise, dans l'embrasure de la fenêtre.

Sa silhouette se découpait à contre-jour sur la vitre livide, et Gise fut frappée de sa carrure : dès qu'elle n'était plus auprès de lui, elle oubliait l'homme qu'il était devenu, pour ne plus évoquer que l'adolescent aux traits enfantins, qui, trois ans plus tôt, l'avait serrée contre lui sous les arbres de Maisons.

Du premier coup d'œil, sans analyser son impression, elle remarqua la façon dont il était piqué de biais sur cette chaise volante, et que tout, dans cette chambre en désordre (la valise ouverte à terre, le chapeau sur la pendule arrêtée, le bureau désaffecté, les deux paires de souliers devant la bibliothèque), tout signifiait campement provisoire, lieu de hasard où l'on ne saurait reprendre des habitudes.

Il s'était levé pour venir à sa rencontre. Quand elle reçut de près la caresse bleue de son regard, où se lisait un peu de surprise, elle se troubla si fort qu'elle ne put retrouver ce qu'elle avait imaginé pour rendre plausible sa visite ; il ne restait plus rien dans sa tête que le réel : un désir irrésistible d'y voir clair. Aussi, faisant fi de toute adresse, pâle, courageuse, elle s'arrêta au milieu de la chambre et dit :

- « Jacques, il faut que nous parlions. »

Elle eut le temps de saisir dans les yeux qui venaient si affectueusement au-devant d'elle un éclat bref et dur, que le battement des paupières intercepta presque aussitôt.

Il rit, forçant un peu la voix :

— « Mon Dieu, quel air sérieux ! »

Cette ironie la glaça. Pourtant elle sourit : sourire tremblant qui s'acheva en une crispation douloureuse : des larmes montaient à ses yeux. Elle détourna le visage, fit quelques pas et vint s'asseoir sur le canapé-lit ; mais, obligée d'essuyer les pleurs qui roulaient maintenant sur ses joues, elle dit, sur un ton de reproche où elle pensa mettre un peu de gaieté :

— « Ah! tu vois, tu me fais déjà pleurer... C'est bête... »

Jacques sentit de la haine sourdre en lui. Il était ainsi : cette colère qu'il portait, depuis son enfance, au plus profond de lui-même — un peu, pensait-il, comme la terre porte son centre en fusion — cette sourde rage, cette rancune, jaillissaient par moments en poussées de lave brûlante que rien ne pouvait retenir.

— « Eh bien, oui, après tout, parle! » cria-t-il, avec une exaspération hostile. « Moi aussi, je préfère en finir! »

Elle s'attendait si peu à cette brutalité, et la question qu'elle était venue poser trouvait déjà en cette explosion une réponse si explicite, qu'elle s'appuya au dossier, les lèvres blanches et entrouvertes, comme s'il l'eût réellement frappée. Pour toute défense, elle mit sa main devant elle et murmura . « Jacquot... » d'une voix si déchirante que Jacques en fut d'un coup retourné.

Étourdi, oubliant tout, il passa sans transition de la plus agressive malveillance au plus spontané, au plus illusoire élan de tendresse : il courut au canapé, se laissa tomber près de Gise et la reçut, sanglotante, sur sa poitrine. Il balbutiait : « Mon pauvre petit... Mon pauvre petit... » Il voyait de tout près le grain mat de sa peau, et, autour des yeux, le cerne transparent et sombre qui donnait plus de tristesse et de douceur à ce regard mouillé qu'elle levait sur lui. Mais, très vite, la lucidité lui revint, entière, avivée même : et, tandis qu'il restait incliné au-dessus d'elle, les narines dans ses cheveux, il aperçut nettement, comme s'il se fût agi d'un étranger, l'équivoque de cette attirance toute physique. Halte-là! Une fois déjà, sur le chemin glissant de la pitié, il avait dû, pour leur salut à tous deux, freiner à temps — et fuir. D'ailleurs, qu'il pût, en ce moment même, peser, raisonner, distinguer si bien les misérables dangers qu'ils couraient, n'était-ce pas la preuve de la médiocrité de cet entraînement ? Et cela ne donnait-il pas la mesure de l'inconsistante duperie dont ils risquaient d'être victimes ?)

Aussitôt, et sans avoir à remporter sur lui-même une bien héroïque victoire, il se refusa la douceur de baiser cette tempe que déjà ses lèvres effleuraient : il se contenta de l'appuyer tendrement contre son épaule, et de caresser lentement, du bout de ses doigts, la joue tiède, soyeuse, encore humide de larmes.

Blottie contre lui, le cœur bondissant, Gise tendait la joue, le cou, la nuque, au frôlement de cette main. Elle ne bougeait pas, mais elle était prête à se laisser couler jusqu'aux pieds de Jacques, à étreindre ses genoux.

Et lui, au contraire, il sentait de seconde en seconde son pouls battre moins vite ; il retrouvait un calme presque monstrueux. Un moment, il en voulut même à Gise du banal désir que, par intermittence, elle lui inspirait ; il alla jusqu'à l'en mépriser un peu. L'image de Jenny, comme un trait fulgurant aussitôt évanoui, traversa son cerveau, qui redevenait très actif. Puis, renversant tout de nouveau, il fit un retour sur lui-même : il eut honte. Gise était meilleure que lui. Ce brûlant amour d'animal fidèle, qu'après trois ans d'absence il avait retrouvé intact ; et aussi la façon aveugle dont elle s'abandonnait à son destin d'amoureuse, à ce destin tragique qu'elle acceptait, à tous risques, sans une défaillance c'était sans nul doute des sentiments plus forts, plus purs que ceux qu'il se croyait capable d'éprouver. Il soupesait cela avec une sorte d'impassibilité : une froideur de fond qui lui permettait maintenant, sans péril aucun, de se montrer très tendre avec Gise...

Il passait ainsi d'une idée à l'autre, tandis qu'elle,

têtue, ne pensait qu'à une chose, à une seule... Et elle était si tendue vers cette unique pensée d'amour, elle était si réceptive, si sensible à tout ce qui émanait de lui, que, soudain, sans que Jacques eût dit un mot, sans qu'il eût modifié son attitude ni cessé de caresser la petite joue pressée contre lui, rien que par la façon inattentive, affectueuse, dont les doigts allaient et venaient de la lèvre à la tempe, elle eut l'intuition de tout : elle comprit que les liens étaient à tout jamais rompus, et que, pour lui, elle ne comptait pas.

Sans espoir — comme on fait, à coup sûr, la preuve d'une évidence — et afin d'être aussitôt fixée d'une manière indubitable, elle se détacha brusquement de lui et le regarda dans les yeux. Il n'eut pas le temps de lui dérober la sécheresse de son regard ; et, cette fois, elle eut bien la certitude absolue que tout était révolu, irrémédiablement.

Mais, en même temps, elle eut une peur enfantine de se l'entendre dire et que la terrible vérité se coagulât en des mots précis dont ils seraient tous deux condamnés à garder mémoire. Toute sa faiblesse se raidit pour que Jacques ne pût soupçonner son désarroi. Elle eut le courage de s'écarter davantage, de sourire, de parler.

Son geste évasif fit le tour de la pièce :

— « Depuis combien de temps n'étais-je pas revenue dans cette chambre ! » murmura-t-elle.

Elle avait, au contraire, un souvenir précis de la dernière fois qu'elle s'était assise là, sur ce même canapé — auprès d'Antoine. Elle avait cru souffrir, ce jour-là ! Elle avait cru que l'absence de Jacques et l'inquiétude mortelle où elle vivait étaient une terrible épreuve. Mais qu'était-ce, auprès de ce qu'elle endurait aujourd'hui ? Elle n'avait, en ce temps-là, qu'à fermer les yeux pour qu'à l'instant Jacques fût présent, docile à son appel, semblable exactement à ce qu'elle voulait qu'il fût.

Mais maintenant! Maintenant qu'elle l'avait retrouvé, elle apprenait vraiment ce que c'était d'avoir à vivre sans lui! « Comment est-ce possible ? » se disait-elle. « Comment cette chose est-elle arrivée ? » Et son angoisse devint si poignante que pendant quelques secondes elle dut fermer les yeux.

Il s'était levé pour donner de la lumière ; il alla jusqu'à la fenêtre et tira les rideaux ; mais il ne revint pas s'asseoir.

— « Tu as pris froid ? » demanda-t-il, la voyant frissonner.

— « C'est que ta chambre n'est guère chauffée », dit-elle, saisissant le prétexte. « Je crois que je ferais mieux de monter. »

La sonorité des voix, rompant le silence, l'avait un peu secouée et raffermie. La force qu'elle puisait à cette apparence de naturel était bien éphémère, mais elle avait si grand besoin de mensonge qu'elle continua, quelques instants encore, à parler, par saccades, jetant des paroles devant elle, comme la seiche jette son encre. Et lui, debout, approuvait d'un sourire, pris au jeu ; peut-être inconsciemment heureux d'échapper ce soir encore à l'explication.

Cependant, elle était parvenue à se lever. Ils se regardèrent. Ils étaient presque de la même taille. Elle se dit : « Jamais, jamais, je ne pourrai me passer de lui, moi! » Et c'était une façon de ne pas aborder de front cette autre pensée, atroce : « Lui, il est fort : comme il se passe bien de moi! » Elle eut subitement la révélation que Jacques, avec une froide cruauté d'homme, choisissait sa destinée, tandis qu'elle, elle ne pouvait rien pour choisir la sienne, pas même pour l'orienter, si peu que ce fût.

Alors, à brûle-pourpoint, elle demanda :
— « Quand vas-tu repartir ? »
Elle avait cru prendre un ton détaché.

Il se contint, fit deux ou trois pas distraits, puis, se tournant à demi :

— « Et toi ? »

Comment avouer plus clairement qu'il allait en effet repartir et qu'il n'imaginait pas que Gise pût rester en France ?

Elle eut un geste indécis des épaules, et cherchant à sourire une dernière fois — elle finissait par y parvenir assez bien — elle ouvrit la porte et disparut.

Il ne fit rien pour la retenir, mais il la suivit des yeux avec une soudaine et pure tendresse. Il aurait aimé pouvoir, sans péril, la prendre dans ses bras, la bercer, la protéger... La protéger contre quoi ? Contre elle-même. Contre lui. Contre le mal qu'il lui faisait (et dont il n'avait d'ailleurs qu'une assez vague conscience). Contre le mal qu'il lui ferait encore : le mal qu'il ne pouvait pas ne pas lui faire...

Les mains aux poches, il restait debout, les jambes écartées, au milieu de sa chambre en désordre. A ses pieds béait la valise, bigarrée d'étiquettes multicolores. Il se revit, à Ancône — ou peut-être à Trieste — dans l'entrepont à peine éclairé d'un paquebot, parmi des émigrants qui s'injuriaient en un idiome inconnu ; un ronflement infernal ébranlait les flancs du navire ; puis un raclement de ferraille domina la dispute ; l'ancre était levée ; les oscillations s'amplifièrent : il y eut partout un brusque silence : le paquebot venait de démarrer, le paquebot s'élançait dans la nuit !

La poitrine de Jacques se gonfla. Cette aspiration maladive vers il ne savait quelle lutte, quelle création, quelle plénitude de son être, elle se heurtait à cette maison, à ce mort, à Gise, à tout ce passé encore plein de pièges et de chaînes.

— « Foutre le camp ! » gronda-t-il en bloquant les mâchoires. « Foutre le camp ! »

Gise s'était affaissée sur la banquette de l'ascenseur. Allait-elle avoir la force d'atteindre sa chambre?

Ainsi, c'en était fait : cette explication — dont, malgré tout, elle avait tant espéré — se trouvait achevée, épuisée. Quatre répliques avaient suffi : « Jacques, il faut que nous parlions! » À quoi il avait riposté : « Moi aussi, je préfère en finir! » Puis deux interrogations restées sans réponse : « Quand vas-tu partir? » « Et toi? » Quatre petites phrases qu'elle se répétait avec stupeur.

Et maintenant?

En retrouvant le vaste appartement silencieux, au fond duquel deux religieuses veillaient une bière, et où il ne restait plus rien de l'espérance qu'elle y avait laissée une demi-heure plus tôt, elle eut un tel serrement de cœur que la crainte de se trouver seule fut plus impérieuse encore que sa faiblesse ou son besoin de repos. Au lieu de gagner en hâte sa chambre, elle entra chez sa tante.

La vieille demoiselle était de retour. Elle se tenait assise, comme souvent, à son bureau encombré de factures, d'échantillons, de prospectus et de pharmacie. Elle reconnut Gise à son pas et tourna vers elle son corps noué :

— « Ah! c'est toi?... Justement... »

Gise courut à elle en chancelant, baisa le front d'ivoire entre les bandeaux blancs, et, trop grande maintenant pour se blottir dans les bras de la petite vieille, elle se laissa tomber, comme une enfant, à ses genoux.

— « Justement, je voulais te demander, Gise... Est-ce qu'*ils* ne t'ont rien dit pour les rangements... la désinfection?... Pourtant il existe des lois, là-dessus! Demande à Clotilde. Tu devrais, toi, en parler à Antoine... D'abord les *Étuves municipales*. Et après, pour être plus sûr, ces fumigateurs du pharmacien.

Clotilde sait. On calfeutre tout. Tu viendras nous aider, ce jour-là... »

— « Mais, ma tante », murmura Gise, dont les yeux de nouveau se remplissaient de larmes, « il faut que je reparte, moi... Je suis attendue... là-bas... »

— « Là-bas? Après ce qui est arrivé? Tu vas me laisser seule? » Le tremblement nerveux de la tête, saccadait ses paroles. « Dans l'état où je suis, à soixante-dix-huit ans... »

« Repartir », pensait Gise. « Et Jacques aussi va repartir. Et ce sera comme avant, mais sans espoir... Plus aucun, aucun espoir... » Les tempes lui faisaient mal. Tout se brouillait dans sa tête. Jacques, maintenant, lui était devenu incompréhensible, et cela était plus douloureux que tout. Incompréhensible, lui qu'elle n'avait pas cessé, croyait-elle, de si bien comprendre, tant qu'il avait été au loin! Comment cela s'était-il fait?

Elle s'interrogea : « Entrer au couvent? » La paix pour toujours, la paix de Jésus... Mais renoncer à tout! Renoncer... Le pourrait-elle?

Incapable de se contenir, elle éclata en sanglots, et, se relevant à demi, serra soudain sa tante dans ses bras.

— « Ah! » gémit-elle, « ça n'est pas juste, ma tante! Ça n'est pas juste, tout ça! »

— « Mais, quoi, qu'est-ce qui n'est pas juste? Qu'est-ce que tu dis donc, voyons? » grommela Mademoiselle, inquiète et mécontente.

Gise demeurait à terre, sans forces. Par instants, cherchant un appui, une présence, elle caressait sa joue au lainage rêche sous lequel pointaient les genoux de la petite vieille, qui répétait d'une voix querelleuse, en branlant la tête :

— « A soixante-dix-huit ans, rester seule, dans l'état où je suis... »

XII

A Crouy, la petite chapelle du pénitencier était comble. Malgré le froid, les portes étaient ouvertes à deux battants, et, depuis une heure déjà, dans la cour où les piétinements de la foule avaient transformé la neige en un sorbet fangeux, s'alignaient, immobiles, têtes nues, avec leurs ceinturons à plaque de cuivre sur leurs treillis neufs, les deux cent quatre-vingt-six pupilles de la Fondation, encadrés par leurs gardiens en uniforme, l'étui à revolver sur la hanche.

La messe avait été célébrée par l'abbé Vécard ; mais l'évêque de Beauvais, qui avait une caverneuse voix de basse, était venu donner l'absoute.

Les chants liturgiques s'élevaient l'un après l'autre et planaient un instant dans le silence sonore de la petite nef :

— « *Pater nos-ter...* »
— « *Requiem aeternam dona ei, Domine...* »
— « *Requiescat in pace...* »
— « *Amen.* »

Puis le sextuor qui occupait la tribune entama son morceau final.

Antoine, dont la pensée, depuis le matin, ne cessait d'être active et distraite par le spectacle, songea : « On a toujours la manie de jouer, aux enterrements, cette marche de Chopin ; mais elle est à peine funèbre! Une tristesse qui ne dure pas, et aussitôt cette reprise de joie, ce besoin d'illusion... C'est bien l'insouciance d'un tuberculeux qui pense à sa mort! » Il se rappela les derniers jours du petit Derny, un musicien, lui aussi, un malade de l'hôpital. « On s'attendrit là-dessus, on croit y voir l'extase d'un agonisant qui découvre le ciel... En réalité, pour nous, ce n'est qu'un des caractères du mal, presque un symptôme des lésions, — comme la température ! »

Il dut s'avouer, d'ailleurs, qu'un grand désespoir pathétique eût été déplacé en la circonstance : jamais funérailles ne s'étaient déroulées avec une pompe plus officielle. Il était — sans compter M. Chasle, qui, aussitôt arrivé, s'était faufilé dans la foule — le seul « proche ». Les cousins, les parents éloignés, qui avaient assisté au service de Paris, n'avaient pas cru nécessaire de faire le voyage de Crouy, par ce froid. L'assistance se composait uniquement de collègues du défunt et de délégués d'œuvres philanthropiques. « Des « représentants », se dit Antoine, égayé. « Moi-même, je " représente " la famille. » Mais avec une pointe de mélancolie, il ajouta : « Pas un ami. » Il voulait dire : « Personne qui soit de mes amis, à moi. Et pour cause. » (Depuis la mort de son père, il avait été amené à faire cette constatation qu'il n'avait pas d'amis personnels. A part Daniel, peut-être, il n'avait jamais eu que des camarades. C'était sa faute : il était resté si longtemps sans se soucier des êtres ! Jusqu'à ces dernières années, même, il tirait presque vanité de cet isolement. Voici qu'il commençait à en souffrir.)

Il observait curieusement les allées et venues des officiants. « Et maintenant ? » se demanda-t-il, en voyant le clergé disparaître dans la sacristie.

On attendait que les employés des Pompes funèbres eussent transporté la bière sur le catafalque dressé au seuil de la chapelle. Alors le maître de cérémonie vint, une fois de plus, avec le maintien compassé d'un médiocre maître de ballet, s'incliner devant Antoine en faisant tristement sonner sur le pavé sa canne de bois noir ; puis, en procession, le cortège alla se masser sous le porche, pour entendre les discours. Droit et digne, Antoine se prêtait docilement au cérémonial, soutenu par le sentiment qu'il était le centre de beaucoup de regards. Les assistants formaient la haie, se pressant pour voir défiler, derrière le fils Thibault, le sous-préfet, le maire de Compiègne, le général commandant la place, le directeur des haras, tout le conseil municipal de Crouy en redingote, un jeune évêque *in partibus* qui « représentait » Son Éminence le cardinal archevêque de Paris, et, parmi d'autres célébrités dont on se chuchotait les noms, quelques membres des Sciences morales, venus à titre amical honorer la dépouille de leur confrère.

— « *Messieurs !* » fit une voix forte, « *Au nom de l'Institut de France, j'ai le triste privilège...* »

C'était Loudun-Costard, le jurisconsulte, un homme chauve, corpulent, sanglé dans une pelisse à col de fourrure. Il s'était donné la tâche de retracer toute l'existence du défunt.

— « *...Sa jeunesse s'écoula, studieuse et fervente, non loin de l'usine paternelle, au collège de Rouen...* »

Antoine se rappela une photographie de collégien accoudé sur des livres de prix. « La jeunesse de Père... », se dit-il. « Qui donc à ce moment-là aurait pu prédire ?... On n'arrive à comprendre un homme qu'après sa mort », conclut-il. « Tant qu'un être vit, toutes les choses qu'il pourra encore accomplir et qu'on ignore, constituent des inconnues qui faussent les calculs. La mort arrête enfin les contours ; c'est comme si le personnage se détachait de ses possibles et s'isolait : on tourne autour, on le voit enfin de dos, on peut porter un jugement d'ensemble... Je l'ai toujours dit », ajouta-t-il, souriant à part lui : « pas de diagnostic définitif avant l'autopsie ! »

Il sentait bien qu'il n'avait pas fini de réfléchir à la vie,

au caractère de son père, et qu'il trouverait, longtemps
encore, dans cette méditation, l'occasion d'un retour sur
soi, plein d'enseignement et d'attrait.

— « ...*Lorsqu'il fut appelé à venir collaborer aux travaux de notre illustre Compagnie, ce n'était pas seulement à son désintéressement, à son énergie, à son amour de l'humanité, que nous faisions appel, ni même à cette haute et incontestable honorabilité qui a fait de lui une des personnalités les plus représentatives...* »

« Un " représentant ", lui aussi », se dit Antoine.
Il écoutait ces élogieuses litanies, et il n'y était pas insensible. Il était même porté à croire qu'il avait longtemps sous-estimé son père.

— « ... *et inclinons-nous ensemble, Messieurs, devant ce noble cœur qui, jusqu'au bout, n'a battu que pour des causes généreuses et justes.* »

L'immortel avait terminé. Il replia ses feuillets, se hâta de remettre ses mains dans ses poches fourrées, et vint avec modestie reprendre son rang au milieu de ses confrères.
— « M. le Président du Comité des Œuvres Catholiques du Diocèse de Paris », annonça discrètement le maître de ballet.
Un vénérable vieillard, armé d'un cornet acoustique et soutenu par un valet de chambre aussi vieux et presque aussi impotent que son maître, s'approcha du catafalque. C'était non seulement le successeur de M. Thibault à la présidence du Comité diocésain, mais un ami personnel du mort et le dernier survivant aujourd'hui de ce groupe de jeunes Rouennais venus avec M. Thibault faire leur droit à Paris. Il était complètement sourd, et depuis fort longtemps puisque Antoine

et Jacques, dès leur enfance, l'avaient surnommé « Le Pot ».

— « *Les sentiments qui nous assemblent ici, Messieurs, ne doivent pas seulement être faits de nos regrets...* », braillait le vieillard ; et cette voix aiguë, chevrotante, rappelait à Antoine l'entrée que « Le Pot » avait faite l'avant-veille dans la chambre mortuaire, au bras mal assuré du même domestique : « Oreste », avait-il glapi dès la porte, « a voulu rendre à Pylade ce dernier témoignage de l'amitié! » On l'avait amené près du mort, et il l'avait longuement contemplé de son œil bordé de chair crue ; puis il s'était relevé, et s'adressant à Antoine comme s'ils eussent été à trente mètres l'un de l'autre, il s'était écrié, avec un sanglot : « Qu'il était beau, à vingt ans! » (Ce souvenir amusait Antoine, aujourd'hui. « Comme les choses changent vite », remarqua-t-il : deux jours plus tôt, au chevet du cadavre, il se souvint qu'il avait été véritablement ému.)

— « *...Quel était le secret de cette force ?* » clamait le vieux. « *A quelles sources Oscar Thibault puisait-il donc cet équilibre sans défaillance, cet optimisme serein, cette confiance en lui-même qui se jouait des obstacles et lui assurait la réussite des plus difficiles entreprises ?*

« *N'est-ce pas l'éternel honneur de la religion catholique, Messieurs, que de produire de tels hommes, de telles vies ?* »

« C'est indéniable », concéda Antoine. « Père a trouvé dans sa foi un appui sans pareil. Grâce à elle, il a toujours ignoré ce qui entrave : les scrupules, le sentiment excessif de la responsabilité, le doute de soi, et tout le reste. Un homme qui a la foi n'a plus qu'à agir. » Il en vint même à se demander si les gens comme son père et ce vieux « Pot » n'avaient pas pris, en somme, l'un des plus paisibles chemins qui puissent mener l'homme de la naissance à la mort. « Socialement », se disait Antoine, « ils sont parmi ceux qui parviennent le mieux à concilier leur existence d'individu avec l'existence de la collectivité. Ils obéissent sans doute à la forme humaine de cet instinct qui a rendu possibles la fourmilière, la ruche. Ce n'est pas rien... Même ces horribles défauts que je reprochais à mon père, cet orgueil, cet appétit d'honneurs, cette passion de despotisme, il faut bien reconnaître que c'est grâce à eux qu'il a pu obtenir de lui infiniment plus qu'il n'aurait donné, socialement, s'il avait été souple, conciliant, modeste... »

— « *Messieurs, ce grand lutteur n'a que faire aujourd'hui de nos hommages stériles* », continuait le sourd, dont la voix s'enrouait. « *L'heure est plus grave que jamais ! Ne nous attardons pas à ensevelir nos morts. Puisons notre force à la même source sacrée, et hâtons-nous, hâtons-nous...* » Emporté par la sincérité de son élan, il voulut faire un pas en avant et dut s'accrocher à l'épaule fléchissante de son domestique. Mais cela ne l'empêchait pas de hurler : « *Hâtons-nous, Messieurs... Hâtons-nous... de retourner au bon combat !* »

— « M. le Président de la Ligue morale de Puériculture », annonça le maître de ballet.

Le petit bonhomme à barbiche blanche qui s'avança d'un pas embarrassé semblait littéralement congelé jusque dans ses articulations. Ses dents claquetaient ; son crâne était exsangue. Il était pénible à regarder, tant il semblait attaqué, diminué, par la rigueur de la température.

— « *Je me sens étreint par... par une...* » (Il paraissait faire des efforts surhumains pour décoller l'une de l'autre ses mâchoires frigorifiées.) « ... par une douloureuse émotion... »

« Les enfants, là-bas, vont attraper la mort, sous ces treillis! » maugréa Antoine, qui s'impatientait. Il sentait lui aussi le froid envahir ses jambes et glacer, sous son paletot, le plastron de sa chemise.

— « ... *Il a passé parmi nous en faisant le bien. Ce sera sa glorieuse épitaphe :* Pertransiit benefaciendo!
« *Il nous quitte, Messieurs, comblé des témoignages de notre considération à tous...* »

« *Considération!...* Nous y voilà », se dit Antoine. « Considération de qui? » Il promenait un regard indulgent sur ces rangs de vieux messieurs décrépits, morfondus, l'œil larmoyant de froid, le nez humide, qui tendaient leur meilleure oreille pour ouïr, et ponctuaient les phrases de signes approbateurs. Pas un d'entre eux qui ne pensât à son propre enterrement et qui n'enviât ces « témoignages de considération » qu'ils prodiguaient si généreusement à l'éminent collègue défunt.
Le petit barbu avait le souffle court. Il ne tarda pas à céder la place.
Celui qui la prit était un beau vieillard au regard pâle, acéré, lointain. C'était un vice-amiral en retraite, adonné aux bonnes œuvres. Ses premières paroles trouvèrent Antoine rétif.

— « *Oscar Thibault avait une intelligence avertie et clairvoyante, qui sut toujours, dans les funestes querelles de notre époque troublée, reconnaître la bonne cause et travailler à construire l'avenir...* »

« Non, ça n'est pas vrai », protestait Antoine en son for intérieur. « Père avait des œillères, et il a traversé le monde sans en rien voir d'autre que ce qui bordait l'étroit sentier qu'il avait choisi. On peut même dire qu'il était le type de l'esprit partisan. Depuis l'école, il avait complètement renoncé à se chercher lui-même, à interpréter librement, à découvrir, à connaître. Il n'a su que mettre ses pas dans des pas. Il avait endossé une livrée.... »

— « *Est-il destinée plus enviable ?* » poursuivait l'amiral. « *Une telle vie, Messieurs, n'est-elle pas l'image...* »

« Une livrée », songeait Antoine, parcourant encore une fois des yeux l'assistance attentive. « Et c'est si vrai, qu'ils sont tous pareils. Interchangeables. En décrire un, c'est les marquer tous. Des frileux, des clignotants, des myopes, qui ont peur de tout : peur de la pensée, peur de l'évolution sociale, peur de tout ce qui déferle contre leur forteresse!... — Attention, l'éloquence me gagne... » se dit-il. « Mais " forteresse " est assez juste; ils ont bien l'état d'esprit de gens assiégés, qui se comptent sans cesse pour être sûrs qu'ils sont en nombre, derrière leurs remparts! »

Il éprouvait un malaise grandissant et n'écoutait plus le discours ; mais son regard fut attiré par l'ample geste de la péroraison :

— « *Adieu, cher Président, Adieu! Tant que vivront ceux qui vous ont vu à l'œuvre...* »

Le directeur du Pénitencier se détacha du groupe des orateurs. Il était le dernier à prendre la parole. Lui, du moins, semblait avoir observé d'assez près celui dont il devait prononcer l'oraison funèbre :

— « *Notre cher Fondateur ignorait l'art de déguiser sa pensée sous une bonne grâce facile; et, constamment, pressé d'agir, il avait le courage de dédaigner les ménagements d'une vaine politesse...* »

Antoine, amusé, prêtait l'oreille :

— « ... *Sa bonté se dissimulait sous une mâle rudesse, qui la rendait peut-être plus efficace. Son intransigeance dans les réunions du Conseil était une forme de son énergie, de son respect du droit, de la haute conscience qu'il s'était formée de ses devoirs de chef...*
« *En lui, tout était lutte et presque aussitôt victoire! Sa parole même tendait toujours à un but immédiat: elle était une arme, une massue...* »

« Oui, malgré tout, Père était une force », pensa Antoine, soudain. Et il fut surpris de trouver en lui cette conviction, tout affermie déjà : « Père aurait pu être autre chose... Père aurait pu être quelqu'un de grand... »
Mais le directeur tendait le bras vers les rangs des pupilles alignés entre leurs gardiens. Toutes les têtes se tournèrent vers les petits criminels, immobiles et bleus de froid :

— « ... *Cette jeunesse coupable et vouée au mal dès le berceau, à laquelle Oscar Thibault est venu tendre la main, ces tristes victimes d'un ordre social, hélas, fort imparfait, sont là, Messieurs, pour témoigner de leur éternelle gratitude et pour pleurer avec nous le Bienfaiteur qui leur est ravi!* »

« Oui, Père avait l'étoffe... Oui, Père aurait pu... », se répétait Antoine avec une obstination où perçait une confuse espérance. Et cette idée l'effleura que si, cette fois, la nature n'avait pas su, de la forte souche des Thibault, faire jaillir un créateur...

Un élan le soulevait. L'avenir se déploya devant lui. Cependant, les porteurs avaient empoigné le cercueil. Tout le monde avait hâte d'en finir. Le maître de cérémonie s'inclina de nouveau, faisant sonner sous sa canne les dalles du parvis. Et Antoine, tête nue, impassible, prit allégrement la tête du cortège qui ramenait enfin la dépouille d'Oscar Thibault à la terre. *Quia pulvis es, et in pulverem reverteris.*

XIII

Ce jour-là, Jacques avait passé la matinée dans sa chambre, enfermé à double tour, bien qu'il fût seul au rez-de-chaussée. (Léon avait naturellement désiré suivre le convoi.) Par précaution contre lui-même, pour être sûr, au moment où défilerait le cortège, de ne pas chercher dans l'assistance certains visages connus, il avait laissé les volets hermétiquement clos, et, couché sur son lit, les mains dans les poches, le regard perdu dans le rayonnement du plafonnier, il sifflotait.

Vers une heure, l'énervement, la faim, le firent lever. Dans la chapelle du pénitencier, le service solennel devait battre son plein. Là-haut, Mademoiselle et Gise, depuis longtemps revenues de la messe de Saint-Thomas d'Aquin, avaient dû se mettre à table sans l'attendre. D'ailleurs, il était bien décidé à ne voir personne de toute la journée. Il trouverait bien quelques restes dans le buffet.

En traversant le vestibule pour gagner la cuisine, des lettres et des journaux glissés sous la porte d'entrée attirèrent son attention. Et, se penchant soudain, il eut un éblouissement : l'écriture de Daniel !

Monsieur Jacques Thibault.

Ses doigts frémissants ne parvenaient pas à décacheter l'enveloppe :

« Mon cher Jacques, cher grand ami, cher vieux ! J'ai reçu hier soir le mot d'Antoine... »

Dans l'état de dépression où il était, cet appel pénétra en lui avec tant d'acuité qu'il replia brutalement la lettre, en quatre, en huit, jusqu'à ce qu'elle tînt dans son poing crispé. Puis, rageusement, il rentra dans sa chambre et referma la porte à clé, sans se rappeler pourquoi il était sorti. Il fit quelques pas au hasard, et, s'arrêtant net sous la lumière, il déplia le chiffon de papier qu'il parcourut d'un œil papillotant, sans s'occuper du sens, jusqu'au moment où le nom qu'il cherchait lui eût sauté au visage :

« ... Jenny, ces dernières années, n'a pas bien supporté l'hiver parisien, et, depuis un mois, elles sont toutes deux en Provence... »

De nouveau, avec la même brusquerie, il chiffonna la lettre, et, cette fois, l'enfouit en tapon dans sa poche.
Il se sentit d'abord ébranlé, étourdi, puis allégé tout à coup.
Une minute plus tard, comme si la lecture de ces quatre lignes avait modifié ses résolutions, il courut au bureau d'Antoine et ouvrit l'indicateur. Sa pensée, depuis son réveil, ne quittait pas Crouy. En filant sans délai, il pouvait prendre l'express de 14 heures. Il arriverait à Crouy au jour, mais après la cérémonie, longtemps même après le départ du train de retour : il était donc absolument assuré de ne plus y rencontrer per-

sonne. Il irait droit au cimetière et reviendrait aussitôt.
« Elles sont toutes deux en Provence... »

Mais il n'avait pas prévu à quel point ce voyage allait aggraver sa nervosité. Il ne parvenait pas à tenir en place. Heureusement, le train était vide : non seulement il se trouvait seul dans son compartiment, mais, dans tout le wagon, il n'y avait qu'une voyageuse, une vieille dame en noir. Sans se soucier d'elle, Jacques se mit à arpenter le couloir d'un bout à l'autre, comme un fauve en cage. Il ne remarqua pas tout de suite que ces allées et venues désordonnées avaient éveillé l'attention de la voyageuse — peut-être même un peu d'inquiétude. Furtivement, il l'examina ; il ne pouvait pas rencontrer un être tant soit peu particulier dans son attitude, sans s'interrompre quelques secondes pour observer l'échantillon d'humanité que le hasard plaçait sur son chemin. Et, certes, cette femme avait une physionomie attachante. Un beau visage usé, pâli, chargé d'empreintes, un regard affligé et chaud, sans doute alourdi de souvenirs. L'ensemble, que couronnait si bien la blancheur des cheveux, était calme et pur. Elle était en deuil, vêtue avec soin. Elle devait vivre seule depuis longtemps et mener dignement son existence solitaire. Une dame qui rentrait à Compiègne, peut-être, ou à Saint-Quentin. Bourgeoisie de province. Aucun bagage. A côté d'elle, sur la banquette, un gros bouquet de violettes de Parme, à demi enveloppé de papier de soie.

A la halte de Crouy, Jacques, le cœur battant, sauta du wagon.
Personne sur le quai.
L'air était glacé, transparent.
Dès la sortie de la gare, la vue du paysage le saisit au

cœur. Dédaignant le raccourci et même la grand-route, il partit vers la gauche, par le chemin du Calvaire : un détour de trois kilomètres.

De grands souffles mugissants qui s'élevaient successivement de tous les points cardinaux balayaient en rafales soudaines ces solitudes encore blanches de neige. Le soleil devait s'abaisser vers l'horizon, quelque part derrière ces ouates. Jacques marchait à pas rapides. Il était à jeun depuis le matin, mais il ne sentait plus sa faim, et ce froid l'enivrait. Il se rappelait tout, chaque tournant, chaque talus, chaque buisson. Le Calvaire s'apercevait de loin, dans son bouquet d'arbres nus, à la patte-d'oie des trois routes. Ce chemin, là-bas, menait à Vaumesnil. Cette hutte de cantonniers, combien de fois, pendant sa promenade quotidienne avec son gardien, s'y était-il abrité de la pluie! Deux ou trois fois avec le père Léon ; une fois au moins avec Arthur. Arthur et sa figure plate d'honnête Lorrain, ses yeux pâles, et soudain ce ricanement équivoque...

Ses souvenirs le fouaillaient, plus encore que ce vent glacé qui lui tailladait le visage et lui donnait l'onglée. Il ne pensait plus du tout à son père.

La courte journée d'hiver s'achevait vite ; la lumière était morne, mais il faisait encore clair.

En arrivant à Crouy, il faillit faire un crochet, ainsi qu'autrefois, pour prendre la ruelle derrière les maisons, comme s'il redoutait encore d'être montré au doigt par les gamins. Après huit ans, qui pouvait le reconnaître ? D'ailleurs, la rue était déserte, les portes closes ; la vie du village semblait figée par le froid ; mais toutes les cheminées fumaient dans le ciel gris. L'auberge apparut, avec son perron d'angle et son enseigne qui grinçait au vent. Rien n'était changé. Pas même cette neige fondue sur ce sol crayeux, cette fange blanchâtre dans laquelle il croyait enfoncer encore ses brodequins réglementaires. L'auberge : c'est là que le père Léon, écourtant sa promenade, l'incarcérait dans une buanderie vide pour pouvoir faire sa partie à l'estaminet! Une fille en fichu, venue de la ruelle, fit claquer ses galoches sur les pierres du perron. La nouvelle servante? Peut-être bien l'enfant de l'aubergiste, cette gamine qui toujours s'enfuyait à la vue du « prisonnier »? Avant de disparaître dans la maison, la fille, sournoisement, regarda passer le jeune homme inconnu. Jacques hâta le pas.

Il était au bout du village. Dès qu'il eut dépassé les dernières maisons, il aperçut, au milieu de la plaine, isolé dans sa ceinture de hauts murs, le grand bâtiment coiffé de neige et les rangées de fenêtres à barreaux. Ses jambes tremblaient. Rien n'était changé. Rien. L'allée, sans un arbre, qui menait au portail, n'était qu'un fleuve de boue. Sans doute, un étranger, perdu dans ce crépuscule d'hiver, eût mal déchiffré les lettres d'or gravées au-dessus du premier étage. Jacques, lui, lisait nettement l'inscription orgueilleuse à laquelle son regard restait rivé :

FONDATION OSCAR THIBAULT

Alors seulement, il songea que M. le Fondateur était mort, que ces ornières venaient d'être creusées par les landaus du cortège, que c'était pour son père qu'il avait entrepris ce pèlerinage ; et, soulagé soudain de pouvoir tourner le dos à ce décor sinistre, il rebroussa chemin, prit à gauche et piqua dans la direction des deux thuyas qui flanquaient l'entrée du cimetière.

La grille, fermée d'ordinaire, était restée ouverte. Les traces des roues indiquaient le chemin. Jacque avança machinalement vers un amas de couronnes, fanées par le froid, et qui ressemblait moins à un tertre fleuri qu'à un amoncellement d'épluchures.

En avant de la tombe, un gros bouquet de violettes de Parme, dont les tiges étaient enveloppées de papier de soie, et qui semblait avoir été posé là après coup, gisait, isolé, sur la neige.

« Tiens », se dit-il, sans d'ailleurs attacher d'intérêt à cette coïncidence.

Et, tout à coup, devant cette terre fraîchement remuée, il eut la vision du cadavre enfoui dans cette boue, tel qu'il l'avait vu pour la dernière fois à cette seconde tragique et ridicule où l'employé des Pompes funèbres, après un geste courtois vers la famille, avait, à jamais, rabattu le linceul sur ce visage déjà transformé.

« *Hop! Vite! Au rendez-vous!* » songea-t-il avec une angoisse aiguë ; et un brusque sanglot l'étouffa.

Depuis Lausanne, à demi inconscient, il s'était laissé charrier, d'heure en heure, par le cours des événements. Mais là, subitement, se réveillait en lui une tendresse ancienne, puérile, excessive, illogique à la fois et indiscutable, que rendait cuisante un sentiment de confusion et de remords. Il comprenait maintenant pourquoi il était venu. Il se souvint de ses colères, des pensées de mépris, de haine, des désirs de vengeance, qui avaient lentement empoisonné sa jeunesse. Vingt détails oubliés revenaient aujourd'hui l'atteindre au vif, comme des balles qui ricochent. Pendant quelques minutes, délivré de toute sa rancune, rendu à son instinct filial, il pleura son père. Pendant quelques minutes, il fut l'un des deux êtres qui, sans se connaître, de leur propre mouvement et à l'écart des démonstrations officielles, avaient éprouvé le besoin, ce jour-là, de venir s'émouvoir devant cette sépulture : l'un des deux seuls êtres au monde, de qui M. Thibault avait été vraiment pleuré ce jour-là.

Mais il avait trop l'habitude de regarder les choses en face, pour que l'extravagance de son chagrin, de ses regrets, ne lui apparût assez vite. Il savait pertinemment que, si ce père avait encore vécu, il l'eût détesté et fui de nouveau. Cependant, il restait là, prostré, en proie à des sentiments attendris et vagues. Il regrettait il ne savait quoi... — ce qui aurait pu avoir été. Il se plut même, un instant, à imaginer un père tendre, généreux, compréhensif, pour pouvoir regretter de n'avoir pas été le fils irréprochable de ce père affectueux.

Puis, haussant les épaules, il fit demi-tour et sortit du cimetière.

Un peu d'animation était revenue au village. Les cultivateurs achevaient leur journée. Des fenêtres s'éclairaient.

Pour éviter les maisons, au lieu de prendre la direction de la gare, il s'engagea sur la route de Moulin-Neuf et se trouva presque aussitôt dans les champs.

Il n'était plus seul. Insinuante et opiniâtre comme une odeur, elle l'avait poursuivi, elle s'attachait à lui, elle pénétrait une à une toutes ses pensées. Elle marchait près de lui dans cette plaine silencieuse, sous cette lumière frisante qui palpitait sur la neige, dans cet air adouci par une trêve momentanée des vents. Il ne luttait pas ; il s'abandonnait à cette oppression de la mort ; et l'intensité avec laquelle lui apparaissaient en ce moment l'inutilité de la vie, la vanité de tout effort, provoquait même en lui une voluptueuse exaltation. Pourquoi vouloir ? Espérer quoi ? Toute existence est dérisoire. Rien, absolument rien, ne vaut plus la peine — dès que l'on sait la mort ! Il se sentait atteint, cette fois, au plus intime. Plus aucune ambition, aucune envie de dominer, aucun désir de réaliser quoi que ce fût. Et il n'imaginait pas qu'il pût jamais guérir de cette angoisse, ni retrouver une quiétude quelconque ; il n'avait même plus la velléité de croire que, si la vie est brève, l'homme a quelquefois le temps de mettre un peu de lui-même à l'abri de la destruction, qu'il lui est parfois accordé de soulever un peu de son rêve au-dessus du flot qui l'emporte, pour que quelque chose de lui flotte encore après qu'il aura coulé à pic.

Il allait droit devant lui, à pas rapides et saccadés,

raidi comme quelqu'un qui s'enfuit et porte contre sa poitrine une chose fragile. S'évader de tout! Non seulement de la société et de ses crocs ; non seulement de la famille, de l'amitié, de l'amour ; non seulement de soi, des tyrannies de l'atavisme et de l'habitude ; mais s'évader aussi de son essence la plus secrète, de cet absurde instinct vital qui rive encore à l'existence les plus misérables épaves humaines. De nouveau, sous sa forme abstraite, l'idée si logique de suicide, de disparition volontaire et totale, le visita. L'atterrissage, enfin, dans l'inconscience. Il revit soudain son père mort et son beau visage apaisé.

« ... *Nous nous reposerons, oncle Vania... Nous nous reposerons..* »

Malgré lui, il fut distrait par le bruit de plusieurs chariots dont il apercevait les lanternes, et qui venaient à sa rencontre, brimbalant à travers les ornières, parmi les cris et les rires des charretiers. L'idée de croiser des gens lui fut intolérable. Sans hésiter, il sauta le fossé plein de neige qui bordait le chemin, traversa en titubant un labour durci, atteignit la lisière d'un petit bois et s'élança dans le fourré.

Les feuilles gelées craquaient sous ses semelles, les pointes hargneuses des branches lui fustigeaient les joues. Il avait enfoncé exprès les mains dans ses poches, et il plongeait avec ivresse en plein taillis, heureux de cette flagellation, ne sachant où il allait, mais décidé à fuir les routes, les hommes, tout!

Ce n'était qu'une bande étroite de terrain boisé qu'il eut tôt fait de franchir. A travers les fûts, il aperçut de nouveau, coupée par une route, la plaine blanche sous le ciel ténébreux, et en face de lui, dominant l'horizon, le Pénitencier avec sa rangée de lumières : l'étage des ateliers et des études. Alors une idée folle traversa son imagination : tout un film se déroula : escalader le mur bas du hangar, chevaucher la crête jusqu'à la fenêtre du

magasin, casser la vitre, frotter une allumette, jeter à
travers les barreaux un bouchon de paille enflammée.
La réserve de couchettes flambait comme une torche,
les flammes gagnaient déjà le pavillon directorial, dé-
voraient son ancienne cellule, sa table, sa chaise, son
tableau noir, son lit... Le feu anéantissait tout!

Il passa la main sur son visage égratigné. Il eut le sentiment pénible de son impuissance — et du ridicule.

Tournant définitivement le dos à la Fondation, au
cimetière, au passé, il partit à grands pas vers la gare.

Le train de 17 h 40 était manqué de quelques minutes.
Il fallait patienter, et prendre l'omnibus de 19 heures.

La salle d'attente était une glacière et empestait le
moisi.

Longtemps il fit les cent pas sur le quai désert, le feu
aux joues, écrasant dans sa poche la lettre de Daniel :
il s'était juré de ne pas la rouvrir.

Enfin il s'approcha du réflecteur qui éclairait l'horloge,
s'appuya au mur, tira le papier de sa poche et se mit à
lire :

« Mon cher Jacques, cher grand ami, cher vieux! J'ai
reçu hier soir le mot d'Antoine et je n'ai pu fermer l'œil.
Si j'avais pu, entre hier et ce matin, arriver jusqu'à
toi, te voir, vivant, pendant cinq minutes, j'aurais sauté
le mur, sans hésiter, oui, malgré les risques, pour te
revoir, mon vieux, mon ami, te retrouver devant moi,
toi, Jacques, vivant! Dans cette turne de sous-off'que je
partage avec deux autres ronfleurs, toute la nuit, sur mon
plafond à la chaux éclairé de lune, j'ai vu défiler toute
notre enfance, toute notre vie commune, le lycée après,
et tout, et tout. Mon ami, mon vieil ami, mon frère!
Comment ai-je pu vivre tout ce temps sans toi ? Écoute :
jamais, pas une minute, je n'ai douté de ton amitié.
Tu vois, je t'écris dès ce matin, aussitôt fini l'exercice,

au reçu du petit mot d'Antoine, sans rien savoir de précis, sans même me demander de quel œil tu vas lire cette lettre de moi, et sans avoir encore compris comment et pourquoi tu m'as infligé, pendant trois ans, ce mortel silence. Comme tu m'as manqué, comme tu me manques, même aujourd'hui! Comme tu m'as manqué surtout avant le régiment, dans la vie civile! Le soupçonnes-tu, seulement? Cette force que tu me communiquais, toutes les belles choses qui n'étaient en moi qu'à l'état de possibilités et que tu as fait sortir de moi, et qui, jamais, sans toi, sans ton amitié... »

Les mains de Jacques tremblaient en élevant jusqu'à ses yeux les feuillets chiffonnés, qu'il déchiffrait avec peine, sous ce mauvais éclairage, et à travers ses larmes. Juste au-dessus de sa tête, un timbre, aigu et perforant comme une vrille, grelottait interminablement.

« ...Cela, je crois que tu ne t'en es jamais douté, parce que, dans ce temps-là, j'avais trop d'orgueil pour l'avouer, surtout à toi. Et alors, quand tu as disparu, je ne pouvais pas le croire, je n'y ai rien compris. Comme j'ai souffert! Du mystère, surtout! Peut-être que je comprendrai un jour. Mais, aux pires moments d'inquiétude et même de rancune, jamais je n'ai eu l'idée que tes sentiments pour moi (si seulement tu étais vivant) avaient pu changer. Et, tu vois : aujourd'hui non plus, je ne doute pas de toi.

. . . .

« Interrompu par des embêtements de service.

« Je suis venu me réfugier dans un coin de la cantine, bien qu'à cette heure ce soit interdit. Tu ne sais probablement pas ce qu'est cette vie de caserne, ce monde qui m'a pris et me tient, depuis treize mois. Mais ce n'est pas pour parler caserne que je t'écris.

« C'est affreux, tu vois, on ne sait même plus bien quoi se dire, comment se parler. Tu devines bien les milliers de questions que j'ai au bout de ma plume. A quoi bon? Je voudrais seulement que tu consentes à répondre à l'une d'elles, parce que celle-là est vraiment trop lancinante : Vais-je te revoir, dis? Tout ce cauchemar est-il fini? Es-tu *retrouvé* ? Ou bien... Ou bien vas-tu échapper encore? Écoute, Jacques, puisque je suis à peu près sûr que cette lettre au moins sera lue par toi, puisque je n'ai peut-être que cette minute-ci pour t'atteindre, laisse-moi te crier ceci : Je suis capable de tout comprendre, de tout admettre de toi, mais, je t'en supplie, quoi que tu projettes encore, ne disparais plus si totalement de ma vie! J'ai besoin de toi. (Si tu savais comme je suis orgueilleux de toi, combien j'attends de grandes choses de toi, et comme je tiens à cet orgueil!) Je suis prêt à accepter toutes tes conditions. Si tu exiges de moi que je n'aie pas ton adresse, qu'il n'y ait aucun échange entre nous, que je n'écrive jamais, si même tu exiges que je ne communique jamais à personne, même pas à ce malheureux Antoine, les nouvelles que j'aurai de toi, c'est promis, oui, j'accepte tout, je m'engage d'avance à tout. Mais que j'aie de temps à autre un signe de vie, la preuve que tu existes et que tu as pensé à moi! Ces derniers mots, je les regrette, je les biffe, parce que je sais, je suis sûr, que tu penses à moi. (De cela non plus je n'ai jamais douté. Je n'ai jamais eu l'idée que tu pouvais vivre encore et ne plus penser à moi, à notre amitié.

« J'écris, j'écris, sans pouvoir réfléchir, et je sens bien que je n'arrive pas à m'expliquer. Mais ça ne fait rien, c'est délicieux après ce mortel silence.

« Je devrais te parler de moi pour que tu puisses, quand tu penseras à moi, penser à celui que je suis devenu et pas seulement à celui que tu as quitté. Antoine t'en parlera peut-être. Il me connaît bien. Nous nous sommes beaucoup vus depuis ton départ. Moi, je ne sais par quoi commencer. Tant d'arriéré, vois-tu, ça me décourage! Et puis, tu sais bien comment je suis, moi : je vis, je vais, je suis tout au présent, je ne sais pas revenir en arrière. Ce service militaire a interrompu mon travail au moment où il me semblait que j'entrevoyais des choses essentielles, sur moi, sur l'art, sur tout ce que je cherchais confusément depuis toujours. Mais c'est idiot de parler de ça aujourd'hui. D'ailleurs, je ne regrette rien. Cette vie militaire, c'est pour moi quelque chose de nouveau et de très fort, une grande épreuve et aussi une grande expérience, surtout depuis que j'ai à commander des hommes. Mais c'est idiot de parler de ça aujourd'hui.

« Mon seul grand regret, c'est d'être depuis un an séparé de Maman, surtout parce que je sens bien qu'elles souffrent beaucoup toutes les deux de cette séparation. Il faut te dire que la santé de Jenny n'est pas brillante et qu'à plusieurs reprises nous avons été inquiets. Nous, c'est-à-dire moi, car Maman, tu la connais, elle n'a jamais l'idée que les choses puissent tourner mal. Néanmoins, Maman a reconnu que Jenny, ces dernières années, n'a pas bien supporté l'hiver parisien, et, depuis un mois, elles sont toutes deux en Provence, dans une espèce de maison de repos où l'on soignera Jenny jusqu'au printemps, si possible. Elles ont tant de sujets de souci et de chagrin! Mon père est toujours le même, n'en parlons pas. Il est en Autriche, mais il a des histoires à n'en plus finir.

« Mon cher vieux, je pense tout à coup que ton père, à toi, vient de mourir. C'est par là que je voulais commencer cette lettre, excuse-moi. D'ailleurs, je suis embarrassé pour te parler de ce deuil. Et pourtant, je suis ému en pensant à ce que tu as dû éprouver : je suis presque sûr qu'un tel événement a provoqué en toi un choc inattendu et cruel.

« Je vais m'arrêter là à cause de l'heure et du vague-mestre. Je veux que cette lettre t'atteigne, et le plus tôt possible.

« Mon vieux, tant pis, il y a encore une chose que je veux t'avoir écrite, à tout hasard. Moi, je ne peux pas aller à Paris, je suis bouclé ici, je n'ai aucun moyen d'aller jusqu'à toi. Mais Lunéville est à cinq heures de Paris. Je suis bien vu, ici. (Le colonel, naturellement, m'a fait dévorer la Salle des rapports.) Je suis assez libre. On ne me refuserait pas la permission de la journée, si... si toi... Mais non, je ne veux pas même y rêver ! Je te répète que je suis prêt *à tout accepter*, *à tout comprendre*, sans jamais cesser de t'aimer comme mon seul grand ami de toujours.

« Daniel. »

Jacques avait lu ces huit pages d'un trait. Il restait frissonnant, attendri, déconcerté, confondu. Mais ce qu'il éprouvait, ce n'était pas seulement un réveil d'amitié — si fougueux qu'il eût été capable de sauter, dès ce soir, dans un train pour Lunéville — c'était, plus encore, une angoisse qui rongeait profondément une autre région de son cœur, région douloureuse, obscure, et où il ne pouvait ni ne voulait porter la lumière.

Il fit quelques pas. Il tremblait d'énervement plus que de froid. Il avait gardé la lettre à la main. Il revint s'appuyer au mur, sous le tintement du timbre infernal, et, le plus posément qu'il put, se mit à la relire en entier.

La demie de huit heures avait sonné lorsqu'il sortit de la gare du Nord. La nuit était belle et pure ; les ruisseaux, gelés ; les trottoirs, secs.

Il mourait de faim. Rue La Fayette, il avisa une brasserie, entra, se laissa tomber sur la banquette, et, sans enlever son chapeau, sans même baisser son col, il dévora trois œufs durs, une portion de choucroute, une demi-livre de pain.

Quand il fut rassasié, il but coup sur coup deux bocks et regarda devant lui. La salle était presque vide. En face, sur l'autre rangée des banquettes, une femme seule, attablée devant un verre vide, l'observait. Elle était brune, large d'épaules, jeune encore. Il surprit un regard discret, compatissant, et il en ressentit quelque émoi. Elle était bien modestement vêtue pour être de ces professionnelles qui rôdent autour des gares. Une débutante?... Leurs yeux se croisèrent. Il détourna les siens : au moindre signe elle serait venue s'asseoir à sa table. Elle avait une expression naïve et tristement expérimentée à la fois, qui n'était pas sans attrait ni saveur. Il balança quelques secondes, tenté : ce serait rafraîchissant ce soir, un être simple, proche de la nature, et qui ne sût rien de lui... Elle l'examinait franchement ; elle semblait deviner son hésitation. Lui, il évitait avec soin son regard.

Il se ressaisit enfin, paya le garçon et sortit vite, sans tourner les yeux vers elle.

Dehors, le froid le saisit. Rentrer à pied ? Trop las. Il vint au bord du trottoir, guettant un instant les voitures et fit signe au premier taxi libre qu'il aperçut.

Comme l'auto s'arrêtait devant lui, quelqu'un le frôla : la femme l'avait suivi ; elle toucha son coude et dit gauchement :

— « Venez chez moi, si vous voulez. Rue Lamartine. »

Il fit non, de la tête, amicalement, et ouvrit la portière.

— « Redescendez-moi au moins jusqu'à la rue Lamartine, au 97... », implora la femme, comme si elle s'était mis en tête de ne pas le quitter.

Le chauffeur regardait Jacques en souriant :

— « Alors, patron, 97, rue Lamartine ? »

Elle crut, ou feignit de croire, que Jacques acceptait, et bondit dans la voiture ouverte.

— « Eh bien, rue Lamartine », concéda Jacques. L'auto démarra.

— « Pourquoi crânes-tu avec moi ? » demanda-t-elle aussitôt, d'une voix chaude qui la complétait bien. Puis, sur un ton câlin, elle ajouta en se penchant : « Si tu crois que ça ne se voit pas que t'es tout chaviré ! »

Elle l'enserrait gentiment de ses deux bras, et cette caresse, cette tiédeur, amollirent Jacques.

Cédant à la tentation de se faire plaindre, il étouffa un soupir, sans répondre. Alors, comme si, par ce soupir et ce silence, il se fût livré, elle le serra plus fort, et, lui enlevant son chapeau, elle lui attira la tête contre sa poitrine. Il se laissait faire : accablé tout à coup, il pleurait sans savoir pourquoi.

D'une voix qui tremblait, elle lui glissa dans l'oreille :
— « T'as fait un mauvais coup, pas vrai ? »

Il fut si stupéfait qu'il ne protesta pas. Il comprit subitement que, dans ce Paris gelé et sec, avec son pantalon crotté jusqu'aux cuisses et son visage griffé par les branches, il pouvait avoir l'air d'un malfaiteur. Il ferma les yeux : il éprouvait une délicieuse ivresse à être pris pour un bandit par cette fille.

Elle avait de nouveau interprété ce silence comme un aveu, et elle lui pressait passionnément la tête contre elle.

D'une voix différente encore, énergique, complice, elle proposa :
— « Veux-tu que je te cache chez moi ? »
— « Non », fit-il, sans bouger.

Elle semblait dressée à accepter même ce qu'elle ne comprenait pas.

— « Au moins », reprit-elle après une hésitation, « veux-tu du pèze ? »

Cette fois, il ouvrit les yeux et se souleva :

— « Quoi ? »

— « J'ai trois cent quarante balles là-dedans, les veux-tu ? », fit-elle, en soulevant son petit sac. Dans son accent canaille, il y avait une tendresse rude, un peu courroucée, de sœur aînée.

Il était si ému qu'il ne put répondre tout de suite.

— « Merci... Pas besoin », murmura-t-il, en secouant la tête.

L'auto ralentit et s'arrêta devant une maison à porte basse. Le trottoir était mal éclairé et désert.

Jacques crut qu'elle allait lui demander de monter chez elle. Que ferait-il ?

Mais il n'eut pas à hésiter. Elle s'était levée. Elle se tourna vers lui, mit un genou sur le coussin et, dans l'ombre, étreignit Jacques une dernière fois.

— « Pauvre gosse », soupira-t-elle.

Elle chercha ses lèvres, les baisa avec violence comme pour y découvrir un secret, y trouver un goût de crime, puis, se dégageant aussitôt :

— « Te fais pas pincer, au moins, imbécile ! »

Elle avait déjà sauté de la voiture, et claqué la portière. Elle tendit cent sous au chauffeur :

— « Prenez la rue Saint-Lazare. Monsieur vous arrêtera. »

L'auto repartit. Jacques eut à peine le temps de voir l'inconnue disparaître, sans s'être retournée, dans un couloir obscur.

Il se passa la main sur le front. Il était tout étourdi.

L'auto filait.

Il baissa la vitre, reçut au visage un baptême d'air frais, respira un grand coup, sourit, et, se penchant vers le chauffeur :

— « Conduisez-moi 4 *bis* rue de l'Université », cria-t-il gaiement.

XIV

Aussitôt achevé le défilé au cimetière, Antoine s'était fait conduire en auto à Compiègne, sous la prétexte de donner des instructions au marbrier, mais surtout parce qu'il redoutait la promiscuité du train de retour. Un express, à 17 h 30, le ramènerait à Paris avant le dîner. Il espérait voyager seul.

C'était compter sans le hasard.

En arrivant sur le quai, quelques minutes avant l'heure, il eut la surprise de se trouver face à face avec l'abbé Vécard, et dut réprimer un mouvement d'humeur.

— « Monseigneur », expliqua l'abbé, « a eu la bonté de m'offrir une place dans sa voiture pour que nous puissions causer un peu... »

Il remarqua le visage maussade et fatigué d'Antoine.

— « Mon pauvre ami, vous devez être épuisé... Tant de monde... Tous ces discours... Pourtant, plus tard, cette journée s'inscrira, pour vous, parmi les grands souvenirs... Je regrette que Jacques n'ait pas assisté à cela... »

Antoine allait expliquer combien, dans les circonstances actuelles, l'abstention de son frère lui semblait naturelle, lorsque l'abbé l'arrêta :

— « Je vous entends, je vous entends... Mieux vaut qu'il ne soit pas venu. Vous lui raconterez combien cette cérémonie a été... édifiante. N'est-ce pas ? ».

Antoine ne put s'empêcher de relever le mot :

— « Édifiante ? Pour d'autres, peut-être », grommela-t-il, « mais pas pour moi. Je vous avoue que cette solennité, cette éloquence officielle... »

Son regard, croisant celui du prêtre, y surprit une

lueur malicieuse. L'abbé portait le même jugement qu'Antoine sur les discours de l'après-midi.

Le train entrait en gare.

Ils avisèrent un wagon mal éclairé, mais vide, où ils s'installèrent.

— « Vous ne fumez pas, Monsieur l'abbé? »

Le prêtre leva gravement son index jusqu'à ses lèvres.

— « Tentateur! » fit-il, en prenant une cigarette. Il l'alluma, les yeux plissés, puis il la retira de ses lèvres et l'examina complaisamment en soufflant la fumée par les narines.

— « Dans une cérémonie de ce genre », reprit-il avec bonhomie, « il est inévitable qu'il y ait un côté — disons, avec votre ami Nietzsche : *humain... trop humain...* Malgré tout, il reste qu'une semblable manifestation collective du sentiment religieux, du sentiment moral, est bien émouvante, et l'on ne peut y rester insensible. N'est-il pas vrai? »

— « Je ne sais pas », insinua Antoine, après une pause. Il se tourna vers l'abbé et le considéra un instant en silence.

Ce placide visage, ce regard insinuant et doux, ce ton confidentiel, et cette inclinaison de la tête sur la gauche qui donnait au prêtre un air constamment recueilli, et ces mains nonchalamment soulevées à hauteur de la poitrine, tout cela était depuis vingt ans familier à Antoine. Mais il découvrait, ce soir, que quelque chose se trouvait changé dans leurs rapports. Jusqu'ici il n'avait considéré l'abbé Vécard qu'en fonction de M. Thibault : l'abbé n'était que le directeur spirituel de son père. La mort venait de supprimer cet intermédiaire ; et les raisons qui, naguère, l'incitaient, vis-à-vis du prêtre, à une prudente réserve, avaient aujourd'hui disparu. Il n'était plus, devant l'abbé, qu'un homme devant un autre. Et, comme, après cette journée éprouvante, il lui était plus difficile de modérer l'expression de sa pensée, ce fut un soulagement de déclarer, sans détours :

— « Ces sentiments-là, je l'avoue, me sont totalement étrangers... »

L'abbé prit un ton gouailleur :

— « Pourtant, parmi les sentiments humains, le sentiment religieux semble bien, si je ne m'abuse, être assez communément constaté chez l'homme... Qu'en pensez-vous, mon cher ami ? »

Antoine ne songeait pas à plaisanter :

— « Je me suis toujours souvenu d'une phrase de l'abbé Leclerc, le directeur de l'École, qui m'a dit un jour, pendant mon année de philosophie : « Il y a des gens intelligents, et qui n'ont aucun sens artistique. Peut-être, vous, n'avez-vous pas le sens religieux. » Le brave homme ne cherchait qu'une occasion de boutade, mais j'ai toujours pensé que, ce jour-là, il avait vu très clair. »

— « Si cela pouvait être, mon pauvre ami », dit l'abbé, sans se départir de son affectueuse ironie, « vous seriez bien à plaindre, car la moitié du monde vous serait fermée !... Oui, il n'y a guère de grands problèmes dont on ne puisse dire que celui qui ne les aborde pas avec un sentiment religieux reste condamné à n'en apercevoir qu'une bien faible partie. Ce qui fait la beauté de notre religion... Pourquoi souriez-vous ? »

Antoine ne le savait pas lui-même. Peut-être simplement par réaction nerveuse, après cette semaine d'émotions, après cette journée d'impatience.

L'abbé sourit à son tour :

— « Quoi donc ? Nierez-vous que notre religion soit belle ? »

— « Non, non », repartit Antoine, avec enjouement. « Qu'elle soit " belle ", je le veux bien... » Il ajouta sur un ton taquin : « pour vous faire plaisir... — Mais, tout de même... »

— « Eh bien ? »

— « Mais, tout de même, être " beau " ne dispense pas d'être raisonnable ! »

L'abbé remua doucement ses mains devant lui.

— « Raisonnable ! » murmura-t-il, comme si ce mot soulevait un monde de questions qu'il ne pouvait aborder pour l'instant, mais dont il possédait la clé. Il réfléchit, puis, avec un accent plus combatif :

— « Vous êtes peut-être de ceux qui s'imaginent que la religion perd du terrain dans les esprits modernes ? »

— « Je n'en sais rien », dit Antoine, dont la modération surprit l'abbé. « Peut-être que non. Il est même possible que les efforts des esprits modernes — et je pense à ceux-là mêmes qui sont le plus éloignés de la foi littérale — tendent obscurément à rassembler les éléments d'une religion, à rapprocher des notions qui, dans leur ensemble, constitueraient un tout assez peu différent de la conception que beaucoup de croyants se font de Dieu... »

Le prêtre approuva :

— « Et comment donc en serait-il autrement ? Il faut songer à ce qu'est la condition de l'homme. La religion est la seule compensation à tout ce qu'il sent de vil dans ses instincts. C'est sa seule dignité. Et c'est aussi la seule consolation à ses souffrances, l'unique source de résignation. »

— « Ça, c'est vrai », s'écria Antoine, avec ironie : « il y a si peu d'hommes qui attachent plus de prix à la vérité qu'à leur confort ! Et la religion, c'est le comble du confort moral !... Mais, ne vous en déplaise, Monsieur l'abbé, il y a néanmoins quelques esprits chez lesquels le goût de comprendre est plus impérieux que celui de croire. Et ceux-là... ! »

— « Ceux-là ? » riposta le prêtre. « Ils se placent toujours sur le terrain si resserré, si fragile, de l'intelligence et du raisonnement. Et ils ne s'élèvent pas au-delà. Nous devons les plaindre, nous dont la foi vit et se développe sur un autre plan, tellement plus vaste :

celui de la volonté, celui du sentiment... N'est-il pas vrai ? »

Antoine eut un sourire ambigu. Mais la lumière était si défectueuse que l'abbé ne s'en aperçut pas ; il poursuivit cependant, et cette insistance semblait témoigner qu'il n'était pas tout à fait dupe du « nous » qu'il venait de prononcer.

— « On s'imagine qu'on est très fort, aujourd'hui, parce qu'on veut " comprendre ". Mais croire, c'est comprendre. Et comprendre, c'est croire. Ou, plutôt, disons que " comprendre " et " croire " n'ont pas de commune mesure. Certains, aujourd'hui, refusent pour vrai ce que leur raison, insuffisamment préparée ou faussée par une culture tendancieuse, ne parvient pas à démontrer. C'est simplement qu'ils ne vont pas assez avant. Il est parfaitement possible de connaître Dieu avec certitude, et de le démontrer par la raison. Depuis Aristote, qui fut, ne l'oublions pas, le maître de saint Thomas, la raison prouve pertinemment... »

Antoine laissait parler l'abbé, sans intervenir, mais en fixant sur lui un regard sceptique.

— « ... Notre philosophie religieuse », continua le prêtre, que ce silence gênait, « nous offre sur ces questions les raisonnements les plus serrés, les plus... »

— « Monsieur l'abbé », interrompit enfin Antoine gaiement, « avez-vous bien le droit de dire : raisonnements religieux... philosophie religieuse ? »

— « Le droit ? » fit l'abbé Vécard, interloqué.

— « Dame ! Il n'y a presque pas, à proprement parler, de pensée religieuse, puisque penser c'est d'abord douter ! »

— « Oh ! oh ! mon jeune ami, où allons-nous ? » s'écria l'abbé.

— « Je sais bien que l'Église ne s'embarrasse pas de si peu... Mais tous les rapports qu'elle s'ingénie, depuis cent ans et plus, à établir entre sa foi et la philosophie ou la science modernes, sont plus ou moins... truqués — pardonnez-moi le mot — puisque ce qui alimente la foi, ce qui fait son objet, ce qui attire si fort les tempéraments religieux, c'est justement ce surnaturel que nient la philosophie et la science ! »

L'abbé se trémoussait sur la banquette : il commençait à sentir que ce n'était pas un jeu. Sa voix se nuança de mécontentement, enfin :

— « Vous semblez tout à fait ignorer que c'est à l'aide de leur intelligence, par le raisonnement philosophique, que la plupart de nos jeunes gens arrivent aujourd'hui à la foi. »

— « Oh ! oh !... », dit Antoine.

— « Quoi donc ? »

— « Je vous avoue que je ne parviens pas à concevoir la foi autrement qu'intuitive et aveugle. Quand elle prétend s'appuyer sur la raison... »

— « Croyez-vous donc encore que la science et la philosophie nient le surnaturel ? Erreur, mon jeune ami : erreur grossière. La science l'omet, ce qui n'est pas la même chose. Quant à la philosophie, toute philosophie digne de ce nom... »

— « Digne de ce nom... Bravo ! Et voilà les adversaires dangereux mis à l'ombre ! »

— « ... Toute philosophie digne de ce nom mène nécessairement au surnaturel », poursuivit le prêtre, sans se laisser interrompre. « Mais allons plus loin : même si vos savants modernes parvenaient à démontrer qu'il y a entre l'essentiel de leurs découvertes et l'enseignement de l'Église une antinomie fondamentale — ce qui, en l'état actuel de notre apologétique, est vraiment une perfide, une absurde hypothèse — qu'est-ce que cela prouverait, je vous le demande ? »

— « Ah ! diable ! » fit Antoine, souriant.

— « Rien du tout ! » continua l'abbé, avec feu. « Cela signifierait simplement que l'intelligence de l'homme

n'est pas encore capable d'unifier ses connaissances et
qu'elle avance en chancelant — ce qui », ajouta-t-il
avec un sourire amical, « ne serait pas une découverte
pour tout le monde...

« Voyons, Antoine, nous n'en sommes plus au temps
de Voltaire! Ai-je besoin de vous rappeler que la pré-
tendue " raison " de vos philosophes athées n'a jamais
remporté sur la religion que de bien trompeuses, de bien
éphémères victoires? Existe-t-il un seul point de la foi
sur lequel l'Église ait jamais pu être convaincue d'illo-
gisme? »

— « Pas un, je vous l'accorde! » interrompit Antoine
en riant. « L'Église a toujours su se ressaisir à point
nommé. Vos théologiens sont passés maîtres dans l'art
de fabriquer des argumentations subtiles et d'apparence logique, qui leur permettent de n'être jamais
longtemps de suite embarrassés par les attaques des logiciens. Depuis quelque temps surtout, je le reconnais,
ils montrent à ce jeu une ingéniosité... déconcertante!
Mais cela ne fait illusion qu'à ceux qui, d'avance, veulent s'illusionner. »

— « Non, mon ami. Persuadez-vous, au contraire,
que la logique de l'Église a toujours le dernier mot,
parce qu'elle est autrement plus... »

— « ... plus déliée, plus tenace... »

— « ... plus profonde que la vôtre. Peut-être reconnaîtrez-vous avec moi que notre raison, lorsqu'elle est
livrée à ses seules ressources, ne parvient à rien d'autre
qu'à des architectures de mots auxquelles notre cœur
ne peut trouver son compte. Pourquoi donc? Ce n'est
pas seulement parce qu'il y a un ordre de vérités qui
semble échapper à la logique courante, ni parce que la
notion de Dieu semble dépasser les possibilités de l'intelligence ordinaire : c'est surtout — comprenez-moi
bien — parce que notre entendement, abandonné à lui
seul, manque de force, manque de prise, en ces matières

subtiles. Autrement dit, une foi véritable, une foi vive, a le droit d'exiger des explications qui satisfassent pleinement la raison ; mais notre raison elle-même doit se laisser instruire par la Grâce. La Grâce éclaire l'entendement. Le vrai croyant ne s'élance pas seulement, avec toute son intelligence, à la recherche de Dieu ; il doit aussi s'offrir humblement à Dieu, à Dieu qui le cherche ; et, quand il s'est élevé jusqu'à Dieu par la pensée rationnelle, il doit se faire vide et béant, il doit se faire... concave, pour accueillir, pour recevoir ce Dieu qui est sa récompense ! »

— « Ce qui revient à dire que la pensée ne suffit pas pour atteindre la vérité et qu'il y faut aussi ce que vous appelez la Grâce... C'est un aveu, ça, et bien grave », constata Antoine, après un silence chargé.

L'accent était tel que le prêtre repartit aussitôt :

— « Ah ! pauvre ami, vous êtes victime de votre temps... Vous êtes rationaliste ! »

— « Je suis... — c'est toujours difficile de dire ce qu'on est ! — mais j'avoue que j'en tiens pour les satisfactions de la raison. »

L'abbé agita ses deux mains :

— « Et pour les séductions du doute... Car c'est un reste de romantisme : on tire un peu vanité de son vertige, on se flatte de subir un tourment supérieur... »

— « Ça, pas du tout, Monsieur l'abbé », s'écria Antoine. « Je ne connais ni ce vertige, ni ce tourment, ni tous ces fumeux états d'âme, dont vous parlez. Il n'y a pas moins romantique que moi. J'ignore tout de l'inquiétude. »

(Ce disant, il s'aperçut que cette affirmation avait cessé d'être exacte. A coup sûr, il n'avait aucune inquiétude religieuse, dans le sens où pouvait l'entendre l'abbé Vécard. Mais depuis trois ou quatre ans, il avait, lui aussi, connu, avec angoisse, la perplexité de l'homme devant l'Univers.)

— « Au reste », reprit-il, « si je n'ai pas la foi, il serait impropre de dire que je l'ai perdue : je crois plutôt que je ne l'ai jamais eue. »

— « Voyons, voyons! » fit le prêtre. « Et l'enfant pieux que vous avez été, Antoine, vous l'avez donc oublié ? »

— « Pieux ? Non. Docile : appliqué et docile. Pas davantage. J'étais naturellement discipliné : j'accomplissais mes devoirs religieux en bon élève ; voilà tout. »

— « Vous dépréciez à plaisir la foi de votre jeunesse! »

— « Pas la foi : l'éducation religieuse. C'est fort différent! »

Antoine cherchait moins à étonner l'abbé qu'à être sincère. Une légère excitation, qui le poussait à tenir tête, avait succédé à sa fatigue. Il se lança à haute voix dans une sorte d'investigation, assez nouvelle pour lui, à travers son passé :

— « Oui, éducation... », reprit-il. « Voyez un peu comment les choses s'enchaînent, Monsieur l'abbé. Dès l'âge de quatre ans, la mère, la bonne, tous les êtres supérieurs dont un enfant dépend, lui répètent à chaque occasion : " Le bon Dieu est au ciel ; le bon Dieu te connaît, c'est lui qui t'a créé ; le bon Dieu t'aime, le bon Dieu te voit, te juge ; le bon Dieu va te punir, le bon Dieu va te récompenser... " Attendez!... A huit ans, on le mène à la grand-messe, au salut, parmi les grandes personnes qui se prosternent ; on lui montre, au milieu des fleurs et des lumières, dans un nuage d'encens et de musique, un bel ostensoir doré : c'est toujours le même bon Dieu, qui est là, dans cette hostie blanche. Bien!... A onze ans, on lui explique, du haut d'une chaire, avec autorité, avec l'accent de l'évidence, la Sainte Trinité, l'Incarnation, la Rédemption, la Résurrection, l'Immaculée Conception, et tout le reste... Il écoute, il accepte. Et comment n'accepterait-il pas ? Comment pourrait-il élever le moindre doute sur des croyances qu'affichent ses parents, ses condisciples, ses maîtres, tous les fidèles qui emplissent l'église ? Comment hésiterait-il devant ces mystères, lui, si petit ? Lui, perdu dans le monde, et qui se sent environné, depuis sa naissance, de phénomènes tous mystérieux ?... Réfléchissez à cela, Monsieur l'abbé : je crois que c'est capital. Oui, le fond de la question est là !... Pour l'enfant, tout est incompréhensible, également. La terre, si plate devant lui, elle est ronde ; elle paraît immobile, mais elle tourne comme une toupie dans l'espace... Le soleil fait germer les graines. Le poussin sort tout vivant d'un œuf... Le Fils de Dieu est descendu du ciel, et il s'est fait mettre en croix pour le rachat de nos péchés... Pourquoi pas ?... Dieu était le Verbe, et le Verbe s'est fait chair... Comprenne qui pourra, peu importe : le tour est joué ! »

Le train venait de stopper. Dans la nuit, on glapissait un nom de station. Un voyageur, qui croyait le compartiment vide, ouvrit brusquement la portière et la referma en maugréant. Une bouffée de vent glacé passa sur les visages.

Antoine se retourna vers le prêtre, dont il ne distinguait plus bien les traits, tant la lumière du plafonnier avait baissé.

L'abbé se taisait.

Alors Antoine reprit, sur un ton plus calme :

— « Eh bien, cette croyance naïve de l'enfant, peut-on l'appeler " foi " ? Certainement non. La foi, c'est ce qui vient plus tard. La foi a d'autres racines. Et je puis dire, moi que je n'ai pas eu la foi. »

— « Dites plutôt que vous ne l'avez pas laissée s'épanouir dans votre âme pourtant si bien préparée », dit l'abbé d'une voix qui soudain vibra d'indignation. « La foi est un don de Dieu, comme la mémoire, et qui, comme elle, comme tous les dons de Dieu, a besoin d'être cultivée... Mais vous... Vous !... Semblable à tant d'autres, vous avez cédé à l'orgueil, à l'esprit de contradiction, à la vanité de penser librement, à la tentation de vous insurger contre un ordre établi... »

Il se reprocha aussitôt sa sainte colère. Il était bien résolu à ne pas se laisser entraîner dans une discussion religieuse.

D'ailleurs, l'abbé se méprenait à l'accent d'Antoine : cette voix mordante, cet entrain, cette quasi-allégresse dans l'attaque, qui donnaient à la verve du jeune homme un ton de bravoure un peu forcé, il se plaisait à douter de leur absolue sincérité. Son estime pour Antoine restait grande ; et, dans cette estime, il y avait l'espoir — plus que l'espoir, la certitude — que le fils aîné de M. Thibault ne resterait pas sur cette misérable, sur cette indéfendable position.

Antoine réfléchissait.

— « Non, Monsieur l'abbé », répliqua-t-il posément. « Cela s'est fait tout seul, sans aucun orgueil, sans parti pris de révolte. Sans même que j'aie eu à y penser. Autant que je puis m'en souvenir, j'ai commencé, dès ma première communion, à sentir vaguement qu'il y avait quelque chose — je ne sais comment dire — d'embarrassé, d'inquiétant, dans tout ce que l'on nous apprenait sur la religion ; quelque chose d'obscur, non seulement pour nous, enfants, mais pour tout le monde... Oui : pour les grandes personnes aussi. Et pour les prêtres eux-mêmes. »

L'abbé ne put retenir un mouvement des mains.

— « Oh! » reprit Antoine, « je ne suspectais et ne suspecte nullement la sincérité des prêtres que j'ai connus, ni leur ferveur — ou plutôt leur besoin de ferveur... Mais ils avaient bien l'air, eux-mêmes, de se mouvoir avec gêne dans ces ténèbres, d'aller à l'aveuglette, de tourner avec un inconscient malaise autour de ces dogmes hermétiques. Ils affirmaient. Ils affirmaient quoi ? Ce qu'on leur avait affirmé. Bien sûr, ils ne *dou-*

taient pas de ces vérités qu'ils transmettaient. Mais leur adhésion intérieure était-elle aussi forte, aussi assurée, que leurs affirmations ? Eh bien, je ne parvenais pas à en être convaincu... Je vous scandalise... C'est que nous avions un terme de comparaison : nos professeurs laïques. Ceux-là, je l'avoue, me paraissaient beaucoup mieux d'aplomb, beaucoup mieux " consolidés " dans leurs spécialités ! Ils nous parlaient grammaire, histoire, géométrie, et ils semblaient, eux, avoir complètement compris ce dont ils parlaient ! »

— « Encore faudrait-il comparer ces choses comparables », dit l'abbé en pinçant les lèvres.

— « Mais je ne songe pas, au fond, aux matières de leur enseignement : je pense seulement à la position de ces laïcs devant ce qu'ils nous enseignaient. Même quand leur science se trouvait en défaut, leur attitude n'avait rien de trouble : leurs hésitations, leurs ignorances mêmes, s'étalaient au grand jour. Ça donnait confiance, je vous assure ; ça ne pouvait pas éveiller la moindre arrière-pensée de... tricherie. Non, ce n'est pas " tricherie " que je voudrais dire. Mais pourtant je vous l'avoue, Monsieur l'abbé, plus j'avançais vers les hautes classes, moins les prêtres de l'École m'inspiraient cette espèce de sécurité que j'éprouvais auprès de nos professeurs de l'Université. »

— « Si les prêtres qui vous ont instruit », riposta l'abbé, « avaient été de véritables théologiens, vous auriez gardé de leur commerce une impression d'absolue sécurité. » (Il songeait aux professeurs de séminaire, à sa jeunesse studieuse et convaincue.)

Mais Antoine poursuivait :

— « Songez donc ! Le gamin qu'on lance, peu à peu, dans les mathématiques, dans la physique, dans la chimie ! Il trouve brusquement devant lui tout l'espace pour se dilater ! Alors la religion lui paraît étroite, fallacieuse, irraisonnée... Il se méfie... »

L'abbé, cette fois, renversa le buste et tendit la main :
— « Irraisonnée ? Pouvez-vous sérieusement dire : irraisonnée ? »

— « Oui », dit Antoine, avec force. « Et j'entrevois quelque chose à quoi je n'avais pas songé : c'est que, vous autres, vous partez d'une croyance ferme et, pour défendre cette croyance, vous appelez des raisonnements à la rescousse ; tandis que nous, les gens comme moi, nous partons du doute, de l'indifférence, et nous nous laissons conduire par la raison, sans savoir où elle nous mènera.

« Monsieur l'abbé », reprit-il aussitôt, en souriant, et sans laisser au prêtre le temps de la riposte, « si vous vous mettiez à discuter avec moi, vous auriez vite fait de me prouver que je n'entends rien à tout ça. J'en conviens d'avance. Ce sont des questions auxquelles je ne pense guère : je n'y ai peut-être jamais autant réfléchi que ce soir. Vous voyez que je ne pose pas à l'esprit fort. Je cherche seulement à vous expliquer comment mon éducation catholique ne m'a pas empêché d'en arriver où j'en suis : à une complète incrédulité. »

— « Votre cynisme ne m'épouvante pas, mon cher ami », dit l'abbé en forçant un peu sa bonhomie. « Je vous crois bien meilleur que vous ne le savez vous-même ! Allez toujours, je vous écoute. »

— « Eh bien, en réalité, je continuais — j'ai continué très longtemps — à pratiquer, comme les autres. Avec une indifférence que je ne m'avouais pas : une indifférence... polie. Même plus tard, je ne me suis jamais attelé à une besogne d'enquête, de revision : peut-être bien qu'au fond je n'y attachais pas assez d'importance... (Ainsi, j'étais très loin de l'état d'esprit d'un de mes camarades qui préparait les Arts et Métiers, et qui m'écrivait un jour, après une crise de doute : " J'ai passé l'inspection de l'assemblage : mon vieux, ne t'y fie pas, il manque trop de boulons pour que ça tienne... ") Moi, à cette époque-là, j'abordais la médecine ; et la rupture — ou plutôt le détachement — était déjà consommé : je n'avais pas attendu les études semi-scientifiques de première année pour m'aviser qu'on ne peut croire sans preuves... »

— « Sans preuves ! »

— « ...et qu'il faut renoncer à la notion de vérité stable, parce que nous ne devons tenir rien pour vrai que sous toute réserve et jusqu'à preuve du contraire... Oui, je continue à vous scandaliser. Mais, ne vous en déplaise, Monsieur l'abbé — et c'est tout ce que je voulais vous dire — je suis un cas — si vous voulez, monstrueux — d'incrédulité naturelle, instinctive. C'est un fait. Je suis bien portant, je crois être assez bien équilibré, j'ai un tempérament très actif, et je me suis toujours admirablement passé de mystique. Rien de ce que je sais, rien de ce que j'ai observé, ne me permet de croire que le Dieu de mon enfance existe ; et, jusqu'ici, je l'avoue, je me passe admirablement de lui. Mon athéisme s'est formé en même temps que mon esprit. Je n'ai rien eu à renier. N'allez surtout pas vous figurer que je sois un de ces croyants dépossédés qui continuent à appeler Dieu dans leur cœur ; un de ces inquiets qui tendent désespérément les bras vers ce ciel qu'ils ont trouvé vide. Non, non : je suis un type qui ne tend pas du tout les bras. Un monde sans Providence n'a rien qui me gêne : et, vous voyez : je m'y sens à l'aise. »

L'abbé agita sa main devant lui, en signe de dénégation.

Antoine insista :

« Parfaitement à l'aise. Et voilà au moins quinze ans que ça dure... »

Il s'attendait à ce que l'indignation du prêtre se manifestât aussitôt. Mais l'abbé se taisait, et remuait doucement la tête.

— « C'est la pure doctrine matérialiste, mon pauvre

ami », dit-il enfin. « En seriez-vous encore là ? A vous entendre, vous ne croyez qu'à votre corps. C'est comme si vous ne croyiez qu'à la moitié — et à quelle moitié ! — de vous-même... Heureusement, tout cela ne se passe qu'en apparence et, pour ainsi dire, en surface. Vous ignorez vous-même vos vraies ressources et quelle force cachée votre éducation chrétienne a laissée en vous. Cette force, vous la niez : mais elle vous mène, mon pauvre ami ! »

— « Que vous répondre ? Je vous affirme, moi, que je ne dois rien à l'Église. Mon intelligence, ma volonté, mon caractère, se sont développés en dehors de la religion. Je puis même dire : en opposition avec elle. Je me sens aussi détaché de la mythologie catholique que de la mythologie païenne. Religion, superstition, c'est tout un pour moi... Non, sans parti pris, le résidu laissé en moi par mon éducation chrétienne, c'est zéro ! »

— « Aveugle ! » s'écria l'abbé, en levant brusquement le bras. « Vous ne voyez donc pas que toute votre vie quotidienne, faite de travail, de devoir, de dévouement au prochain, est un formel démenti à votre matérialisme ! Peu de vies impliquent davantage l'existence de Dieu ! Personne n'a plus que vous le sentiment d'une mission à remplir ! Personne, plus que vous, n'a le sens de sa responsabilité en ce monde ! Eh bien ? N'est-ce pas admettre implicitement le mandat divin ? Envers qui seriez-vous donc responsable, si ce n'est envers Dieu ? »

Antoine ne répondit pas tout de suite, et l'abbé put croire un instant qu'il avait frappé juste. En réalité, l'objection du prêtre lui semblait dénuée de tout fondement : être scrupuleux dans son travail n'impliquait nécessairement ni l'existence de Dieu, ni la valeur de la théologie chrétienne, ni aucune certitude métaphysique. N'en était-il pas lui-même la preuve ? Mais il sentait bien, une fois de plus, que, entre son manque de croyance morale et l'extrême conscience qu'il apportait dans sa vie, il y avait une inexplicable incompatibilité. Il faut aimer ce que l'on fait. Et pourquoi donc le *faut-il ?* Parce que l'homme, animal social, doit concourir par son effort à la bonne marche de la société, à son progrès... Affirmations gratuites, postulats dérisoires! *Au nom de quoi ?* Toujours cette question, à laquelle jamais il n'avait trouvé de véritable réponse.

— « Peuh... », murmura-t-il enfin. « Cette conscience ? Dépôt, laissé en chacun de nous par dix-neuf siècles de christianisme... Peut-être me suis-je trop hâté, tout à l'heure, en évaluant à zéro le coefficient de mon éducation — ou plutôt de mon hérédité... »

— « Non, mon ami, cette survivance en vous, c'est le levain sacré auquel je faisais allusion. Un jour, ce levain reprendra son activité : il fera lever toute la pâte! Et, ce jour-là, votre vie morale, qui se poursuit d'elle-même, tant bien que mal et malgré vous, aura trouvé son axe, son vrai sens. On ne comprend pas Dieu tant qu'on le repousse ni même tant qu'on le cherche... Vous verrez : un jour, sans l'avoir voulu, vous vous apercevrez que vous êtes entré au port. Et, ce jour-là, vous saurez enfin qu'il suffit de croire en Dieu pour que tout s'éclaire et s'accorde! »

— « Mais cela, je l'admets dès maintenant », fit Antoine en souriant. « Je sais de reste que nos besoins, le plus souvent, créent eux-mêmes leurs remèdes ; et je conviens volontiers que, chez la plupart des êtres, le besoin de croire est tellement impérieux, instinctif, qu'ils ne se préoccupent guère de savoir si ce qu'ils croient mérite d'être cru : ils baptisent vérité tout ce vers quoi les jette leur besoin de foi... — D'ailleurs », fit-il, sur le ton d'un aparté, « on ne m'ôtera pas de l'idée que la plupart des catholiques intelligents, et notamment beaucoup de prêtres cultivés, sont plus ou moins pragmatistes sans le savoir. Ce que les dogmes ont d'inadmissible pour moi doit être également inadmissible pour tout esprit de culture moderne. Seulement, les croyants tiennent à leur foi ; et, pour ne pas l'ébranler, ils évitent de trop réfléchir, ils se cramponnent au côté sentimental, au côté moral, de la religion. Et puis, on a pris si grand soin de leur affirmer que l'Église avait depuis longtemps réfuté victorieusement toutes les objections, qu'ils n'ont même pas l'idée d'y aller voir... Mais, pardon, ceci n'est qu'une parenthèse. — Je voulais dire que le besoin de croire, si général soit-il, ne peut pas être une justification suffisante de la religion chrétienne, tout encombrée d'obscurités, de vieux mythes... »

— « Il ne s'agit pas de justifier Dieu quand on le sent », déclara le prêtre ; et, pour la première fois, le ton était sans réplique.

Puis, aussitôt, se penchant avec un geste amical :

— « Ce qui est incompréhensible, c'est que ce soit vous, Antoine Thibault, qui parliez ainsi ! Dans beaucoup de nos familles chrétiennes, hélas ! les enfants voient vivre leurs parents et se dérouler la vie de chaque jour à peu près comme si ce Dieu qu'on leur enseigne n'existait pas. Mais vous ! Vous qui, depuis votre petite enfance, avez pu constater, à chaque instant, la présence de Dieu à votre foyer ! Vous qui l'avez vu inspirer à votre pauvre père chacun de ses actes... »

Il y eut un silence. Antoine regardait fixement l'abbé, comme s'il se retenait de répondre.

— « Oui », dit-il enfin, les lèvres serrées. « Justement : je n'ai jamais vu Dieu, hélas ! qu'à travers mon père. » Son attitude, son accent, achevaient sa pensée. « Mais ce n'est pas le jour de s'étendre là-dessus », ajouta-t-il, pour couper court. Et il mit le front à la vitre.

— « Voici Creil », dit-il.

Le train ralentit, s'arrêta. La lumière du plafonnier brilla, plus vive. Antoine souhaita l'intrusion de quelque voyageur dont la présence eût interrompu l'entretien. Mais la gare semblait déserte.

Le train s'ébranla.

Après un assez long silence, pendant lequel chacun sembla s'enfermer dans sa propre pensée, Antoine, de nouveau, se pencha vers le prêtre :

— « Voyez-vous, Monsieur l'abbé, deux choses, pour le moins, m'empêcheront toujours de revenir au catholicisme. D'abord, la question du péché : je suis incapable, je crois, d'éprouver l'horreur du péché. Ensuite, la question de la Providence : je ne pourrai jamais accepter l'idée d'un Dieu personnel. »

L'abbé se taisait.

— « Oui », poursuivit Antoine. « Ce que vous, catholique, appelez le péché, c'est, au contraire, tout ce qui, pour moi, est vivant et fort : instinctif — instructif! C'est ce qui permet — comment dire? — de palper les choses. Et aussi d'avancer. Aucun progrès... — oh! je ne suis pas plus qu'il ne faut dupe de ce mot " progrès "; mais il est si commode! — aucun progrès n'aurait été possible, si l'homme, docilement, s'était toujours refusé au péché... Mais cela nous entraînerait bien loin », ajouta-t-il, répondant par un sourire ironique au léger haussement d'épaules du prêtre. « Quant à l'hypothèse d'une Providence, eh bien, non! S'il y a une notion qui s'impose à moi, indiscutablement, c'est bien celle de l'indifférence universelle! »

L'abbé sursauta :

— « Mais votre Science elle-même, qu'elle le veuille ou non, fait-elle autre chose que de constater l'Ordre suprême? (J'évite à dessein le terme plus juste de " plan divin "...) Mais, pauvre ami, si l'on se permettait de nier cette Intelligence supérieure qui préside aux phénomènes et dont tout ici-bas porte la trace, si l'on refusait d'admettre que tout, dans la nature, a un but, que tout a été créé en vue d'une harmo-

nie, on ne pourrait plus rien comprendre à rien ! »
— « Eh mais... soit ! L'univers nous est incompréhensible. J'accepte cela comme un fait. »
— « Cet incompréhensible, mon ami, c'est Dieu ! »
— « Pas pour moi. Je n'ai pas encore cédé à la tentation d'appeler " Dieu " tout ce que je ne comprends pas. »

Il sourit, et pendant quelques secondes, cessa de parler. L'abbé le regardait, prêt à la défensive.
— « D'ailleurs », reprit Antoine, souriant toujours, « pour la plupart des catholiques, l'idée de divinité se réduit à la conception puérile d'un " bon " Dieu, d'un petit Dieu personnel, qui a l'œil fixé sur chacun de nous, qui suit avec une sollicitude attendrie les moindres oscillations de notre conscience d'atome, et que chacun de nous peu inlassablement consulter par la prière : « Mon Dieu, éclairez-moi... Mon Dieu, faites que... » et cætera...

« Comprenez-moi, Monsieur l'abbé. Je ne cherche nullement à vous blesser par des sarcasmes faciles. Mais je ne parviens pas à concevoir qu'on puisse supposer la moindre relation psychologique, le moindre échange de questions et de réponses, entre l'un de nous, infinitésimal accident de la vie universelle (même entre la Terre, cette poussière parmi les poussières) et ce grand Tout, ce Principe universel ! Comment lui prêter une sensibilité anthropomorphe, une tendresse paternelle, une compassion ? Comment prendre au sérieux l'efficacité des sacrements, le chapelet — que sais-je ? — la messe payée et dite *à l'intention* d'un tel, *à l'intention* d'une âme provisoirement reléguée au Purgatoire ? Voyons ! Il n'y a vraiment aucune différence essentielle entre ces pratiques, ces croyances du culte catholique, et celles de n'importe quelle religion primitive, les sacrifices païens, les offrandes que les sauvages déposent devant leurs idoles ! »

L'abbé faillit répondre qu'en effet il y avait une religion *naturelle*, commune à tous les hommes, et que cela, précisément, était article de foi. Mais, de nouveau, il se retint. Engoncé dans son coin, les bras croisés, le bout des doigts enfoui sous le bord de ses manches, dans une attitude à la fois patiente, résignée et un peu ironique, il semblait attendre la fin de cette improvisation.

Le voyage, d'ailleurs, approchait du terme. Le wagon se faisait déjà cahoter par les aiguillages de la banlieue parisienne. A travers la buée des vitres, de nombreuses lumières scintillaient dans la nuit.

Antoine, qui avait encore quelque chose à ajouter, se hâta :

— « D'ailleurs, Monsieur l'abbé, ne vous méprenez pas sur certains mots que je viens d'employer. Bien que rien ne m'autorise, je le sais, à m'aventurer sur ces terrains philosophiques, je veux être franc jusqu'au bout. Je vous ai parlé d'Ordre, de Principe universel... C'est pour parler comme tout le monde... En réalité, il me semble que nous aurions autant de motifs de douter d'un Ordre, que d'y croire. Du point où il se trouve placé, l'animal humain que je suis constate bien un vaste imbroglio de forces déchaînées. Mais, ces forces obéissent-elles à une loi générale, extérieure à elles et distincte d'elles? Ou bien obéissent-elles à des lois — comment dirais-je? — internes, résidant en chaque atome, les obligeant à accomplir une sorte de destinée " personnelle "? à des lois qui ne domineraient pas ces forces, du dehors, mais qui seraient confondues avec elles; qui, en quelque sorte, les animeraient seulement?... Et, même, dans quelle mesure n'est-il pas incohérent, le jeu des phénomènes? J'admettrais aussi bien que les causes naissent indéfiniment les unes des autres, chaque cause étant l'effet d'une autre cause, et chaque effet, la cause d'autres effets. Pourquoi vouloir imaginer à tout prix un Ordre suprême? Tentation de nos esprits logiciens. Pourquoi vouloir trouver une direction commune à ces mouvements qui ricochent les uns sur les autres, à l'infini? Je me suis dit bien souvent, pour ma part, que tout se passe comme si rien ne menait à rien, comme si rien n'avait un sens... »

L'abbé, après avoir considéré Antoine en silence, baissa les yeux et articula, avec un sourire glacial :

— « Après cela, je crois difficile de descendre encore plus bas... »

Puis il se leva pour boutonner sa douillette.

— « Je vous demande pardon de vous avoir dit tout cela, Monsieur l'abbé », dit Antoine, en un sincère élan de regret. « Ce genre de conversation ne peut jamais aboutir à rien : qu'à blesser. Je ne sais pas ce qui m'a pris aujourd'hui. »

Ils étaient debout, l'un près de l'autre. L'abbé regarda tristement le jeune homme :

— « Vous m'avez parlé librement, comme à un ami. De cela, du moins, je vous sais gré. »

Il parut hésiter à dire autre chose. Mais le train s'arrêtait à quai.

— « Je vous ramène chez vous en voiture ? » proposa Antoine, sur un autre ton.

— « Volontiers, volontiers... »

Dans le taxi, Antoine, soucieux, repris déjà par la vie compliquée qui l'attendait, ne parla guère. Et son compagnon, silencieux lui aussi, semblait réfléchir. Mais, lorsqu'ils eurent passé la Seine, l'abbé se pencha vers Antoine :

— « Vous avez... quel âge ? Trente ans ? »

— « Bientôt trente-deux. »

— « Vous êtes encore un jeune homme... Vous verrez. D'autres que vous ont fini par comprendre! Votre tour viendra. Il y a des heures dans la vie où l'on ne peut pas se passer de Dieu. Il y en a une, entre toutes, terrible : la dernière... »

« Oui », songeait Antoine. « Cette épouvante de la mort... Et qui pèse si fort sur tout Européen civilisé... Jusqu'à lui gâter, plus ou moins, le goût de vivre... »

Le prêtre avait été sur le point de faire allusion à la mort de M. Thibault ; mais il s'était retenu.

— « Vous représentez-vous ce que cela peut être », reprit-il, « que d'arriver au bord de l'éternité sans croire en Dieu, sans apercevoir, sur l'autre rive, ce Père tout-puissant et miséricordieux qui nous tend les bras ? de mourir dans le noir total, sans la moindre lueur d'espérance ? »

— « Oh! mais ça, Monsieur l'abbé, je le sais comme vous », fit Antoine vivement. (Lui aussi venait de penser à la mort de son père.) « Mon métier », reprit-il, après une brève hésitation, « mon métier autant que le vôtre, est d'assister les agonisants. J'ai peut-être même vu mourir plus d'incroyants que vous, et j'ai de si atroces souvenirs que, si je pouvais faire à mes malades une injection de foi *in extremis*...! Je ne suis pas de ceux qui éprouvent pour le stoïcisme de la dernière heure une vénération mystique. Pour moi, je souhaite, sans vergogne, d'être, à ce moment-là, accessible aux plus consolantes certitudes. Et je crains autant une fin sans espérance qu'une agonie sans morphine... »

Il sentit la main de l'abbé se poser, frémissante, sur la sienne. Sans doute, le prêtre s'efforçait-il de prendre cet aveu, qu'il n'avait pas espéré, pour un indice de bon augure.

— « Oui, oui », reprit-il, serrant le bras d'Antoine avec une ardeur où il y avait presque de la gratitude. « Eh bien, croyez-moi : ne vous fermez pas toute issue vers ce Consolateur dont, comme nous tous, vous aurez quelque jour besoin. Je veux dire : ne renoncez pas à la prière. »

— « La prière ? » objecta Antoine, en secouant la tête. « Ce fol appel... vers quoi ? Vers cet Ordre problématique ! Vers un Ordre aveugle et muet — indifférent ? »

— « N'importe, n'importe... Oui, ce " fol appel " ! Croyez-moi ! Quel que soit le terme provisoire auquel votre pensée aboutisse, quelle que soit, au-delà des phénomènes, cette idée obscure d'Ordre, de Loi, que, par éclairs, vous entrevoyez, il faut, en dépit de tout, vous tourner vers ça, mon cher enfant, et prier ! Ah ! je vous en conjure, tout, plutôt que de vous ensevelir dans votre solitude ! Gardez le contact, gardez un langage possible avec l'infini, même si, pour l'instant, il n'y a pas échange, même si, pour l'instant, ce n'est qu'un apparent monologue !... Cette incommensurable nuit, cette impersonnalité, cette indéchiffrable Enigme, n'importe, priez-la ! Priez l'Inconnaissable. Mais priez. Ne vous refusez pas ce " fol appel " parce que, à cet appel, vous le saurez un jour, à cet appel répond tout à coup un silence intérieur, un miracle d'apaisement... »

Antoine ne répondit pas. « Cloison étanche... » songea-t-il. Cependant, il sentait le prêtre extrêmement ému, et il était décidé à ne plus rien dire qui pût le peiner davantage.

D'ailleurs, ils arrivaient rue de Grenelle.

L'auto s'arrêta.

L'abbé Vécard prit la main d'Antoine, la serra ; puis, avant de descendre, se penchant un peu dans l'ombre de la voiture, il murmura d'une voix altérée :

— « La religion catholique, c'est tout à fait autre chose, mon ami, croyez-moi : c'est beaucoup, beaucoup plus qu'il ne vous a jamais été permis, jusqu'ici, d'entrevoir... »

TABLE

LA CONSULTATION

- I. Antoine et les deux gamins rencontrés sous la porte cochère ... 11
- II. Antoine fait à M. Thibault sa visite quotidienne ... 18
- III. Le docteur Philip ... 25
- IV. Antoine conduit le docteur Philip examiner l'enfant des Héquet ... 31
- V. Antoine revient chez lui pour sa consultation. — Huguette, Anne de Battaincourt, et Miss Mary ... 37
- VI. Le beau Rumelles ... 47
- VII. Antoine essaye d'avoir une explication avec Gise ... 54
- VIII. Retour inattendu de Miss Mary ... 65
- IX. Confidence de M. Ernst, professeur d'allemand ... 69
- X. Les deux bonnes de M. Thibault ... 76
- XI. Visite d'Antoine aux deux gamins ... 80
- XII. Chez les Héquet, le soir, au chevet du bébé mourant. — L'altercation avec Studler ... 86
- XIII. Retour d'Antoine à pied. — Débat intérieur. — Le souper solitaire chez Zemm ... 94

LA SORELLINA

- I. M. Chasle, secrétaire de M. Thibault, au chevet de son patron. — Alarmé par les progrès du mal, il demande à ne pas être oublié dans le testament ... 113

ii.	Après s'être cru perdu, M. Thibault, complètement rassuré par Antoine, se donne le spectacle d'une mort édifiante	123
iii.	Il fait à Mlle de Waize et aux bonnes des adieux solennels	138
iv.	Antoine est mis sur la piste de son frère par M. de Jalicourt, qui lui communique une nouvelle, *la Sorellina*, écrite par Jacques et publiée par lui dans une revue étrangère	143
v.	La lecture de *la Sorellina* permet à Antoine d'entrevoir diverses raisons du départ de Jacques	158
vi.	Ayant appris l'adresse de Jacques en Suisse, Antoine décide d'aller lui-même le chercher	187
vii.	La rencontre des deux frères à Lausanne	194
viii.	Le déjeuner — Conversation de Jacques avec Rayer	210
ix.	Quelques échappées sur la vie que Jacques a menée depuis trois ans. — Visite de Vanheede	217
x.	Jacques raconte à son frère la soirée qu'il a passée chez Jalicourt, la veille de sa fuite	230
xi.	Apparition de Sophia	243
xii.	Départ de Lausanne. — Le demi-aveu de Jacques	248

LA MORT DU PÈRE

i.	M. Thibault, face à face avec la mort	257
ii.	L'abbé Vécard l'apaise et l'amène à l'acceptation	260
iii.	Le retour des deux fils	277
iv.	Le bain	289
v.	Arrivée de Gise	298
vi.	La fin	305
vii.	Le cadavre	318
viii.	Lendemain de mort. Condoléances : le docteur Héquet, le petit Robert, M. Chasle, Anne de Battaincourt	325
ix.	Jacques dans la chambre de Gise	334
x.	Les papiers posthumes de M. Thibault	345

xi.	Gise dans la chambre de Jacques	373
xii.	Les obsèques	382
xiii.	Pèlerinage de Jacques à Crouy	391
xiv.	Conversation d'Antoine et de l'abbé Vécard au retour de l'enterrement : cloison étanche	407

DU MÊME AUTEUR

Aux Éditions Gallimard

DEVENIR, roman.

JEAN BAROIS, roman.

LE TESTAMENT DU PÈRE LELEU, farce paysanne.

LES THIBAULT, roman.
- I. LE CAHIER GRIS — LE PÉNITENCIER
- II. LA BELLE SAISON — LA CONSULTATION
- III. LA SORELLINA — LA MORT DU PÈRE
- IV. L'ÉTÉ 1914 (début)
- V. L'ÉTÉ 1914 (suite)
- VI. L'ÉTÉ 1914 (fin)
- VII. ÉPILOGUE

LA GONFLE, farce paysanne.

CONFIDENCE AFRICAINE, récit.

UN TACITURNE, drame.

VIEILLE FRANCE, roman.

NOTES SUR ANDRÉ GIDE (1913-1951)

ŒUVRES COMPLÈTES

CORRESPONDANCE AVEC ANDRÉ GIDE
- I. (1913-1934) Introduction par Jean Delay
- II. (1935-1951)

CORRESPONDANCE GÉNÉRALE
- I. (1896-1913)
- II. (1914-1918)

COLLECTION FOLIO

Dernières parutions

1545. Roger Vrigny — *Un ange passe.*
1546. Yachar Kemal — *L'herbe qui ne meurt pas.*
1547. Denis Diderot — *Lettres à Sophie Volland.*
1548. H. G. Wells — *Au temps de la comète.*
1549. H. G. Wells — *La guerre dans les airs.*
1550. H. G. Wells — *Les premiers hommes dans la Lune.*
1551. Nella Bielski — *Si belles et fraîches étaient les roses.*
1552. Bernardin de Saint-Pierre — *Paul et Virginie.*
1553. William Styron — *Le choix de Sophie,* tome I.
1554. Florence Delay — *Le aïe aïe de la corne de brume.*
1555. Catherine Hermary-Vieille — *L'épiphanie des dieux.*
1556. Michel de Grèce — *La nuit du sérail.*
1557. Rex Warner — *L'aérodrome.*
1558. Guy de Maupassant — *Contes du jour et de la nuit.*
1559. H. G. Wells — *Miss Waters.*
1560. H. G. Wells — *La burlesque équipée du cycliste.*
1561. H. G. Wells — *Le pays des aveugles.*
1562. Pierre Moinot — *Le guetteur d'ombre.*
1563. Alexandre Vialatte — *Le fidèle Berger.*
1564. Jean Duvignaud — *L'or de la République.*
1565. Alexandre Boudard — *Les enfants de chœur.*

1566. Senancour — *Obermann.*
1567. Catherine Rihoit — *Les abîmes du cœur.*
1568. René Fallet — *Y a-t-il un docteur dans la salle ?*
1569. Buffon — *Histoire naturelle.*
1570. Monique Lange — *Les cabines de bain.*
1571. Erskine Caldwell — *Toute la vérité.*
1572. H. G. Wells — *Enfants des étoiles.*
1573. Hector Biancotti — *Le traité des saisons.*
1574. Lieou Ngo — *Pérégrinations d'un digne clochard.*
1575. Jules Renard — *Histoires naturelles. Nos frères farouche. Ragotte.*
1576. Pierre Mac Orlan — *Le bal du Pont du Nord,* suivi de *Entre deux jours.*
1577. William Styron — *Le choix de Sophie,* tome II.
1578. Antoine Blondin — *Ma vie entre des lignes.*
1579. Elsa Morante — *Le châle andalou.*
1580. Vladimir Nabokov — *Le Guetteur.*
1581. Albert Simonin — *Confessions d'un enfant de La Chapelle.*
1582. Inès Cagnati — *Mosé ou Le lézard qui pleurait.*
1583. F. Scott Fitzgerald — *Les heureux et les damnés.*
1584. Albert Memmi — *Agar.*
1585. Bertrand Poirot-Delpech — *Les grands de ce monde.*
1586. Émile Zola — *La Débâcle.*
1587. Angelo Rinaldi — *La dernière fête de l'Empire.*
1588. Jorge Luis Borges — *Le rapport de Brodie.*
1589. Federico García Lorca — *Mariana Pineda. La Savetière prodigieuse. Les amours de don Perlimplin avec Bélise en son jardin.*
1590. John Updike — *Le putsch.*
1591. Alain-René Le Sage — *Le Diable boiteux.*
1592. Panaït Istrati — *Codine. Mikhaïl. Mes départs. Le pêcheur d'éponges.*
1593. Panaït Istrati — *La maison Thüringer. Le bureau de placement. Méditerranée.*

1594. Panaït Istrati — *Nerrantsoula. Tsatsa-Minnka. La famille Perlmutter. Pour avoir aimé la terre.*
1595. Boileau-Narcejac — *Les intouchables.*
1596. Henry Monnier — *Scènes populaires. Les Bas-fonds de la société.*
1597. Thomas Raucat — *L'honorable partie de campagne.*
1599. Pierre Gripari — *La vie, la mort et la résurrection de Socrate-Marie Gripotard.*
1600. Annie Ernaux — *Les armoires vides.*
1601. Juan Carlos Onetti — *Le chantier.*
1602. Louise de Vilmorin — *Les belles amours.*
1603. Thomas Hardy — *Le maire de Casterbridge.*
1604. George Sand — *Indiana.*
1605. François-Olivier Rousseau — *L'enfant d'Edouard.*
1606. Ueda Akinari — *Contes de pluie et de lune.*
1607. Philip Roth — *Le sein.*
1608. Henri Pollès — *Toute guerre se fait la nuit.*
1609. Joris-Karl Huysmans — *En rade.*
1610. Jean Anouilh — *Le scénario.*
1611. Colin Higgins — *Harold et Maude.*
1612. Jorge Semprun — *La deuxième mort de Ramón Mercader.*
1613. Jacques Perry — *Vie d'un païen.*
1614. W. R. Burnett — *Le capitaine Lightfoot.*
1615. Josef Škvorecký — *L'escadron blindé.*
1616. Muriel Cerf — *Maria Tiefenthaler.*
1617. Ivy Compton-Burnett — *Des hommes et des femmes.*
1618. Chester Himes — *S'il braille, lâche-le...*
1619. Ivan Tourguéniev — *Premier amour, précédé de Nid de gentilhomme.*
1620. Philippe Sollers — *Femmes.*
1622. Réjean Ducharme — *L'hiver de force.*
1623. Paule Constant — *Ouregano.*
1624. Miguel Angel Asturias — *Légendes du Guatemala.*
1625. Françoise Mallet-Joris — *Le clin d'œil de l'ange.*

1626.	Prosper Mérimée	*Théâtre de Clara Gazul.*
1627.	Jack Thieuloy	*L'Inde des grands chemins.*
1628.	Remo Forlani	*Pour l'amour de Finette.*
1629.	Patrick Modiano	*Une jeunesse.*
1630.	John Updike	*Bech voyage.*
1631.	Pierre Gripari	*L'incroyable équipée de Phosphore Noloc et de ses compagnons.*
1632.	Mme de Staël	*Corinne ou l'Italie.*
1633.	Milan Kundera	*Le livre du rire et de l'oubli.*
1634.	Erskine Caldwell	*Bagarre de juillet.*
1635.	Ed McBain	*Les sentinelles.*
1636.	Reiser	*Les copines.*
1637.	Jacqueline Dana	*Tota Rosa.*
1638.	Monique Lange	*Les poissons-chats. Les platanes.*
1639.	Leonardo Sciascia	*Les oncles de Sicile.*
1640.	Gobineau	*Mademoiselle Irnois, Adélaïde et autres nouvelles.*
1641.	Philippe Diolé	*L'okapi.*
1642.	Iris Murdoch	*Sous le filet.*
1643.	Serge Gainsbourg	*Evguénie Sokolov.*
1644.	Paul Scarron	*Le Roman comique.*
1645.	Philippe Labro	*Des bateaux dans la nuit.*
1646.	Marie-Gisèle Landes-Fuss	*Une baraque rouge et moche comme tout, à Venice, Amérique...*
1647.	Charles Dickens	*Temps difficiles.*
1648.	Nicolas Bréhal	*Les étangs de Woodfield.*
1649.	Mario Vargas Llosa	*La tante Julia et le scribouillard.*
1650.	Iris Murdoch	*Les cloches.*
1651.	Hérodote	*L'Enquête, Livres I à IV.*
1652.	Anne Philipe	*Les résonances de l'amour.*
1653.	Boileau-Narcejac	*Les visages de l'ombre.*
1654.	Émile Zola	*La Joie de vivre.*
1655.	Catherine Hermary-Vieille	*La Marquise des Ombres.*

1656.	G. K. Chesterton	*La sagesse du Père Brown.*
1657.	Françoise Sagan	*Avec mon meilleur souvenir.*
1658.	Michel Audiard	*Le petit cheval de retour.*
1659.	Pierre Magnan	*La maison assassinée.*
1660.	Joseph Conrad	*La rescousse.*
1661.	William Faulkner	*Le hameau.*
1662.	Boileau-Narcejac	*Maléfices.*
1663.	Jaroslav Hašek	*Nouvelles aventures du Brave Soldat Chvéïk.*
1664.	Henri Vincenot	*Les voyages du professeur Lorgnon.*
1665.	Yann Queffélec	*Le charme noir.*
1666.	Zoé Oldenbourg	*La Joie-Souffrance,* tome I.
1667.	Zoé Oldenbourg	*La Joie-Souffrance,* tome II.
1668.	Vassilis Vassilikos	*Les photographies.*
1669.	Honoré de Balzac	*Les Employés.*

*Impression Bussière à Saint-Amand (Cher),
le 30 août 1985.
Dépôt légal : août 1985.
1er dépôt légal dans la collection : juillet 1972.
Numéro d'imprimeur : 2267.*
ISBN 2-07-036140-3./Imprimé en France.